城市轨道交通岗位技能培训教材

变电检修工

BIANDIAN JIANXIUGONG

人力资源和社会保障部教材办公室
广州市地下铁道总公司 组织编写

中国劳动社会保障出版社

图书在版编目(CIP)数据

变电检修工/人力资源和社会保障部教材办公室 广州市地下铁道总公司组织编写. —北京：中国劳动社会保障出版社，2010

城市轨道交通岗位技能培训教材

ISBN 978-7-5045-8632-2

Ⅰ.①变… Ⅱ.①人…②广… Ⅲ.①城市铁路-变电所-检修-技术培训-教材 Ⅳ.①U239.5

中国版本图书馆 CIP 数据核字(2010)第 197443 号

中国劳动社会保障出版社出版发行

（北京市惠新东街1号 邮政编码：100029）

出版人：张梦欣

*

北京市艺辉印刷有限公司印刷装订 新华书店经销

787毫米×1092毫米 16开本 20.75印张 477千字

2010年10月第1版 2020年5月第5次印刷

定价：40.00元

读者服务部电话：（010）64929211/84209101/64921644

营销中心电话：（010）64962347

出版社网址：http://www.class.com.cn

城市轨道交通岗位技能培训教材
——变电检修工
编 审 人 员

主　编　何江海

副主编　高　劲　庞开阳

编　者　肖伟强　凌文坚　罗秋文　曾杰民
　　　　刘华辉　隋佳斌　邝志辉　刘　俊
　　　　邓育健　苏维杰　肖涛古　黄山山
　　　　张晓燚　代宝山　杨　霖　张目然
　　　　邓　克　田三妹　池代臻　梁绍昌
　　　　陈志坚　肖　莹　梁立东　赵够平

主　审　胡铁军

参　审　袁　健　桓素娟

序

我国城市轨道交通自1965年北京地铁一期工程建设开始，经过40余年的建设和发展，取得了显著成就，截至2007年底全国已有11个城市开通了城市轨道交通，总运营里程达761千米。当前城市轨道交通正处于大规模高速发展时期，其中以北京、上海、广州为代表的特大城市已进入网络化建设阶段，尚有沈阳、哈尔滨、杭州、西安、成都等33个城市正在建设或规划中。实践证明，发展城市轨道交通是解决大城市交通问题的必由之路，对拉动城市经济的持续发展也起到了重要的作用。

城市轨道交通作用的发挥，依靠系统的安全和高效运营。然而，城市轨道交通系统设备先进、结构复杂，高新技术应用越来越普及，要保障这样庞大系统的安全和高效，必须依靠与之相协调的高素质的人员。轨道交通行业职工队伍中一半以上是技术工人，他们是企业的主体，他们的素质高低直接关系到企业的生存和发展。因此，企业必须拥有一支高素质的技术工人队伍，培养一批技术过硬、技艺精湛的能工巧匠，才能确保安全生产，提高工作效率，提升非正常情况下的应急应变能力。

岗位技能培训是人才培养的重要途径，是提高企业核心竞争力的重要手段，而岗位技能培训的过程和结果需要适合的培训教材作为技术支撑，广州地下铁道总公司在多年的实践中对这方面有深切的感受。教材的缺乏使我们下定决心依靠自己的力量编写教材，于是从1997年至2007年我们陆续编印了51种岗位技能培训内部教材，对广州地下铁道总公司的职工开展技术培训、职业技能鉴定提供了强有力的技术支持。

2006年底原国家劳动和社会保障部张小建副部长在看到我们的自编教材后积极肯定，并鼓励我们充分发挥企业的优势把教材推向全国以飨国内同行，为我国城市轨道交通事业的发展做出贡献。为了落实部领导的指示，我们与人力资源和社会保障部教材办公室合作，在对国内城市轨道交通行业进行广泛调研的基础上，按照相关国家职业标准的要求，调整、规范了岗位名称，推出了系列“城市轨道交通岗位技能培训教材”，涉及站务员、列车司机、车辆检修工、机电设备检修工、变电设备检修工、接触网检修工、通信检修工、信号检修工、自动售检票系统检修工等岗位，同时配备《城市轨道交通概论》、《城市轨道交通运营安全》等通用教材。

“城市轨道交通岗位技能培训教材”由广州市地下铁道总公司组织从事城市轨道交通建设和运营管理的专家编写。在教材内容方面，力求技术和操作的全面、完整，在注重操作的基础上，尽可能将理论问题讲解清楚，并在表达上能够深入浅出。该系列教材既可以作为各技能鉴定单位开展城市轨道交通行业工种鉴定的依据，又可作为城市轨道交通管理部门运营和设备检修人员的岗位技能培训教材，还可作为大、中专院校相应专业师生用书。

在全国普遍缺乏轨道交通行业岗位技能培训教材的情况下，广州市地下铁道总公司带着时代赋予的使命感和高度的责任感，填补了这一空白，祝愿每位立志于轨道交通事业的同仁都能学有所获、握有所长，在自己的岗位上创出优异的业绩。

城市轨道交通岗位技能培训教材　编委会

前言

变电检修工是城市轨道交通运营企业的重要工种之一，变电检修工的岗位技术素质，将对供电系统的电气设备和供电网络的安全运行产生直接的影响。为了适应城市轨道交通快速发展的需要，加快城市轨道交通变电检修工的培养步伐，促进城市轨道交通的健康发展，我们针对城市轨道交通变电检修工岗位知识与技能要求，组织编写了《变电检修工》一书。

全书共12章，可分为3部分：第一部分包括第一章和第二章，主要介绍城市轨道交通供电系统的概况，城市轨道交通变电检修的原则及要求，电气设备试验和保证安全作业的组织及技术措施。这一部分为变电设备检修决策提供方针指引。第二部分包括第三章至第十章，将城市轨道交通供电设备划分为变压器、SF_6气体绝缘开关柜（GIS）、高压断路器、整流器、电缆、一次侧设备附件、继电保护、电力监控系统等分别叙述。每一章先介绍设备的原理，然后是检修工艺，从项目、方法、周期以及所需工具器材等方面展开论述，最后介绍检修后的试验工作及故障处理的方法。这一部分为城市轨道交通变电检修人员提供经验借鉴。第三部分包括第十一章和第十二章，这一部分主要为提高变电检修人员所需的综合技能和开拓变电检修人员的视野而编写，第十一章介绍编制施工方案及验收组织管理，从编制施工方案、质量管理、大修改造验收工作等方面阐述了变电检修人员组织技术的综合能力运用。第十二章讲述本行业的“四新”应用，力求变电检修与新材料、新工艺、新技术、新设备保持同步，使变电检修始终站在科学发展的最前沿。

本书力求系统、全面地阐述城市轨道交通变电检修工所需的岗位知识与技能，可作为大中专学校、技校等轨道交通变电专业的学习教材和轨道交通运营企业变电检修人员的培训教材。不同城市的轨道交通企业可根据本企业的实际情况对所学内容进行取舍。

由于编者水平有限及时间仓促，教材存在不足之处在所难免，敬请广大使用单位和个人提出宝贵意见和建议。

广州市地下铁道总公司

目录

第一章

城市轨道交通供电系统

第一节　基本组成与运行方式

城市轨道交通供电系统是为城市轨道交通运营提供所需电能的系统，它不仅为城市轨道交通电动列车提供牵引用电，而且还为城市轨道交通运营服务的其他设施提供电能，如照明、通风、空调、给排水、通信、信号、防灾报警、自动扶梯等。在城市轨道交通的运营中，供电一旦中断，不仅会造成城市轨道交通运输的瘫痪，而且还会危及乘客的生命安全和造成财产损失。因此，高度安全、可靠并且经济合理的电力供给是城市轨道交通正常运营的前提和重要保证。

一、城市轨道交通供电系统的组成

城市轨道交通供电电源一般取自城市电网，通过城市电网一次电力系统和城市轨道交通供电系统实现输送或变换，然后以适当的电压等级供给城市轨道交通的各类用电设备。

城市轨道交通供电系统一般包括外部电源、主变电所（或电源开闭所）、牵引供电系统、动力照明供电系统和电力监控系统。其中，牵引供电系统包括牵引变电所和牵引网，动力照明供电系统包括降压变电所和动力照明配电系统。

城市轨道交通系统是一个重要的用电负荷，按规定应为一级负荷，即应由两路电源供电，当任何一路电源发生故障中断供电时，另一路应能保证城市轨道交通重要负荷的全部用电需要。在城市轨道交通供电系统中，牵引用电负荷为一级负荷，而动力照明等用电负荷根据实际情况可分为一级、二级或三级负荷。城市轨道交通的外部电源供电方案应根据线网规划和城市电网的具体情况进行规划设计，而不应局限在某一条线路上。根据实际情况的不同，外部电源方案可分为集中供电方式、分散供电方式和混合供电方式。

集中供电方式是指在线路的适中站位，根据总容量的要求设置主变电所，由发电厂或城市电网区域变电所以高压（如 110 kV）向主变电所供电，经降压并沿线结合牵引变电所、降压变电所进线形成 35（33）kV 或 10 kV 中压环网，再由环网供沿线设置的牵引变电所降压整流为直流电（如750 V或1 500 V），从而对电动列车供电。另外，各车站机电设备需由降压变电所降压为380/220 V对动力、照明等供电。这种供电方式的中压网络的电压等级根据用电容量、供电距离、城市电网现状及发展规划等因素，经过技术经济综合比较后确定。为了便于城市轨道交通供电系统的统一管理，城市轨道交通供电系统目前较多地采用集中供电方式。

分散供电方式是指不设置主变电所，而直接由城市电网区域变电所的35（33）kV或10 kV中压输电线直接向城市轨道交通沿线设置的牵引变电所、降压变电所供电并形成环网。采用这种供电方式的前提是城市电网比较发达，并且在有关车站附近有符合可靠性要求的供电电源，其中压网络的电压等级应与城市电网相一致。分散供电方式可设置电源开闭所，并可与车站变电所合建。

混合供电方式，是以上两种方式的混合，即轨道交通线路的一部分采用集中供电方式，另一部分采用分散供电方式。

二、变电所及其运行方式

1. 变电所的分类

变电所是城市轨道交通供电系统的重要组成部分，一般在城市轨道交通沿线设置，其数量、容量及其在线路上的分布应在综合考虑的基础上计算确定。城市轨道交通的变电所可以建在地下，也可以建在地面。地下变电所不占用地面，但土建造价高；地面变电所占用地面大，但土建造价低。城市轨道交通的变电所（尤其是地下变电所）在防火方面都有一定的要求，其防火措施主要应从结构和建筑材料以及变电所电气设备本身的不燃性等方面来考虑。变电所应装设自动消防报警装置、防火门和防火墙等隔离设施和有效的灭火系统。

城市轨道交通供电系统一般设置3类变电所，即主变电所（分散式供电方式为电源开闭所）、降压变电所及牵引降压混合变电所。主变电所是指采用集中供电方式时，接受城市电网35 kV及以上电压等级的电源，经其降压后以中压供给牵引变电所和降压变电所的一种城市轨道交通变电所。降压变电所从主变电所（电源开闭所）获得电能并降压变成低压交流电。牵引变电所从主变电所（电源开闭所）获得电能，经过降压和整流变成电动列车所需要的直流电。在有牵引变电所和降压变电所的站点，为了方便运行管理，降低工程造价，可将二者合并建成一座牵引及降压混合变电所。当由其他变电所引入中压电源而独立设置降压变电所时，称为跟随式降压变电所。

降压变电所一次侧母线及低压母线宜采用单母线分段接线；牵引变电所一次侧宜采用备用电源自投的单母线接线，直流侧宜采用单母线接线。

2. 变电所的运行方式

（1）主变电所。主变电所110 kV电源采用内桥接线，即110 kV分段母线采用桥断路器。正常运行时桥断路器断开，故障或维修时切换接通。两台主变压器只从一路电源进线得到供电，33 kV侧设置分段母线联络断路器，正常运行时，母线联络断路器断开，两台主变压器分列运行，共同负担全站的全部负荷。当一路110 kV电源或一台主变压器故障跳闸退出运行时，33 kV母线联络断路器自动合闸，由另一台主变压器向本站供电区域的一、二级负荷供电。这种互为备用的设计大大提高了供电系统的可靠性。

（2）牵引降压混合变电所。某牵引降压混合变电所的电气主接线如图1—1所示，33 kV

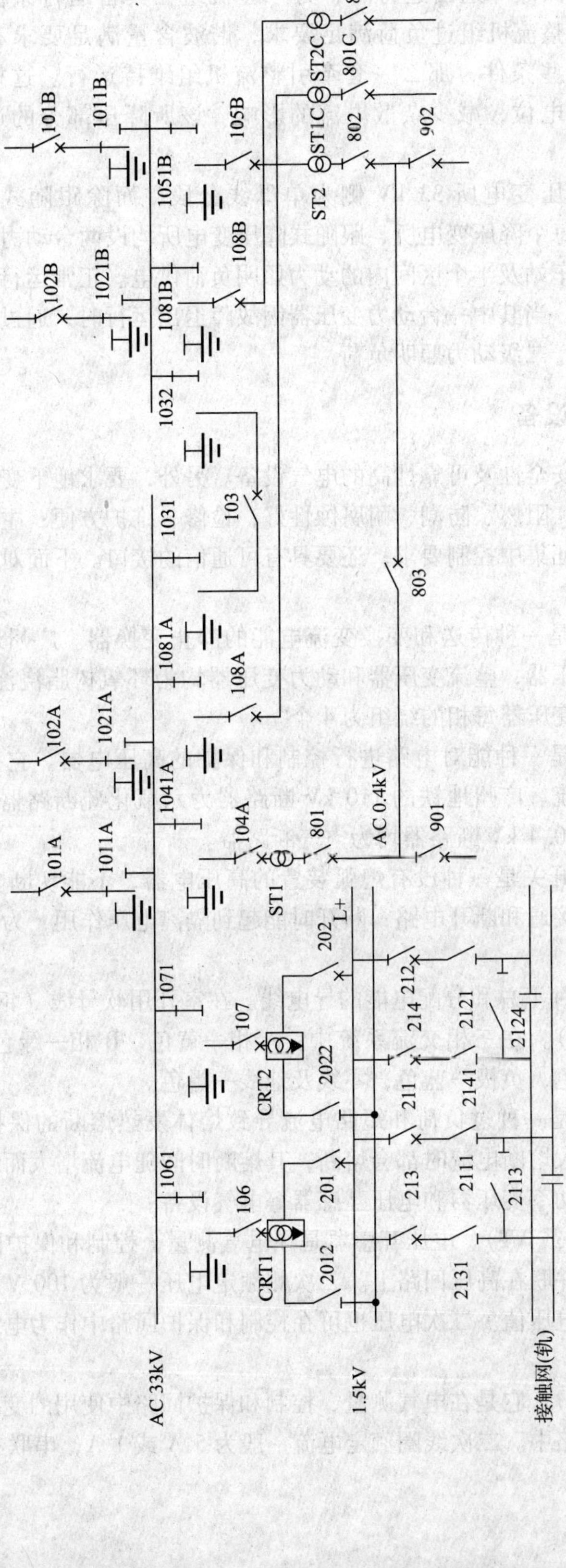

图 1—1　典型的牵引降压混合变电所主接线图

侧和0.4 kV 均为单母线分段。牵引降压混合变电所按所需容量设置两组牵引整流机组并列运行。当其中一套机组因故障退出运行时，另一套机组在具备运行条件时不应退出运行。该运行条件包括牵引整流机组过负荷满足要求，谐波含量满足要求和不影响故障机组的检修。如果能满足这些条件，那么一套牵引整流机组维持运行。这样既可保持列车运行，还可降低能耗、轨电位，减少杂散电流的影响。该所降压部分的运行方式同降压变电所。

（3）降压变电所。降压变电所 33 kV 侧为单母线分段，而除跟随式降压变电所外，0.4 kV均为单母线分段。每个降压变电所、跟随式降压变电所均设两台动力变压器，分别负责向各变电所所在的半个车站及半个区间内的动力照明负荷供电。正常运行时，两台动力变压器分别运行，同时供电，当其中一台动力变压器因故障退出运行时，通过联络开关由另一台动力变压器负担全所一、二级动力照明负荷。

三、变电所的主要设备

要求使用技术先进、安全性及可靠性高的电气设备。另外，要求地下变电所的电气设备体积小、质量轻以及防爆、阻燃、防潮、耐腐蚀性好；检修、维护方便；主要开关设备必须具备电动操作功能，以保证集中控制要求；还要具有可通信的接口。下面对变电所的主要设备进行介绍。

（1）变压器。变压器是一种传送和变换变流电能的静止变换器。广州地铁的主变压器为油浸双线圈有载调压变压器，整流变压器和动力变压器均为环氧树脂浇注的干式变压器。而作为特种变压器，整流变压器每相的绕组为 4 个。

（2）断路器。断路器是一种能对电路进行控制和保护的高压电器。它有断弧能力，可以切断负载电流和短路电流。广州地铁的 110 kV 断路器为六氟化硫断路器，33 kV 断路器为真空断路器，1.5 kV 和 0.4 kV 断路器均为空气断路器。

（3）隔离开关。隔离开关是一种没有熄弧装置的高压电器，不能切断负载电流和短路电流。它在无负载电流时接通和断开电路，断开时能起到隔离电压作用，为运行、操作和检修提供了方便。

（4）母线。母线是一种汇总和分配电能的导电线。在室外用软母线（钢芯铝绞线），室内用硬母线（铝排或铜排）。在三相交流系统中：A 相—黄色，B 相—绿色，C 相—红色；在直流系统中：正极—红色，负极—蓝色，零线及地线—黑色。

（5）熔断器。熔断器是一种过负荷和短路电流导致熔体发热熔断的保护电器。任何一种熔断器在电流超过其最大熔断电流时都会熔断，其熔断时间随电流增大而缩短。熔断器一般用来保护电力线路、小功率变压器和电压互感器等电气设备。

（6）电压互感器（PT 或 VT）。电压互感器是在电气测量、控制和保护回路中使用的变压器。电压互感器一次侧并联在高压回路上。二次侧额定电压一般为 100 V，并联在二次侧的电压表可间接指示一次电压值。二次电压也可在控制和保护回路中作为电源或电压信号使用。

（7）电流互感器（CT）。它是在电气测量、控制和保护回路中使用的变流器。电流互感器一次线圈串联在高压回路中。二次线圈额定电流一般为 5 A 或 1 A，串联在二次线圈回路中的电流表可间接指示一次电流值。二次电流也可在控制和保护回路中作为电源或电流信号使用。

近年来，电子式互感器逐步得到应用，它包括连接传输系统和二次变换器的一个或多个电流传感器或电压传感器，将被测量按比例传送给测量仪器（表）和保护控制装置。实际上电子式电流互感器（ECT）和电子式电压互感器（EVT）往往组成一个装置，即复合式电流电压互感器。

（8）避雷器。它是防止从线路侵入的雷电波和操作过电压损坏电气绝缘的保护电器。常用的有保护间隙（角型、管型、阀型）及氧化锌避雷器。

（9）金属封闭开关设备（开关柜）。制造厂根据用户对高压一次接线的要求，将断路器、负荷开关、熔断器、隔离开关、接地开关、避雷器、互感器以及控制、测量、保护等装置和内部连接件、绝缘支撑件和辅助件固定连接后，安装在一个或几个接地金属封闭外壳内的成套配电装置上，即开关柜。按照开关柜内部绝缘介质的不同，一般分为以大气绝缘和以 SF_6 气体为绝缘介质的开关柜，即 GIS。按电压等级又可划分为 3.6 ~ 40.5 kV（即中压）和 72.5 kV 及以上（即高压）两大类。

（10）整流器。整流器与整流变压器组合成整流机组的电流变换器。整流变压器供给的交流电通过整流器变为一定电压等级的直流电。当整流变压器是多相变压器时，交流电经整流器变为比较平滑的直流电。牵引用的整流器一般是由大功率的硅整流元件组成。广州地铁均采用自冷式的整流器柜，一号线接触网的供电电压为 12 脉波的整流电压，而二号线及以后的新线均采用 24 脉波的整流电压。

（11）继电保护装置。在电力系统出现故障或处于不正常工作状态时，能使断路器跳闸或发出报警信号的自动装置称为继电保护装置。它的任务是在系统出现故障时，使靠近故障点的断路器跳闸，切除故障部分，恢复系统的其他部分正常运行；在系统处于不正常工作状态如过负荷时，发出报警信号，提醒值班员注意和处理。继电保护装置与自动装置配合，可进一步实现电力系统自动化。

第二节 交流中压环网系统

交流中压环网系统是地铁供电网络的核心内容，是保证地铁供电可靠性的关键因素，这是因为高压系统受地区供电系统控制，对于地铁而言是不可控因素。当高压系统发生故障时，中压环网系统可靠性就成了地铁供电的关键因素。

交流中压环网系统有两大属性：一是电压等级，二是构成形式。

交流中压环网系统不是供电系统中独立的子系统，但它却是供电系统设计的核心内容。它的设计涉及外部电源方案、主变电所的位置及数量、牵引变电所及降压变电所的位置与数量、牵引变电所与降压变电所的主接线等。

地铁的牵引供电和动力照明等用电是通过中压环网系统来先降压后供电的，地铁供电系统在获得电源之后，需要通过城市电网一次电力系统和地铁供电系统实现传输和变换，降压变压器提供适当电压等级电能给地铁各类设备。通过中压电缆，纵向把上级主变电所和下级牵引变电所、降压变电所连接起来，横向把全线的各个牵引变电所、降压变电所连接起来，便形成了中压供电网络。

根据网络功能的不同，把为牵引变电所供电的中压供电网络，称为牵引网络；同样，把为降压变电所供电的中压供电网络称为动力照明网络。对于牵引与动力照明相对独立的网络，牵引供电网络与动力照明网络的电压等级可以相同，也可以不同。供电系统中的中压网络应按列车运行的远期通过能力设计，对互为备用线路，一路退出运行时，另一路应能承担其一、二级负荷的供电，线路末端电压损失不宜超过5%。

一个运行可靠、调度灵活的环网供电系统，一般要满足以下设计原则和技术条件。

(1) 供电系统应满足经济、可靠、接线简单、运行灵活的要求。

(2) 供电系统（含牵引供电）容量按远期高峰小时负荷设计，根据路网规划的设计可预留一定裕度。

(3) 供电系统按一级负荷设计，即平时由两路互为备用的独立电源供电，以实现不间断供电。

(4) 环网设备容量应满足远期最大高峰小时负荷的要求，并满足当一个主变电所发生故障时（不含中压母线故障），另一个主变电所能承担全线牵引负荷及全线动力照明一、二级负荷的供电。

(5) 电缆载流量应满足最大高峰小时负荷的要求，同时当主变电所正常运行，环网中一条电缆故障时，应能保证城市轨道交通的正常运行。这里不考虑主变电所和环网电缆同时发生故障的情况，但要保证主变电所与一个牵引变电所同时发生故障时，系统能正常供电（三级负荷除外）。

图1—2所示为某城市轨道交通工程采用集中供电方式时的中压环网系统示意图。

第三节　直流牵引供电

一、组成

在城市轨道交通牵引供电系统中，电能从牵引变电所经馈电线、接触网输送给电动列车，再从电动列车经钢轨（也称轨道回路）、回流线流回牵引变电所。由馈电线、接触网、轨道回路及回流线组成的供电网络称为牵引网。牵引变电所和接触网是牵引供电系统的主要组成部分。

接触网按其结构可分为架空式和接触轨式，按其悬挂方式又可分为柔性（弹性）接触网和刚性接触网。习惯上，由于接触轨式是沿线路铺设的与轨道平行的附加轨，故又称第三轨；而采用架空方式时，才称为“接触网”。

城市轨道交通牵引供电系统如图1—3所示，其各部分功能简述如下。

(1) 牵引变电所。是供给城市轨道交通一定区域内牵引电能的变电所。

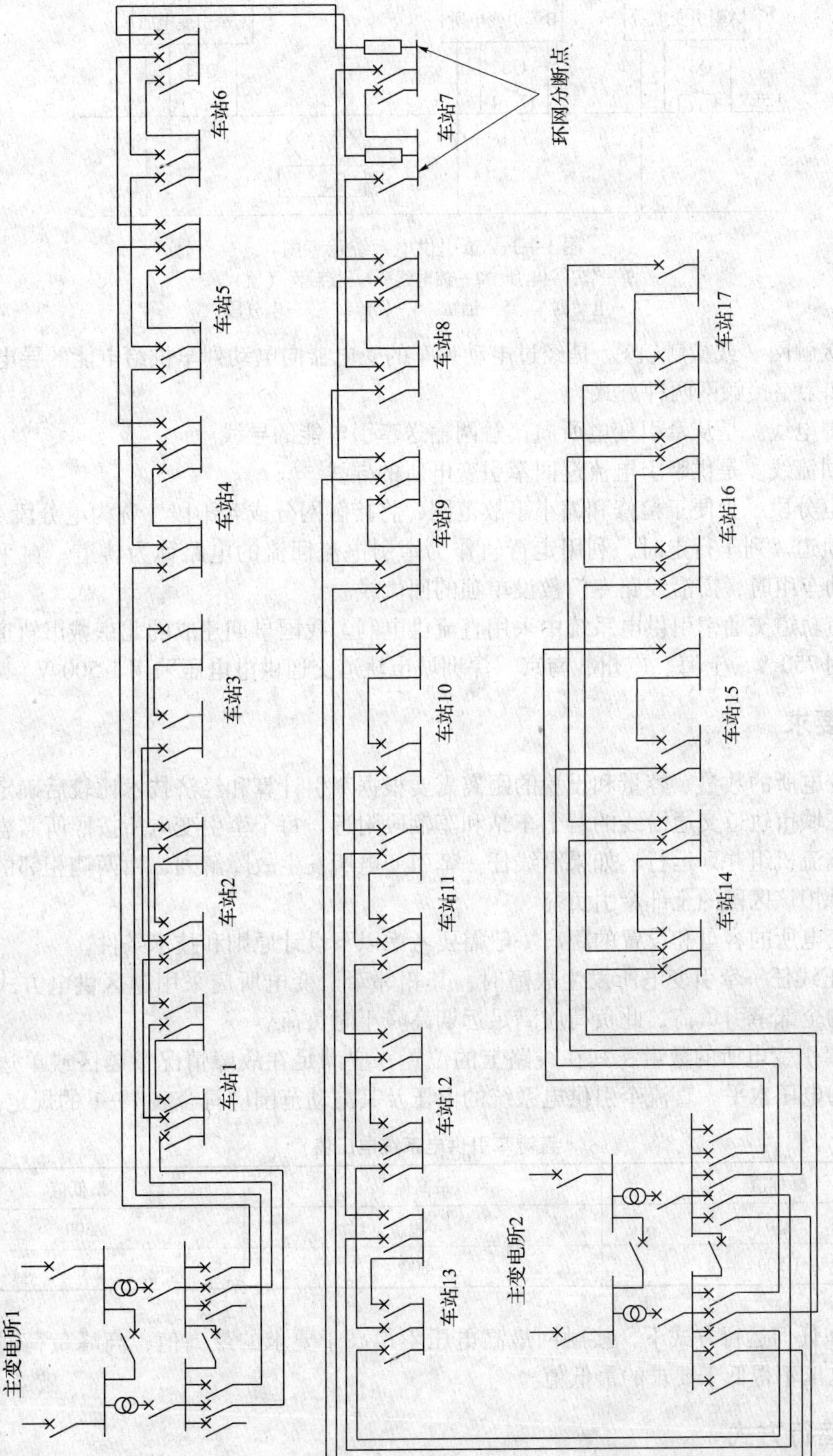

图 1—2　集中供电方式时的中压环网系统示意图

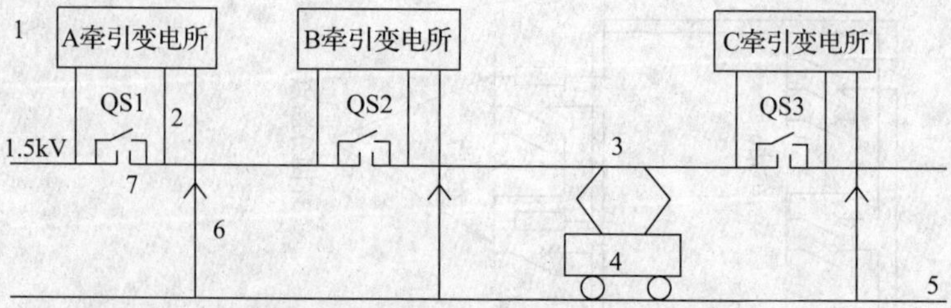

图 1—3　牵引供电系统示意图

1—牵引变电所　2—馈电线　3—接触网（轨）

4—电动列车　5—钢轨　6—回流线　7—电分段

（2）接触网（或接触轨）。是经过电动列车的受电器向电动列车供给电能的导电网（包括接触轨和架空接触网两种方式）。

（3）馈电线。是从牵引变电所向接触网输送牵引电能的导线。

（4）回流线。是供牵引电流返回牵引变电所的导线。

（5）电分段。为便于检修和缩小事故范围，将接触网分成若干段，称为电分段。

（6）轨道。列车行走时，利用走行轨作为牵引电流回流的电路称为轨道。在采用跨座式单轨电动车组时，需沿线路专门敷设单独的回流线。

在城市轨道交通牵引供电系统中采用直流供电制。我国早期建成的北京城市轨道交通供电电压采用 750 V，上海、广州、南京、深圳城市轨道交通供电电压采用 1 500 V。

二、要求

牵引变电所的数量、容量和设置的距离需要根据牵引计算和经济技术比较后确定。它们一般设置在城市轨道交通沿线的若干车站和车辆段附近。每个牵引变电所按照所需容量设置两组牵引整流机组并列运行，如果沿线任一牵引变电所发生故障解列，由两侧相邻的牵引变电所共同承担该区段的全部牵引负荷。

牵引变电所的容量和设置的距离一般需要考虑以下设计原则和技术条件。

（1）正线任一牵引变电所发生故障时，其相邻牵引变电所应采用越区供电方式，负担起该区段的全部牵引负荷，此负荷应满足远期高峰小时负荷。

（2）牵引变电所的数量及其在线路上的位置，应满足在故障情况下越区或单边供电时的接触网的电压水平。直流牵引供电系统的电压及其波动范围应符合表 1—1 的规定。

表 1—1　　**直流牵引供电系统电压值**　　V

标称值	最高值	最低值
750	900	500
1 500	1 800	1 000

（3）在任何运行方式下，接触网最高电压不得高于要求的最高值；高峰负荷时，全线任一点的电压不得低于要求的最低值。

三、运行方式

牵引变电所向接触网（或接触轨）供电的方式有两种，即单边供电和双边供电。在每个牵引变电所附近城市轨道交通接触网（或接触轨）由电分段进行电气隔离，分成两个供电分区，每个供电分区也称为一个供电臂。如果列车只从所在供电臂上的一个牵引变电所获得电能，这种供电方式称为单边供电；如果一个供电臂同时从相邻两个牵引变电所获得电能，则称为双边供电。

一般情况下，车辆段内采用单边供电方式，正线采用双边供电方式。在采用双边供电时，当某一牵引变电所发生故障退出运行时，该段接触网就变成了单边供电方式。如图1—3所示，正常运行时，列车以双边供电方式从B牵引变电所和C牵引变电所获得电能，越区隔离开关QS2断开；当B牵引变电所因故障退出运行时，越区隔离开关QS2合上，通过QS2由A牵引变电所和C牵引变电所进行大双边供电。正线上任何牵引变电所因故障退出运行时，均由相邻牵引变电所越区供电。在越区供电方式下，供电末端的接触网（或接触轨）电压较低，电能损耗较大。因此，根据情况要适当减少同时处在该供电区段的列车数目。另外，直流馈线保护整定时还需考虑大双边供电方式下的灵敏度。因此，越区供电只是在不得已的情况下短时采用的一种运行方式。

第四节　电力监控系统

电力监控系统（SCADA系统）实现控制中心（OCC）对供电系统的集中管理及调度、实时控制和数据采集。除利用“四遥”（遥控、遥信、遥测、遥调）功能监控供电系统设备的运行情况，及时掌握和处理供电系统的各种事故、报警事件外，还可以利用该系统的后台工作站对系统进行数据归档和统计报表，实现更好地管理供电系统。

随着计算机和通信技术的发展，自20世纪90年代末开始，以计算机为基础的电力监控系统的运行管理带来了一次变革。它包含微机保护、调度自动化和当地基础自动化。可实现电网安全监控、电量及非电量监测、参数自动调整、中央信号、当地电压无功综合控制、电能自动分时统计、事故跳闸过程自动记录、事件按时排序、事故处理提示、快速处理事故、微机控制免维护蓄电池和微机远动一体化功能。它为推行变电所无人值班提供了强大的技术支持。

一、基本组成与功能

电力监控系统由设置在控制中心的主站监控系统、设置在各种变电所内的子站系统以及联系二者的通信通道构成。

电力监控系统的设备选型、系统容量和功能配置应满足运营管理和发展的需要。其系统构成、监控对象和功能要求应根据城市轨道交通供电系统的特点、运营要求和通信系统的通道条件确定。

电力监控系统主站的设计，应确定主站的位置、主站系统设备配置方案、各种设备的功能、型式和要求，以及系统容量、远动信息记录格式和人机界面形式要求等。电力监控系统子站的设计，应确定子站设备的位置、类型、容量、功能、型式和要求。电力监控系统通道的设计要求，应包括通道的结构形式、主/备通道的配置方式、远动信息传输通道的接口形式和通道的性能要求等。电力监控系统的结构宜采用1对N的集中监控方式，即1个主站监控N个子站的方式。系统的硬件、软件一般要求充分考虑可靠性、可维护性和可扩性，并具备故障诊断、在线修改功能，同时遵循模块化和冗余的原则。远动数据通道宜采用通信系统提供的数据通道。

1. 主站监控系统的基本功能和主要设备

（1）主站监控系统的基本功能

1）实现对遥控对象的遥控。

2）实现对供电系统设备运行状态的实时监视和故障报警。

3）实现对供电系统中主要运行参数的遥测。

4）实现汉化的屏幕画面显示、模拟盘显示或其他方式显示以及运行和故障记录信息的打印。

5）实现电能统计等的日报、月报制表打印。

6）实现系统自检功能。

7）实现系统以友好的人机界面维护功能。

8）实现主/备通道的切换功能。

（2）主站监控系统的主要设备

1）计算机设备（主机）与计算机网络。

2）人机接口设备。

3）打印记录设备和屏幕拷贝设备。

4）通信处理设备。

2. 子站设备（远动终端）的基本功能

（1）远动控制输出。

（2）现场数据采集（包括数字量、模拟量、脉冲量等）。

（3）远动数据传输。

（4）可脱离主站独立运行。

此外，子站设备（远动终端）的通信规约应对用户完全开放。

3. 变电所综合自动化装置基本功能

（1）保护、控制、信号、测量。

（2）电源自动转接。

（3）必要的安全联锁。

（4）程序操作。

（5）装置故障自检。

（6）开放的通信接口。

当采用主控单元对各变电所综合自动化装置进行管理时，除提供多种形式的现场网络接口外，变电所间断路器联跳等功能通过综合自动化主控单元与控制中心监控主站的信息传递和交换共同来实现。重要设备之间除考虑二次回路硬线联动、联锁、闭锁外，由综合自动化软件实现逻辑判断、计算、继电器等功能，并通过下位监控单元执行操作。

二、监控的基本内容

1．遥控的基本内容

（1）主变电所、开闭所、中心降压变电所、牵引变电所、降压变电所内 10 kV 及以上电压等级的断路器、负荷开关及系统用电动隔离开关。

（2）牵引变电所的直流快速断路器、直流电源总隔离开关。

（3）降压变电所的低压进线断路器、低压母联断路器、三级负荷低压总开关。

（4）接触网电源隔离开关。

（5）有载调压变压器的调压开关。

2．遥信的基本内容

（1）遥信对象的位置信号。

（2）高中压断路器、直流快速断路器的各种故障跳闸信号。

（3）变压器、整流器的故障信号。

（4）交直流电源系统故障信号。

（5）降压变电所低压进断线路器、母联断路器的故障跳闸信号。

（6）钢轨电位限制装置的动作信号。

（7）预告信号。

（8）断路器手车位置信号。

（9）无人值班变电所的大门开启信号。

（10）控制方式。

3．遥测的基本内容

（1）主变电所进线电压、电流、功率、电能。

（2）变电所中压母线电压、电流、功率、电能。

（3）牵引变电所直流母线电压。

（4）牵引整流机组电流与电能、牵引馈线电流、回流线回流电流。

（5）变电所交直流操作电源的母线电压。

第二章

城市轨道交通变电设备检修

第一节　变电检修原则及要求

设备的维护和检修（以下简称“检修”）是确保设备安全、可靠和经济运行的重要措施。目前设备的检修已实现按计划定期检修，使检修工作制度化、规范化和标准化，做到精检细修，确保设备的维修质量。随着检测技术水平的提高，在线运行监测应用，计算机、通信技术的发展，在设备的检修中应不断积累经验，积极探索最佳的检修模式，逐步向状态检修过渡。

目前，普遍采用定期检修制度，即为了防止设备性能及精度劣化或降低，根据设备运转的周期和季节性等特点，按预先制定的设备检修周期与工作内容、技术要求和计划进行检修作业。对于计划性检修，必须制定相应的年度检修计划及月度检修计划，并根据计划进行安排和落实。

一、设备检修的原则

(1) 计划检修与维修保养并重。以预防为主的计划检修与维护保养是相辅相成的。设备维护保养、操作使用得当，就会延长检修周期或减少检修工作量。计划检修好，维护保养也就容易搞好。因此，两者都不能忽视。

(2) 检修为变电所安全、可靠运行提供服务。安全、可靠地供电，是供电部门经营的主要生产活动。因此，检修班组必须在保证检修质量的前提下，尽量缩短设备停运时间。

(3) 以现代化管理手段和方法，实行“三定四化记名检修”。实践证明，在设备的检修工作中实行“三定四化记名检修”，是一种确保设备检修质量的有效方法。

二、制定检修计划的原则

检修计划是设备检修的依据，其主要内容是确定计划期内设备检修的类别、时间、劳动量及停运时间等。在检修计划中，应明确规定应修设备的名称、数量、修理日期和修理工时等内容。必要时，还可规定所需的主要材料及备件等。

1．年度检修计划

在每年10月底前，供电部门的专业工程师参照各专业的维修规程，制定本专业下一年的年度检修计划初稿，并发送给各相应工班征求意见。之后，报请上级主管部门审批，于每年12月初发布。

在年度计划正式发布执行后，当设备情况或工作情况出现变化，需要对年度检修计划进行修改时，由专业工程师统一向主管部门提交修改建议，经审批后发布执行。

2．月度检修计划

在每月15日前，各生产部门专业组参照各专业的年度检修计划及设备运行情况，制定本专业下月的月度检修计划初稿，并送相关专业工程师审核后上报。月度检修计划的编制要把年度检修计划中该月的工作全部落实，并视具体情况有所增加，但原则上不得出现年度计划的工作在月度计划中不做安排的情况。

在月度计划正式发布执行后，当设备情况或工作情况出现变化，需要对月度检修计划进行修改时，由生产部门统一向主管部门提交修改建议，经审批后发布执行。

3. 周检修计划

各生产班组根据月度检修计划，安排编制周检修作业计划，于作业开始前一周第一个法定工作日的12时前，向计划主管部门申报。计划主管部门于每周最后一个法定工作日，转发由主管领导批准签发执行的《每周施工行车通告》。

当对《每周施工行车通告》中的生产作业项目进行任何调整时，都必须于作业开始前一个法定工作日的12时前，向计划部门申报日补充计划。当系统设备发生故障造成性能或精度降低，但不构成抢修条件的故障，可以在运营结束后进行维修，此时须申请办理临时检修计划。

三、检修周期的确定原则

1．大修周期

设备使用到一定年限后需要进行大修。国产设备一般在投入运行后的5年内，以后间隔10年大修一次，进口设备在10年到20年后进行大修。如果开关设备操作次数达到一定值，即开断短路电流次数达到厂家规定的额定次数；设备试验不符合运行规程的要求，经中小修仍不能满足运行要求的；设备磨耗超过运行规程的规定值；设备损坏、破损不能满足运行要求的，均需进行大修。但对低值的电子设备、没有大修价值的、技术经济不合理的设备不进行大修，而是直接更换。主要设备大修周期的确定依据如下。

（1）油变压器一般在投入运行后的5年内和以后间隔10年大修一次。箱沿焊接的全密封变压器或制造厂另有规定者，若经过试验与检查并结合运行情况，判定有内部故障或本体严重渗漏油时，才进行大修。在电力系统中运行的主变压器经受出口短路后，经综合诊断分析，可考虑提前大修。运行中的变压器，当发现异常状况或经试验判明有内部故障时，应提前进行大修；运行正常的变压器经综合诊断分析良好，由总工程师批准，可适当延长大修周期。运行中有载调压开关运作累计分接次数达到所规定的检修周期分接变换次数限额后，应进行大修。如无明确规定，一般每分接变换1～2万次，8～10年也应吊芯检查进行大修。

干式变压器寿命为30年，一般无需大修，当出现变压器绕组故障发生损坏时需进行大修，建议回厂进行返修。

（2）GIS设备一般运行20年后进行大修，解体、更换零部件。若断路器、隔离开关设备连续运行操作机械寿命和电寿命达到厂家规定次数需进行大修。

（3）直流开关一般运行20年后进行大修，解体、更换零部件。若断路器设备连续运行操作，机械寿命和电寿命达到厂家规定次数需进行大修。具体可参照厂家技术规定。

（4）微机继电保护综合控制单元、继电器、低压开关柜、电子元件、整流二极管和蓄电类产品一般使用运行10～15年后进行更新，可不列入大修改造项目。

2．中修周期

中修周期介于大修与小修周期之间，一般在运行5年后进行检修，对微机继电保护综合控制单元、继电器、低压开关柜、电子元件、整流二极管和蓄电类产品出现运行参数达不到规程要求或有故障隐患而进行更换，同时更换设备外壳、接地母版等工作够不上大修，可列为中修内容。

3．小修周期

由于受机械力、电动力、振动、温度变化、环境污染、电流季节性变化等的影响，设备可能会出现一些故障，及时消除和预防故障的发生，定期进行恢复性的小修是必要的。供电设备的小修一般每年一次，安装在2～3级污秽地区的设备应考虑到环境影响；在户外安装运行的设备考虑紫外线、空气、雨水的影响，其小修周期应在现场规程中予以规定；附属装置的检修周期，保护装置和测温装置的校验，应根据有关规程的规定进行。例如，油变压器操作机构的电机、油泵的解体检修，2～3年进行一次；冷却风扇的解体检修，1～2年进行一次；净油器中吸附剂的更换，应根据油质化验结果而定；自动装置及控制回路的检验，一般每年进行一次。设备全面清扫、螺栓紧固、除锈涂漆和蓄电池充放电等每年进行一次，对污染大的地面段设备清扫每年进行两次。

GIS设备每年进行气体的检漏分析以确定是否需要补气，对运行中的变压器油按规程的规定进行检测化验。

四、变电设备检修标准的一般规定

（1）所有电气设备的外壳（动力变压器保护罩）均应清洁无油垢，工作接地及保护接地良好。小修后其锈蚀面积不得超过总面积的5%，中修和大修后应无锈蚀和脱漆，大修后的设备镀层应完好。

（2）所有充油设备的油位、油色均要符合规定，油管路畅通，油位计清洁透明，检修后应不渗油。充气设备的气压、防爆膜、气体成分组成应符合规定。

（3）金属构架、杆塔和支撑装置紧固，小修后锈蚀面积不得超过总面积的5%，中、大修后应无锈蚀，漆层应完好。钢筋混凝土基础、杆塔和构架应完好，安装牢固，并不得有破损、下沉。

（4）紧固件要固定牢靠，不得松动，并有防松措施，螺纹部分要涂油。

（5）绝缘件应无脏污、裂纹、破损和放电痕迹，瓷釉剥落面积不得超过300 mm^2。

（6）各种引线不得松股、断股、搭接不良，连接要牢固，接触良好，张力适当，相间和对地距离均要符合规定。各种硬母线连接牢固无变形，无过热。

（7）电气设备带电部分距接地部分及相间的距离要符合规定。

（8）中修、大修中所有更新的零部件要达到出厂的标准，所有新换设备的质量及安装质量均要达到新建项目的标准。大修中新设的基础、杆塔、构架和支撑装置要达到新建项目的标准。

第二节　变电所电气设备试验简述

电力设备预防性试验是指对已投入运行的设备按规定的试验条件（如规定的试验设备、环境条件、试验方法和试验电压等）、试验项目、试验周期所进行的定期检查或试验，以发现运行中电力设备的隐患，预防事故发生及电力设备损坏。它是判断电力设备能否继续投入运行并保证安全的重要措施。

目前，我国电力设备预防性试验规程的内容实际上超出了预防性试验的范围，它不仅包括定期试验，还包括大修、小修后的试验以及新设备投运前的试验。

一、电气预防性试验目的

预防性试验和绝缘诊断是电力设备运行和维护工作中的一个重要环节，是保证电力设备安全运行的有效手段之一。多年来，电力部门和大型工矿企业的高压电力设备基本上都是按照原电力部颁发的《电力设备预防性试验规程》的要求进行试验的，对及时发现和诊断设备缺陷起到了重要作用。

电气设备的使用寿命主要取决于设备内部绝缘材料的性能，对于高压电气设备，绝缘性能的衡量指标有电气性能、机械性能、热稳定性与化学稳定性等。绝缘材料的电气性能主要是指在电场作用下的导电性能、介电性能和绝缘强度，经常用电导率、相对介电常数、介质损耗角正切以及击穿强度4个参数来描述。在电气设备的长期运行过程中，需要用各种技术手段进行电气性能的定期监测，并结合局部放电测量、老化试验等其他项目，对电气设备的绝缘性能作出客观的综合评价。

设备绝缘强度的下降取决于各种因素的综合作用，其过程是随机的。因此，有计划地进行预防性监测，是保证电气设备可靠运行的重要手段。而绝缘试验的目的是采用多种试验方法，检测出被试设备的各种缺陷以及引起电气性能参数的改变量，从而判断被试设备的绝缘情况，安排消除缺陷性的维修，以保证电气设备的安全运行。

二、电气设备预防性试验分类

1. 按试验范围分类

（1）定期试验。这是为了及时发现设备潜在的缺陷或隐患，每隔一定时间对设备定期进行的试验。例如油中溶解气体色谱分析、绕组直流电阻、绝缘电阻、介质损耗因数、直流泄漏、直流耐压、交流耐压和绝缘油等试验。

（2）大修试验。指大修时或大修后进行的检查试验项目。除定期试验项目外，还需进行穿心螺栓绝缘电阻、局部放电、油箱密封、断路器分合闸时间和速度、电动机定转子间隙测量等试验，其中有些是机械方面的检查项目。

(3) 查明故障试验。指定期试验或大修试验时，发现试验结果有疑问或异常，需要进一步查明故障性质、确定故障位置时进行的一些试验，也称诊断试验。例如空载电流、短路阻抗、绕组频率响应、振动、绝缘油含水量和油介损、压力释放器和氧化锌避雷器工频参考电压等试验。

(4) 预知性试验。这是为了鉴定设备绝缘的寿命，检查被试设备的绝缘是否还能继续使用一段时间，是否需要在近期安排更换而进行的试验，例如发电机或调相机定子绕组绝缘老化鉴定、变压器绝缘纸（板）聚合度和油中糠醛含量等试验。

2. 按试验性质分类

(1) 非破坏性试验。也称绝缘特性试验，使用较低的试验电压或用不会对被试设备绝缘产生累积损伤效应的方法，根据绝缘介质中发生的各种物理过程（极化、吸收、电导等），测量绝缘的各种参数（绝缘电阻、吸收比或极化指数、泄漏电流、介质损耗角正切等），以及与极化吸收过程有关的特性（主要表现为电阻—时间的变化规律）和绝缘冷却媒质的一系列其他特性（化学成分、油中水分及气体含量等），从而判断设备的绝缘能力，及时发现可能的劣化现象。另外，可以通过历次试验积累的数据，综合分析绝缘特性随时间的变化趋势，从而对被试设备内部绝缘缺陷进行判断，但此类方法间接，不容易作出准确的判断。

(2) 破坏性试验。也称绝缘耐压试验，是在被试设备上施加高于设备工作电压的试验电压，以求揭示危险性较大的集中性缺陷，并直接检验被试设备的绝缘耐压水平或裕度。耐压试验时，对被试设备绝缘可靠性的考验直接、严格，缺点是试验可能给被试设备的绝缘造成一定的损伤，并会导致被试设备的绝缘能力下降，可能恢复的缺陷在试验过程中发展为不可逆转的击穿。

三、电气设备预防性试验诊断方法

1. 测量绝缘电阻

它是一种常用而又简单的试验方法，通常用兆欧表进行测量。根据测得的试品在 1 min 内的绝缘电阻大小，可以检测出绝缘是否有贯通的集中性缺陷、整体受潮或贯通性受潮，但不能检测出绝缘的局部缺陷。

2. 测量泄漏电流

它与测量绝缘电阻的原理基本上是相同的，而且检测出缺陷的性质也大致相同。但由于泄漏电流测量中所用的电源一般由高压整流设备提供，并用微安表直接读取泄漏电流，因此，与测量绝缘电阻相比又有自己的特点：第一，试验电压高，并且可随意调节；第二，泄漏电流可由微安表随时监视，灵敏度高，测量重复性也较好；第三，根据泄漏电流测量值可以换算出绝缘电阻值，而用兆欧表测出的绝缘电阻值则不能换算出泄漏电流值；第四，可以用 $i=f(u)$ 或 $i=f(t)$ 的关系曲线测量吸收比来判断绝缘缺陷。

3. 测量介质损失角

它是一项灵敏度很高的试验项目，可以发现电气设备绝缘整体受潮、劣化、变质以及小体积被试设备贯通或未贯通的局部缺陷。例如，对绝缘油而言，一般在耐压试验时，好油的击穿场强可达 250 kV/cm，坏油为 25 kV/cm，好油和坏油的击穿场强在数值上的差别是 10∶1。但是测量其介质损失角时，好油的很小，其 $\tan\delta = 0.0001$，而坏油则大到 $\tan\delta = 0.1$，二者之间的差别是 1∶1 000，也就是说，后一试验的灵敏度较前者提高 100 倍。

由于介质损失角测量具有很高的灵敏度，所以在电工制造、电气设备交接和预防性试验中都得到了广泛的应用。但是，当被试品体积较大，而缺陷所占的体积又较小时，用这种方法难以发现缺陷。

4. 交流耐压试验

它是破坏性试验中的一种，能进一步诊断出电气设备的绝缘缺陷。交流耐压试验是鉴定电气设备绝缘强度最严格、最有效和最直接的试验方法，它对判断电气设备能否继续投入运行具有决定性的作用，也是保证设备绝缘水平和避免发生绝缘事故的重要手段。

5. 直流耐压试验

它除能发现设备绝缘受潮、劣化外，对发现绝缘的某些局部缺陷具有特殊的作用，往往这些局部缺陷在交流耐压试验中是不能被发现的。但交流耐压试验对绝缘的作用更近于运行状况，因而能检出绝缘在正常运行时的弱点。因此这两种试验不能互相代替，必须同时应用于预防性试验中。

四、电气预防性试验常用的试验设备

1. 高压兆欧表

用于测量被试设备的绝缘电阻，一般情况下是用普通摇表来测量，虽然简单，但是其工作强度大、速度慢，测量范围也有一定的局限性。现在常用的测试仪表，不用手摇，可像手机一样充电备用，操作简单，输出稳定，读数直观，劳动强度小，是普通摇表的理想替代品。

2. 直流电阻测试仪

用以测量被试品的直流电阻。以前用电桥来测量直阻，现在用直流电阻测试仪就简单多了，而且速度快，读数直观方便，有自备电源，适用于无源的现场。其基本原理就是运用欧姆定理，该仪器输出恒定的直流电流（目前有 1 A、2 A、5 A、10 A、20 A、40 A 等），通过取样负载两端的压降来获得负载的直流电阻。

3. 高压试验变压器

主要运用于高压运行设备的泄漏试验和交直流耐压试验，也可对常用的绝缘工具进行耐压试验，如绝缘垫、绝缘鞋、绝缘手套、绝缘杆等。常用的电压等级有 50 kV、100 kV、150 kV、200 kV、250 kV、300 kV 等，常用的容量等级有 3 kV · A、5 kV · A、10 kV · A、15 kV · A、20 kV · A、25 kV · A、30 kV · A、40 kV · A、50 kV · A、100 kV · A、200 kV · A 等，也可根据被试品所需的电压等级和容量大小进行定制。目前常用的是干式变压器。干式试验变压器的特点是防潮性能更好、质量更轻，但其散热性较差，维修成本较高。不管什么变压器都需要一个与其配套的控制设备来控制它，通常都有相应的配套控制台或控制箱，这些控制设备一般都有调压输出功能、过流保护功能和耐压计时功能。当然，这些功能如果是电动控制，还可以实现自动升降压、自动耐压计时、过流自动降压和耐压计时到报警等功能。

4. 升流器

升流器实质上是一种特殊的变压器。短时间工作制主要运用于电流互感器的校验，断路器的动作形式试验等；长时间工作制主要用于大电流电气元件、电缆等的发热温升试验。

5. 高压开关机械特性测试仪

主要用于高压开关的动态特性参数的测试。例如高压开关的同期性、合分闸时间、弹跳、合分闸速度、动触头行程及超程等参数的测定。

6. 全自动变比测试仪

用于变压器绕组的变比、极性和组别的测试。以前通过变比电桥来测试，使用很不方便，功能也受到诸多限制，利用自动变比测试仪则可以很好地解决这一问题。

7. 便携式直流高压发生器

本仪器利用高压硅堆和高压滤波电容的倍压整流技术输出直流高压，主要用于变压器、发电机组、氧化锌避雷器、高压电缆等的直流泄漏和直流耐压试验。

8. 全自动试油器

主要用于变压器油的介电强度的测定。

9. 氧化锌避雷器测试仪

专门用于氧化锌避雷器的相关参数的测定。

10. 回路电阻测试仪

主要用于回路接触电阻的测试，基本原理与直流电阻测试仪相似。该仪器输出 100 A 恒定直流电流，比直流电阻的输出电流要大得多，现在也有使用 200 A 输出电流的。

11. 介质损耗测试仪

主要用于鉴别电气绝缘设备的污染、破裂、穿孔、老化和受潮等缺陷。

12. 接地电阻测量仪

广泛运用于测量各种电气装置的接地电阻以及低电阻的导体电阻，还可以测量土壤的电阻率和地电压。

13. 变压器损耗参数测试仪

主要用于测试变压器的空载损耗、负载损耗、空载电流和阻抗电压等参数。

14. 超低频高压发生器

它实质上是工频交流耐压系统的新型替代品。对于某些较大的容性负载如电力电缆等，如果用普通的工频交流耐压试验设备，不仅设备笨重，而且现场试验电源也难以满足试验要求，而运用超低频试验设备就能很好地解决这一矛盾。在同等负载条件下，其所需的试验容量只有工频耐压的五百分之一，因此可以大大缩小试验设备的体积和质量，使用起来更方便灵活。

另外，还有用于测量地网电阻的大型地网电阻测量仪，测量变压器有载分接开关系列参数的有载分接开关测试仪，以及专门用于测试各种互感器相关参数的全功能互感器综合校验仪等。

五、绝缘诊断

传统的基本绝缘试验项目包括绝缘电阻、直流泄漏电流、介损、直流耐压和交流耐压试验。通过绝缘性能试验，可定期检测电气设备绝缘性能，预测绝缘状况，推断绝缘老化进程、绝缘油劣化等内部薄弱环节，发现现役设备的隐患，安排消除缺陷的维修计划等，以保证设备的安全运行。

（1）绝缘电阻试验项目中，发现变压器吸收比试验不够完善，不少新出厂或检修烘干后容量较大的变压器，绝缘电阻绝对值较高，但吸收比（R60″/R15″）偏小，疑为不合格。若采用极化指数试验（R600″/R60″）后，就易于作出明确判断。从介质理论来分析，吸收比试验时间短（仅 60 s），复合介质中的极化过程刚处于开始阶段，尚不能全面反映绝缘的真实面貌，极化指数试验时间为 600 s，介质极化过程虽未完成，但已初步接近基本格局，故能较准确地反映绝缘受潮情况。

（2）改进在电场干扰下测量设备介损时的抗干扰方法。如采用电子移相抵消法和异频法等新方法，操作方便，提高了工作效率。但另一种采用电源导向和自动计算的方法，在干扰较大时，误差仍较大。

（3）6～35 kV 中压橡塑绝缘电力电缆（指聚氯乙烯绝缘、交联聚乙烯绝缘和乙丙橡胶绝缘电缆），取消了投运后的直流耐压试验项目，代之以测量外护套和内衬层的绝缘电阻。这是因为高幅值直流电压在宏观上会降低橡塑电缆绝缘寿命，不少直流耐压试验合格的橡塑电缆在运行中发生击穿事故，这已在理论和国内外的运行实践中证实。但对于 35 kV 及以下纸绝缘电缆，多年经验表明，直流耐压试验仍是行之有效的预防性试验项目，能发现许多潜在缺陷，故还应继续执行。

（4）交流耐压试验中，对大容量试品（如 SF_6 组合电器、大型发电机等）采用工频串联谐振方法的日渐增多。

（5）电力变压器的定期试验项目首先应是油中溶解气体的色谱分析。绝大部分的变压器缺陷都是从色谱分析发现的。

（6）35 kV 固体环氧树脂绝缘的电流互感器增做局部放电试验。

（7）在需要时做变压器油中含水量、油中含糠醛量和绝缘纸板聚合度试验，后两项试验的目的在于决定是否需要更换绝缘。

（8）如果氧化锌避雷器直流电压试验或交流阻性电流测试不合格，应做交流工频参考电压试验，以作出进一步判断。

六、电气设备绝缘寿命预测

高压电气设备寿命预测主要是绝缘寿命预测，一是针对各种绝缘材料，二是针对实际设备的绝缘系统。单纯绝缘材料的寿命模型不能直接运用于实际设备，但对实际绝缘系统的结构布置、材料选择及老化评估有重要的参考价值。

超过设计年限继续运行的重要设备如发电机、变压器等的绝缘寿命预测技术有着显著的经济意义。“超寿命”设备继续运行的前提是必须可靠地估计其残余寿命。如变压器寿命不决定于已运行的年数，而应由其绝缘实际状况决定是否能继续使用，并提出了“绝缘年龄”的概念，以油中 CO、CO_2、糠醛并结合纸绝缘的抗拉强度和聚合度测量来估算。随着“绝缘年龄”增加，设备运行的可靠性降低；当可靠性低于某一预定值时，认为绝缘寿命已尽，设备即退出运行或进行相应的处理。一般认为纸的抗拉强度下降到 50% 时，绝缘寿命已尽。

总的来说，目前这方面的研究并不完善，需要继续开展大量的工作。

第三节　保证安全的组织及技术措施

电气作业的安全措施一般包括保证安全的组织措施和技术措施，主要是为了保证电气作业人员的人身安全，防止触电伤害。本节主要介绍组织措施的工作票制度，工作许可制度，工作监护制度，工作间断、转移和终结制度，技术措施的停电、验电、装设接地线，悬挂标示牌和遮栏。

一、保证安全的组织措施

保证安全的组织是指在进行电气作业时，将与检修、试验和运行有关的部门组织起来，加强联系、密切配合，在统一指挥下，共同保证电气作业的安全。

电气作业人员和电气运行人员都必须严格遵守、认真执行组织措施的4项制度，以保证人身安全和电气系统及设备的安全运行。

1. 工作票制度

工作票是指在已经投入运行的电气设备上或电气场所工作时，明确工作人员，交代工作任务和工作内容，实施安全技术措施，履行工作许可、工作监护、工作间断、转移和终结的书面依据。所谓工作票制度，是指在电气设备上进行任何电气作业，都必须填写工作票，并依据工作票布置安全措施和办理开工、终结手续。

根据作业性质不同，工作票分为两种，即第一种工作票和第二种工作票。第一种工作票的使用范围：用于高压设备停电作业及低压380 V电源主母线的停电作业；第二种工作票的使用范围：用于高压设备不停电的作业，低压设备上的停电与不停电作业以及在二次回路上进行的不需高压设备停电的作业。

（1）工作票的填写与签发

1）工作票的填写。工作票由签发人填写，也可以由工作负责人填写。工作票应使用钢笔或圆珠笔填写与签发，一式两份，填写应正确、清楚，不得用铅笔书写，不得任意涂改，如有个别错、漏字需要修改时，应使用规范符号，字迹清楚，并由签发人签字确认。

填写工作票时，应查阅电气一次系统图，了解系统运行方式，对照系统图填写工作地点、作业内容、作业时间、作业成员、安全措施和注意事项。

2）工作票的签发。工作票应由工作票签发人签发。工作票签发人和工作负责人由供、受电维修及管理部门指定具有资格人员担任并书面公布，第一、二种工作票有资格的签发人及工作负责人名单须报控制中心电调备案，110 kV线路工作票签发人及工作负责人名单须向供电局报批。一张工作票中，工作票签发人、工作负责人和工作许可人三者不得互相兼任，工作负责人只可以填写工作票。

（2）工作票的使用。工作票一式两份，一份应保存在工作地点，由工作负责人收执，以作为进行工作的依据；另一份由工作许可人收执，安置移交，工作许可人据此工作票办理准许作业手续，做好安全措施。

发票人在工作前要尽早将工作票交给工作负责人和值班员（工作许可人），使之有足够的时间熟悉工作票的内容及做好准备工作。一般第一种工作票应在工作前一天预送达值班员，第二种工作票应在工作当天预交给工作许可人。

工作负责人和值班员对工作票内容有不同意见时，要及时向发票人提出，经认真分析，确认无误后方准作业。

工作票中规定的作业组成员，一般不应更换，若必须更换时，应经发票人同意，若发票人不在，可经工作负责人同意，在对新工作人员进行安全交底手续后，方可进行工作。非特殊情况下不得变更工作负责人，如确需变更工作负责人，必须经发票人同意（作业过程中不允许更换负责人），各在工作票上签字后，报电力调度备案。工作负责人允许变更一次，原、现工作负责人应对工作任务和安全措施进行交接。一个作业组的工作负责人同时只能接受一张工作票。一张工作票只能发给一个作业组。

事故抢修、情况紧急时可不开工作票，但应向电力调度报告事故概况，听从电力调度的指挥，在作业前必须按规定做好安全措施，并将作业时间、地点、内容及批准人的姓名记入值班日志中。

若一个电气连接部分作业需相邻变电所停电时，开工前，相关变电所的全部安全措施应一次做完。

作业组成员要服从工作负责人的指挥和调动，遵章守纪，对不安全和有疑问的事项要及时地提出意见，坚持安全作业。

（3）工作票的有效期与延期

1）第一种工作票的有效时间，一般不超过一周（168 小时），遇抢修、大中修时，不超过 30 天，若在规定的工作时间内作业不能完成，工作负责人应提前半小时向电力调度办理准许延时手续。第一种工作票只能延期一次。

2）第二种工作票有效时间最长为 24 小时，不得办理延期手续，到期尚未完成工作应重新办理工作票。

工作中工作票破损、污损影响继续使用时，应重新填写工作票。

（4）工作票中有关人员的安全责任。工作票的有关人员有：工作票签发人、工作负责人、值班员、作业组成员，他们在工作票中的职责如下。

1）工作票签发人。负责审查该作业项目的必要性和可行性；工作地点、时间是否可行，作业区是否安全可靠；安全措施是否正确和完备；所派工作负责人和作业组成员是否适当，人数是否足够，精神状态是否良好。

2）工作负责人（监护人）。根据工作任务正确安全地组织工作；复查工作票必须采取的安全措施是否正确完备，符合规定要求；结合实际进行安全思想教育；复查值班员所做的安全措施要符合规定要求；时刻在场监督作业组成员的作业安全。

3）值班员。负责审查工作票必须采取的安全措施是否正确完备，符合规定要求；工作现场布置的安全措施是否完善；负责向电力调度申请停电，进行停电倒闸作业；按照有关规定和工作票要求做好安全措施，办理准许作业手续；负责检查停电设备有无突然来电的危险。

4）作业组成员。明确工作内容、工作流程、安全措施、工作中的危险点，并履行确认手续；严格遵守安全规章制度、技术规程和劳动纪律，正确使用安全工具和劳动防护用品；相互关心工作安全，并监督安全工作规程的执行和现场安全措施的实施。

2. 工作许可制度

工作许可制度是指凡是在电气设备上进行停电或不停电的工作，事先都必须得到工作许可人的许可，并履行许可手续后方可工作的制度。未经许可人许可，一律不准擅自进行工作。

工作许可时应完成以下工作。

（1）审查工作票。工作许可人接到工作票后，要认真、细致地全面审查工作票的安全措施是否正确完备，是否符合现场条件。对工作票有疑问或不同意见的，必须向工作票签发人提出，经认真分析、确认无误后方许可工作，必要时应要求做详细补充或重新填写。

（2）申请停电和倒闸操作。工作许可人负责向电力调度申请停电，按电力调度命令进行停电倒闸作业（第二种工作票除外）。

（3）布置安全措施。停电完毕后，工作许可人根据工作票所列的安全措施到现场逐一布置，并确认安全措施布置无误。若工作票需相邻变电所做安全措施，必须由值班员及工作负责人到相应变电所办理，可在需检修的电缆两端任一变电所办理作业手续。电力电缆停电检修时，必须将需检修的电缆两端可靠接地。

每次开工前，工作负责人要在作业地点向作业组全体成员宣读工作票，布置安全措施。

（4）检查安全措施。工作许可人在完成施工现场安全措施的布置后，会同工作负责人按工作票的要求共同检查作业地点的安全措施，按对具体设备的要求指明实际的隔离措施，以手触试，证明检修设备确无电压；向工作负责人指明准许作业范围，指明附近有电（停电作业）设备的位置和工作过程中的注意事项。

（5）签发许可工作。工作许可人会同工作负责人检查工作现场安全措施，确认符合要求后，双方在两份工作票上签字，一份交工作负责人，一份值班员（工作许可人）留存，方可开始工作。应该指出的是，工作许可手续是逐级许可的，即工作负责人从工作许可人那里得到工作许可后，工作组的工作人员需得到工作负责人许可命令后方可开始工作。

3. 工作监护制度

工作监护制度是指工作人员在工作过程中，工作负责人（监护人）必须始终在工作现场，对工作人员的安全认真监护，及时纠正违反安全的行为和动作的制度。

变电站及电力线路上的工作，必须严格执行工作监护制度，这是由其工作性质和工作条件决定的。在变电站的电气设备上进行作业时，除检修设备无电外，其余都是带电或运用中的设备，稍有大意，就会错走带电间隔、接近带电设备或误碰、误操作；而在电力线路的工作中，工作人员经常处于高空作业或在运行中的电气设备上工作，工作中一旦疏忽，会发生高空摔跌、误登带电杆塔或触及邻近带电部位的事故。因此，执行工作监护制度的意义重大，工作监督制度的落实可使工作人员在工作过程中受到监护人的监督和指导，及时纠正不安全的动作和其他错误做法，避免事故的发生。特别是工作人员在靠近有电部位及工作转移时，工作监护就更为重要。

工作负责人办完工作许可手续之后，在工作班开工之前应向工作班人员交代现场安全措施，指明带电部位和其他注意事项。工作开始以后，工作负责人必须始终在工作现场，对工作人员的安全认真监护，主要有以下的监护要点和内容。

（1）监护工作要点。根据工作现场的具体情况和工作性质（如设备防护装置和标志是否齐全；室内还是室外工作；停电工作还是带电工作；在设备上工作还是在设备附近工作；进行电气工作还是非电气工作；参加工作的人员是熟练电工还是非熟练电工，或是一般的工作人员等）进行工作监护。监护工作要点如下。

1）监护人应有高度责任感，并履行监护职责。从工作开始，工作监护人就要对全体工作人员的安全进行认真监护，发现危及安全的动作立即提出警告和制止，必要时可暂停工作。

2）监护人因故离开工作现场，应指定一名技术水平高且能执行监护工作的人代替监护。监护人离开前，应将工作现场向代替监护人交代清楚，并告知全体工作人员。原监护人返回工作地点时，也应履行同样的交代手续。若工作监护人长时间离开工作现场，应由原工作票签发人变更新的工作监护人，新老工作监护人应做好必要的交接工作。

3）监护人一般只做监护工作，不兼做其他工作。在全部停电时，工作监护人可以参加工作；在部分停电时，只要安全措施可靠，工作人员集中在一个工作地点，不会误碰导电部分，则工作监护人可一边工作，一边进行监护。

4）专人监护和被监护人数。对有触电危险、施工复杂、容易发生事故的工作，工作票签发人或工作负责人，应根据现场的安全条件、施工范围、工作情况，增设专人监护并批准被监护的人数。专人监护只对专一的地点、专一的工作和专门的人员进行特殊的监护。专责监护人员不得兼做其他工作。例如：建筑工、油漆工、通信工和杂工等在高压室或变电站工作时，应指派专人负责监护。其所需要的材料、工具仪器等应在开工前，在施工负责人的监督下运到工作地点。对这些工程的工作，一般在部分停电的情况下，一个专责监护人可监护3人。在室外变电站同一地点的配电装置上一个专责监护人可监护6人。如设备全部停电，一个专责监护人能监护的人数根据具体情况可增多。若在室内工作，且所有通电设备或隔离室全部未装设可靠的遮栏，一个专责监护人（监护人数不超过两人）。当工作人员接近设备带电部分工作，有触电危险的可能时，一个专责监护人只能监护一个人。在线路高杆塔上工作，监护人监护有困难的，应增设杆塔上监护人。

5）单人在高压室内工作时监护人的职责。为了防止独自行动引起触电事故，一般不允许工作人员（包括工作负责人）单独留在高压室内和室外变电站高压设备区内。若工作需要，且现场设备具体情况允许时，可以准许工作班中有实际经验的一人或几人同时在其他隔室进行工作，但工作负责人应在事前将有关安全注意事项予以详尽的指示。

（2）监护内容

1）部分停电时，监护所有工作人员的活动范围，使其与带电部分之间保持不小于规定的安全距离。

2）带电作业时，监护所有工作人员的活动范围，使其与接地部分之间保持不小于规定的安全距离。

3）监护所有工作人员工具使用是否正确，工作位置是否安全，操作方法是否得当。

4. 工作间断、转移和终结制度

变电站及电力线路的电气工作，在工作过程中，一般都要经历工作间断、工作转移和工作终结3个环节。因此，所有的电气工作都必须严格遵守“工作间断、转移和终结”的有关规定。

（1）工作间断制度。发电厂、变电站的电气工作当日内出现工作间断时，工作班人员应从工作现场撤出，保持所有安全措施不动，工作票仍由工作负责人执存。间断后继续工作，无需经过工作许可人许可；隔日出现工作间断时，当日内工作收工，清扫工作现场，开放已封闭的通路，并将工作票交回值班员。次日复工时，应得到值班员许可后，取回工作票。工作负责人必须事前重新认真检查安全措施，合乎要求后方可工作。若无工作负责人或监护人带领，工作人员不得进入工作地点。

电力线路上的电气工作当日内出现工作间断时，工作地点的全部接地线仍保留不动。如果工作班暂时离开工作地点，则必须采取安全措施和派人看守，不得让人、畜接近挖好的基坑或未竖立稳固的杆塔以及负载的起重和牵引机械装置等。恢复工作前，工作负责人应检查接地线等各项安全措施的完整性；若在工作中遇雷、雨、大风或其他情况威胁到工作人员的安全时，工作负责人或监护人可根据情况，临时停止工作；每日收工时，如果要将工作地点所装的接地线拆除或次日重新验电装接地线恢复工作，均须得到工作许可人许可后方可进行；如果经调度允许连续停电，夜间不送电的线路，工作地点的接地线可以不拆除，但次日恢复工作前应派人检查。

（2）工作转移制度。在同一电气连接部分用同一工作票依次在几个工作地点转移工作时，由值班员在开工前一次做完全部安全措施，转移工作时，不需再办理转移手续，但工作负责人在转移工作地点时，应向工作人员交代带电范围、安全措施和注意事项，尤其应该强调新的工作条件的特殊注意事项。

（3）工作终结制度。发电厂、变电站的电气作业全部结束后，工作班应清扫、整理现场，消除工作中的各种遗留物件。工作负责人经过周密检查，待全体工作人员撤离工作现场后，再向值班人员讲解检修项目、发现的问题、试验结果和存在的问题等，并在值班处的检修记录簿上记载检修情况，然后与值班人员共同检查检修设备状况，如有无遗留物件、是否清洁等，必要时进行无电压下的操作试验。最后，在工作票（一式两份）上填明工作终结时间，经双方签字后即认为工作终结。工作终结并不是工作票终结，只有工作地点的全部接地线由值班人员全部拆除，并经值班负责人在工作票上签字后，工作票方可终结。

电力线路工作完工后，工作负责人（包括小组负责人）必须检查线路检修地段的状况及在杆塔上、导线上、绝缘子上有无遗留的工具、材料等，查明全部工作人员确由杆塔上撤下后，再命令拆除接地线（线路上工作地点的接地线由工作班组装拆）。

由于停电线路随时都有突然来电的可能，所以，接地线一经拆除，即应认为线路已带电，此时，对工作人员来说已无任何安全保障，任何人不得再登杆作业。

当接地线已经拆除，而尚未向工作许可人进行工作终结报告前，又发现新的缺陷或有遗留问题，必须登杆处理时，可以重新验电装设接地线，做好安全措施，由工作负责人指定人员处理，其他人员均不能再登杆，工作完毕后，要立即拆除接地线。

当工作全部结束，工作负责人已向工作许可人报告工作终结，工作许可人在工作票上记载了终结报告的时间，则认为该工作负责人办理了工作终结手续。之后若需再登杆处理缺陷，则应向工作许可人重新申请办理许可手续。

检修后的线路必须履行下述手续才能恢复送电。

1）线路工作结束后，工作负责人应向工作许可人报告，报告的方式为当面亲自报告或用电话报告且经复诵无误。

2）报告的内容为：工作负责人姓名，某线路上某处（说明起止杆号、分支线名称等）工作已经完工，设备改动情况，工作地点所在的接地线已全部拆除，线路上已无本班组工作人员，可以送电。

3）工作许可人在接到所有工作负责人（包括用户）的完工报告后，并确知工作已经完毕，所有工作人员已由线路上撤离，接地线已经拆除，并与记录簿核对无误后，拆除发电厂、变电站线路侧的安全措施。

二、保证安全的技术措施

所谓保证安全的技术措施，是指工作人员在电气设备上工作时，为防止人身触电而采取的技术措施。

为了防止停电检修设备突然来电，工作人员由于身体或使用的工具接近邻近设备的带电部分而超过允许的安全距离，人员误走带电间隔和带电设备而造成触电事故，对于全部或部分停电的设备上的作业，必须采取下列保证安全的技术措施：停电、验电、装设接地线、挂标示牌和装设遮栏。上述技术措施由值班员（或工作许可人）执行。

1. 停电

（1）工作地点必须停电的设备。停电作业的电气设备和电力线路，除了本身应停电外，影响停电作业的其他带电设备和带电线路也应停电。

（2）电力线路停电作业应采取的停电措施

1）断开变电站线路断路器和隔离开关。

2）断开工作班需要操作的线路各端断路器、隔离开关和熔断器。

3）断开危及该线路停电作业，且不能采取相应安全措施的交叉跨线、平行和同杆架设线路的断路器、隔离开关和熔断器。

4）断开有可能返回低压电源的断路器、隔离开关和熔断器。

（3）电气设备停电检修应切断的电源。电气设备停电检修时，必须把可能来电的所有电源完全断开。

1）断开检修设备各侧的电源断路器和隔离开关。为了防止突然来电的可能，必须切断停电检修的设备各侧的电源。除了断开各侧的断路器外，还要求拉开各侧的隔离开关，使各个可能来电的方面至少有一个明显的断开点，以防检修设备在检修过程中，由于断路器误动作而突然来电，同时也便于工作人员检查和识别停电检修的设备。

2）应将与停电检修设备有关的变压器和电压互感器的设备各侧（高、中、低压侧）完全断开，以防止向停电检修设备反送电。

3）断路器和隔离开关断开后，应采取误合措施。为了防止断路器和隔离开关在工作中由于控制回路发生故障（如直流系统接地，机械传动装置失灵或由于运行人员的误操作造成误送电），必须断开检修设备和可能来电侧的断路器、隔离开关的控制电源，隔离开关的操作把手应锁住，确保不会误送电。

4）断开停电设备的中性点接地刀闸。运行中的星形接线设备的中性点，可能由于线路三相不平衡，使中性点产生偏移电压，所以中性点被视为带电设备。若检修设备与运行设备中性点连接在一起，偏移电压将加到检修设备上，尤其当系统中发生单相接地故障时，中性点对地电压可达到相电压数值，显然这是非常危险的。因此，检修设备停电时，应将检修设备的中性点接地刀闸拉开，并采取防止误合的措施。

（4）停电命令的办理。对变电站（所）有权停电的设备，值班员可按规定办理准许作业手续、自行停电；对变电所无权自行停电的设备，要按下列要求办理。

1）属电力调度管辖的设备，作业前由值班员向电力调度提出停电申请，电力调度审查无误后发布停电倒闸命令。

2）电力调度发布停电倒闸命令后，再发布停电作业命令。电力调度在发布停电作业命令后，受令人认真复诵，经确认无误后，方可给命令编号，批准时间。发令人和受令人同时填写作业命令记录，并由值班员（工作许可人）将命令编号和批准时间填入工作票中。

3）对不属于电力调度管辖的设备停电时，按有关规定办理手续。

4）在同一个停电范围内有几个作业组同时作业时，对每一个作业组，值班员必须分别办理停电申请。

2. 验电

（1）验电的目的。验电的目的是验证停电作业的电气设备和线路确无电压，防止带电装设接地线或带电合接地刀闸等恶性事故的发生。

（2）验电的方法

1）验电时，应先将验电器在有电的设备上试验，确认验电器状态良好，声光指示正确。

2）验证验电器合格、指示正常后，在被试设备的进出线各侧按相分别验电。验电时将验电器慢慢靠近被试设备的带电部分（直流设备验电时将验电器直接接触到带电部分），若验电器无声光指示，则设备已停电，反之为有电。

GIS 组合电器必须用专用的验电氖灯插入电容式感应设备插座进行测试。

3）最后在有电的设备上复验一次，确认验电器状态良好。

4）对于无法直接验电的设备，可以进行间接验电，即检查隔离开关（刀闸）的机械指示位置、电气指示、仪表及带电显示装置指示的变化，但至少应有两个及以上的指示或信号发生对应变化；若进行遥控操作，则应同时对隔离开关（刀闸）的状态指示、遥测、遥控信号及带电显示装置的指示进行间接验电。

（3）验电的注意事项

1）高压设备验电及装设、拆除接地线时，必须两人同时进行作业，操作人和监护人必须穿绝缘靴和戴安全帽，操作人还要戴绝缘手套。

2）必须用电压等级合适而且合格的验电器，严禁使用低于被试设备额定电压的验电器进行验电，以防造成人身触电，严禁用高于被试设备额定电压的验电器验电，否则可能会引起误判断。

3）应拉足验电器的伸缩式绝缘棒长度，验电时手应握在手柄处，不得超过护环，人体应与验电设备保持足够的安全距离，雨雪天气时不得进行室外直接验电。

4）验电时，必须在被试设备的进出线两侧各相上分别验电，对处于断开位置的断路器或隔离开关的两侧也要同时按相验电，不允许只验一相无电就认为三相均无电。

5）线路的验电应逐相进行。对同杆塔架设的多层电力线路进行验电时，先验低压，后验高压；先验下层，后验上层。对停电的电缆线路验电时，因电缆线路电容较大，储存剩余电荷量较多，又不易释放，因此刚停电时验电，验电器灯泡仍会发亮，要每隔几分钟重复验电，直到验电器灯泡不亮时，才确认该电缆线路已停电。

6）如果在木杆、木梯或木架上验电，可在验电器绝缘杆尾部接上接地线，但应得到值班员或工作负责人许可。

7）使用直流验电器验电时要接好接地线，还要定期用万用表检查限流电阻，防止断路。

8）表示断路器、开关分闸的信号以及常设的测量仪表显示无电时，仍应通过验电器检验设备是否已停电，否则禁止在该设备上作业。110 kV 进线用万用表测量进线单相 PT 电压的方式间接验电。

3. 装设接地线

当验明设备（线路）确已无电压后，应立即将检修设备（线路）用接地线（或接地刀闸）三相短路并接地。

（1）接地线的作用。接地线（接地刀闸）由三相短路部分和接地部分组成，它的作用是：

1）当工作地点突然来电时，能防止工作人员受到触电伤害。在检修设备的进出线各侧或检修线路工作地段两端装设三相短路的接地线，使检修设备或检修线路工作地段上的电位始终与地电位相同，形成一个等地电位的作业保护区域，防止突然来电时停电设备或检修线路工作地段的导线对地电位升高，从而避免该工作地点工作人员因突然来电而受到触电伤害。

2）当停电设备（或线路）突然来电时，造成接地线突然来电的三相短路，促成保护装置动作，迅速断开电源，消除突然来电。

3）泄放停电设备或停电线路由于各种原因产生的电荷。如感应电、雷电等都可通过接地线入地，对工作人员起保护作用。

（2）装设接地线的原则

1）凡可能送电至停电设备的各侧，或可能产生感应电压的停电设备均应装设接地线；当有可能产生危险感应电压时，应适当增设接地线。

2）停电线路工作地段的两侧应装设接地线；凡有可能送电到停电线路的分支线也要装设接地线；若有感应电压反映在停电线路上时，应增设接地线；停电线路在发电厂、变电站的出线路隔离开关线路侧也要装设接地线。

3）发电厂、变电站母线检修时，若母线长度在 10 m 以内，母线上只装设一组接地线；在门型架构的线路侧进行停电检修时，如果工作地点与所装接地线的距离小于 10 m，工作地点虽在接地线外侧，也可不另装接地线；当母线长度大于 10 m 时，应视母线上电源全进线的多少和分布情况以及感应电压的大小，适当增设接地线。

4）抢修分段母线（分段母线以隔离开关或断路器分段）第一分段不连接，且每分段都连接有电源进线时，则各分段母线均应分别验电接地短路；若每一分段上无电源进线，则可不装设接地线。

(3) 装、拆接地线的方法及安全注意事项

1）装、拆接地线必须由两人进行。若为单人值班，只允许使用接地刀闸，或使用绝缘棒合接地刀闸接地。这是因为单人装接地线时，若发生带电装设接地线，则会出现无人救护的严重后果。故规程规定必须由两人进行。同样，为保证人身安全，拆除接地线也必须由两人进行。单人值班合、拉接地刀闸不会出现上述严重情况。

2）装设接地线时，应先将接地端可靠接地，验明停电设备无电压后，立即将接地线的另一端接在设备的导体部分上。这样做可以防止装设接地线人员因设备突然来电或感应电压而发生触电危险。

3）拆除接地线时，应先拆除设备的导体端，后拆除接地端。按这种顺序拆除接地线，可防止突然来电或感应电压对拆除接地线人员的触电伤害。

4）装、拆接地线时，应使用绝缘棒和戴绝缘手套，人体不得触碰接地线，以免感应电压或突然来电时的触电。

5）装设接地线时，接地线与导体、接地桩必须接触良好。为使接地线与导体、接地桩接触良好，必须使用线夹将接地线固定在导体上，严禁用缠绕的导线接地或短路；在室内配电装置上，接地线应装在该装置已刮去油漆的导电部分（这些地点是室内装接地线的规定地点，且标有黑色记号）。如果不按上述要求装设接地线，则接地线与导体、接地桩可能接触不良，当接地线流过短路电流时，在接触电阻上产生的电压降将施加于停电设备上，使停电设备带电，这是不允许的。

6）接地线的接地点与检修设备之间不得连接有断路器、隔离开关或熔断器。若接地线的接地点与检修设备之间连接有断路器、隔离开关或熔断器，则在设备检修过程中，如果有断路器、隔离开关或熔断器断开，会使检修设备处于无接地保护状态。倘若布置的安全措施中存在切断电源操作不彻底的情况，在检修过程中有可能造成电压反馈，使检修设备带电而发生触电事故。故装设接地线时应避免上述情况发生。

7）对带有电容的设备或电缆线路，在装设接地线之前应放电，以防工作人员电击。

8）同杆塔架设的多层电力线路装设接地线时，应先装低压，后装高压；先装下层，后装上层。

9）接地线与带电部分要符合安全距离的规定。

4. 挂标示牌和装设遮栏

在电源切断后，应立即在有关部位、工作地点悬挂标示牌和装设临时遮栏。

(1) 标示牌和遮栏的作用。标示牌可提醒有关人员及时纠正要发生的错误操作和行为，防止由于误操作向有人工作的设备（线路）合闸送电，并且防止工作人员错走带电间隔和误碰带电设备。遮栏可限制工作人员的活动范围。实践证明，悬挂标示牌和装设遮栏是防止事故发生的有效措施。

(2) 悬挂标示牌和装设遮栏的部位和地点。下列部位和地点应悬挂标示牌和装设遮栏。

1）在一经合闸即可送电到工作地点的断路器和隔离开关的操作把手上，均应悬挂“禁止合闸，有人工作”的标示牌。

2）凡远方操作的断路器和隔离开关，在控制盘的操作把手上应悬挂“禁止合闸，有人工作”的标示牌。

3）线路上有人工作时，应在线路断路器和隔离开关的操作把手上悬挂“禁止合闸，有人工作”的标示牌。

4）当安全距离小于“设备不停电时的安全距离”时，即该距离以内的未停电设备，部分停电的工作设备应装设临时遮栏。临时遮栏与带电部分的距离不得小于“工作人员工作中正常活动范围与带电设备的安全距离”，并在临时遮栏上悬挂“止步，高压危险!”的标示牌。

5）在室内高压设备上工作时，应在工作地点两旁间隔的遮栏上、工作地点对面间隔的遮栏上和禁止通行的过道（通道应装临时遮栏）上悬挂“止步，高压危险!”的标示牌。

6）在室外地面高压设备上工作时，应在工作地点四周用绳子做好围栏，围栏上悬挂适当数量的“止步，高压危险!”的标示牌，标示牌有标志的一面必须朝向围栏里面（使工作人员随时可以看见）。

7）在工作地点悬挂“在此工作”的标示牌。

8）在室外架构上工作时，应在工作地点邻近带电部分的横梁上悬挂“止步，高压危险!”的标示牌；在工作人上下的铁架和梯上应悬挂“从此上下!”的标示牌；在邻近其他可能误登的带电架构上，应悬挂“禁止攀登，高压危险!”的标示牌。

上面提到的接地线、标示牌、临时遮栏、绳索围栏等，都是保证工作人员人身安全和设备安全运行的措施，工作人员不得随意移动和拆除。

第三章

变　压　器

变压器的工作原理是电磁感应定律，主要构件是一次绕组、二次绕组和铁心。当一次绕组中通有交流电流时，铁心（或磁心）中便产生交流磁通，使二次绕组中感应出电压（或电流）。其工作原理如图 3—1 所示。在一次绕组两端施加交变电压 U_1，一次绕组中产生交变电流 I_1，铁心中便会产生相同频率的交变磁通量 φ_m，根据电磁感应原理，一次绕组、二次绕组中感应出相同频率的感应电动势 E_1 和 E_2。此时，在二次绕组中接入负载 Z_2，二次绕组中就会有电流 I_2 流过。

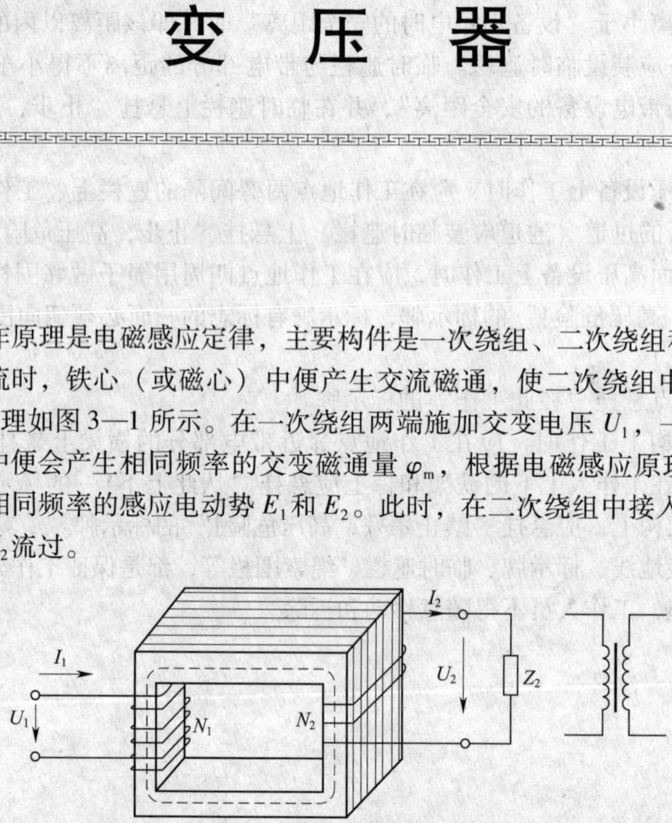

图 3—1　变压器工作原理

如果不计漏阻抗，根据回路电动势平衡规律可得：

$$U_1 = -E_1$$

$$U_1 = E_1 = 4.44 \times f \times N_1 \times \varphi_m \tag{3—1}$$

在二次侧同理可以得出：

$$U_2 = E_2 = 4.44 \times f \times N_2 \times \varphi_m \tag{3—2}$$

由式（3—1）和（3—2）之比得：

$$U_1 / U_2 = E_1 / E_2 = N_1 / N_2 = K$$

式中 K 称为变压器的变比，或称为匝数比。三相变压器的工作原理建立在单相变压器基础上。

第一节 油浸式变压器

一、油浸式变压器的主要结构

油浸式变压器主要由铁心，高、低压绕组，变压器油、油箱、油枕，高、低压套管，有载分接开关，冷却装置以及其他附件构成。

1. 变压器铁心

变压器铁心是用 0.5 mm 的硅钢片叠成，片间涂刷绝缘漆。变压器铁心具有较高的磁导率，是构成变压器磁路系统的主体。

变压器铁心分为心式和壳式结构，目前变压器一般采用心式铁心结构。心式铁心由铁心柱和铁轭组成。油浸式变压器的铁心内部有冷却铁心的油道，便于变压器油循环，也加强了设备的散热效果，如图 3—2 所示。

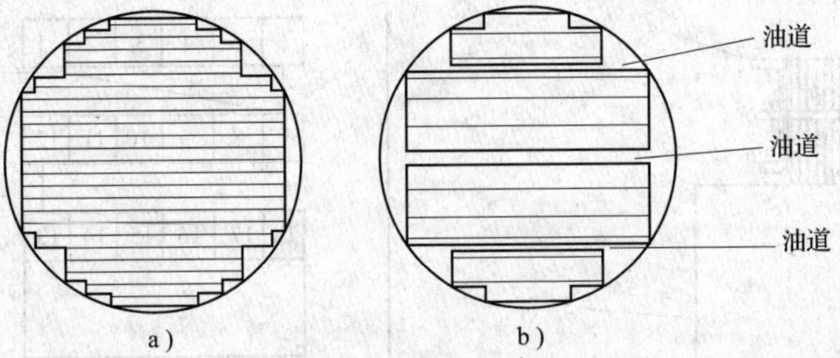

图 3—2 心式铁心结构

a）无油道 b）有油道

铁轭的截面有矩形、T 形、阶梯形等，如图 3—3 所示。

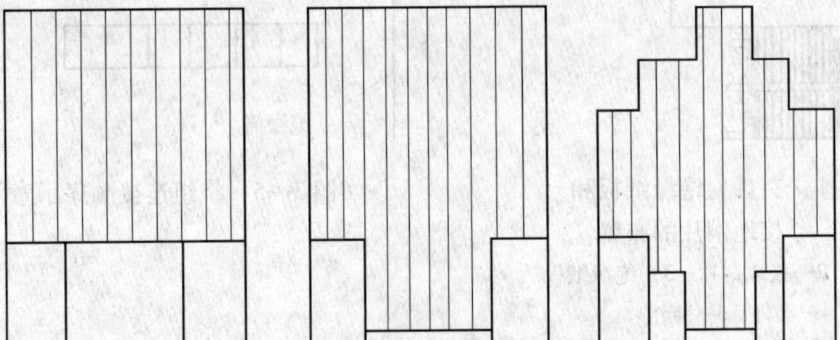

图 3—3 铁轭的截面

a）矩形 b）T 形 c）阶梯形

铁心叠好后，要用槽钢夹件将上下铁轭夹紧，铁心柱用环氧纤维带扎紧。夹件与铁轭之间用绝缘纸板绝缘，减少通过夹件而形成涡流过热。

铁心必须有一点接地，以防止铁心对地产生悬浮电压导致放电。接地铜片一般放在低压引出线侧。夹件、绝缘纸板和接地铜片的布置如图 3—4 所示。油浸变压器的夹件螺栓要穿过铁轭，因此穿芯螺栓对铁心必须有良好的绝缘。

2．变压器绕组

变压器绕组多采用铜线绕制，其使用的是绝缘材料。高压绕组一般用高强度绝缘漆包线和纱包线，低压绕组则采用高强度绝缘导线。通常，高压和低压绕组都绕成圆筒形状，同心套在铁心柱上；低压绕组套在里面靠近铁心柱，高压绕组套在低压绕组外面；低压绕组与铁心柱之间和高压绕组与低压绕组之间均用绝缘材料隔开；高、低压绕组间留有冷却油道，用于绝缘和散热。

连续式绕组由一根或几根（一般不超过 4 根）导线连续绕制成许多呈盘形的线段组成。每个线盘有许多匝，各个线盘之间用水平放置的横垫块隔开，横垫块在线盘上均匀装设纸板撑条，同时构成垂直油道。连续式绕组有较大的散热表面，端部支撑面也较大，机械强度较高，广泛应用于高压绕组。绕组连接顺序如图 3—5 所示。

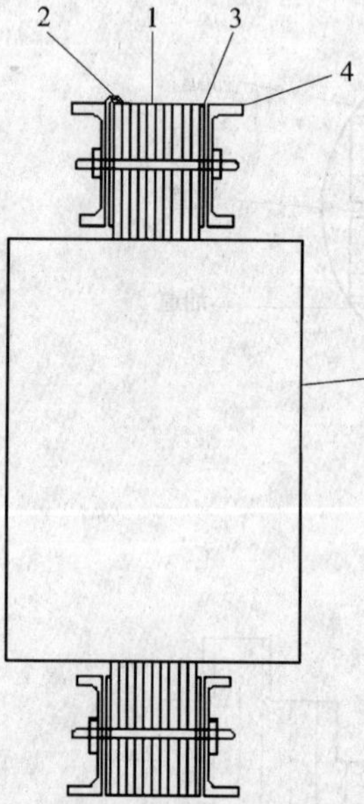

图 3—4　夹件、绝缘纸板和接地铜片的布置

1—铁轭　2—接地铜片　3—绝缘纸板
4—夹件　5—绕组

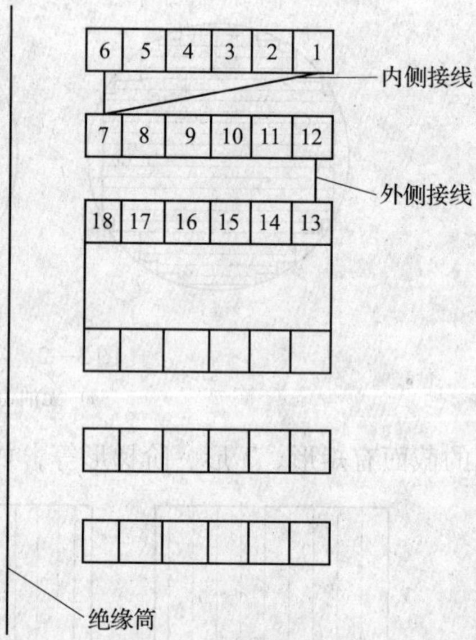

图 3—5　绕组连接顺序示意图

3．变压器套管

变压器套管是变压器引出线的绝缘支架，是引出线对地绝缘，固定引出线的设备。因此，变压器的套管必须具有较高的电气强度以及良好的热稳定性。

变压器低压套管一般采用瓷质绝缘套管，高压套管除了使用瓷质套管外，还采用复杂的内部绝缘。高压套管采用充油式套管，充油式套管内绝缘油是独立注入，并不与变压器油箱连通。

4. 变压器油冷却装置

油式变压器冷却方式通常分为自然油循环冷却和强迫油循环冷却两种。对于自冷式变压器，目前采用的油箱主要有以下几种型式：平板式油箱，管式油箱，散热器式油箱，波纹式油箱和冷却器别置式油箱。各种散热器的结构特征和适用范围见表 3—1。

表 3—1 散热器的结构特征和适用范围

散热器	结构特征	适用范围
片式散热器	由若干个散热片在其两端圆形的凸出部分焊接组成。片数较少时，直接焊在箱壁上；较多时，做成可拆卸的。每个散热片用两张 1 mm 厚的薄钢板冲压成的波形片在接缝处焊接而成	2 500～6 300 kV · A 油浸自冷变压器；带风扇可用于 8 000～40 000 kV · A变压器上
扁管散热器	有多根扁管在上下集油箱的侧壁上焊成，集油箱上有放油塞和放气塞	2 500～6 300 kV · A 油浸变压器
带风扇的扁管散热器	由扁管散热器和风扇组成。风扇安装高度在距下集油箱中点的 1/3 集油箱间距处。配用风扇电动机的参数一般是 380 V、250 W、1 400 r/min	8 000～40 000 kV · A 油浸风冷变压器
强迫油循环风冷散热器	本体为一组螺旋状的金属管，两端各有一集油箱。集油箱内焊有隔板，以形成多回路的油循环路径。潜油泵的吸入端直接装在第一个油路上，吐出端通过装有流速继电器的连管接至第二个油路上，装置要有控制箱	≥50 000 kV · A 强迫油循环风冷变压器；10 000 kV · A 以上移动变压器

5. 变压器油枕

变压器油是绝缘和冷却的介质，变压器绕组置于充满油箱的变压器绝缘油中。变压器油箱中的油体积随温度热胀冷缩，此种变化通过油枕及其附件进行调节。变压器油枕及其附件部分如图 3—6 所示。

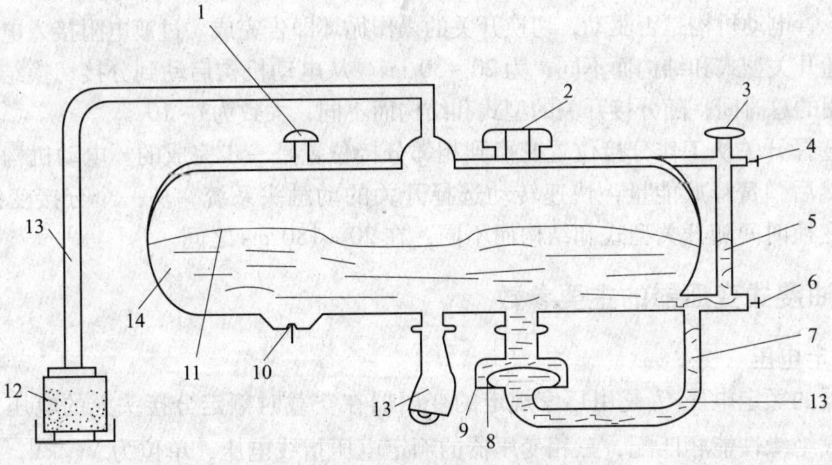

图 3—6 变压器油枕及其附件

1—排气塞 2—手孔 3—油表注油及呼吸塞 4—油表排气螺钉 5—浮球 6—油表放油螺钉 7—油表玻璃管 8—压油袋 9—压油袋器壳 10—沉积器 11—隔膜袋 12—吸湿器 13—连管 14—油室

6．有载分接开关

有载分接开关调压方式为有载调压。有载分接开关的工作原理是在变压器绕组中引出若干分接头后，在不中断负载电流的情况下，通过有载分接开关由一分接头切换到另一分接头，以改变绕组有效匝数，即改变其变压器的电压比，从而实现调压的目的。

有载分接开关的电路由过渡电路、选择电路和调压电路3部分组成。

（1）过渡电路。过渡电路是跨接于分接间串接电阻的电路，与其对应的结构为切换开关或选择开关。它是在带电状态下变换变压器绕组的分接头。

（2）选择电路。选择电路是为选择分接绕组分接头所设计的一套电路，所对应的机构为分接选择器、转换选择器或选择开关。复合式分接开关用于电流不大、级电压不高的情况；组合式分接开关适用于大容量、高电压调压的情况。

（3）调压电路。调压电路是变压器绕组调压时所形成的电路。有载调压电路分为基本调压电路、自耦调压电路、三相调压电路和工业调压电路等。其中，基本调压电路分为线性调、正反调和粗细调3种，线性调为基本绕组上加上线性调压绕组，调压范围一般为15%。

有载分接开关有两种大的结构类型，一种是由分接选择器和切换开关相结合的有载分接开关；另一种是将分接选择器的功能和切换开关的功能复合在一个装置的选择开关（即复合式），两种类型有时都可能带有极性选择器或粗级选择器。

由分接选择器和切换开关组合的有载分接开关适合于额定容量较大的变压器上，是当今应用最普遍的设计。其线端调压的有载分接开关已经做到变压器系统最高电压 U_m =420 kV，额定通过电流已经达到4 500 A。

由分接选择器和切换开关组合的有载分接开关，其变换过程分两个步骤。第一步是分接选择器在无电流下预选一个与工作分接相邻的分接；第二步是切换开关将电流从工作分接转移到预选分接。整个顺序由电动机构驱动，包括驱动电机、减速机构和控制及保护装置等。上述机构通过星形槽轮驱动分接选择器，与此同时上紧弹簧储能机构。当储能弹簧上紧动作完成后，驱动切换开关快速地操作循环。它的转换时间取决于开关型式和机构，为40～60 ms。一旦弹簧释放，不管电动机构是否驱动，切换开关的操作循环即告完成。过渡电阻接入电路后承受负载的时间随开关型式和结构而不同，为20～30 ms。从电动机构启动到分接切换结束，分接变换一次需用的总时间，随分接开关的型式和结构而不同，大致为3～10 s。

有载选择开关从工作分接位置变换到相邻分接位置是一步完成的。电动机构首先上紧储能弹簧，然后弹簧释放能量，快速转动选择开关的动触头系统，从一个分接变换到下一分接。实际变换时间随开关型式和结构而不同，在20～180 ms之间。

二、油浸式变压器的主要参数

1．额定电压

变压器的额定电压 U_N 是由厂家规定的变压器在空载时额定分接头上的电压保证值，与变压器电气绝缘性能相匹配，三相变压器的额定电压指线电压，单位为V、kV。

2．额定容量

变压器的额定容量 S_N 是指额定电压工作条件下，变压器的额定输出的能力。额定容量是一个表示功率的惯用值，它是表征传输电能的大小，单位以V·A、kV·A、mV·A表示。

3. 额定电流

(1) 单相变压器

一次侧额定电流：

$$I_{1N}=\frac{S_N}{U_{1N}}$$

二次侧额定电流：

$$I_{2N}=\frac{S_N}{U_{2N}}$$

(2) 三相变压器（铭牌上标注的是额定线电流）

一次侧额定线电流：

$$I_{1N}=\frac{S_N}{\sqrt{3}U_{1N}}$$

二次侧额定线电流：

$$I_{2N}=\frac{S_N}{\sqrt{3}U_{2N}}$$

4. 额定频率与相数

额定频率是指对变压器所设计的运行频率，我国规定的标准频率为 50 Hz，相数为 A、B、C 三相（对应颜色为黄、绿、红）。

5. 空载电流和空载损耗

空载电流是指当向变压器的一个绕组（一般是一次绕组）施加额定频率的额定电压时，其他绕组开路，流经该绕组线路端子的电流 I_o。其较小的有功分量 I_{oa} 用以补偿铁心的损耗，较大的无功量 I_{or} 用于励磁以平衡铁心的磁压降。

通常 I_o 以额定电流的百分数表示：

$$I_o\% = (I_o/I_N)\times 100 \doteq 0.1\% \sim 3\%$$

空载电流的有功分量 I_{oa} 是损耗电流，汲取的有功功率称为空载损耗 P_o，即指当以额定频率的额定电压施加于一个绕组的端子上，其余各绕组开路时汲取的有功功率。忽略空载运行状态下的施电线绕组的电阻损耗又称铁损。因此，空载损耗主要取决于铁心材质的单位损耗。

6. 阻抗电压和负载损耗

负载电流除了产生负载损耗之外，还在绕组中产生电压降落，使变压器在带有负载时的输出电压低于空载电压。以绕组电压的百分比（%）表示这一电压的降落值称为该绕组的阻抗电压。

$$U_z\% = (U_z/U_N)\times 100\%\text{（且应折算到参考温度）}$$

变压器带有负载时，负载电流在绕组电阻上产生的损耗，负载电流产生的漏磁通在绕组内部、引线、铁心结构件、磁屏蔽及油箱壁处所造成的杂散损耗，并绕导线和并联线段中的环流所产生的损耗统称为变压器的负载损耗。

7. 温升

油浸式变压器温升由线圈和顶层油温升限值来决定，因为 A 级绝缘在 98℃ 产生的绝缘损坏为正常损坏，而保证变压器正常寿命的年平均气温是20℃，线圈最热点与其平均温度之差为13 K，所以线圈温升限值为98 - 20 - 13 = 65 K。

油正常运行的最高温度为95℃，最高气温为40℃，所以顶层油温升限值为95 - 40 = 55 K。

8．绝缘水平

变压器绕组的绝缘分主绝缘和纵绝缘两种。主绝缘是指绕组与铁心、油箱等接地部分之间的绝缘，高、低绕组之间的绝缘以及各相绕组之间的绕组绝缘。纵绝缘是指绕组匝间绝缘和层间绝缘。

9．联结组标号

根据变压器一、二次绕组的电压相位关系，把变压器绕组连接成各种不同的组合，称为绕组的联结组。为了区别不同的联结组，常采用时钟表示法，即把高压侧线电压的相量作为时钟的长针，固定在12上，低压侧线电压的相量作为时钟的短针，看短针指在哪一个数字上，就作为该联结组的标号。如Dyn11表示一次绕组是（三角形）联结，二次绕组是带有中心点的（星形）联结，组号为（11）点。

（1）星形联结（Y—联结）。三相变压器每个相绕组的一端或组成三相组的单相变压器的3个具有相同额定电压绕组的一端连接到一个公共点（中性点），而另一端连接到相应的线路端子。

（2）三角形联结（D—联结）。三相变压器的三个相绕组或组成三相组的单相变压器的3个具有相同额定电压绕组相互串联连接成一个闭合回路。

10．物理指标

质量、体积（长、宽、高）。

第二节　油浸式变压器检修

一、油浸变压器的检修周期与内容

1．变压器小修

（1）检修周期：半年。

（2）检修项目

1）处理已发现的缺陷。

2）放出储油柜积污器中的污油。

3）检修油位计，调整油位。

4）检修冷却装置：包括油泵、风扇和油流继电器，必要时吹扫冷却器管束。

5）检修安全保护装置：包括储油柜、压力释放阀（安全气道）和气体继电器等。

6）检修油保护装置。

7）检修测温装置：包括压力式温度计、电阻温度计（绕组温度计）和棒形温度计等。

8）检修调压装置、测量装置及控制箱，并进行调试。

9）检查接地系统。

10）检修全部阀门和塞子，全面检查密封状态，处理渗漏油。

11）清扫油箱和附件，必要时进行补漆。

12）清扫外绝缘和检查导电接头（包括套管将军帽）。

13）按有关规程的规定进行测量和试验。

2. 油浸变压器的大修

（1）变压器的大修周期

1）变压器一般在投入运行后5年内大修，以后每间隔10年再大修一次。

2）箱沿焊接的全密封变压器或制造厂另有规定者，若经过试验与检查并结合运行情况，判定有内部故障或本体严重渗漏时，才进行大修。

3）在电力系统中运行的主变压器当承受出口短路后，经综合诊断分析，可考虑提前大修。

4）运行中的变压器，当发现异常状况或经试验判明有内部故障时，应提前进行大修；运行正常的变压器经综合诊断分析良好，经总工程师批准，可适当延长大修周期。

（2）变压器的大修项目

1）钟罩或吊出检修。

2）线圈、引线及磁（电）屏蔽装置的检修。

3）铁心、铁心紧固件（穿心螺杆、夹件、拉带、绑带等）、压钉、连接片及接地片的检修。

4）油箱及附件的检修，包括套管、吸湿器等。

5）冷却器、油泵、水泵、风扇、阀门及管道等附属设备的检修。

6）安全保护装置的检修。

7）油保护装置的检修。

8）测温装置的校验，瓦斯继电器的校验。

9）操作控制箱的检修和试验。

10）无励磁分接开关和有载分接开关的检修。

11）全部密封胶垫的更换和组件试漏。

12）必要时对器身绝缘进行干燥处理。

13）变压器油处理或换油。

14）清扫油箱并进行喷涂油漆。

15）大修后的试验和试运行。

16）可结合变压器大修一起进行技术改造项目，如油箱机械强度的加强，器身内部接地装置改为外引接地，安全气道改为压力释放阀，高速油泵改为低速油泵，油位计的改进，储油柜加装密封装置，气体继电器加装波纹管接头等。

二、油浸式变压器检修项目及方法

1. 油浸式变压器芯部检修

（1）检修前的工作

1）技术准备。从技术上做好准备工作，主要是对待修理变压器芯部的技术状况进行摸底，然后确定检修项目和内容。其中的重点是对投运以来的历次试验报告、检修记录进行系统、全面的分析比较，并综合各种有效的试验方法及设备的历史情况，对其技术状况做出合理的结论。

基本方法是将最近一次的试验报告、检修记录与颁布标准中规定的数值相比较；与本台变压器出厂及历年试验结果相比较，尤其是与前一次的试验结果相比较；与同类设备的试验结果相比较，同时应注意从前一次检修记录中发现遗留的质量问题。此外，还应调查了解变压器运行的情况，例如音响、油温、油位是否正常，套管有无放电现象，变压器的保护动作情况，冷却系统工作是否正常。

2）工具、材料备件准备。工具、材料的准备视检修项目和内容的不同而不同。在变电所内对主变压器进行吊芯检修所需要的设备、备品、工具、材料如下。

设备包括：起重吊车、真空滤油机、压力滤油机、油耐压试验器、电热烘箱、油罐。

备品包括：方油箱、油盘（盆）、篷布、钢棚架、油管、灭火器。

工具包括：套管架（座）、配电箱、干湿温度计、钢丝绳套、套筒扳手、电焊机、槽钢、小撬棍、呆扳手、活动扳手、管接头、电烙铁、手锤、空心冲子、铁皮剪刀、剪刀、电动喷液枪、专用套筒扳手、绳索、钢直尺、管钳、喷灯、锉刀、小滑轮、毛刷、小油桶。

材料包括：滤油纸、塑料薄膜、硅胶、耐油橡胶板、变压器油、电工绝缘纸板、绝缘清漆、虫胶片、酒精、绝缘橡胶圆条、石棉盘根、白绸布、白市布、棉丝、泡沫塑料、白布带、电缆纸、金属洗洁精、调和漆、黄蜡绸、砂布、橡胶管、电焊条、钢丝刷、黑胶布、橡套电缆。

对变压器进行吊芯检修前，除对所需设备、备品、工具、材料等进行准备外，常用检修配件也是不可缺少的物资部分。常用检修配件包括：油表玻璃管、信号温度计、高压套管、低压套管、气体继电器、蝶阀、闸阀、耐油尼龙橡胶隔膜袋、隔膜压油袋、各种螺栓、垫圈、蝶阀、油孔、套管等孔的盖板。注意：工具、材料的规格可根据待修变压器实际需要来确定，材料数量除应根据实际需要准备外，还要考虑检修的内容，对不需要的可不准备，在做准备工作时，应充分考虑。

3）人员设置。人员的数量和所具备的技术水平作为定员标准，同时应考虑一定的预备人员。

对于1 000 kV·A到31 500 kV·A变压器进行吊芯检修，需要变压器修理工10～12人，滤油工2人。吊车及汽车司机等辅助人员酌情确定。

4）其他。除上述准备工作外，还应做好以下各项准备工作。

①落实运输设备、工具、材料等的车辆。

②清点设备、工具、材料等是否足够和完好，并装车启运到变电所。

③调查气象情况，确定开工日期。吊芯检修时，选择相对湿度不超过75%的天气进行。

④接好工作电源和照明设备。

⑤为了确保吊芯检修时的安全，在做准备工作时，切记要调查变压器箱罩的重量和吊车的性能。

为了防止变压器芯部受潮，进行芯部检查应在晴朗的气候条件下进行。绝缘受潮的可能性和受潮的程度与大气的湿度、温度、变压器芯部的温度及芯部在大气中暴露时间的长短等因素有关。为避免发生水分的凝聚现象，应保持变压器芯部的温度高于或等于环境温度时进行吊芯检查。

变压器芯部绝缘物裸露在大气中吸潮的过程是逐渐发展的，受潮的程度与芯部在大气中暴露的时间长短有关，因此在对变压器芯部进行检查时，应对延续时间加以控制。变压器运行规定中规定：心子在空气中停留的时间，从其与外部接触的时刻算起不应超过下列规定：干燥天气（空气的相对湿度不超过65%）16 小时；潮湿天气（空气的相对湿度不超过75%）12 小时。注油时间不包括在上述时间之内。

（2）变压器芯部检修方法

1）线圈的轴向压力检修。用压钉和压环压紧线圈的变压器，在检查时应拧动压钉，使压环向下移动，即增加线圈的轴向压力。在拧紧压钉时，应注意同一压环上的几个压钉受力应均匀，保持各侧的压紧程度一致。

2）引线及其支持装置检修。检修重点为引线端部与接线柱的焊接要牢固，接触要良好，导线无折痕和局部断裂现象。对接触不良和有断裂的要进行补焊或重新焊接。焊接的方法通常有银铜焊、铜焊、锡焊和熔焊 4 种，其中多采用铜焊。铜焊一般都为钎焊，是利用熔点较低的焊料和焊件的连接处一同加热，使焊料熔化但焊件不熔化，借助于毛细管的吸力作用，使焊料流入并填满连接处的间隙，从而获得焊件的连接。钎焊的焊料有软、硬两种。焊接变压器引线的铜焊料 1 号（LCuP－1）和铜磷焊料 2 号（LCuP－2）是比较理想的焊料。如果引线接头是铜皮，可选用铜磷焊料 3 号（LCuP－3）。

焊料加热使用的工具可根据情况选用火焰喷灯或焊接变压器。焊接时应注意清除焊接物表面的绝缘漆膜和杂物，使焊接点的电阻尽量小。

对于引线外包扎绝缘损坏者，可按原包扎形式，使用原包扎材料重新包好，也可对损坏的局部用电缆纸包扎后，在表面涂刷醇酸清漆进行绝缘处理。

固定引线的支架应坚固完好，对损坏的部位要修理，同时检查连接支架的螺栓是否齐全以及是否有防止滑落的措施。对木质支架材料的要求较严格，一般采用水曲柳等杂木。现场进行木材干燥时，可采用将加工好的木支架放到80℃左右的变压器油中进行热煮的方法。

3）穿心螺杆绝缘及铁心绝缘检修。在正常情况下，穿心螺杆对地的绝缘应在 10 MΩ 以上。检修时，用 2 500 V 兆欧表，将其“L”端接于螺杆端头上，“E”端接于紧固夹件上即可测得对地的绝缘。检查铁心绝缘的目的是判断其有无多点接地现象。检查时，先把铁心接地片在接地一端拆开，然后再用 2 500 V 兆欧表，将其“L”端接于铁心接地片上，“E”端接于紧固夹件上测出铁心绝缘电阻。正常情况下，绝缘电阻应在 5 000 MΩ 以上。与初始值相比较，若小于初始值的 50%，亦可判断为绝缘破坏或有多点接地现象。

4）有载调压分接开关检修。检修时，应先托起分接开关的外绝缘筒，从检查孔处观察它的接触部分，要求触头表面不应有灼痕与疤痕，表面粗糙度 Ra 值一般为 6.3 μm。用手按压触动环并使其旋转，一是检查各动触环弹簧压力是否均匀，二是观察触环表面有无缺陷。对在运行中长期不调压使用的分接开关，其动触环和定触柱上常覆有氧化膜和污垢，较轻者可将触头在各位置往返切换多次，将污垢清除；较重者可用干燥的白绸布将其擦拭干净。最后再将分接开关往复操作几次，看其活动是否灵活，手柄的指示位置与触头的接触是否一致。

上述检查完毕后，用双臂电桥测量每一个分接位置的直流电阻，要求不超过 500 μΩ。此方法只能在拆开检查分接开关时进行。有条件时，可用压力计测量动触环与定触柱的接触压力，如果发现分接开关接触不好、定触柱或动触环有踏损或疤痕、引线焊接不牢等，应将其拆下进行修理。

5）芯部外表和紧固件检修。检查线圈及其他绝缘物有无老化发脆，外包绝缘是否完整等。对局部绝缘损坏者，可用电缆纸或黄蜡布带包扎，然后在表面涂刷醇酸清漆。

检查芯部表面的脏污情况，如果面积小且污物较少时，可用干燥白布或泡沫塑料擦拭干净；如果面积大且污物较多时，可用合格的绝缘油自上而下进行冲洗。冲洗时油压力要保持在196～245 kPa范围内。

检查各部紧固螺钉是否紧固，有无防滑落措施。

（3）变压器芯部常见故障及处理

1）线圈周轴向压力常见故障处理。运行实践表明，变压器机械方面的故障，很多与线圈的轴向力有关，特别是在短路电流的冲击下，有可能造成线圈和附件的移动，这种移动常导致线圈绝缘层的损坏，进而发展为事故。用压钉和压环压紧线圈的变压器，在拧紧压钉时，应注意同一压环上的几个压钉受力应均匀，保持各侧的压紧程度一致，否则一侧压紧，另一侧就会出现间隙，反而可能使线圈产生轴向变形造成事故。由于压钉与铁轭夹件腹板间是依靠背螺母紧固的，所以在拧动压钉时，要注意先松开背螺母，待该线圈轴向压紧后，再拧紧背螺母，以防压钉松动。

2）引线检修常见故障处理。在引线检修中，端部与接线柱的焊接要牢固，接触要良好，导线无折痕和局部断裂现象。对接触不良和有断裂的要进行补焊或重新焊接。近些年铝线圈的变压器用得不少，时常也会遇到铜引线与铝导线焊接点出现故障的问题。因此，当发现测量线圈直流电阻问题时，根据情况拆开引线外包绝缘进行检查，若判断准确，确属焊头问题，应用氩弧焊法重新施焊。

3）穿心螺杆绝缘及铁心绝缘检修常见故障处理。检查铁心绝缘是为判断其有无多点接地现象，若检测值小于初始值的50%，可判断为绝缘破坏或有多点接地，应取下穿心螺杆，检查绝缘纸管是否损坏。如发现已断裂或烧毁，则必须更换。如果没有合适的绝缘纸管，也可以用0.12 mm厚的电缆纸涂以酚醛酒精溶液包缠螺杆，每边包的厚度为2～3 mm，包好后置于95℃以下的烘箱中烘干，然后按原有的绝缘纸管尺寸修整，避免因尺寸不合适导致安装时再次损坏。

（4）变压器芯部检修作业中的安全注意事项

1）人员安全

①防止触电。芯部检修时一般要用较多的电气工具，首先要求它们的布置和安装应符合油柜安全规定。例如在变压器油箱或罩内作业时，应使用电压为36 V及以下的行灯；要使用绝缘好的橡套电缆胶布进行可靠的包扎；电气配电箱中各开关应有明显的标志，并指派专人负责管理；明确冷却装置和变压器继电保护电源断开的位置，并悬挂“禁止合闸”标示牌等。

②防止高空坠落。变压器的油箱高度，一般在高空作业的标准3 m以上。作业人员常要攀登到油箱顶部。由于油箱顶部工作面积不大，加之靴底有油污或油箱顶部残留有油迹或雨水、冰雪等，很容易造成滑倒坠落。因此，一般要求油箱顶部同时作业人员不超过3人为宜，且应有地面人员加以监护。

③防止物体打击。由于芯部检修时使用的机具较多，作业人员多，作业范围也比较大，若不注意容易会引起物体打击人员导致伤亡事故。为此，要求高空作业人员不得在高空落

物。零件、工具应使用吊绳取送；上部附件、零件安装应牢固并认真检查；人员离开油箱顶部时，不能有遗留物；地面作业人员戴好安全帽；吊车下不能站人；起落箱罩或附件时，不能用手直接去调整线圈。

2）设备安全

①防止杂物落入油箱。在检查变压器芯部时，由于作业人员粗心将螺丝、垫圈、棉纱、扳手和销子等物遗落于油箱内，此外，还常有作业人员衣袋内的钢笔、打火机、香烟等杂物或衣服纽扣落于油箱内。为防止落物，必须规定进入变压器芯部的作业人员和在变压器油箱上部安装附件的作业人员，衣袋内不准携带任何物品，并且检查纽扣是否牢靠，特别是那些金属纽扣，绝不能丢失于油箱内。使用扳手工作时，应在扳手上拴一白布带套在手腕上以防脱落，并且事先检查活动扳手的销子是否牢靠。一旦发生杂物落入油箱内的情况，作业人员应立即报告作业负责人，并设法取出来。尤其是金属落入油箱内，即使花费再大的代价也应设法取出，免留后患。

②防止附件损坏。附件拆除和安装时，最易在起吊过程中造成损坏。其原因通常是绳索的绑扎不恰当，或起吊、下落旋转太快，发生附件与油箱、杆塔撞击以及地面的冲击。特别需要注意的是瓷件、玻璃件更容易发生损坏。一般在安装附件时，遵循先里后外，先上后下，先金属件、后瓷件的原则。

起吊箱罩时，为了避免损坏芯部线圈和其他绝缘件，起吊前应找好箱罩重心，并通过试吊，确认有足够把握时再缓慢起吊。起吊过程中，不得使箱罩旋转。

3）除上述人身和设备安全外，还需注意以下问题。

①各导电部分的连接应可靠。

②各附件与油箱连接部位应密封良好，不渗、漏油。

③注油前应检查各阀门、油塞及气塞开关位置，保持正确。

④芯部及其他绝缘部件不能受潮。

2．油浸式变压器散热器的检修

（1）检修前的工作

1）技术准备。技术上做好准备工作，主要是对待修理变压器散热器的技术状况进行摸底，然后确定检修项目和内容。其中的重点是对投运以来的历次试验报告、检修记录进行系统、全面的分析比较，并综合各种有效的试验方法及设备的历史情况，对其技术状况做出恰如其分的结论。

基本方法是将散热器最近一次的试验报告、检修记录与颁布标准中规定的数值相比较；与本台变压器出厂及历年试验结果相比较，尤其是与前一次的试验结果相比较；与同类设备的试验结果相比较，同时应注意从前一次检修记录中发现遗留的质量问题，此外，还应调查了解变压器运行的情况，例如音响、油温、油位是否正常，套管有无放电现象，变压器的保护动作情况，冷却系统工作是否正常。

2）工器具、材料备件准备。工具、材料的准备视检修项目和内容的不同而不同。在变电所内对主变压器进行散热器检修所需要的工具和材料包括：套管架（座）、配电箱、干湿温度计、钢丝绳套、套筒扳手、电焊机、槽钢、小撬棍、呆扳手、活动扳手、管接头、电烙铁、手锤 、空心冲子、铁皮剪刀、剪刀、电动喷液枪、专用套筒扳手、绳索、钢直尺、管钳、喷灯、80 蝶阀、各种螺栓、垫圈，设备和材料根据实际情况而定。

3）人员设置。人员的数量和所具备的技术水平作为定员标准，同时应考虑一定的预备人员。

对于 1 000 kV · A 到 31 500 kV · A 变压器进行散热器检修时，需变压器修理工 6 ~ 8 人，汽车司机等辅助人员酌情确定。

4）其他。除上述准备工作外，还应做好以下各项准备工作。

落实运输设备、工具、材料等的车辆。清点设备、工具、材料等是否足够和完好，并装车启运到变电所。接好工作电源和照明设备。

（2）散热器检修方法。变压器在运行期间，其线圈和铁心的损耗转化的热量，通过变压器油传递给油箱，然后利用散热器向外界环境散发。

由于主变电所中应用的各种变压器，其散热器多为扁管式，故重点介绍扁管散热器的检修。

1）散热器渗漏检修。为了便于观察渗漏点，事先应把散热器外部的油全部擦拭干净。把 30℃左右的变压器油注入散热器内，在 147 ~ 245 kPa（约 1.5 ~ 2.5 kgf/m^2）压力下保持 30 min 以上，方法如图 3—7 所示，发现的渗漏点经确认后做好标记。

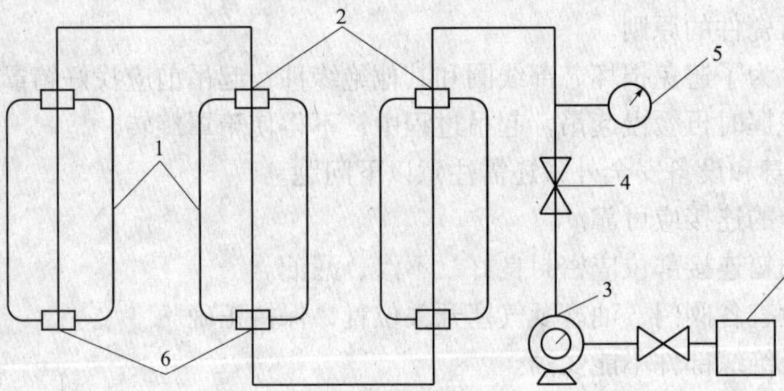

图 3—7　散热器渗漏检修

1—散热器　2—油管　3—油泵　4—阀门　5—压力表　6—集油盒　7—移动式油箱

相关经验表明，易于渗漏的部位是扁管与集油箱的结合处和焊缝处。扁管的厚度一般在 1.8 mm 左右，在处理渗漏进行焊接时应特别注意勿将管壁烧穿。发生油、气塞渗漏时，应首先检查胶垫圈是否完好，其次检查塞件是否损坏，发现损坏时应予更换。

2）冷却风扇检修。对于风冷式变压器已安装了一年的风扇，修理时应将扇叶取下，然后取出电动机转子，用汽油或金属清洗剂将轴承中的油污清洗干净，然后重新加注润滑油。此外还应检查电动机接线盒。对于熔丝损坏或电源电缆老化的应予更换。风扇安装完毕以后，先通电试验一下风扇转向，正确的风向应自下而上（强迫油循环风冷散热器风扇的风向应朝向散热器）。转向不正确的电动机，只需在接线盒内任意调换一根电源引线即可。

上述检修完毕后，应用 500 V 或 1 000 V 的欧姆表检测电动机绝缘电阻，要求不低于 0.5 MΩ，如果小于此值，应拆下进行干燥处理。

3）安全气道检修。安全气道亦称防爆筒，安装在变压器油箱顶部。当变压器内部发生故障时，油箱内压力上升，达到设定值时，油和气体冲破防爆膜片向外喷出，从而防止压力过大导致油箱本体受到破坏或发生爆炸。

安全气道膜片通常是由平板玻璃或酚醛纸板制成。普通储油柜变压器的安全气道膜片破坏压力约为 49 kPa（约 0.5 kgf/m^2），隔膜式储油柜变压器的安全气道膜片破坏压力为 74～83 kPa。

普通储油柜变压器的安全气道的安装有两种型式，如图 3—8 所示。在图 3—8a 中，连管 4 将安全气道与储油柜 5 上端连通，其目的是防止油箱内产生的剩余压力导致膜的破裂，以及对气体继电器动作的影响。检查时，如果连管堵塞，应及时疏通，使安全气道中的剩余气体经储油柜与大气相通。图 3—8b 的连接方式就可不必用连管将储油柜和安全气道连通，因为安全气道中的剩余气体可以通过吸湿器与大气连通。

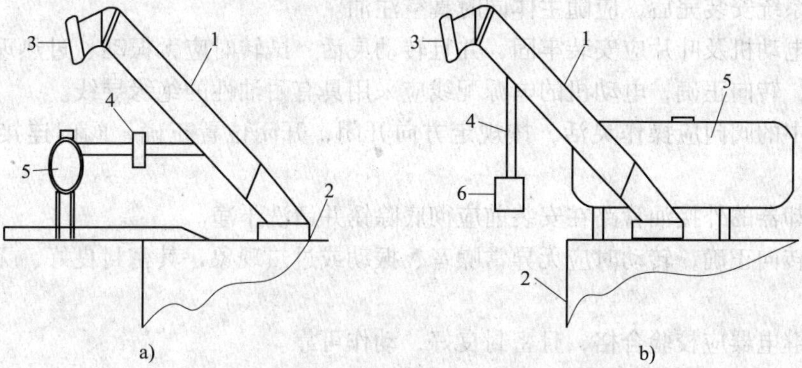

图 3—8 普通储油柜变压器安全气道的安装型式

a）用连管连通的型式 b）吸湿器的型式

1—安全气道 2—油箱 3—膜片 4—连管 5—储油柜 6—吸湿器

图 3—9 所示是隔膜式储油柜变压器的安全气道安装示意图。由于在这种隔膜式储油柜变压器中，变压器油与大气隔绝，安全气道中的油亦不例外，因此，膜片的安装位置应低于储油柜最低油位。在停运检查时，应先打开放水塞 6 放出积存在膜片上部的水，如果发现有油流不止的现象，则说明膜片破裂，应及时更换。图 3—9 所示的安全气道，存在不易观察膜片是否完好的缺点，为此在膜片上部打开一个观察窗，并装上透明玻璃。这样在运行中若发现观察窗内有变压器油，则说明应更换膜片了。

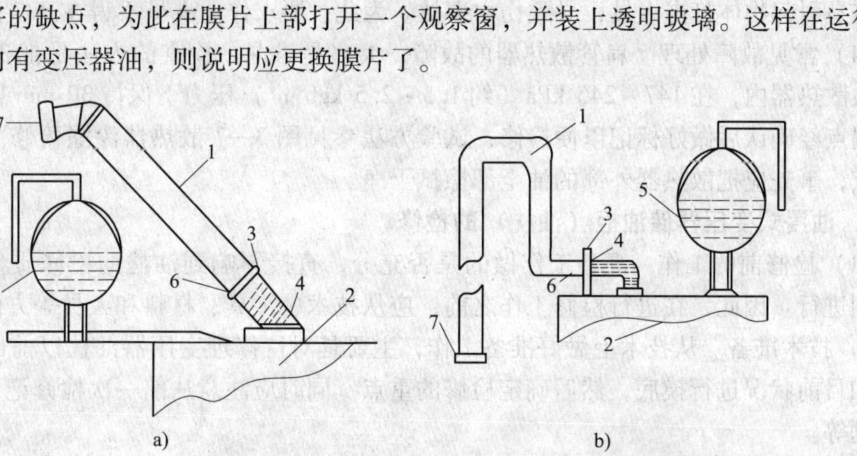

图 3—9 隔膜式储油柜变压器的安全气道安装示意图

a）中型变压器的安装型式 b）大型变压器的安装型式

1—安全气道 2—油箱 3—膜片 4—放电塞 5—储油柜 6—防水塞 7—防护网

（3）散热器检修的安全注意事项

1）作业注意事项

①冷却装置安装前应按照使用说明书中规定的压力值，用气压或油压进行密封试验，散热器、强迫油循环风冷却器应持续 30 min 无渗透，强迫油循环水冷却器应持续 1 h 无渗透，水油系统分别检查。

②片式散热器安装前应用合格的绝缘油经滤油机循环冲洗干净，并将残油排尽。

③强油循环的变压器，首先把框架与本体导油管连接固定好，然后按编号安装冷却器，同时安装油流继电器和拉螺杆。

④冷却系统安装完后，应随主体同时真空注油。

⑤风扇电动机及叶片应安装牢固，并且转动灵活，试转时应无振动、过热现象，叶片应无扭曲变形，转向正确，电动机的电源配线应采用具有耐油性的绝缘导线。

⑥管路中的阀门应操作灵活，按规定方向开闭，开闭位置正确，阀门连接处应密封良好。

⑦水冷却器的外接油管路在安装前应彻底除锈并清洗干净。

⑧油泵转向正确，转动时应无异常噪音、振动或过热现象，其密封良好，无渗漏油或进气现象。

⑨油流继电器应校验合格，且密封良好，动作可靠。

2）安全注意事项和人身安全

①防止触电。散热器检修时用较多的电气工具，注意作业过程中的绝缘，有必要时，对扳手等工具缠绕绝缘带，以防电击。明确冷却装置和变压器继电保护电源断开的位置，并悬挂“禁止合闸”标示牌等。

②防止高空坠落。主变压器的油箱大部分在 3 m 以上。作业人员可能需要攀登到油箱顶部。由于油箱顶部工作面积不大，加之靴底有油污或油箱顶部残留有油迹，很容易造成滑倒坠落。

③防止物体打击。由于散热器检修时使用的工具较多，作业人员多，作业范围也比较大，容易引起物体打击人员，导致伤亡事故。为此，要求作业人员不得在高空落物。

（4）常见故障处理。扁管散热器的故障，大多是渗漏。检查的方法是把 30℃ 的变压器油打入散热器内，在 147 ~ 245 kPa（约 1.5 ~ 2.5 kgf/m^2）压力下保持 30 min 以上，对发现的渗漏点经确认后做好标记以便检修，试验方法参见图 3—7 散热器渗漏检修。为了便于观察漏点，事先应把散热器外部的油全部擦拭干净。

3. 油浸式变压器储油柜（油枕）的检修

（1）检修前的工作。准备工作做的是否充分，直接影响到油枕的检修质量以及作业能否顺利进行。因此，在进行检修工作之前，应从技术、工具、材料和人员等方面做好准备。

1）技术准备。从技术上做好准备工作，主要是对待修理变压器油枕以前出现过的故障情况和目前状况进行摸底，然后确定检修的重点。同时应注意从前一次检修记录中发现遗留的问题等。

2）工具、材料备件准备。工具、材料包括：真空注油设备、专用套筒扳手、活动扳手、清洁用品用具、油枕备品备件等，具体材料视重点检修的部件和内容的不同而不同。

3）人员设置。人员的准备，同样要视检修的内容而定，一般有 4 ~ 8 人即可，同时应考虑一定的预备人员。

(2) 油枕的检修方法。变压器储油柜通常有两种型式：普通式和隔膜式。后者不同于前者的是在储油柜内装设了一个隔膜胶囊，从而使变压器油与空气隔离。储油柜的容积一般为变压器油总容积的10%左右。由于近年来在大型变压器上隔膜式储油柜用得越来越普遍，故在此重点介绍对它的修理。

储油柜的结构如图3—6所示。它主要由吸湿器、隔膜袋、油表、压油袋和储油柜本体等组成。隔膜袋是隔膜式储油柜的主要部件，它用0.6 mm厚的耐曲尼龙橡胶制成，其形状和体积与储油柜内腔相似，在隔膜袋充以试漏气压最大为2 kPa时应无漏气现象。压油袋用与隔膜袋相同的材料制成，其形状和体积与压油袋器壳内腔相似，压油袋口与连管相连接。

油表主要由玻璃管、注油及呼吸塞、排气螺钉、放油螺钉和浮球等组成。

为了便于观察油位的变化，通常在油表玻璃管上装设指示牌。给变压器注油时，应根据当时的油温，使油位处于合适的位置。

1）油枕的一般检查（按变压器小修周期进行）

①油枕各部分不应有渗漏现象。

②油表玻璃完好、清洁透明，油位指示正确。

③每年检查两次油枕下部的沉积器，将其螺钉拧松，放少量油检查是否有水分或杂质。

④检查油枕与瓦斯继电器之间的蝶阀是否有渗漏现象。

2）油枕的一般检修

①油枕的内外壁应清洁干净，内壁应涂防锈漆，外部表面漆层无爆层脱落现象。

②油枕的内部无油垢及铁锈、沉积杂物。如内部不干净时，小容积的油枕可用合格的变压器油冲洗，较大容积的油枕应打开端盖进入清扫，然后可用合格的变压器油冲洗。

③每年检查两次油枕下部的沉积器，将其螺钉拧松，放少量油检查是否有水分或杂质。

④检查隔膜袋是否渗漏和破裂，隔膜袋检漏气压为1.96 kPa。

⑤大修中拆卸油枕或油枕连管时，应及时密封，如长时间不能装回，应用临时盖板密封。

3）隔膜式油枕的注油和隔膜袋的更换

① 拆卸呼吸器的连接管道和油枕上部的连接罩，卸下压紧螺母、制动垫圈，用细尼龙绳压板管丝将压板松下，打开油枕端盖，取出隔膜袋即可。装配时按相反顺序进行。

②安装隔膜袋时需注意隔膜袋的长度方向与油枕的长度方向保持一致，不得有扭动折叠现象。

③变压器真空注油时，应将隔膜式油枕的连接管拆掉，加装临时盖板密封，在变压器真空注油完毕后，接通与油枕的连接管，向油枕注油。

④向油枕注油前须将油枕内空气排出，否则会出现假油位。应采用注油排气法注油，方法如下：首先打开油枕上部排气塞和隔膜袋上部压紧法兰的放气塞，以连管处连接法兰向油枕中注油，随着油位的升高，隔膜袋中气体从上部压紧法兰的放气塞排出，油枕中的气体从油枕上部排气塞排出。在注油过程中，当油面达到油表最高位置时应放慢注油速度，以免油从排气塞大量溢出。当油枕已注满油时，油枕上部排气塞会有油溢出，此时应立即停止注油，并马上拧紧排气塞防止空气重新进入，最后将油放至正常油位。

⑤ 隔膜式油枕不得从油枕上部注油或补充油，以防止损坏隔膜袋。

⑥油表玻璃应清洁无损，油表浮子无变形损伤和进油，浮子机构应灵活可靠，油位指示正确。

（3）油枕的常见故障及处理

1）压油袋器壳与其连接管处渗油。一般都是由于压油袋口与连管的连接密封不好，导致从储油柜内向外渗油。其处理方法是：先把储油柜及压油袋内的油放光，然后拆下连管。常用的连管接头是紫铜接头，可以在定螺母与螺丝扣间涂覆一层锡，注意锡的涂覆厚度要均匀，再使之与压油袋器壳之间压紧，最后在缝隙处均匀涂覆液状橡胶，待液状橡胶干涸后，通常就不会再渗漏了。

2）油表内无油。如果油表中是注过油的，则应检查一下玻璃管是否破裂或连管接头处密封是否已经损坏将油漏光，玻璃管损坏应予以更换。但往往在检查或一般维修时不大可能准备好合适的玻璃管，这时可采取一些临时处置措施。例如可采用塑料粘胶带或玻璃丝布带沿裂缝处粘贴，然后在粘贴物表面涂覆环氧树脂。要注意留出观察油位的位置。如果处理得好，这种方法可以在气温不急剧变化的情况下维持一月之久。

3）油表出现假油位。在安装储油柜以后，往往因为油室在注油时留存有空气，当油温上升时，柜内空气膨胀，造成油表压油袋压力加大，油位突然上升。这时油表显示的油位并不是实际储油柜油位情况，这种现象通常称为假油位。处理的措施是重新对油室进行排气或对储油柜的密封进行检查及处理。

4）油质老化。隔膜式储油柜油表内显示的油色，并不表明储油柜内的油色，因为它不与变压器储油柜和油箱内的油直接相通。如果变压器运行一段时间后，取油样发现油质老化加快，一般来说，如果不是储油柜密封不好就是隔膜袋破裂所致。修补隔膜袋的方法是用丁腈橡胶黏补。如果隔膜袋渗漏较严重已无法修补或暂时无合适隔膜袋更换时，可以把隔膜袋取掉，暂作为普通储油柜继续运行。

（4）油枕检修的安全注意事项

1）储油柜的安装要符合下列要求：

①储油柜安装前，应清洗干净。

②隔膜式储油柜的隔膜应完整无破损，经 20 kPa 气压试验应无漏气现象。

③隔膜沿长度方向应与储油柜长轴保持平行，不应有扭曲。

④油位表应动作灵活，不应出现假油位现象。

2）给油表注油时，先把储油柜的排气塞、油表注油及呼吸塞、油表排气螺钉及压油袋器壳盖板全部打开，用漏斗从油表注油及呼吸塞处缓慢加油，并在压油袋器壳处用手不断按动压油袋，以便将袋内空气排出，待玻璃管内的浮球稳定上浮后，再把油表放油螺钉打开。当放掉玻璃管内多余的油量后，应把油表排气螺钉和油表放油螺钉及压油袋器壳盖板上紧。之后，重新拧上油表注油及呼吸塞，但不必拧紧，以保证油表内空气自由流通。

3）注油排气时的注意事项

①由于隔膜袋与储油柜底的管口有压住情况，所以严禁从储油柜顶注油，以免受管口吸力拉坏隔膜袋。

②变压器本体和储油柜最好不用真空注油法，否则容易造成隔膜袋受连管口切割而损坏。

③如需对变压器本体油箱真空注油时，应先拆除气体继电器，并在管口上盖上盖板。在油箱油位升高到距箱盖一定距离时，应停止真空注油，经脱气后将气体继电器装上，再对储油柜注油排气。

④正常使用时，油表放油螺钉应拧紧。

4. 高压套管检修

（1）检修前的工作

1）技术准备。从技术上做好准备工作，主要是对待修理套管以前出现过的故障情况和目前状况进行摸底，然后确定检修的重点。同时应注意从前一次检修记录中发现遗留的问题等。

2）工具、材料备件准备。工具、材料包括：起重吊车、专用套筒扳手、活动扳手、绳索、清洁用品用具等，具体材料视重点检修的部件和内容的不同而不同。

3）人员设置。人员的准备应视具体的情况而定，一般需要 5 ~ 10 人，同时应考虑一定的预备人员。

（2）套管检修方法。高压套管是变压器引线内、外部连接的绝缘支持和固定部分，它必须具有规定的绝缘强度、机械强度和良好的热稳定性。我国在 35 kV 级多采用附加绝缘式充油套管，其高压套管结构如图 3—10a 所示；在 110 kV 级多采用电容式套管，其套管结构如图 3—10b 所示。

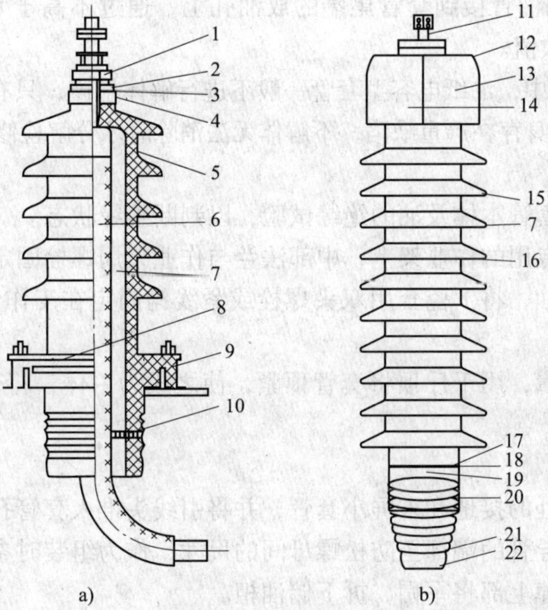

图 3—10　套管结构

a）绝缘式充油套管结构　b）电容式套管结构

1—瓷盖　2—封环　3—罩　4—放气室　5—瓷套　6—电缆　7—变压器油　8—卡圈　9—夹件
10　绝缘圈　11—引线接头　12—弹性板　13—储油柜　14—弹簧　15—上瓷套　16—电容芯子
17—连接套筒　18—取油装置　19—测量端子　20—下瓷套　21—底座　22—均压球

充油套管内的油一般都是与变压器油箱中的油相连通的，充油套管分为穿缆式和穿杆式（导杆式）两种。

电容式套管分为胶纸电容式和油纸电容式两种。

对于新购入的变压器高压套管，除进行工频耐压试验、介质损耗角正切值（简称介损）的测量、油的耐压试验外，还应在 196 kPa 压力下进行持续 30 min 无渗漏的密封检查。

1）充油套管检修具体步骤

①更换套管油，步骤如下：

◆ 放出套管中的油。

◆ 用热油（温度 60 ~ 70℃）循环冲洗后放出，至少循环 3 遍。

◆ 抽真空后注入合格的变压器油。

②套管解体，步骤如下：

◆ 放出内部的油。

◆ 拆卸上部接线端子。

◆ 拆卸油位计上部压盖螺栓，取下油位计。

◆ 拆卸上瓷套与法兰连接螺栓，轻轻晃动后，取下上瓷套。

◆ 取出内部绝缘筒。

◆ 拆卸下瓷套与导电杆连接螺栓，取下导电杆和下瓷套，防止导电杆晃动损坏瓷套。

2）110 kV 电容型套管检修步骤。电容芯轻度受潮时，可用热油循环，将送油管接到套管顶部的油塞孔上，回油管接到套管尾端的放油孔上，通过不高于 80℃ 的热油循环，使套管的 $\tan\delta$ 值达到正常数值。

变压器在大修过程中，油纸电容型套管一般不进行解体检修，只有在套管 $\tan\delta$ 值不合格，需要进行干燥或套管本身存在严重缺陷，不解体无法消除时才分解检修，其检修步骤如下。

①准备工作

◆ 检修前先进行套管本体及油的绝缘试验，以判断绝缘状态。

◆ 套管垂直置于专用的作业架上，中部法兰与作业架用螺栓固定 4 点，使之成为整体。

◆ 放出套管内的油，将下瓷套用双头螺栓或紧线钩固定在工作台上，以防解体时下瓷套脱落。

◆ 拆下尾端均压罩，用千斤顶将套管顶紧，使之成为一体，将套管从上至下各结合处做上标记。

②解体检修

◆ 拆下中部法兰处的接地和末屏小套管，并将引线头推入套管孔内。

◆ 测量套管下部导管的端部至防松螺母间的尺寸，作为组装时参考。

◆ 用专用工具卸掉上部将军帽，拆下储油柜。

◆ 测量压缩弹簧的距离，作为组装依据。将上部 4 根压紧弹簧螺母拧紧后，再松导管弹簧上面的大螺母，拆下弹簧架。

◆ 吊出上瓷套。

◆ 吊住导管后，拆下底部千斤顶和下部套管底座、橡胶封环及大螺母，吊住套管时不准转动，并使电容芯处于法兰套内的中心位置，勿碰电容芯。

◆ 拆下下瓷套，然后吊出电容芯。

③ 清扫和检查

◆ 用干净毛刷刷洗电容芯表面的油垢和杂质，再用合格的变压器油冲洗干净后，用皱纹纸或塑料布包好。

◆ 擦拭上、下瓷套的内外表面。

◆ 拆下油位计的玻璃油标，更换内外胶垫，油位计除垢后进行加热干燥，然后在内部刷绝缘漆，外部刷红漆，同时应更换放气塞胶垫。

◆ 清扫中部法兰套筒内部和外部，并涂刷油漆，更换放油塞，更换接地小套管的胶垫。

◆ 测量各法兰处的胶垫尺寸，以便配制。

④套管的干燥。当套管的 tanδ 值超标时，需进行干燥处理，其步骤及注意事项如下。

◆ 将干燥罐内部清扫干净，放入电容芯，使电容芯与罐壁距离不小于 200 mm，并设置测温装置。

◆ 测量绝缘电阻的引线时，应防止触碰金属部件。

◆ 干燥罐密封后先试抽真空，检查有无渗漏。

◆ 将电容芯装入干燥罐后，进行密封加温，使电容芯保持在 75 ~ 80℃。

◆ 当电容芯温度达到要求后保持 6 h，再关闭各部阀门，进行抽真空。

◆ 每 6 h 解除真空一次，并通入干燥热风，10 ~ 15 min 后重新建立真空度。

◆ 每 6 h 放一次冷凝水，干燥后期可改为 12 h 放再一次。

◆ 每 2 h 做一次测量记录（绝缘电阻、温度、电压、电流、真空度、凝结水等）。

◆ 干燥终结后降温至 40 ~ 50℃，进行真空注油。

⑤ 组装

◆ 组装前应先将上、下瓷套及中部法兰预热至 80 ~ 90℃，并保持 3 ~ 4 h 以排除潮气。

◆ 按解体的相反顺序组装。

◆ 进行真空注油。

3）高压套管的常规性检查及检修工作

①进行外观检查前，应用浸透汽油或酒精的布清除瓷套表面的污垢。若瓷套表面有局部掉瓷（超过 300 mm^2），可用环氧树脂等黏合剂把裂片重新黏起来。

②测量介损的小瓷套（端子）是外露的，且在测量时经常使用，因而常发生折断的情况。一般这种折断都不会损坏测量引线，只需用黏合剂把小瓷套黏合起来就行了。如果测量引线折断，则需经焊接后，再将其黏合。

③ 若发生瓷套与法兰的连接处渗油，可以用扁铲将浇合填料轻轻铲除并清洗干净，然后用硅酸盐浇合剂填充。用浇合剂填充浇注后应捣实，并在相对湿度为 90% ~ 100%，温度为 25℃条件下养护 3 ~ 5 日，以防收缩干裂。直至填充的浇合剂完全干涸后，再在表面涂刷两道防潮封口胶。

④如电容芯受潮需要处理时，应先放出套管内的油，然后选用以下的方法进行干燥。

◆ 用 90℃的热油循环干燥。这种方法适用于在现场对受潮较轻的套管的处理。如果处理效果不明显时，应改用其他方法。

◆ 连同瓷套一起进行普通远红外加热干燥。这种方法是将套管连同芯子一起放在远红外干燥箱内，以温度不超过 10℃/h 的速度升至 100℃，保持 36 h，然后以 10℃/h 的速度降至常温。

◆ 用真空远红外加热干燥。这种处理方法对受潮较严重的电容式芯子效果比较好。具体做法是卸掉套管两端的压紧装置和测量引线，取出电容芯子放在真空远红外干燥箱内，并抽真空使干燥箱压力为 93 kPa（约为 700 mmHg）时干燥 20 h。撤除真空后，以 10℃/h 的速度降至常温。对于胶纸电容芯子，在干燥前应刮去表面漆，经干燥后再重新涂刷绝缘漆。

（3）高压套管故障处理。平时维护管理时要及时发现套管的裂纹、渗油、漏油等情况，同时做好清扫工作，套管表面集结导电粉尘及其他有害物质或积有棉麻等可燃物，这些都可造成套管表面短路，可能引起套管与油箱上盖间发生闪络或电弧，使变压器油燃烧。充油套管的油质变坏或进水受潮，充油套管或其他型式套管内的绝缘纸、绝缘胶等绝缘不良，均有可能引起套管爆裂，使变压器油箱外部的变压器油燃烧或套管在油箱内的部分破损，与油箱之间发生绝缘击穿，产生电弧。

油纸电容式高压套管在运行中除严防渗漏油与受潮外，要密切注意末屏故障的发生，因其末屏引出接地回路中，不管是出现接触不良、放电还是烧断、烧穿电容芯，在套管外表均无任何异常运行现象，即无法监视（未采用在线监测时），通常只依赖预防性试验或定期油色谱分析来发现，当发现绝缘介质损耗因数和电容值发生较明显变化时，应加大测试密度，当变化量大于 10% 时，必须更换套管。

（4）高压套管检修的安全注意事项

1）套管安装应符合下列要求：

①套管安装前应进行下列检查：瓷套表面应无裂缝、伤痕；套管、法兰颈部及均压球内壁应清洗干净；套管安装前应试验合格；充油套管应无渗漏现象，油位指示正常。

②套管引出线和接线柱不得硬拉、扭曲、打折，引出线的外包绝缘应完好。

③套管顶部结构的密封垫应安装正确，密封良好，连接引出线时，不应使顶部结构松扣。

2）套管拆装要注意的事项。在拆、装套管时要注意防止高空坠落，因作业人员要攀登到油箱顶部。由于油箱顶部工作面积不大，加之靴底可能有油污或油箱顶部残留有油迹或雨水、冰雪等，很容易造成滑倒坠落。因此，一般要求油箱顶部同时作业人员不超过 3 人为宜，且应有地面人员加以监护。

如果必须在套管上拆装引线时，应特别注意梯子的坚固性和母线绝缘子连接的可靠性，且应按高空作业的有关安全规定做好安全措施，还要防止物体打击。由于拆除和安装套管时使用的机具较多，作业人员多，作业范围也比较大，因此若不注意，容易引起物体打击人员，导致伤亡事故。为此，要求高空作业人员不得在高空落物。人员离开油箱顶部时，不能有遗留物。地面作业人员戴好安全帽，吊车下不能站人。

注意防止套管损坏。附件拆除和安装时，容易在起吊过程中造成损坏，其原因通常是绳索的绑扎不恰当，或是起吊、下落旋转太快，发生套管附件与油箱撞击。特别需要注意的是瓷套更容易发生损坏。起吊套管要遵守起重操作规程，防止损坏瓷套。套管起吊时的倾斜度应根据变压器套管升高座的角度而定。拉引线的细绳要结实并挂在合适的位置，随着套管的装入，逐渐拉出引线头。注意引线不得有扭曲和打结。引线拉不出时应查明原因，不可用力猛拉或用吊具硬拉。套管落实后，引线和接线端子要有足够的接触面积和接触压力。接线端要可靠密封，防止进水。

三、有载分接开关的检修

1. 有载分接开关的检修周期

(1) 随变压器检修进行相应大、小修。

(2) 运行中切换开关或选择开关，每6个月至1年或分接变换2 000 ~4 000次，至少采样一次。

(3) 分接开关新投运1 ~2年或分接变换5 000次，切换开关或选择开关应做吊芯一次检查。

(4) 运行中的分接开关，累计分接变换次数达到所规定的检修周期分接变换次数限额后，应进行大修。一般分接变换1万 ~2万次，3 ~5年也应做吊芯检查。

(5) 运行中的分接开关，每年结合变压器小修，操作3个循环分接变换。

2. 有载分接开关的安装及检修中的检查

(1) 检查分接开关各部件，包括切换开关或选择开关、分接选择器、转换选择器等有无损坏或变形。

(2) 检查分接开关各绝缘件有无开裂、爬电及受潮现象。

(3) 检查分接开关各部位紧固件是否良好紧固。

(4) 检查分接开关的触头及其连线是否完整无损、接触良好、连接牢固，必要时测量接触电阻及触头的接触压力、行程。检查铜编织线有无断股现象。

(5) 检查过渡电阻有无断裂、松脱现象，并测量过渡电阻值，其值应符合要求。

(6) 检查分接开关引线各部位的绝缘距离。

(7) 分接引线长度应适宜，以使分接开关不受拉力。

(8) 检查分接开关与其储油柜之间的阀门是否开启。

(9) 分接开关密封检查。在变压器本体及其储油柜注油的情况下，将分接开关油室中的绝缘油抽尽，检查油室内是否有渗漏油现象，最后进行整体密封检查，包括附件和所有管道，均应无渗漏油现象。

(10) 清洁分接开关油室与芯体，注入符合标准的绝缘油，储油柜油位应与环境温度相适应。

(11) 在变压器抽真空时，应将分接开关油室与变压器本体联通，分接开关进行真空注油时，必须将变压器本体与分接开关油室同时抽真空。

(12) 检查电动机构，包括驱动机构、电动机传动齿轮、控制机构等是否固定牢固，操作灵活，连接位置正确，无卡塞现象。转动部分应该注入符合制造厂规定的润滑脂。刹车皮上无油迹，刹车可靠。电动机构箱内清洁，无脏污，密封性能符合防潮、防尘、防小动物的要求。

(13) 分接开关和电动机构的联结必须做联结校验。切换开关动作切换瞬间到电动机构动作结束之间的圈数，要求两个旋转方向的动作圈数符合产品说明书要求。联结校验合格后，必须先手摇操作一个循环，然后电动操作。

(14) 检查分接开关本体工作位置和电动机构指示位置应一致。

(15) 油流控制继电器或气体继电器动作的油流速度应符合制造厂要求，并应校验合格，其跳闸触点应接变压器跳闸回路。

（16）手摇操作检查。手摇操作一个循环，检查传动机构是否灵活，电动机构箱中的联锁开关、极限开关、顺序开关等动作是否正确；极限位置的机械制动及手摇与电动闭锁是否可靠；水平轴与垂直轴安装是否正确；检查分接开关和电动机构联结的正确性；正向操作和反向操作时，两者转动角度与手摇转动圈数是否符合产品说明书要求，电动机构和分接开关的每个分接变换位置与分接变换指示灯的显示是否一致，计数器动作是否正确。

（17）电动操作检查。先将分接开关手摇操作置于中间分接位置，接入操作电源，然后进行电动操作，判别电源相序及电动机构转向。若电动机构转向与分接开关规定的转向不相符合，应及时纠正，然后逐级分接变换一个循环，检查启动按钮、紧急停车按钮、电气极限闭锁动作、手摇操作电动闭锁、远方控制操作是否准确可靠。每个分接变换的远方位置指示、电动机构分接位置显示与分接开关分接位置指示均应一致，计数器动作应正确。

3. 有载分接开关大修项目

（1）分接开关芯体的吊芯检查、维修、调试。

（2）分接开关油室的清洗、检漏与维修。

（3）驱动机构的检查、清扫、加油与维修。

（4）储油柜及其附件的检查与维修。

（5）瓦斯继电器、压力释放装置的检查。

（6）自动控制箱的检查。

（7）储油柜及油室中绝缘油的处理。

（8）电动机构及其他器件的检查、维修与调试。

（9）各部位密封检查，渗漏油处理。

（10）电气控制回路的检查、维修与调试。

（11）分接开关与电动机构的联结校验与调试。

4. 有载分接开关的故障处理

（1）问题一：切换开关内触头发热

1）故障分析。频繁的调压，会使触头之间的机械磨损、电腐蚀和触头污染严重，尤其是负荷电流较大的变压器，电流的热效应会使弹簧的弹性变弱，动、静触头之间的接触压力降低，接触电阻增大，使触头之间的发热量增大。发热加速了触头表面的氧化腐蚀和机械变形，并形成恶性循环，从而导致切换开关损坏。

2）防范措施。在检修投运前要分别测试开关各分接位置的直流电阻，吊罩检修时应测量触头的接触电阻，检查触头镀层和接触是否良好。每年结合检修或试验对分接开关各挡位置多转动几次，除去氧化膜或油污的影响，使其接触良好。

（2）问题二：过渡电阻断开和松动

1）故障分析 。过渡电阻断开和松动，会造成整台变压器烧毁。如果过渡电阻在已烧断的情况下带负荷切换，不但会使负载电流间断，而且会在过渡电阻的断口上以及动、静触头断开口间出现全部相电压。该电压不仅会击穿电阻的断口，也会在动、静触头断开时产生强大的电弧，从而导致变换的两分接头间短路，造成高压绕组分接线段烧毁。同时，电弧将开关油室的油迅速分解，产生大量气体，如果安全保护装置不能立即排出这些气体，就会使开关破损。电弧的能量也可使开关绝缘筒烧坏，致使开关无法修复。

2）防范措施。加强过渡电阻的检查，具体如下。

①在变压器出厂运行前和大修后，必须检查过渡电阻紧固是否松动，电阻丝线材是否有机械破损，以免切换时产生局部过热而烧断。

②切换次数达到 2 万次以上或运行在 2 年以上的有载开关，必须检查过渡电阻的材质是否变脆，电阻是否变值，紧固是否松动。

③运行中遇到变压器额定电流 2 倍以上的大电流切换的情况，必须检查过渡电阻是否烧毁。

④发生过有载开关不切换的情况，即快速机构主弹簧疲劳或断裂不工作、传动系统损坏、紧固件松动、机械卡死、限位失灵等使开关不能切换或切换中途失败以及切换程序时间延长超过规定值时，必须检查过渡电阻是否烧毁。

（3）问题三：切换开关的油室渗漏油

1）故障分析。切换开关油室是独立的油箱。运行中，切换开关油室中的油是绝对不允许进入变压器本体的，这是因为切换开关运行时产生一定的电弧，致使油室中的油质变差，这种油只能在切换开关油室中使用，而不能进入变压器本体。一旦进入会严重影响变压器内部油的色谱分析，即变压器内部故障判断。引起切换开关油室渗漏油的原因有以下 3 点：

①有载分接开关油箱底部放油阀门未紧固，致使变压器本体油箱中的油与有载分接开关油箱中的油混合。

②两油箱间密封胶垫材料不良或装配工艺不佳。现场处理时发现多数胶垫尺寸选择不当，压缩后无余量，胶垫不起作用。另外，有载分接开关油箱上沿与本体油箱预留孔错位，导致密封更加困难。有的有载分接开关油箱绝缘筒上边沿被压裂，出现缺口，导致渗漏油。

③中心传动轴油封不严。

2）防范措施。运行中应密切关注分接开关储油柜油位，当异常升高或降低直至变压器储油柜油位时，则应检查切换开关油室是否渗漏油。对变压器定期取油样，若发现主变的色谱分析氢、乙炔和总氢含量异常超标，也应检查切换开关油室是否渗漏油，以便及时处理。

（4）问题四：有载分接开关的油质劣化

1）故障分析。由于电弧引起油质劣化，开关每操作一次，其绝缘水平会下降。变压器油是分接开关最基本的绝缘材料，它作为绝缘和灭弧介质，还具有冷却、润滑和防腐蚀作用。在分接开关中，由于电弧的作用，开关油室中的绝缘油被分解，并析出游离碳、氢、乙炔等气体及油垢，气体一般会从绝缘油中排出，但游离碳微粒和油垢的一部分混在绝缘油中，另一部分积在开关的绝缘件表面。此外，还有少量触头材料融化后溅射出来的金属微粒也留在了绝缘件表面。这些沉积物的增多，会增加泄漏电流，降低绝缘电阻，最终导致油沿绝缘表面放电，使开关损坏。

2）防范措施。对有载分接开关运行 6 ~ 12 个月或切换 2 000 ~ 4 000 次后，应取切换开关箱中的油样做试验。对切换 5 000 ~ 10 000 次后或绝缘油的击穿电压低于 25 kV 时，应更换开关箱的绝缘油，并对绝缘件表面做清洁处理。

第三节 油浸式变压器预防性试验

由于变压器内部的绝缘结构复杂，电场、热场分布不均匀，使得事故率相对较高，因此，要对电力变压器定期进行绝缘预防性试验，一般每 1～3 年进行一次停电试验。不同电压等级、不同容量、不同结构的变压器试验项目略有不同，DL/T 596—2005《电力设备预防性试验规程》（以下简称《规程》）规定的变压器绝缘预防性试验项目主要内容见表 3—2。

表 3—2　　变压器绝缘预防性试验项目

试验项目	运行中	大修后	必要时
油中溶解气体色谱分析	☆○	△	○
绝缘油耐压试验	☆	△	○
油中含水量*	☆	△	○
油中含气量*	☆	△	○
绕组直流电阻	☆	△	○
绕组绝缘电阻、吸收比和极化指数	☆	△	○
绕组 tanδ**	☆	△	○
绕组泄漏电流	☆	△	○
电容型套管的 tanδ 和电容值**	☆	△	○
交流耐压试验	☆	△	○
铁心（有外引接地线的）绝缘电阻	☆	△	○
金属固定件、铁心、线圈压环、屏蔽等的绝缘电阻	☆	△	○
绕组所有分接的电压比		△	○
空载电流和空载损耗		△	○
短路阻抗和负载损耗		△	○
局部放电测量		△	○
套管中的电流互感器绝缘试验		△	○
阻抗测量			○
油箱表面温度分布			○

注：* 适用于 1.6 MV · A 以上的 330 kV 及以上的油浸变压器。

** 适用于 1.6 MV · A 以下的 35 kV 及以上变电所用变压器。

变压器绝缘电阻、泄漏电流和介质损耗等性能主要与绝缘材料和工艺质量有关，它们的变化反映了绝缘工艺质量或受潮情况，但是一般而言，其检测意义比电容器、电力电缆或电容套管要小得多，不作硬性指标要求。变压器绝缘主要是油和纸绝缘，最主要的是耐电强度。

对于电压等级为 220 kV 及以下的变压器，要进行 1 min 工频耐压试验和冲击电压试验以考核其绝缘强度；对于更高电压等级的变压器，还要进行冲击试验。由于冲击试验比较复杂，所以 220 kV 以下的变压器的冲击试验在型式试验中进行；220 kV 及以上电压等级的变压器的出厂试验也规定要进行全波冲击耐压试验。出厂试验中，常采用 2 倍以上额定电压进行耐压试验，这样可以同时考验主绝缘和纵绝缘（纵绝缘是线圈两端和线圈匝间的绝缘）。

一、油中溶解气体色谱分析

1．变压器内气体产生的原因

变压器发生故障前，在电、热效应的作用下，其内部会析出多种气体。气相色谱法通过定性、定量分析溶于变压器油中的气体，分析变压器的潜伏性故障。

变压器油中气体的来源，一方面是由于变压器中出现故障点，另一方面是由于变压器的维修或变压器内部材料的老化。这些变压器运行中的异常现象都会引起变压器油和固体绝缘的裂解，从而产生气体，主要有氢、烃类气体（甲烷、乙烯、乙炔、丙烷、丙烯等）、一氧化碳、二氧化碳等。具体原因有如下 5 点。

（1）热故障。如导线过电流、铁心局部放电短路、铁心多点接地形成环流、分接开关接触不良、电磁屏蔽不良漏磁集中、油道堵塞影响散热等。当绝缘材料局部过热时，会产生大量 CO 和 CO_2；当绝缘油局部过热时，会产生大量 C_2H_4 和 CH_4，随着温度升高，则 C_2H_6 和 H_2 增加，严重过热时将产生少量的 C_2H_2。

（2）电气故障。如绕组匝间、层间、相间绝缘击穿以及引线对地闪络与分接开关飞弧。电气故障产生的气体主要是 H_2 和 C_2H_2，其次是 C_2H_4 和 CH_4。

（3）高能量电弧放电。如绕组短路和绝缘大面积击穿的严重绕组故障、严重的铁心失火和大面积铁心短路等引起电弧放电。这时产生的放电电流较大，故障能量大而且突然，气体来不及溶于油中。主要气体有 H_2 和 C_2H_2。

（4）火花放电。如引线接触不良、铁心接地不稳定、分接开关触头接触不良、套管导电杆与引线接触不良等引起的火花放电。这种放电能量小，总烃含量不高，气体主要是 H_2 和 C_2H_2。

（5）局部放电。如冲片棱角或冲片间局部放电、金属尖端之间局部放电，这时产生的放电电流较小，主要气体是 H_2 和 CH_4。

表 3—3 列出了各种故障下产生的主要气体成分。

表 3—3　各种故障下油和固体绝缘材料产生的主要成分

气体成分	油			固体绝缘材料		
	强烈过热	电弧放电	局部放电	强烈过热	电弧放电	局部放电
氢气（H_2）	☆	☆	☆	☆	☆	☆
甲烷（CH_2）	☆	△	☆	☆	△	☆
乙烷（C_2H_6）	△			△		

续表

气体成分	油			绝缘材料		
	强烈过热	电弧放电	局部放电	强烈过热	电弧放电	局部放电
乙烯（C_2H_4）	☆	△		☆	△	
乙炔（C_2H_2）		☆			☆	
丙烷（C_3H_8）	△			△		
丙烯（C_2H_6）	☆			☆		
一氧化碳（CO）				☆	☆	△
二氧化碳（CO_2）				☆	△	△

注："☆"表示产生的主要气体，"△"表示产生的次要气体。

变压器在制造、运输、安装和运行过程中，不可避免会混入空气，引起绝缘逐渐老化和分解。随着故障的发展，分解出的气体形成的气泡在油里经对流和扩散，溶解在油中。当产气量大于溶解量时，还会有一部分气体进入气体继电器。由于故障气体的组成和含量与故障的类型和故障的严重性有密切关系，所以定期分析溶解于变压器油中的气体，就能及早发现变压器内部存在的潜伏性故障，并随时掌握故障的发展情况。

2．变压器油故障判断标准

《规程》对变压器油中溶解的气体含量进行了规定，只要其中任何一项超过标准规定，则应引起注意，查明气体产生的原因，或进行连续检测，对其内部是否存在故障或故障的严重性及其发展趋势作出评估。表 3—4 给出了变压器中溶解气体含量标准。

表 3—4　　变压器油中气体含量标准

气体组分	总烃（甲烷、乙烷、乙烯、乙炔）	乙炔	氢气
含量（$\times10^{-6}$）	150	5	150

评价变压器油中气体含量变化情况的简单方法是使用绝对产气速率和相对产气速率，若 C_1 和 C_2 分别表示第一次取样和第二次取样测得的油中某气体的含量（1×10^{-6}），Δt 表示取样间隔中的实际运行时间，G 为变压器总质量（t），d 表示油的密度（t/m^3），则：

绝对产气速率为：

$$v_a = \frac{C_2 - C_1}{\Delta t} \times \frac{G}{d}$$

相对产气速率为：

$$v_r = \frac{C_2 - C_1}{C_1} \times \frac{1}{\Delta t} \times 100\%$$

《规程》规定，烃类气体总的产气速率大于 0.25 mL/h（开放式）或 0.5 mL/h（密封式）时，或相对产气速率大于 10%/min，可判断为变压器内部存在异常。

变压器纤维绝缘材料在高温下分解产生的气体主要是 CO 和 CO_2，而碳氢化合物很少。当油纸绝缘遇电弧作用时，还会分解出更多的乙炔气体。由于 CO 和 CO_2 气体的测量结果分散性很大，目前还没有规定相应的标准。

《规程》规定了变压器油中气体含量的劣化判定标准，利用该标准可以判定变压器油是否劣化，但不能确定故障性质和状态。

3．变压器油故障定性分析

利用特征气体分析法可以进行变压器故障原因的判断。油中溶解的气体可反映故障点引起的周围油、纸绝缘的电、热分解本质。气体特征随故障类型、故障能量及其涉及的绝缘材料的不同而不同，即故障点产生烃类气体的不饱和度与故障源的能量密度之间有密切关系。利用特征气体分析法可以直观、方便地分析判断故障的大致类型，缺点是没有明确量的概念。表3—5给出了故障性质的定性分析方法。

表3—5　　故障性质的定性分析方法

故障性质	主要成分	气体特征描述	故障可能部位
局部放电	H_2，CH_4	总烃不高，$H_2>100\times10^{-6}$，CH_4构成总烃的主要成分	绕组局部放电，分接开关触点间局部放电
火花放电	H_2	总烃不高，$C_2H_2>10\times10^{-6}$，H_2较高	分接开关接触不良，绝缘不良
电弧放电	H_2，C_2H_2	总烃高，C_2H_2高并构成总烃的主要成分，H_2含量高	绕组短路，分接开关闪络，弧光短路
一般过热	CH_4，C_2H_4	总烃较高，$C_2H_2<5\times10^{-6}$	导体过热，分接开关故障
严重过热	CH_4，C_2H_4	总烃高，$C_2H_2>5\times10^{-6}$但未构成总烃的主要成分，H_2含量较高	金属导体过热（温度达1 000℃以上）

当H_2含量增大，而其他气体组分不增加时，有可能是由于设备进水或有气泡引起水和铁的化学反应，或在高电场强度作用下，水或气体分子的分解或电晕作用所致。

乙炔含量是区分过热和放电两种故障性质的主要指标。大部分过热故障，特别是出现高温热点时，会产生少量乙炔。例如1 000℃以上时，会有较多的乙炔出现，但1 000℃以上的高温既可能由能量较大的放电引起，也可能由导体过热而引起。分接开关过热时，会出现乙炔；低能量的局部放电，并不产生乙炔或仅仅产生很少量的乙炔。

4．变压器故障诊断三比值法

目前国际上通用的通过变压器油的气体含量来鉴别变压器故障的方法是三比值法。所谓的三比值法是用5种特征气体的三对比值，用不同的编码表示不同的三对比值和不同的比值范围，从而判断变压器的故障性质，即根据电气设备内油、纸绝缘故障下裂解产生气体组分的相对浓度与温度的依赖关系，选用两种溶解度和扩散系数相近的气体组分的比值作为判断故障性质的依据，可得出对故障状态较可靠的判断。表3—6给出了三比值法的编码规则。表3—7中给出了一种三比值编码方式的典型例子，在实际应用中，常出现不包括在范围内的编码组合，应结合必要的电气试验作出综合分析。

表 3—6　　三比值法的编码规则

特征气体的比值	按比值范围编码			说明
	$\frac{C_2H_2}{C_2H_4}$	$\frac{CH_4}{H_2}$	$\frac{C_2H_4}{C_2H_6}$	
<0.1	0	1	0	$\frac{C_2H_2}{C_2H_4}=1\sim3$，编码为 1 $\frac{CH_4}{H_2}=1\sim3$，编码为 2 $\frac{C_2H_4}{C_2H_6}=1\sim3$，编码为 1
0.1~1	1	0	0	
1~3	1	2	1	
>3	2	2	2	

表 3—7　　三比值法故障性质判断

序号	故障性质		比值范围编码			典型事例
			$\frac{C_2H_2}{C_2H_4}$	$\frac{CH_4}{H_2}$	$\frac{C_2H_4}{C_2H_6}$	
0	无故障		0	0	0	正常老化
1	局部放电	低能量密度	0	1	0	空隙中放电
2		高能量密度	1	1	0	空隙中放电并已导致固体放电
3	放电	低能量	1→2	1	1→2	油隙放电、火花放电
4		高能量	1	0	2	有续流的放电、电弧
5	过热故障	<150℃	0	0	1	绝缘导线过热
6		150~300℃	0	2	0	铁心过热：从小热点、接触不良到形成环流，温度逐渐升高
7		300~700℃	0	2	1	
8		>700℃	0	2	2	

二、绝缘电阻、吸收比和极化指数测量

测量绕组连同套管一起的绝缘电阻、吸收比和极化指数，对检查变压器整体的绝缘状况具有较高的灵敏度，能有效地检查出变压器绝缘整体受潮、部件表面受潮或脏污以及贯穿性的集中缺陷，例如，各种贯穿性短路、瓷件破裂、引线接壳、器身内有铜线搭桥等现象引起的半贯通性或金属性短路等。经验表明，变压器绝缘在干燥前后绝缘电阻的变化倍数比介质损失角正切值变化倍数大得多。

测量绕组绝缘电阻时，应依次测量各绕组对地和其他绕组间的绝缘电阻值。被测绕组各引线端应短路，其余非被测绕组都短路接地。将空闲绕组接地的方式可以测出被测部分对接地部分和不同电压部分间的绝缘状态，测量的顺序和具体部位见表 3—8。

表 3—8　　绝缘电阻测量顺序和部位

顺序	双绕组变压器		三绕组变压器	
	被测绕组	接地部位	被测绕组	接地部位
1	低压	外壳及高压	低压	外壳、高压及中压
2	高压	外壳及低压	中压	外壳、高压及低压
3	—	—	高压	外壳、中压及低压
4	高压及低压	外壳	高压及中压	外壳及低压
5	—	—	高压、中压及低压	外壳

注：1. 如果表头指示超过量程，应记录为（量程）$^+$，例如 10 000$^+$，而不应记为∝。

2. 序号 4 和 5 的项目，只对 15 000 kV · A 及以上的变压器进行测定。

3. 括号内的部位必要时才进行。

测量绝缘电阻时，对额定电压为 1 000 V 以上的绕组，用 2 500 V 兆欧表测量，其量程一般不低于 10 000 MΩ；对额定电压为 1 000 V 以下的绕组，用 1 000 V 或 2 500 V 兆欧表测量。《规程》中对变压器绕组的绝缘电阻没有规定具体值，而是采用比较的方法，换算至同一温度时与前一次测量结果相比。若采用绝对值判别时，通常采用预防性试验绝缘电阻值不低于安装或大修后投入运行前的测量值的 50%，对于 500 kV 变压器，在相同温度下，其绝缘电阻不得小于出厂值的 70%，20℃时最低阻值不得小于 2 000 MΩ。

《规程》规定对于电压为 35 kV 及以上变压器应测量吸收比，吸收比在常温下不低于 1.3；吸收比偏低时可测量极化指数，应不低于 1.5。实际测量时，受潮或绝缘内部有局部缺陷的变压器的吸收比接近于 1.0。变压器绕组绝缘电阻应尽量在 50℃时测量，不同温度（t_1，t_2）下的绝缘电阻值（R_1，R_2）可按工程简化公式 $R_2 = R_1 \times 1.5^{(t_1 - t_2)/10}$ 进行计算。

为避免绕组上残余电荷导致测量值偏大，测量前应将被测绕组与油箱短路接地，其放电时间应不小于 2 min。测量刚停止运行的变压器，需将变压器自电网断开后静置 30 min，使油温与绕组温度趋于相同，再进行绝缘电阻等的测定，并以变压器上层油温作为绝缘温度。对于新投入或大修后的变压器，应在充满合格油后静止一定时间，待气泡消除后方可进行试验。通常，对于 8 000 kV · A 及以上的较大型电力变压器，需静置 20 h 以上；对于 3 ~ 10 kV · A 的小容量电力变压器，需静置 5 h 以上。

在实际测量过程中，会出现绝缘电阻高、吸收比反而低的不合理情况，其中原因比较复杂，这时可采用极化指数 PI 来进行判断，极化指数定义为加压 10 min 时的绝缘电阻与加压 1 min 时的绝缘电阻之比，即 $PI = R_{10'}/R_{1'}$。现场试验时，通常规定 PI 不小于 1.5。

三、泄漏电流测量

测量泄漏电流比测量绝缘电阻具有更高的灵敏度。运行检测经验表明，测量泄漏电流能有效地发现其他试验项目所不能发现的变压器局部缺陷。

双绕组和三绕组变压器测量泄漏电流的顺序与部位见表 3—9。测量泄漏电流时，绕组上所加的电压与绕组的额定电压有关，表 3—10 列出了试验电压的标准。

表 3—9　　变压器泄漏电流测量顺序和部位

顺序	双绕组变压器		三绕组变压器	
	加压绕组	接地部分	加压绕组	接地部分
1	高压	低压、外壳	高压	中、低压、外壳
2	低压	高压、外壳	中压	高、低压、外壳
3			低压	高、中压、外壳

表 3—10　　泄漏电流试验电压标准　　kV

绕组额定电压	3	6 ~ 10	20 ~ 35	66 ~ 330	500
直流试验电压	5	10	20	40	60

测量时，加压至试验电压，待 1 min 后读取的电流值即为所测得的泄漏电流值，为了使读数准确，应将微安表接在高电位处。

因为泄漏电流值与变压器的绝缘结构、温度等因素有关，所以在《规程》中对泄漏电流值不作规定。在判断时强调与历年的测量结果比较，一般情况下，当年测量值不应大于上一年测量值的 150%，同时还应与同类型变压器的泄漏电流比较。对 500 kV 变压器的泄漏电流不作规定，但一般不大于 30 μA。

四、介质损耗角正切测量

测量变压器的介质损耗角正切值 $\tan\delta$ 主要用来检查变压器整体受潮、油质劣化、绕组上附着油泥及严重的局部缺陷等，是判断 31.5 MV·A 以下变压器绝缘状态的一种较有效的手段。测量变压器的介质损耗角正切值是连同套管一起测量的，但是为了提高测量的准确性和检出缺陷的灵敏度，必要时可进行分解试验，以判明缺陷所在位置。

《规程》规定的 $\tan\delta$ 测量值见表 3—11。测量结果要求与历年的数值进行比较，变化应不大于 30%。当采用电桥法测量时，对于工作电压为 10 kV 以上的绕组，试验电压为 10 kV；对于工作电压为 10 kV 及以下的绕组，试验电压为额定电压。当采用 M 型试验器时，试验电压通常采用 2 500 V。

表 3—11　　介质损耗角正切规定值

变压器电压等级	330 ~ 500 kV	66 ~ 220 kV	35 kV 及以下
$\tan\delta$	0.6%	0.8%	1.5%

测量温度以顶层油温为准，尽量使每次测量的温度相近。应尽量在测温低于 50℃ 下进行，不同温度下（t_1，t_2）的 $\tan\delta$ 值（$\tan\delta_1$，$\tan\delta_2$）可按如下工程简化公式进行换算。

$$\tan\delta_2 = \tan\delta_1 \times 1.3^{(t_2-t_1)/10}$$

1．平衡电桥测量方法

由于变压器外壳均直接接地，所以多采用 QS－1 型西林电桥的反接法进行测量。对双绕组和三绕组变压器测量部位见表 3—12。

表 3—12　　　　电桥法测量变压器绕组的部位

双绕组变压器			三绕组变压器		
序号	测量端	接地端	序号	测量端	接地端
1	高 压	低压 + 铁心	1	高 压	中压、铁心、低压
2	低 压	高压 + 铁心	2	中 压	高压、铁心、低压
3	高压 + 低压	铁 心	3	低 压	高压、铁心、中压
			4	高压 + 低压	中压、铁心
			5	高压 + 中压	低压、铁心
			6	低压 + 中压	高压、铁心
			7	高压 + 中压 + 低压	铁心

双绕组变压测量 $\tan\delta$ 及 C 时，接线如图 3—11 所示。从上述接线方式中可以清晰地看出，测量所得的数据并不是各绕组的 $\tan\delta$ 和 C，需要在测量后进行计算。

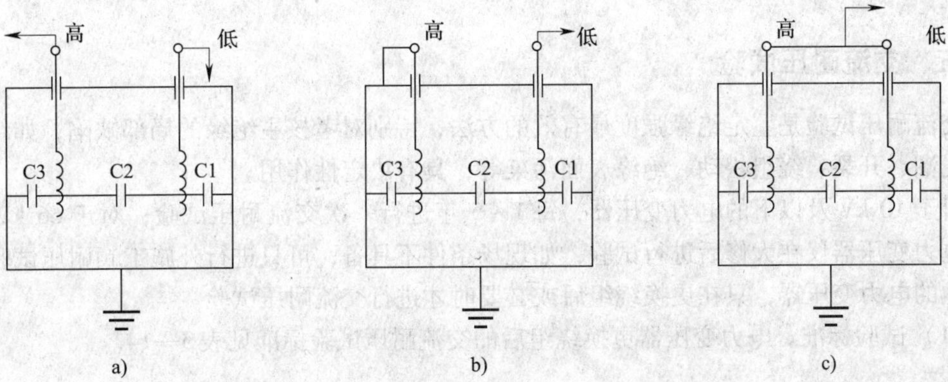

图 3—11　双绕组变压器测量 $\tan\delta$ 和 C 接线方式

若假设按图 3—11a、b、c 接线进行试验，测得的数据分别为 $\tan\delta_a$、C_a，$\tan\delta_b$、C_b，$\tan\delta_c$、C_c，可以推导出各绕组的 C 和 $\tan\delta$ 如下。

$$C_1=\frac{C_b+C_c-C_a}{2}\,,\ \tan\delta_1=\frac{C_b\tan\delta_b+C_c\tan\delta_c-C_a\tan\delta_a}{2C_1}$$

$$C_2=\frac{C_a+C_b-C_c}{2}\,,\ \tan\delta_2=\frac{C_a\tan\delta_a+C_b\tan\delta_b-C_c\tan\delta_c}{2C_2}$$

$$C_3=\frac{C_c+C_a-C_b}{2}\,,\ \tan\delta_3=\frac{C_c\tan\delta_c+C_a\tan\delta_a-C_b\tan\delta_b}{2C_3}$$

2. 非平衡电桥测量法

用非平衡电桥（M 型介质试验器）测量双绕组和三绕组变压器的 $\tan\delta$，其测量顺序和方法见表 3—13。测量时，M 型介质试验器的试验电压均为 2 500 V。

在双绕组变压器中，试验 2 直接测出高压地的 $\tan\delta$，试验 4 直接测出低压地的 $\tan\delta$。若试验 1、2、3、4 所测量的是在功率分别为 S_1、S_2、S_3、S_4，有功功率分别为 P_1、P_2、P_3、P_4，则高压—低压之间的 $\tan\delta=\dfrac{S_1-S_2}{P_1-P_2}=\dfrac{S_3-S_4}{P_3-P_4}$。

表 3—13　　M 型介质试验器测量变压器 $\tan\delta$ 的方法

双绕组变压器				三绕组变压器			
序号	测量部位		屏蔽绕组	序号	测量部位		屏蔽绕组
	测量端	接地端			测量端	接地端	
1	高压	低压	—	1	高压	低压	中压
2	高压	—	低压	2	高压	—	低压、中压
3	低压	低压	—	3	低压	中压	高压
4	低压	—	低压	4	低压	—	高压、中压
				5	中压	高压	低压
				6	中压	—	高压、低压
				7	全部	—	—

五、交流耐压试验

交流耐压试验是鉴定绝缘强度最有效的方法，特别对考核主绝缘的局部缺陷，如绕组主绝缘受潮、开裂、绕组松动、绝缘表面污染等，具有决定性作用。

对于 10 kV 及以下的电力变压器，每 1 ~ 5 年进行一次交流耐压试验；对于 66 kV 及以下的电力变压器仅在大修后进行试验，如现场条件不具备，可只进行外施工频耐压试验；对于其他的电力变压器，只在更换绕组后或必要时才进行交流耐压试验。

（1）试验标准。电力变压器更换绕组后的交流耐压试验标准见表 3—14。

表 3—14　　交流耐压试验标准　　kV

额定电压	<1	3	6	10	15	20	35	66	110	220	330	500
最高工作电压	≤1	3.5	6.9	11.5	17.5	23.0	40.5	72.5	126	252	363	550
全部更换绕组	3	18	25	35	45	55	85	140	200	360 395	460 510	630 680
部分更换绕组	2.5	15	21	30	38	47	72	120	170 (195)	306 336	391 434	536 578

在变压器注油后进行试验时，需要静置一定的时间。通常 500 kV 变压器静置时间大于 72 h，220 kV 变压器静置时间大于 48 h，110 kV 变压器静置时间大于 24 h。

绕组连同套管的交流耐压试验的出厂试验标准同全部更换绕组的试验标准，而大修后的试验标准同部分更换绕组后的试验标准。

（2）试验方法。进行交流耐压试验时，被试变压器的正确连接方式是被试绕组所有套管应短路连接（短接）并接高压，非被试绕组也要短接并可靠接地。

当进行交流耐压试验时，变压器的连接方式不正确，可能损坏被试变压器的绝缘。如被试绕组和非被试绕组均不短接，由于分布电容的影响，在被试绕组的电流不相等，越靠近 A 端电流越大，因而所有线匝间均存在不同的电位差。由于绕组中所流过的是电容电流，故靠近 X 端的电位比所加的电压高。又因为非被试绕组处于开路状态，被试绕组的电抗很大，故将导致 X 端的电位升高，显然这种接线方式是不允许的，在试验中必须避免。

被试绕组和非被试绕组均短接时，由于这种接法对被试绕组来说，始、末端电容电流 I_C 的方向是相反的，回路电抗很小，整个绕组对地的电位基本相等，符合试验要求。但是，对非被试低压绕组来说，由于没有接地而处于悬浮状态，低压绕组对地具有一定的电压。低压绕组对地的电压取决于高、低压间电容和低压对地电容的大小，这时可能出现低压绕组上的电压高于其耐受电压水平，发生对地放电现象。

（3）判断方法。在变压器交流耐压试验时，除了通过发生击穿可以判断变压器存在绝缘故障外，还可以根据试验过程中的一些异常现象来判断是否存在隐含的绝缘缺陷。

1）在升压阶段或持续时间阶段，发生清脆响亮的“当当”放电声，很像金属物撞击油箱的声音，电流表指示值产生突变。当重复进行试验时，放电电压下降并不明显。这往往是由于油隙距离不够或者电场畸变等所造成的油隙一类绝缘结构击穿所致。

2）试验中，若发生较小的“当当”放电声，且仪表摆动不大，在重复试验时放电现象却消失了。这往往是由于变压器油中有气泡，在电场力的作用下，可能形成一条一定长度的狭窄气隙通道，由于气泡的耐电强度比油低，当气隙通道发展到一定长度时，可能导致气隙通道击穿，最后导致变压器油击穿。如果变压器油中气泡不多，气隙通道放电后缩短了，这时气泡被击穿后，变压器油可能不再击穿。这种局部击穿所出现的放电声音，可能是轻微、断续的，电流表的指示值也不会变动。由气泡所引起的不论是贯穿性的还是局部性的放电，在重复试验中可能会消失，因为在放电之后，气泡容易从上部逸走。

3）在加压过程中，变压器内部有炒豆般的放电声，而电流表的指示值还很稳定，这可能是由于悬浮的金属件对地放电所致。在制造过程中，铁心可能没有和夹件通过金属材片连接，使铁心在电场中悬浮，在一定的电压下，由于静电感应的作用，铁心对接地的夹件就开始放电。

六、变压器直流电阻测量

测量变压器的直流电阻，可以检查绕组的焊接质量、分接开关各个位置的接触是否良好、绕组或引出线有无折断处、并联支路有无断线、层匝间有无短路等现象。

《规程》规定，对于 16 000 kV · A 以上的变压器，各相绕组电阻相互间的差别应不大于三相平均值的 2%，无中性点引出的绕组，线间差别应不大于三相平均值的 1%；对于 16 000 kV · A及以下的变压器，相间差别一般不大于三相平均值的 4%，线间差别一般不大于三相平均值的 2%；同时与以前的相同部位测量值比较，其变化应不大于 2%。

传统的测量方法采用电桥法或电压降法，配备恒压源或恒流源进行测量。由于变压器具有巨大的电感，其电感量可达数百至上千亨，而变压器的直流电阻仅为 $1\times10^{-2}\sim1\ \Omega$，其回路时间常数 $\lambda=L/R$ 很大，使得测量的合闸过渡时间非常长，测量一次变压器的直流电阻需要数小时。从时间常数的表达式可知，减少时间常数的途径有两条。

（1）减小电感。为此要加大测量电流，提高铁心磁通密度，使铁心趋于饱和，这样试验电源的容量就要增大。对于由中性点引出的变压器绕组，可以采用三相同时通入同方向电流的零序法使磁路磁阻增加，从而使其电感减小。另外，还可以利用非被试绕组助磁等方法，但这些方法对运行单位来说使用起来都比较困难。

（2）增大回路电阻。在回路中串入电阻，若试验电源电压不变，则测量电流变小，因而使电桥的灵敏度降低。为保证电桥的灵敏度，必须相应的提高试验电源电压，以使测量回路的电流足够大。

七、变压器极性组别和电压比试验

变压器线圈的一次侧和二次侧之间存在极性关系，若有多个线圈或多个变压器进行组合，都需要知道其极性，才可以正确运用。对于两线圈的变压器来说，若任意瞬间在其内感应的电动势都具有同方向，则称它为同极性或减极性，否则为加极性。变压器联结组是变压器的重要参数之一，是变压器并联运行的重要条件，在很多情况下都需要进行测量。

在变压器空载运行的条件下，高压绕组的电压 U_1 和低压绕组的电压 U_2 之比称为变压器的变压比：

$$K=\frac{U_1}{U_2}$$

变压比一般按线电压计算，它是变压器的一个重要的性能指标。测量变压器变压比的目的是保证绕组各个分接的变压比在技术允许的范围之内；检查绕组匝数的正确性；判定绕组各分接的引线和分接开关连接是否正确。

（1）变压器极性组别和电压比试验方法

1）直流法确定变压器的极性。测量变压器绕组极性的方法有直流法和交流法，这里介绍简单适用的直流法，如图3—12所示。把一节干电池接在变压器的高压端子上，在变压器的二次侧接上一个毫安表或微安表，实验时观察开关合上时表针的摆动方向，即可确定极性。

在图3—12中，将干电池的正极接在变压器一次侧A端子上，负极接到X端子上，电流表的正极接在二次侧a端子上，负极接到x端子上，当合上电源的瞬间，若电流表的指针向零刻度的右方摆动，而拉开的瞬间指针向左方摆动，说明变压器是减极性的。

若同样按照上面接线，当电源合上或拉开的瞬间，电流表指针的摆动方向与上面相反，则说明变压器是加极性的。

2）直流法确定变压器的组别。直流法是最为简单适用的测量变压器绕组接线组别的方法，图3—13所示是对Y/Y接法的三绕组变压器采用直流法确定组别的接线，对于其他形式的变压器接线相同。用一低压直流电源（若干电池）加入变压器高压侧AB、BC、AC，轮流确定接在低压侧ab、bc、ac上的电压表指针的偏转方向，从而可得到9个测量结果。这9个测量结果的表示方法为：用正号“+”表示当高压侧电源合上的瞬间，低压侧表针摆动的某一个方向，而用负号“-”表示与其相反的方向。如果用断开电源的瞬间来作为结果，则正好相反。另外还有一种情况，就是当测量△/Y或Y/△接法的变压器时，会出现表针为零，用“0”作为结果。

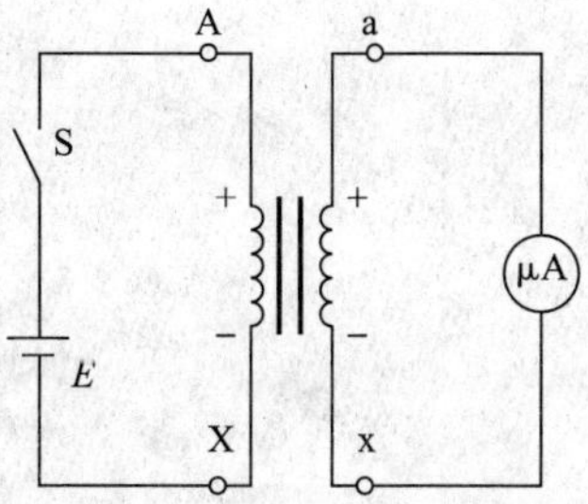

图 3—12　用直流法测量极性

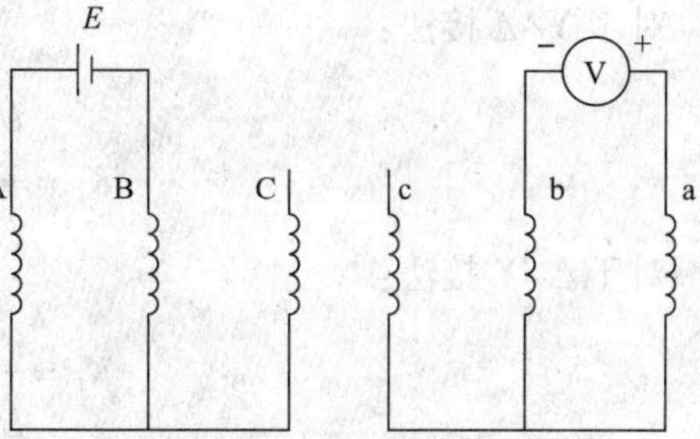

图 3—13　用直流法确定接线组别

将所测得的结果与表 3—15 所列对照，即可知道该变压器的接线组别。

表 3—15　　**变压器组别与极性对照表**

接线组别	高压通电	低压测量值			接线组别	高压通电	低压测量值		
	+ −	a b	b c	a c		+ −	a b	b c	a c
1	A B	+	−	0	7	A B	−	+	0
	B C	0	+	+		B C	0	−	−
	A C	+	0	+		A C	−	0	−
2	A B	+	−	−	8	A B	−	+	+
	B C	+	+	+		B C	−	−	−
	A C	+	−	+		A C	−	+	−
3	A B	0	−	−	9	A B	0	+	+
	B C	+	0	+		B C	−	0	−
	A C	+	−	0		A C	−	+	0
4	A B	−	−	−	10	A B	+	+	+
	B C	+	−	+		B C	−	+	−
	A C	+	−	−		A C	−	+	+
5	A B	−	0	−	11	A B	+	0	+
	B C	+	−	0		B C	−	+	0
	A C	0	−	−		A C	0	+	+
6	A B	−	+	−	12	A B	+	−	+
	B C	+	−	−		B C	−	+	+
	A C	−	−	−		A C	+	+	+

3）用 QJ35 型变比电桥测量变压比。QJ35 型变比电桥是最常用的测量变压器变压比的仪器，下面介绍用 QJ35 型变比电桥测量变压比的步骤。

①使用之前首先要知道变压器绕组的极性或接线组别。

②把试品的额定 K 值根据铭牌表示计算出来，并取 4 位有效值。各种接法的绕组类型可按下列各式计算。

对于 Y/Y、△/△接法：

$$K_L = \frac{U_1}{U_2},\ K_\phi = K_L$$

对于 Y/△接法：

$$K_L=\frac{U_1\frac{2}{\sqrt{3}}}{U_2},\ K_\phi=\frac{U_1\frac{1}{\sqrt{3}}}{U_2}$$

对于△/Y 接法：

$$K_L=\frac{U_1}{U_2\frac{2}{\sqrt{3}}},\ K_\phi=\frac{U}{U_2\frac{1}{\sqrt{3}}}$$

以上各式中，K_L 为线电压比，K_ϕ 为相电压比，U_1、U_2 分别为高压侧和低压侧电压。

③将电桥上的 A、B、C、a、b、c 分别和变压器的 A、B、C、a、b、c 连接起来。对于三绕组的变压器，还有 Am、Bm、Cm；对于单相变压器，B、b 与 X 连接，x 和 C 空接。

④将电桥上的 K 值按计算出来的结果设置。

⑤三相变压器应先放置在 AB/ab 位上。如果是 Y/Y 或△/△接法的变压器，短接开关放在“0”上，如果是 Y/△-11 或△/Y-11 接法的变压器，则按表 3—16 放置。

表 3—16　　不同接线形式下变比测量时短接开关的位置

对 Y/△接法				对 △/Y 接法			
测量	AB/ab	BC/bc	CA/ca	测量	AB/ab	BC/bc	CA/ca
短接	bc	ac	ab	短接	CA	AB	BC

⑥极性开关放在变压器的已知接法单相“-”或“+”。三相变压器 1~6 组为“+”极性，7~12组为“-”极性，其他开关都放在关或“0”上。

⑦插上电源，注意核对相线与中性线的正确性。闭合放大器电源开关 S_1，然后把灵敏度旋至最大，调节零位使 uA 指中心，闭合电压表开关 S_3 和试验电压开关 S_2，调整调压器使电压表指示 5 V 位置，同时必须注意微安表指针不超过满度。如果超过，可降低灵敏度；若再超过，则应关闭电源，复核额定 K 值和变压器的极性接线等。

⑧调整误差盘时，将放大器灵敏度旋至最大，使微安表指零后再关闭电压表开关 S_3 作精调，此时误差盘上的指示就是变比的误差，将其记录下来。

⑨降低电压，关闭试验电压进行三相变换，注意不能带电进行，然后继续按第⑦步进行。

⑩测试完毕，将所有开关放在关或零位，待下次使用。

第四节　干式变压器

一、干式变压器铁心

1. 干式变电压器铁心材料

目前我国干式变压器的铁心都是采用冷轧硅钢片制成。

铁心采用的硅钢片由于在炼钢过程中加入了 3% ~5% 的硅，从而提高了硅钢片的导磁率和电阻率，减少了硅钢片中磁滞损耗和涡流损耗。但若加入硅过多，则硅钢片会变脆而使加工困难。

硅钢片按轧制方法可分为热轧硅钢片和冷轧硅钢片两种。热轧硅钢片是将含硅的钢材经热轧机和相应的热处理后制成的。采用热轧硅钢片叠装的铁心，当磁通密度大于 1.45 T 时，其空载损耗和空载电流明显增加。冷轧硅钢片由冷轧机制成，具有较小的励磁容量和较高的磁通密度，允许设计的磁通密度高达 1.89 T。

2．干式变电压器铁心结构

变压器按铁心结构形式分为心式结构和壳式结构。心式铁心是垂直放置的，铁心的截面多为分级圆柱形，绕组包围心柱，称为心式结构。心式铁心的叠片规格较多，绑扎和夹紧要求较高，但是圆形绕组制造方便，短路时稳定性好，且硅钢片的用量也较少，因此我国变压器（油式变压器和干式变压器）的铁心基本都是采用心式铁心结构。

3．铁心叠片形式

（1）对接和搭接形式。铁心的叠片形式是按心柱和铁轭的接缝是否在一个平面内来分类的，各个接合处的接缝在同一平面内的称为对接；接缝在两个或多个垂直平面内的称为搭接。由于对接式的心柱片与铁轭片间可能短路，需要垫绝缘，且在机械上没有联系，对夹紧的可靠性要求高，因此现代的铁心不采用对接的叠片形式。

（2）搭接的接缝结构形式。铁心在厚度方向是由铁心片叠积而成的，其接缝形式决定了铁心的电磁性能、材料利用率和加工的难易程度。当接缝与硅钢片的轧制方向平行或垂直时称为直接缝，否者称为斜接缝（见图 3—14）。铁心一般采用 45°的全斜接缝。

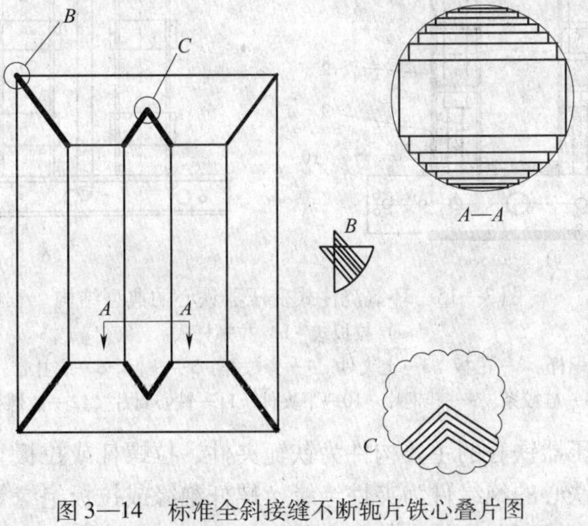

图 3—14　标准全斜接缝不断轭片铁心叠片图

（3）阶梯接缝形式。为了减少搭接式接缝处磁密不均匀以致铁损过大而造成铁心局部过热的现象，目前大部分变压器制造厂在铁心上均采用阶梯接缝，又称步进接缝，即把各层之间的叠片接缝向纵向或横向错开，避免铁心某一剖面上接缝集中。采用这种接缝比普通接缝的空载损耗和噪声都有明显下降。

4．干式变压器铁心常见夹紧结构

（1）有孔铁轭螺杆，拉螺杆夹紧结构。铁轭的夹紧主要通过铁轭螺杆和旁螺杆，心柱通过高强度绑扎带绑扎，整体夹紧是通过铁轭螺杆和旁螺杆夹紧上下夹件，然后与拉螺杆一起固定。由于拉螺杆夹紧强度不够，这种结构仅适合小容量变压器（200 kV · A 以下）。

（2）有孔铁轭螺杆，拉板结构。这种结构与拉螺杆结构相似，只是用不导磁钢板制作的拉板代替拉螺杆。

（3）无孔绑扎，拉板结构。铁轭的夹紧主要通过不锈钢带和旁螺杆，心柱通过高强度绑扎带绑扎，拉板上的销钉与上下夹件配合来固定变压器。这种夹紧结构一般适用于大容量变压器（4 000 kV · A 以上）。

5. 干式变压器的常用心式铁心结构

从铁心固定方式角度，环氧浇注式变压器的常用心式铁心结构有拉螺杆结构和拉板结构两种形式，如图 3—15 所示。

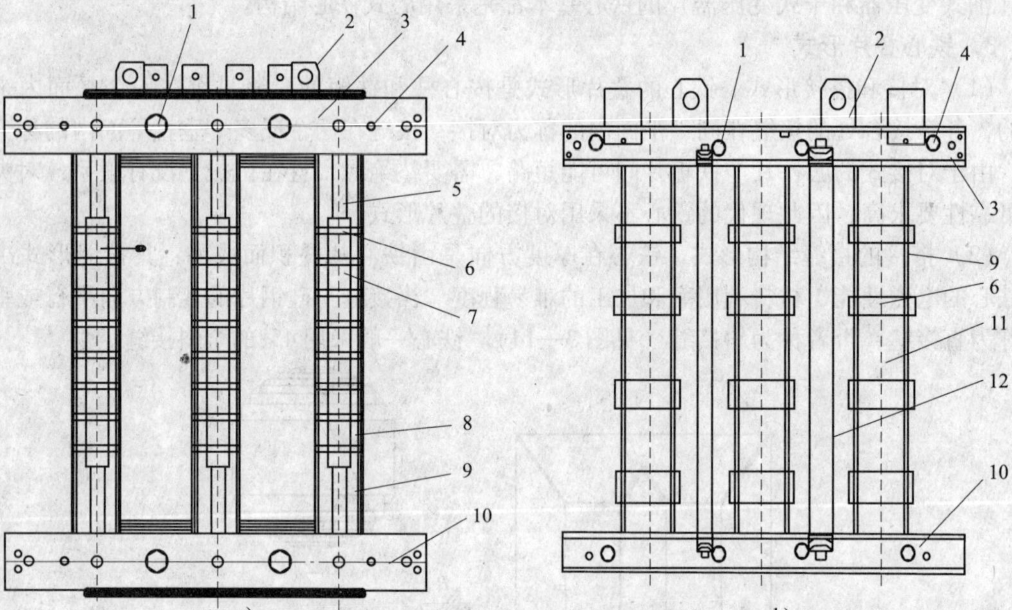

图 3—15　环氧浇注式变压器铁心的典型结构

a）拉板式　b）拉螺杆式

1—铁轭夹紧螺杆　2—吊板　3—上夹件　4—旁螺杆　5—拉板　6—绑扎带　7—拉板绝缘　8—硅胶条　9—硅钢片　10—下夹件　11—铁心封片　12—拉螺杆

环氧浇注干式变压器铁心的主要构件为铁轭夹件、拉螺杆或拉板、铁心绑扎带、铁轭夹紧螺杆或铁轭拉带；铁心的绝缘件为夹件绝缘、螺杆绝缘或拉板绝缘等。

铁轭的夹紧主要由槽钢制成的夹件及夹紧螺杆来实现。上下夹件通过拉螺杆或拉板压紧绕组，铁心的夹紧结构形成框架结构。

对于大容量环氧浇注干式变压器的铁心，由于质量比较大（可达 30 ~ 40 t），体积比较大，一般采用腹板结构。如图 3—16 所示。

二、干式变压器绕组

绕组是干式变压器最重要的组成部分，也是区别于其他形式变压器最大的特点。

1. 干式变压器绕组的绝缘及强度

浇注干式变压器的绕组主要由导线（一般为铜线）和绝缘结构（主要为树脂体系）构成。浸透在绕组绝缘中的树脂是干式变压器绕组的基本绝缘结构，除了起绝缘作用之外，还能保证绕组经受电磁力的稳态作用和冲击下不受损坏。

干式变压器的主绝缘结构为树脂—空气的复合绝缘，由于绝缘匹配的问题，干式变压器的额定电压一般最大为36 kV。而其容量因受绝缘成本和散热条件的限制，目前国际上公认的最大容量为 20 MV·A。

绕组根据形式和耐热等级不同，可分别选用 F、H 级的圆漆包线、扁漆包线、玻璃丝包线、双玻璃丝包线、涤纶玻璃丝包线和纳米云母线等导线。

图 3—16 16 000kV·A 环氧浇注干式变压器铁心图

绕组设计和计算应满足以下要求。

（1）电气强度。绕组绝缘必须满足国家标准 GB 1094. 11—2007《电力变压器 第 11 部分：干式变压器》规定或者用户要求的工频、雷电冲击试验电压要求，并留有一定的裕度。

（2）耐热强度。在负载运行条件下，绕组温升不允许超过绝缘材料耐热等级所规定的温升限值。

（3）机械强度。干式变压器绕组在短路电流作用下产生的电动力将使绕组位移以及短路阻抗变化，二者应满足国家标准 GB 1094. 5—2008《电力变压器 第 5 部分：承受短路的能力》的要求。

2. 干式变压器绕组结构形式

干式变压器绕组的结构由干式变压器的额定容量、额定电压和使用条件等决定。

（1）层式绕组。其特点为导体叠层绕制而成，根据设计需要又分为单层圆筒式、双层圆筒式、多层圆筒式及分段圆筒式等。

1）单层圆筒式绕组采用扁导体按螺旋线绕制而成，即取消横向气道的单螺旋式结构，如图 3—17 所示。虽然该绕组绕制简单，但对浇注式干式变压器而言，两头出线会造成浇注时封堵树脂困难，因此设计时尽量避免使用。该绕组一般适用于容量 500 kV·A 及以下、电压3 kV以上的低压绕组。

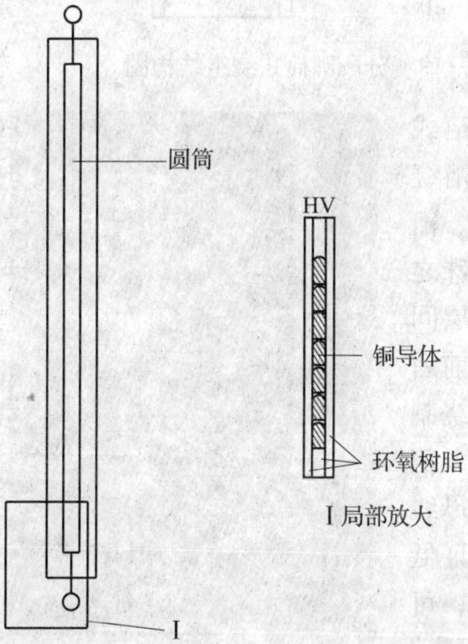

图 3—17 单层圆筒式绕组结构图

2）层圆筒式绕组采用扁导体按螺旋线绕制而成，两层线匝之间放置层间绝缘或通风道。绕制工艺较好，但对大电流低压绕组要注意螺旋角处的处理，其结构如图 3—18 所示。双层圆筒式绕组一般适用于容量 630 kV · A 及以下、电压 1 kV 及以下的低压绕组。

注：单层圆筒式及双层圆筒式绕组多用做浇注式干式变压器的低压（二次）绕组。

3）分段圆筒式绕组用作浇注式干式变压器高压绕组。浇注式干式变压器的层式绕组与油浸式变压器层式绕组结构基本相同，只是采用的绝缘材料和制造工艺有较大差别，当高压绕组采用多层圆筒式结构时，若层数一定则各层的匝数增多，层间的电压提高，这样就造成层间绝缘和绕组的横向尺寸增大。为了改善这种情况，可采用分段圆筒式结构，其结构如图 3—19 所示。分段圆筒式绕组的段间绝缘尺寸可按段间电压选为梯形结构。分段圆筒式绕组要求分段分层合理，既要保证段间、层间和匝间电压与绝缘的配合，又要求有良好的浇注性能和散热性能。多层圆筒式绕组采用圆导体或扁导体按螺旋线绕制而成，可以绕成若干个线层，每层线匝之间放置层间绝缘或通风道。绕制工艺较好，但绕组内侧的第一层对地电容较大，使雷击冲击电压的起始分布不均匀，应采取相应的措施以改善冲击电压的起始分布。

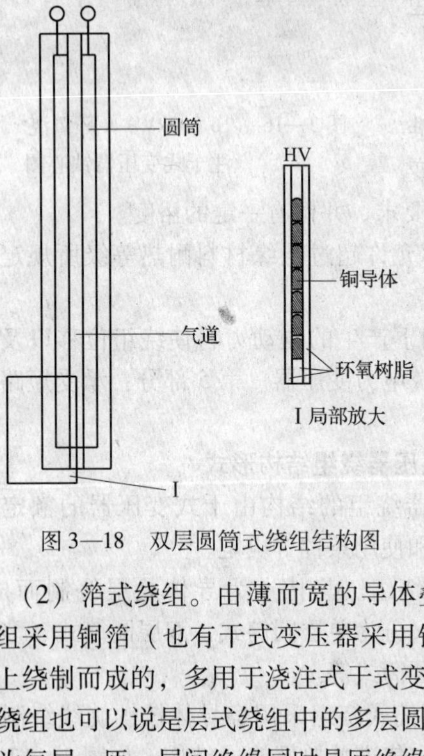

图 3—18　双层圆筒式绕组结构图

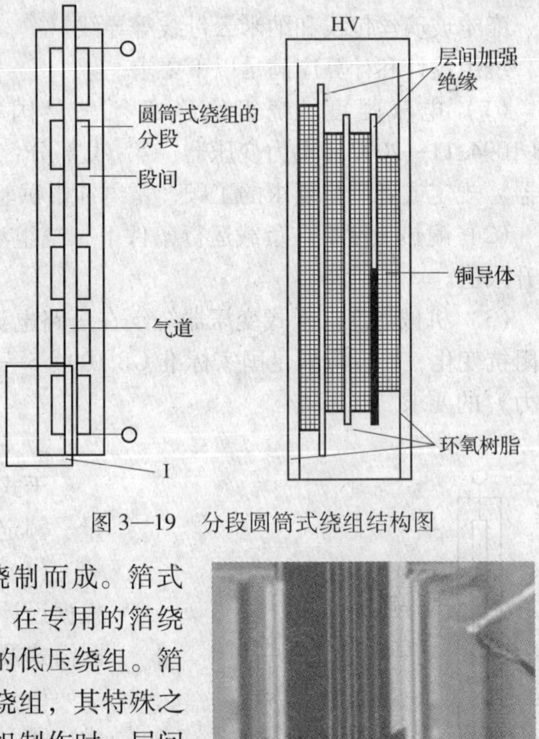

图 3—19　分段圆筒式绕组结构图

（2）箔式绕组。由薄而宽的导体叠层绕制而成。箔式绕组采用铜箔（也有干式变压器采用铝箔）在专用的箔绕机上绕制而成的，多用于浇注式干式变压器的低压绕组。箔式绕组也可以说是层式绕组中的多层圆筒式绕组，其特殊之处为每层一匝，层间绝缘同时是匝绝缘。绕组制作时，层间绝缘和端绝缘同时绕入，绕组的首末端出线端子在绕制前后用氩弧焊固定在铜箔上。箔式绕组一般采用轴向气道，绕制时将相应绝缘等级的引拔条在相应的匝数位置一同绕入，箔式绕组解剖图如图 3—20 所示。箔式低压绕组一般由铜母线引出，这样就造成了低压绕组不是完整的圆形。为了保证低压绕组与铁心的电气距离，铁心相应的部位也是扁平的，可以通过减小该部位的叠片厚度来增大铁心与绕组间的距离，但铁心设计时要求充分考虑由此引起的铁心面积的减少。在

图 3—20　箔式绕组解剖图

较大容量的浇注式干式变压器中，与多根导线绕制的低压绕组比较，箔式绕组的优点是空间利用率高、便于自动化绕组、生产效率高，另外由于该结构使得轴向线匝均匀，安匝趋于平稳，其抗突发短路的能力增强。

3．层式绕组与箔式绕组的技术性能分析

（1）低压绕组

1）抗短路能力。箔式绕组的端部整齐、漏磁少，使得突发短路力小，抗短路能力增强；而线绕绕组由于导线宽度大，存在端部绕线螺旋角，端部漏磁场大，相应的短路力较大，可采取端部平绕等措施以减少端部漏磁，但耗费工时较多。

2）耐压水平。箔式绕组层间电压等于匝间电压，层间电压较低；对线绕产品，匝间电压较高，但总的电压不高（400 V）。

3）工效和成本。低压箔式绕组的最大优点是可以自动化绕制，因此其生产工效高、没有螺旋角、体积小、成本略低；而低压线绕组（400 V，500 ~ 2 500 kV · A）由于多线并绕及宽度大使得绕制较难，而且螺旋角的存在也浪费了一定的空间。

4）技术关键。对箔式绕组，防止箔材边缘毛刺引起的匝间短路是关键，采用带圆角箔材可有效防止匝间短路；对线绕绕组，可采取端部平绕等措施以降低短路力，提高抗短路能力。

（2）高压绕组

1）抗短路能力。线绕高压导线尺寸小，为多层绕制。两种结构形式（线绕与箔绕）的绕组端部整齐、漏磁少、短路力较小、抗短路能力较好。

2）耐压水平。高压箔式绕组层间电压低（等于匝间电压）及匝间电容均匀是对耐受感应电压和雷击冲击电压的有利因素。高压线绕绕组采用分段层式绕制，层间电压设计为合理值（400 ~ 600 V），能较好地耐受感应电压；另外，由于层式绕组的层间电容较大，对提高抗雷击冲击电压水平有利，因此在 10 ~ 35 kV 干式变压器中被广泛采用。

3）工效和成本。高压线绕绕组可多段连续绕制，自动化程度高，工效高。箔式绕组段间均要分段绕制，分别连接（焊接），稍费工时，要求也高。两种结构形式绕组成本相当。

4）技术关键。高压箔式绕组有 3 个难点：小尺寸无毛刺圆角箔的获得较难；段间与分接焊点多；没有冷却风道，造成散热难。目前线绕绕组的导线绝缘及绕制技术成熟可靠。

（3）两种绕组的对比评价

1）当选材、设计、制造与质量控制得严格科学时，两种结构形式的绕组均能满足干式变压器的质量要求。

2）压箔式绕组工效高、节省材料、漏磁少、抗短路能力强，其使用率在 90% 以上。

3）高压线绕绕组导线的绝缘质量可靠、线绕技术成熟，且自动化程度高，其使用率在 70% 以上。

4．干式变压器绕组浇注的注意事项

为实现绕组无缺陷树脂绝缘的目的，必须做到 4 点。

（1）白坯绕组必须干燥处理并处于真空状态下。

（2）树脂浇注必须进行脱气处理。

（3）在真空状态下将树脂浇注料徐徐灌注到绕组导体的绝缘间隙中。

（4）浇注完成的绕组需要通过凝胶和固化程序实现树脂的力学强度，从而完成绕组浇注的固体绝缘。

三、干式变压器附件

1. 干式变压器风冷系统

（1）冷却方式及其标志。干式变压器的冷却方式有自然风冷式和强迫风冷式两种，分别以 AN、AF 表示（A——空气；N——自然循环；F——强迫循环）。带风冷系统产品冷却方式可表示为 AN/AF。

（2）强迫风冷干式变压器过载能力。自然空气冷却（AN）时，正常使用条件下干式变压器可连续输出 100% 的额定容量。强迫风冷（AF）时，允许不同程度地过负载运行，其过负载容量的经验数据见表 3—17。干式变压器铭牌上所标的容量为自然风冷时的容量。

表 3—17　　强迫风冷干式变压器过负载容量的经验数据表

变压器容量范围（kV·A）	过负载容量	变压器容量范围（kV·A）	过负载容量
≤1 600	50%	3 150 ~ 5 000	30% 或按用户要求
2 000 ~ 2 500	40%	≥6 300	20% 或按用户要求

强迫风冷时，由于损耗和短路阻抗增幅较大，必然导致温升增大，变压器过热，加速绝缘材料的老化和失效，所以不推荐强迫风冷过负载运行。

2. 干式变压器温度控制系统

目前干式变压器常采用的 TTC—310 系列温度控制器（以下简称温控器），采用 8031 族单片机作为主控制器，集温度显示、控制、远程输出等功能于一体，能有效监控变压器的温度。

温控系统的工作原理：变压器绕组（A、B、C）及铁心（D）的温度是通过铂电阻 Pt100 和热敏电阻 PTC 采集的，利用了其电阻值随温度变化而变化的基本原理。Pt100、PTC 的阻值与温度的关系曲线分别如图 3—21 和图 3—22 所示。

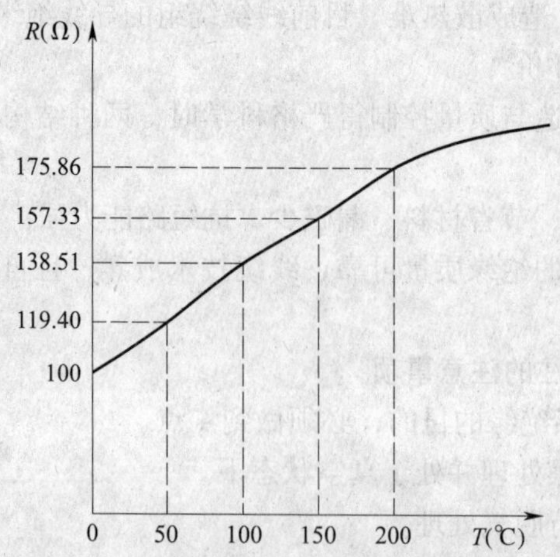

图 3—21　Pt100 铂电阻阻值与温度的关系曲线

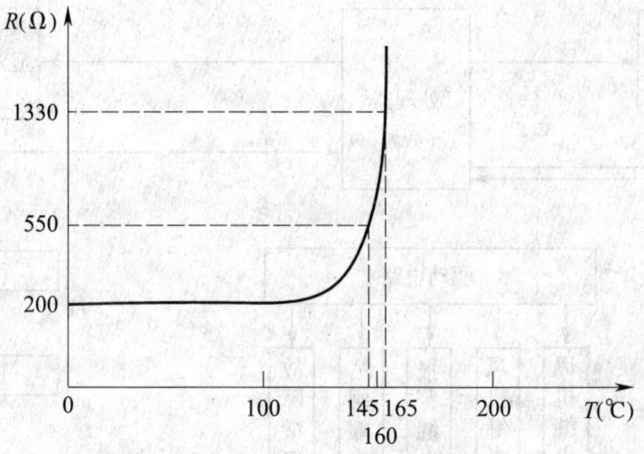

图 3—22　PTC150 阻值与温度的关系曲线（转折温度 150℃）

由图 3—21 可知，当温度为 0℃时，Pt100 对应阻值为 100 欧。

由图 3—22 可知，当温度升高至 145 ~ 155℃时，PTC150 热敏电阻发出动作信号（PTC150 热敏电阻允许有 ±5℃的偏差）。PTC140 的工作原理与 PTC150 相同。

Pt100 和 PTC150 一般埋在低压绕组上方的端绝缘中（对于低压绕组低压超过 3 kV 的，埋在内绕组上方的垫块中，进行间接测温），绕组温度的变化会引起它们阻值的变化，温控器通过把该阻值转换成电压信号，再通过滤波、A/D 电路和一系列算法算出它所反映的温度值，并根据这两路温度信号，一方面通过面板显示其通道号及温度值；另一方面通过逻辑算法，当该温度超过设定值时发出相应的输出控制信号，指令风机起停、报警或跳闸等。用户可通过面板的按键设定具体的风机起停、铁心报警等系统参数值。另外，通过系统自动检测，当传感器故障或内部硬件故障时，温控器会发出声光报警及故障信号，以便提醒用户。TTC—310 系列温度控制器的原理如图 3—23 所示。

3. 干式变压器调压装置

干式变压器调压分为无励磁调压和有载调压两种。

（1）无励磁调压。切换分接抽头时必须将干式变压器从电网中切除，停电后进行。

通常，无励磁调压通过调整绕组上的分接片来实现，出厂时设定为额定分接，当低压输出电压偏高时，将分接片向上调（匝数增加），电压将下降；当低压输出电压偏低时，将分接片向下调（匝数减少），电压将上升。分接连接片调压如图 3—24 所示。无励磁的调压范围较小（一般为 ±2 ×2.5%），调压时必须停电，停电时间较长（数分钟到数十分钟），既影响生产，也没有随时可调性，这是无励磁调压的主要缺点。

（2）有载调压。干式变压器有载调压采用有载分接开关，在变压器励磁或负载状态下，通过改变绕组匝数完成调压操作。

干式变压器使用的有载分接开关，按结构形式可分为组合式和复合式两大类。

①组合式开关。它由分接选择器和切换开关组合而成，分接选择器触头是在无负荷下选择分接头之后，切换开关触头把负荷电流转换到已选的另一分接头上。真空有载分接开关属

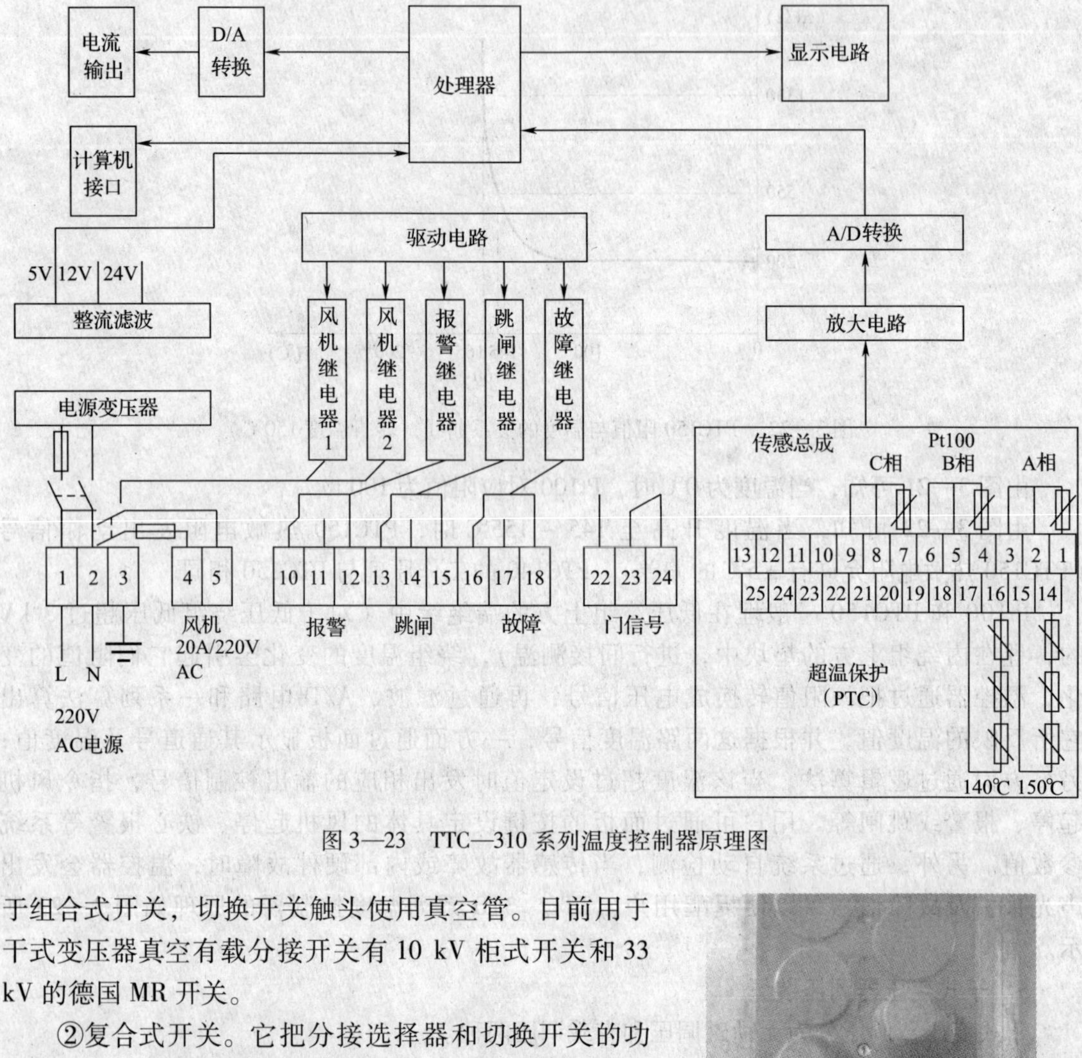

图 3—23　TTC—310 系列温度控制器原理图

于组合式开关，切换开关触头使用真空管。目前用于干式变压器真空有载分接开关有 10 kV 柜式开关和 33 kV 的德国 MR 开关。

②复合式开关。它把分接选择器和切换开关的功能结合在一起，其触头是在带负荷下选择分接头。此时电动机构既可以完全独立，也可以与分接开关结合在一体。空气有载分接开关属于复合式开关，以空气作为绝缘和灭弧介质。空气有载分接开关主要用于 10 kV 配电变压器。

图 3—24　干式变压器无励磁分接开关（分接片）

第五节　干式变压器检修

一、干式变压器安装

1. 技术准备

（1）核对待检修干式变压器的名称及编号。

（2）检查待检修干式变压器的现场消防安全设施是否齐全、符合要求。

（3）检查待检修干式变压器所在的供电系统和现场设备是否已做好供电安全措施。

（4）做好所有的安全工作技术措施和组织措施，做好所有的安全防护措施。

2. 工器具、材料备件准备

（1）材料。酒精、凡士林、螺栓、螺母、螺钉、垫片、弹簧垫圈、抹布、吸尘机、砂纸、软母排、硬质毛刷、钢丝绳套、绳索、绝缘漆、绑扎带、铁心涂漆、冷热缩管、各类绝缘胶带等。

（2）工器具。木锤、人字梯、橡胶锤、力矩扳手、喷灯、呆扳手、管钳、起重机、卷尺、夹钳及日常电工工器具、绝缘测试仪、直组测试仪、交流耐压试验仪等。

3. 人员设置

此项工作为6人合作完成，相互之间应分工明确、协调配合好。

4. 安装步骤

（1）安装变压器基座底。

（2）安装线圈支撑垫块。

（3）安装下铁轭。

（4）安装铁心。

（5）安装低压线圈。

（6）安装高压线圈。

（7）安装夹件垫块。

（8）安装上铁轭。

（9）安装夹件。

（10）安装变压器低压侧出线母排。

（11）安装高压端子。

（12）安装高压连接杆。

（13）安装高压连接片。

（14）高压电缆与高压端子连接。

（15）安装变压器低压侧出线母排与负荷低压母排中的软母排。

（16）安装风机。

（17）进行相应的变压器试验与测试。

5. 安装注意事项

（1）安装变压器基底座时必须保持水平，平整。

（2）安装铁心时，要缓缓放下并套住下铁轭，然后用木锤和橡胶锤敲压，使得铁心和下铁轭叠片接缝间隙足够密贴，以减小磁导。

（3）安装线圈支撑垫块时，要将垫块水平放置，以免使线圈安装时出现倾斜。

（4）安装线圈时，要缓缓放下，以免伤害线圈。

（5）安装夹件垫块时要水平放置，以免在安装铁心穿心螺杆时，螺孔难对位。

（6）安装上铁轭时，要缓缓放下套住，然后用木锤和橡胶锤敲压，使得铁心和上铁轭叠片接缝间隙足够密贴，以减小磁导。

（7）安装变压器低压侧出线母排与负荷低压母排中的软母排时，要对平整，不要出现扭曲。

（8）安装风机时要保持水平，不要倾斜，以免在风机运行时造成轴承扭曲异响。

（9）安装铁心的穿心螺杆、高压连接片、高压分接头、高压连接杆、高压电缆、低压母排、接地螺钉等，要用力矩扳手，要符合相应力矩参数，以免造成螺钉或螺杆滑牙。

干式变压器的安装结构如图 3—25 所示。

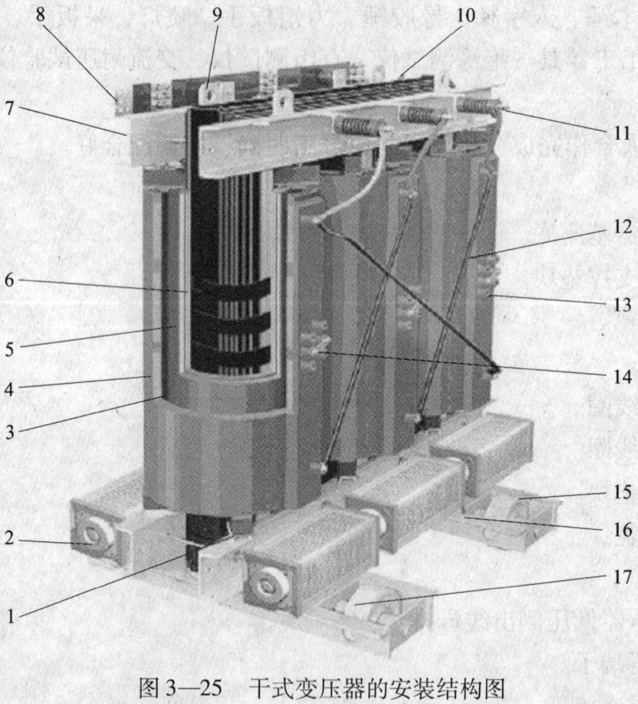

图 3—25　干式变压器的安装结构图

1—垫块　2—风机　3—冷却气道　4—高压线圈　5—低压线圈　6—铁心　7—夹件
8—低压出线铜排　9—吊环　10—上铁轭　11—高压端子　12—高压连接杆　13—高压分接头
14—高压连接片　15—底座　16—接地螺钉　17—双向轮

二、干式变压器基础、支架及外罩检修

（1）用水平尺检查其倾斜度是否能满足设计标准，若不满足应对其进行相应调整，使

之满足设备运行要求。

(2) 外壳、基础和支架等锈蚀破损部分，用除锈剂或者细砂纸进行除锈，然后进行涂漆防锈处理。个别部位破损严重的，对相关部件进行整体更换。修后设备应达到安装牢固，无倾斜，外壳无严重锈蚀，基础支架表面无破损剥落。

(3) 电缆穿孔用防火泥进行封堵，孔洞封堵应符合要求。

(4) 外罩清洁。用吸尘器或者抹布对外罩进行清洁处理。

三、干式变压器铁轭、铁心、穿心螺杆检修

(1) 检查螺母是否有松动，用力矩扳手进行紧固处理，切勿用呆扳手或者活动扳手，以防用劲过大，造成螺杆滑丝。

(2) 检查铁心和铁轭是否有脱漆、锈蚀。用细砂纸进行研磨除锈，然后涂抹上漆。

(3) 检查铁心和铁轭是否有变形。如果有变形，应进行硅钢片调整或部分更换或整体更换。检修后的铁心，铁轭外表应平整无翘片，无严重波浪状，叠片紧密；检修后的硅钢片叠片接缝间隙不应超过0.5 mm。

四、干式变压器高低压侧连接部件检修

(1) 检查电气连接部件（高压连接杆、高压连接片、高压端子等）是否有松动、锈蚀、放电现象。用细砂纸打磨除锈，用力矩扳手紧固，确保其接触良好，在连接部位涂抹导电膏。

(2) 检查高压侧电缆终端头导电部位的机械强度、变形与接触情况；检查高压侧电缆终端头绝缘硅胶是否有放电、爬电现象，检查原因，必要时整体更换。

(3) 对硅胶绝缘裙边结构（终端冷缩头）用清洁的抹布擦拭干净。

(4) 检查高压侧电缆终端头的地线是否绑扎牢固，防止高压侧导体对电缆终端头地线短路。

(5) 用力矩扳手检查无载调压连接片是否连接紧固，同时对连接片进行除锈处理。

(6) 检查干式变压器低压侧与低压开关柜的连接导体是否有变形、放电、烧灼、松动现象；用细砂纸打磨除锈，涂抹导电膏；对软连接要注意是否有散股、松动、断股现象，如果有此现象应进行绑扎、固定、加强处理，必要时整体更换。

五、接地系统检修

(1) 检查外罩、底座、箱体和铁心是否可靠接地，确保铁心单点接地。

(2) 如接地部分有锈蚀现象，应用除锈剂对其进行除锈处理。

六、干式变压器高、低压绕组的检修

(1) 对高、低压绕组表面进行清洁处理。

(2) 高、低压绕组间的通风道灰尘处理。用不大于1 bar的干燥压缩空气吹（与通风的方向相反）；在用抹布清理时，切勿用棉质抹布去尘，以防棉质在物体上面，容易造成放电现象。

(3) 高压绕组表面爬弧、放电处理。对爬电部位用细砂纸轻轻打磨表面的发黑部分，对龟裂部位采取环氧树脂绝缘填充胶填充，最后涂抹绝缘漆。

七、干式变压器绝缘子、支撑件、上下部绝缘衬垫块检修

（1）用抹布或吸尘器对绝缘子、支撑件、上下部绝缘衬垫块进行除尘处理。

（2）检查各部件是否有放电痕迹。

（3）检查绝缘子或绝缘衬垫是否有开裂、破损现象，有则进行更换。

（4）检查绝缘子或绝缘衬垫是否有移位松动，有则进行位移调整，使之满足运行要求。

八、干式变压器典型故障处理

1. 环氧树脂绕组表面的爬电故障处理

（1）工器具、材料备件

1）材料：酒精、凡士林、环氧树脂绝缘填充胶（由对应的变压器厂家提供）、抹布、吸尘机、砂纸、绝缘胶带、硬质毛刷、绝缘漆（产品：shin－Etsu Silicone，型号：KE－45－TS，制造商：日本信越化学工业株式会社）。

2）工器具：力矩扳手、呆扳手、小压尺、变比测试仪、绝缘测试仪、交流耐压试验仪及日常电工工器具等。

（2）步骤及方法

1）做好相关的技术措施和组织措施。

2）对变电所的风机进行停电。

3）用吸尘器和抹布对绕组进行除尘处理。注意抹布要用涤纱抹布，切勿用棉质抹布。

4）用变比测试仪、绝缘测试仪和交流耐压试验仪，对绕组进行测试，并记录数据。

5）绕组有变色、放电痕迹，则在附着炭黑的部位用细砂纸进行研磨处理，尽量磨平至平滑，用抹布蘸着酒精将研磨部位的粉末擦拭干净。

6）把环氧树脂绝缘填充胶塞进绕组龟裂的部位，并压实，使龟裂的部位均匀填充，并用细砂纸研磨平整，然后用抹布擦拭干净。

7）用硬质毛刷蘸上绝缘漆对龟裂填充部位和细砂纸研磨过的所有部分进行均匀涂刷处理。注意涂刷时不能有水分和灰尘黏附在涂漆部位。

8）自然烘干 12 h 后，对改绕组重新变比和绝缘，进行交流耐压测试。前后对照数据，如果数据符合相关的试验标准后，对前面所做的技术措施、组织措施进行恢复，出清工具，然后恢复变压器送电运行。如果数据不符合相关标准，建议联系厂家，与厂家进行协调解决，查明原因，采取相应措施。

2. 干式变压器异常声响的处理

（1）材料、工器具

1）材料：酒精、凡士林、抹布、吸尘机、砂纸、铁心涂漆、绝缘胶带、硬质毛刷等。

2）工器具：力矩扳手、呆扳手、橡胶锤、木锤、0.5 mm 塞尺及日常电工工器具等。

（2）步骤及方法

1）对需检修的干式变压器做好停电检修相关安全工作措施。

2）针对干式变压器不同的异响进行处理。

①铁心励磁声音高。过电压或者负载中采用晶闸管等器件可造成铁心励磁声音高，处理

措施是改变变压器的分接头位置。

②振动共振声。变压器安装不稳固或共振会造成异响，需对变压器停电，重新进行稳固安装，消除共振条件。

③铁心机械振动声。铁心机械振动声产生的原因是铁心和铁轭的穿心螺杆、螺母未拧紧，应采取以下措施。

◆ 用力矩扳手对铁心和上铁轭的穿心螺杆进行松动处理，注意只进行半松动处理，切勿把穿心螺杆的螺母全部拧出，以防铁轭夹件掉下，造成人员伤亡，但是过于松动容易造成夹件与支撑部件位移偏离。

◆ 用木锤对上铁轭进行适度敲压，力度不能过大（力量大小可以咨询厂家技术人员），使得上铁轭和铁心硅钢片叠片接缝间隙尽量密贴，然后用橡胶锤敲压，使得铁心和上铁轭叠片接缝间隙足够密贴。注意：由于木锤硬度大，橡胶锤硬度小，因此敲压时木锤敲压的力量应小一点，橡胶锤敲压的力量应大一点。

◆ 用0.5 mm塞尺对上铁轭和铁心的叠片接缝间隙进行测量，结果应符合运行要求。检修中注意使上铁轭外表平整无翘片，无波浪状，叠片紧密。

◆ 对敲打过的铁心和上铁轭部位用铁心涂漆进行补漆处理，待铁心涂漆烘干后对上铁轭和铁心进行检查。

④放电声响。湿度等造成部件绝缘下降，可对变压器停电，采取涂绝缘漆等加强绝缘的措施。

⑤风扇声音不正常。风扇声音不正常大部分为风扇轴承转动不畅或风叶变形造成，应检查风扇轴承，补润滑油，更换扇叶或整体更换风扇。

注意：对干式变压器异常声音处理后，需对变压器各部件进行清洁工作；检查所有工器具；进行绕组绝缘检查；恢复所有安全工作措施后，重新投入运行。

3. 高压侧户内冷缩电缆终端头故障处理

（1）材料、工器具

1）材料：酒精、凡士林、高压侧户内冷缩电缆终端头、抹布、吸尘机、砂纸、绝缘胶带、硬质毛刷、热缩管、绑扎带、硅脂等。

2）工器具：力矩扳手、呆扳手、卷尺、绝缘测试仪、燃气枪、煤气罐、电缆冷缩终端头制作的电缆刀具、常用电工工具。

（2）步骤及方法

1）做好干式变压器停电检修相关技术安全措施。

2）用力矩扳手拧开干式变压器高压侧与高压电缆进线的螺母，并用绑扎带把电缆捆绑在固定位置上。

3）用绝缘测试仪对高压侧户内冷缩电缆终端头进行绝缘测试，并把数据记录在案。

4）把高压侧户内冷缩电缆终端头顺着线臂方向用力拔出，如果高压侧户内冷缩电缆终端头与电缆贴合太紧，可以用电工刀在高压侧户内冷缩电缆终端头的裙边轻轻划一刀，把高压侧户内冷缩电缆终端头切成两块取出，用刀时切勿用力过大，以免伤害电缆及电缆线心。

5）先在高压电缆上套入适当长度的热缩管，用于对冷缩终端头尾部的绝缘加强及固定。

6）取出冷缩电缆终端头后，对高压电缆绝缘层表面用细砂纸进行打磨处理至光滑，然后用抹布蘸酒精对该处擦拭干净。

7）在高压电缆绝缘层表面涂上少量硅脂，均匀涂抹好。

8）套入高压电缆冷缩电缆终端头至电缆恰当位置，然后慢慢拔开高压侧户内冷缩电缆终端头里面的隔离带，让冷缩电缆终端头贴合电缆绝缘层。

9）用煤气喷枪吹好冷缩终端头尾部的热缩管。

10）用细砂纸对高压电缆进线接线端和变压器的接线端进行研磨处理，然后用抹布蘸酒精擦拭干净。

11）用绝缘测试仪对高压侧户内冷缩电缆终端头进行绝缘测试，并记录在案。

12）如果高压侧户内冷缩电缆终端头测试数据符合参数标准，用力矩扳手把高压电缆接线端和变压器接线端的螺杆拧紧。

13）对前面所做的技术措施、组织措施进行恢复，出清工具，恢复送电运行。

4．干式电力变压器温升异常故障处理

（1）当同时装有温控和温显装置时，可分别读取温控和温显装置的温度显示值，判定测温装置的准确性。

（2）检查干式电力变压器的负载和各线圈的温度，并与记录中同一负载条件下的正常温度进行核对。

（3）检查干式电力变压器冷却装置或变压器室的通风情况，当温度升高的原因是由于风冷装置的故障时，按现场规程，调整变压器负载至允许运行温度下的相应容量。

（4）在正常负载和风冷条件下，干式电力变压器温度不正常并不断上升，且经温控与温显比较证明测温装置指示正确，可认为干式电力变压器发生内部故障，应立即停运。

（5）干式电力变压器在各种超铭牌电流方式下运行，温升限值超过最高允许值时，应立即降低负载。

5．干式电力变压器的保护动作跳闸故障处理

（1）对照图纸，检查继电保护装置及直流等二次回路是否正常，重点检查二次线接触不良、短路、绝缘能力降低等情况。

（2）对继电保护装置进行定性和定量校验，有故障则进行更换。

（3）检查温控仪装置状态是否正常，具体方法如下：

1）对温控装置进行检查和校验，若为异常，则对温控装置进行更换。

2）对照图纸检查温控回路（Pt100 铂电阻和 PTC 热敏电阻回路），若有问题，则对该回路进行修复。

（4）检查外观上有无明显反映故障的异常现象，如有闪络和放电痕迹，则对闪络和放电的部位进行清洁，涂抹绝缘漆，烘干后进行相关的测试，测试合格后可以对变压器进行空载试送电。

（5）检查输出侧电网和设备有无故障，若有故障，对输出侧电网和设备进行切除处理，对变压器进行相关的测试，测试合格后可以对变压器进行空载试送电。

（6）进行必要的电气试验

1）若为变压器绝缘问题，对绝缘进行加强处理。

2）若为局部放电问题，对放电的部位进行绝缘修复和加强处理。

3）若为变压器绕组内部问题，需对绕组进行更换处理。

第六节 干式变压器预防性试验

一、干式变压器预防性试验的一般规定

（1）预防性试验宜为每三年一次，当发生故障时应视需要提前进行，预防性试验记录应详尽准确，测试内容包括：测量绕组直流电阻、绕组绝缘电阻、铁心绝缘电阻、工频耐压、感应耐压数据。

（2）对于曾经处于短期急救等超负载运行状态的干式电力变压器，还应测试空载损耗、负载损耗、空载电流数据。

（3）局部放电试验应每隔 3 ~5 年定期进行一次。当局放值大于 50 PC（PC 为局部放电量的单位，叫做“皮库”，表示视在电荷量 Q）时，应进一步加强监视和缩短测试周期；当局放值异常增大至 100 PC 时应停止运行。

（4）温控和温显装置应有一定数量的备品或使用后重新送检合格的产品，预防性试验时应将温控和温显装置送原制造厂或计量机构进行周期检定，超过使用期的装置都应及时更新。

（5）风冷装置电动机的绝缘电阻和噪声水平的测量周期，应根据风冷装置的累积工作时间决定。

二、干式变压器预防性试验项目

（1）绝缘电阻、吸收比和极化指数测量。

（2）泄漏电流测量。

（3）介质损耗角正切测量。

（4）交流耐压试验。

（5）变压器直流电阻测量。

（6）变压器极性组别和电压比试验。

以上各试验内容及方法同油浸式变压器。

第四章

SF_6气体绝缘开关柜

第一节　GIS 结构及工作原理

一、SF_6全封闭组合电器的优点

在 SF_6断路器的基础上，进一步发展了 SF_6全封闭组合电器，就是把各种控制和保护电器（断路器、隔离开关、互感器、避雷器和连接母线）全部封装在接地的金属壳（箱或柜）体内，壳内充以压力为 0.2～0.5 MPa 的 SF_6气体，作为相间和对地的绝缘，这样的组合电器称为 GIS。

全封闭组合电器具有很大的优越性。首先它大大地缩小了整套配电气装置的占地面积和空间体积。由于 SF_6气体具有很高的绝缘强度，各元件之间的绝缘距离大大缩小，而设备的占地面积大约与绝缘距离的缩小倍数成平方关系，空间体积则与其成立方关系。电压等级越高，缩小的倍数越大。另外，GIS 运行安全可靠，全部电器封装在接地的金属壳中，避免了各种恶劣自然环境条件的影响，减少了设备事故的可能性，而且对人身安全也大有好处。SF_6断路器本身检修周期长，整个组合电器可以做到连续运行至少十几年不需要检修，大大减少了运行维护工作量。

二、SF_6全封闭组合电器的结构与组合元件

1. 总体结构

SF_6全封闭组合电器的总体结构决定于所用的组合元件的形式和使用部门的要求。此外，还要考虑到发生大事故后，能够很快地把各元件隔离和拆开检修的可能性。

变电所的主接线，可以是单母线或双母线。为了能满足各种接线方式的要求，应将各组成元件制成标准的独立气室（气隔），然后根据使用要求进行组合。这样还可以在气体大量泄漏时，减少退出运行的元件数目。

组合电器的外壳可以用钢板或铝板制成。独立气室中装有防爆膜，以防止因内部电弧故障时产生超压力现象致使外壳破裂。大容积的气室及母线管道，一般不会产生危及外壳的超压力现象，不需要装防爆膜。

在合适的位置应装置弹性件（如波纹管），以减小因温度变化或安装误差所引起的机械应力。避免采用与地基或构架全部刚性连接的结构，可采取一处刚性连接，其余各处具有一定弹性连接的复合方式。

GIS 的供电可以制成三相的或单相的。三相共壳的 SF_6全封闭组合电器主要用在 110 kV 及其以下的系统电压中，单相壳体可以用在较高的系统电压中。

图 4—1 所示是国产的 220 kV SF_6全封闭组合电器的示例。

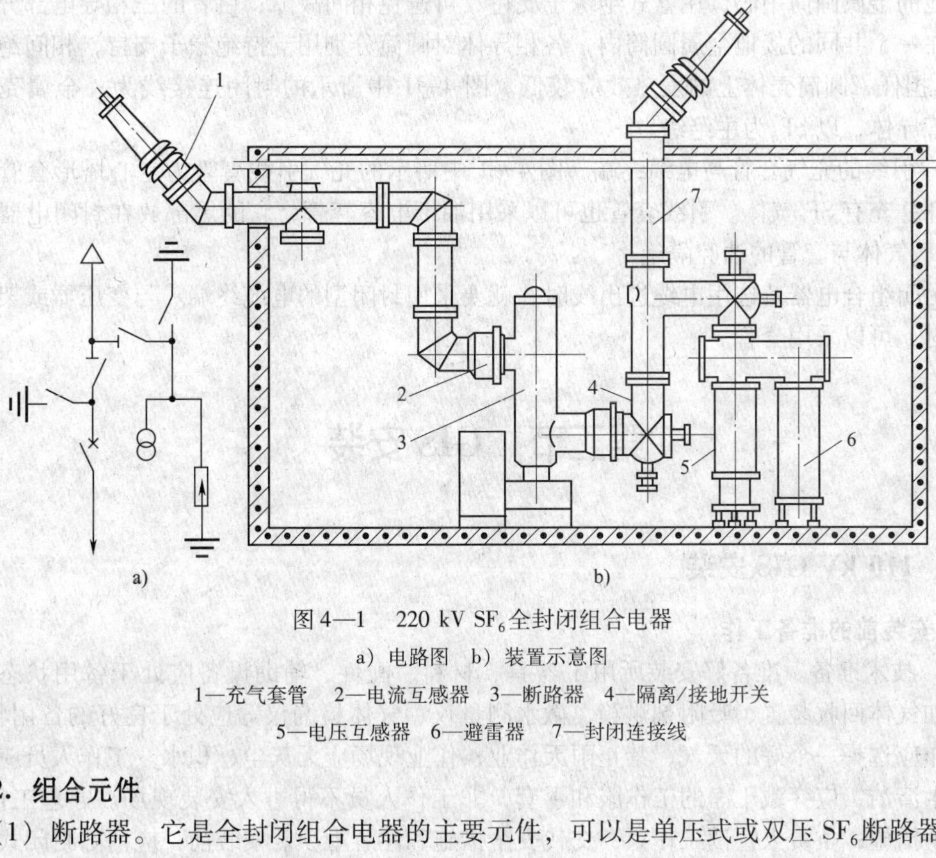

图 4—1　220 kV SF_6全封闭组合电器

a）电路图　b）装置示意图

1—充气套管　2—电流互感器　3—断路器　4—隔离/接地开关

5—电压互感器　6—避雷器　7—封闭连接线

2．组合元件

（1）断路器。它是全封闭组合电器的主要元件，可以是单压式或双压 SF_6断路器，目前使用最多的是单压式。这种断路器有水平断口和垂直断口两种类型。选用不同断口的断路器，也就决定了组合电器内其他元件的布置方式，组合电器的高度和宽度，及其断口检查的难易程度。

（2）隔离开关。按动触头运动方式的不同，隔离开关有转动式和直动式两种类型。无论采用何种类型，都希望它能开断小电容电流和环流。

（3）接地开关。接地开关单独制作或与隔离开关制成一体，分为工作接地开关和保护接地开关两种，前者不要求有闭合短路电流的能力；后者则要求有此能力。在图 4—1 中，隔离开关与接地开关制成一体，配有手动操动机构，并设有观察窗以观察触头的位置。

（4）电流互感器。GIS 中的电流互感器有两种结构，一种是以 SF_6 为主绝缘的装在金属壳内的穿心式，既可用于断路器侧，又可用于母线侧；另一种是开口式电缆结构，只能用于母线侧。图 4—1 中所示的是穿心式结构，每相有一个测量线圈和三个保护线圈。

（5）电压互感器。主要有电容式和电磁式两种，前者用于 220 kV 及其以上电压等级，后者用于 110 kV 以下电压等级。图 4—1 中所示的是电容式结构。

（6）避雷器。保护 GIS 的避雷器主要有三种：一是常规带间隙的避雷器，装在组合电器的入口处；二是无间隙的氧化锌避雷器或金属封闭的 SF_6 绝缘的避雷器；三是上述两种方式的混合应用。图 4—1 中所示的是以 SF_6 为绝缘介质的磁吹避雷器。

（7）母线和封闭连接线。母线的结构又分为相式和三相共筒式两种。前者的导电部分装在接地的金属圆筒中心，用盆式绝缘子支持，可避免相间故障；后者的三相导电部分均匀地布置在一个共同的接地金属圆筒内，各相导体对圆筒分别用支持绝缘子支持，相间绝缘主要由 SF_6 担任，圆筒壳体上的发热效应较低。图 4—1 中所示的封闭连接线为一金属壳体内装有铝管导体，以 SF_6 为主绝缘。

（8）引线的充气套管与电缆终端。图 4—1 中所示的充气引线套管为空心塔形套管，内装导电杆并充有 SF_6 气体。引线套管也可以采用油纸电容套管，它的尾部放在封闭电器的壳体中，SF_6 气体与套管的油腔隔绝。

全封闭组合电器若选用电缆进出线时，就要采用封闭型的电缆终端。与变压器或架空线相连接时，可以采用套管。

第二节　GIS 安装

一、110 kV GIS 安装

1. 安装前的准备工作

（1）技术准备。准备好安装所用工器具、材料、配件，辅助设备应处于备用状态；专用设备如气体回收装置、吸附剂烘箱、微水测量仪、气体检漏仪等应处于良好的备用状态。安装工作应选择一个好的天气，禁止雨天作业；作业现场应无灰尘、积水。工作人员应注意个人卫生清洁，应穿戴干净的工作服和手套，非工作人员不得进入安装现场。办理工作票，检查安全措施；负责人宣读工作票，交代安全措施和注意事项。安装前，应清除封闭式组合电器所有元件在运输及储存过程中的灰尘和水迹。

安装 GIS 的工器具、材料准备见表 4—1 和表 4—2。

表 4—1　　安装 GIS 的工器具

常用工具		专用工具	
名称	数量	名称	数量
卷尺	3 把	真空泵	1 台
木锤	1 把	SF_6 气体回收装置	1 台

续表

常用工具		专用工具	
名称	数量	名称	数量
30～32 in 梅花扳手	6 把	应急灯具	2 套
24～27 in 梅花扳手	6 把	台钳	1 个
22～24 in 梅花扳手	6 把	5t 钢丝绳	2 根（严格等距）
17～19 in 梅花扳手	6 把	5t U 形环	4 个
17～19 in 呆扳手	6 把	千斤顶	4 个
12～14 in 梅花扳手	3 把	枕木	4 根
12～14 in 呆扳手	3 把	吊带	2 根
15 in 扳手	1 把	SF_6 检漏装置	2 套
12 in 扳手	3 把	电动扳手	2 套
套筒扳手	1 套	内径卡尺	3 把
内六方扳手	3 套	电源箱	1 个
带柄旋具	1 把	电源线	100 m
力矩扳手	1 套	加长套筒	3 个
水平仪	3 套	SF_6气瓶	若干

表 4—2　　安装 GIS 的材料

序号	名称	规格	单位	数量
1	密封垫		套	1
2	橡胶垫	6～12 mm	m^2	2
3	汽油		kg	50
4	棉纱		包	20
5	砂纸	0 号	张	10
6	无毛纸		筒	10
7	SF_6 气体			
8	白布		块	10
9	黄油		kg	0.5
10	油漆	黄、绿、红	桶	各 1
11	防锈漆		kg	30
12	塑料布		M	10

续表

序号	名称	规格	单位	数量
13	白布带		盘	4
14	毛刷		把	4
15	锯条	粗、细	根	各10
16	丙酮		瓶	3
17	海绵		kg	0.5
18	酒精		瓶	3
19	拖把		把	4
20	防油彩条布		m^2	40
21	滤油纸		张	500
22	变色硅胶		kg	8
23	硅胶		kg	80~120
24	绝缘胶布		盘	3
25	灯泡、灯头		套	3
26	洗衣粉		kg	10
27	磷酸三钠		kg	20

（2）人员准备。作业人员共10人（不包括高压试验和继电保护人员），其中工作负责人（监护人）1人，开关本体安装人员6人，开关机构安装人员3人。工作人员必须经培训合格，持证上岗。

2. 安装工作

（1）封闭式组合电器的安装。封闭式组合电器的安装是以母线为基础的逐段安装。

1）第一安装间隔。如果间隔数较多，可选处于中间位置的间隔作为第一安装间隔；如果间隔数较少，可选择外侧的间隔作为第一安装间隔。第一安装间隔就位后，应精心调整水平，同时还应使间隔的中心线和该间隔基础的中心线尽可能一致，调好后将母线筒中气体放掉，取下两端封盖，将密封面、密封圈清理干净。

2）第二安装间隔。对隔间应用吸尘器仔细清理，再用无毛纸擦干净。处理好密封面，装好密封圈，调整好水平度，使其母线筒法兰与第一安装间隔的母线筒法兰盘对正，并保护连接触头的插入深度为35^{+2}_{-4} mm。第三、第四间隔也如此。

3）伸缩节的安装。密封面清理好，适当调节伸缩节上的螺杆，改变两法兰盘面的距离，以满足安装的要求。在全部安装调整后，将法兰盘里侧的扁螺母松开。

配用的伸缩节一般按其功能分为安装调整型和温度补偿型两种。

①安装调整型伸缩节的安装使用。安装调整型伸缩节主要是用于吸收因安装基础不平或安装孔距差造成的安装误差，具体结构如图4—2所示。

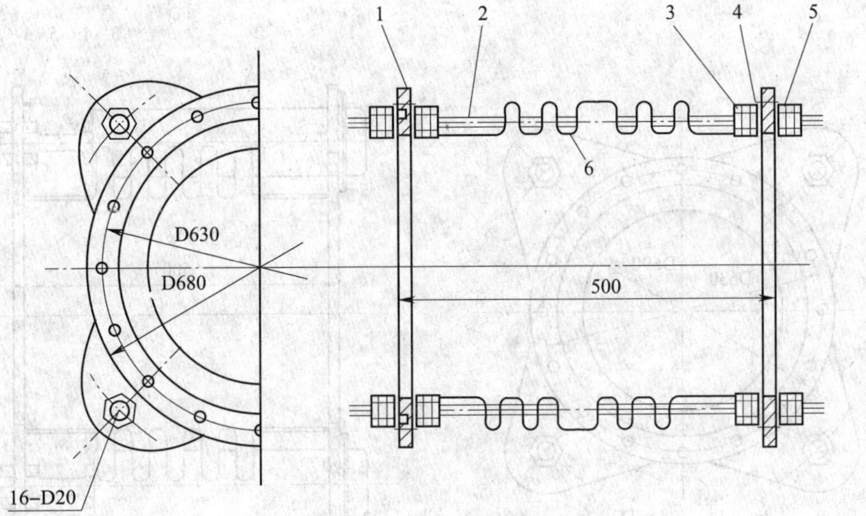

图 4—2　安装调整型伸缩节

1—法兰盘　2—双头螺栓　3—扁螺母　4—垫圈　5—螺母　6—波纹管

安装时，松开螺母 3、5，以利调节尺寸，安装完毕后即拧紧。

②温度补偿型伸缩节的安装使用。温度补偿型伸缩节主要是用于吸收因热胀冷缩、振动或其他外力作用而引起的管道和设备的小量位移，具体结构如图 4—3 所示。

安装前，序号 2 与序号 3 应一直处于锁紧状态，如图 4—3a 所示 。

双接时，松开序号 5、7，以便进行尺寸安装调整，安装完毕后，再将其拧紧。

充 SF_6气体至额定状态后，伸缩节进入正常工作状态，应松开序号 3（约 10 mm），如图 4—3b 所示。

注意：在安装及日后检修过程中，在每一次回收 SF_6 气体、抽真空前，都必须将序号 3 向序号 2 拧紧，确保其处于锁紧状态。

4）对 GIS 罐体法兰盘与盆式绝缘子的连接。罐内导体与绝缘件的连接应按一定的顺序用力矩扳手紧固各螺母。安装或拆卸罐体内部螺母时要特别小心，因为紧固和松开螺母时可能会产生金属屑等异物，这些杂质落入罐内十分危险。因此，作业完成后应用吸尘器仔细清理，再用无毛纸擦干净。

（2）辅助安装。各元件组装完成后，再依次安装下列零部件。

1）装配断路器、隔离开关、接地开关、电流互感器、电压互感器、避雷器等元件的二次侧控制线，用蜂鸣器、万用表检查配线，确认连接部分紧固情况良好。

2）装配各气室单元的 SF_6充气管道。充气前认真清理管道内部，切实装好 O 形密封圈。

3）装配气操动机构的空气管道时，应清理好管道内部，并装好密封圈。

4）使封闭式组合电器的外壳可靠接地。盆式绝缘子两侧法兰盘之间的导电连接板要连接好。在产品的接地法兰盘处连接好地线。

（3）安装注意事项

1）各部分元件连接。用吸尘器仔细清理后，再用无毛纸蘸酒精仔细擦拭密封表面及导体的接触面，以保证其连接的密封及导体的可靠接触。

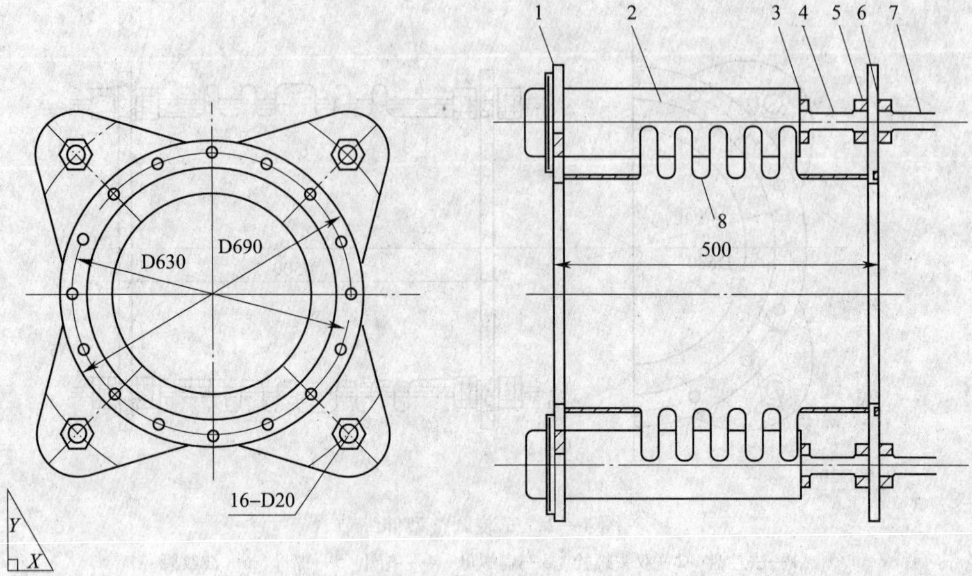

a)

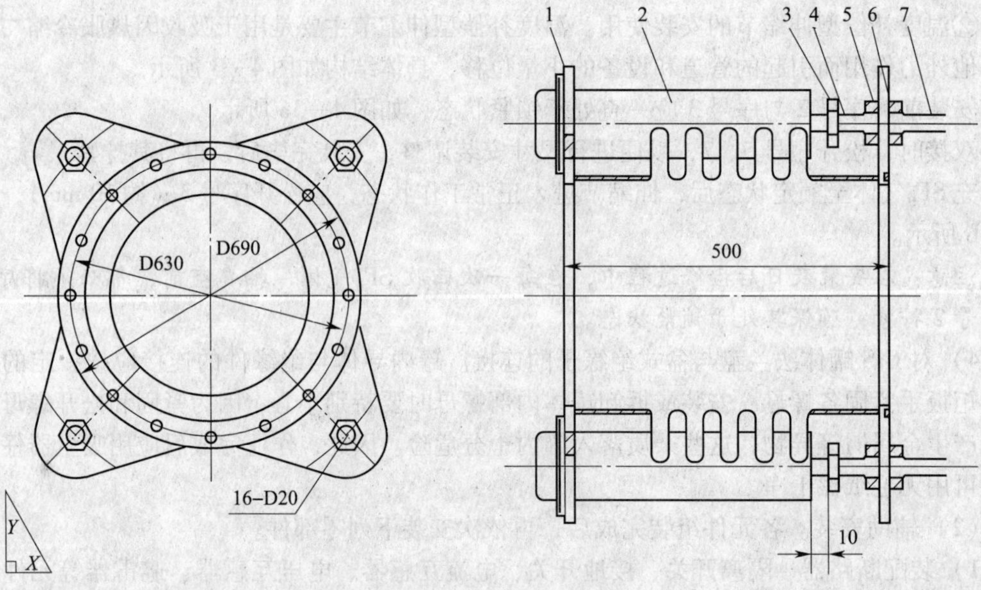

b)

图 4—3　温度补偿型伸缩节

a）处于紧锁状态　b）处于正常工作状态

1—法兰盘　2—弹簧调节器　3、5、7—螺母　4—螺杆　6—垫圈　8—波纹管

2）安装密封圈。拆下密封面保护罩，检查密封面和密封槽的表面是否有磕碰伤。如果是轻微伤，可用 1 000 号细砂纸或油石仔细打磨。如果情况严重，必须更换新件。检查密封圈有无质量问题，如有变形、开裂等现象，应更换。

3）更换吸附剂。吸附剂易吸潮，因此安装在封闭式组合电器内的吸附剂一定要经过烘干处理才可装入。温度200℃的烘干时间为12 h，温度300℃的烘干时间为4～8 h。烘干的吸附剂在空气中暴露不得超过10 min。

吸附剂如果装入封闭式组合电器内不密封，则超过4 h后应重新处理再放入。

（4）主回路电阻测量。各部分回路电阻值与出厂试验报告偏差不超过±10%。

（5）抽真空。对封闭式组合电器抽真空，当真空度达到40 Pa后继续抽2 h。其抽真空及充SF_6装置如图4—4所示。

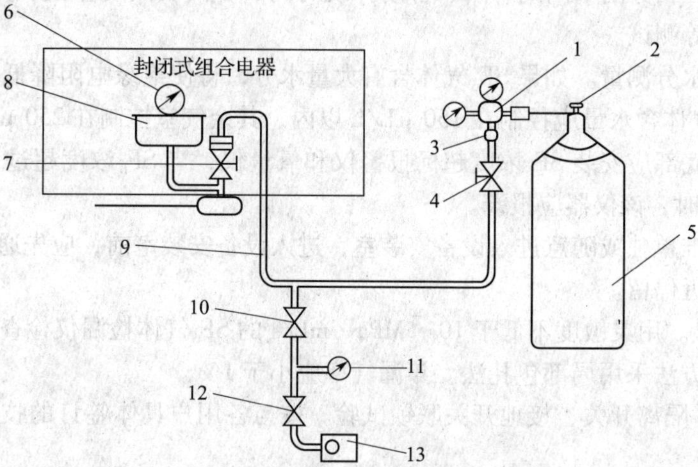

图4—4 抽真空及充SF_6装置示意图

1—减压装置 2—气瓶截止阀 3—接头 4、10、12—截止阀 5—SF_6气瓶 6—气压表 7—供气截止阀 8—转接头 9—供气管路 11—真空计 13—真空泵

注：①当采用普通压力表时，参照SF_6气体压力—温度特性曲线，充至0.5 MPa（20℃时表压）时，关闭截止阀2、4、7后拆除管路。

②当采用带指针式密度继电器时，直接充气至0.5 MPa（表压）时，关闭截止阀2、4、7后拆除管路。

抽真空的时候必须有专人监护，如果因突然停电等原因中途停泵时，应立即关闭截止阀12，并打开真空泵排气阀，以防止真空泵内润滑油进入封闭式组合电器内部。充气管道必须保持清洁，防止潮气或杂质进入管内。设备安装室内应具有良好的通风系统，抽风口应设在室内下部，通风量应保证在15 min换气一次。

（6）充SF_6气体。充气之前应先检查SF_6气瓶水分，其水分含量应小于8 μL/L，制造厂提供的SF_6气体应具有制造厂名称、气体净重、日期批号及质量检验单，否则不能使用。

打开截止阀2和截止阀4，充入SF_6气体。

抽真空及充SF_6气体的具体方法如下：

用橡胶管把真空泵13或SF_6回收装置与封闭组合电器连接起来，并按下列步骤进行：

1）关闭截止阀7和截止阀4，打开截止阀10和截止阀12。抽真空5 min后关闭截止阀12，观察管路中的真空压力15 min。如果真空压力上升，检查气体管路的接头。

2）打开供气截止阀7，对封闭式组合电器6抽真空。当真空度达到40 Pa后继续抽2 h。然后关闭截止阀10，打开真空泵排气阀并停泵。

（7）调试

1）调试前的检查工作。确认地脚螺栓是否拧紧，各部连接螺钉是否拧紧，各截止阀是否处于工作位置，各种仪表指示是否正常，接地线是否有效接地。

2）断路器的机械操作和机械特性试验。在断路器的机械操作和机械特性试验之前，必须先充入 SF_6 气体。断路器在电动操作之前，必须先用手工操作杆进行慢断慢合操作两次无不良现象。

断路器机械特性试验采用断路器机械特性测试仪进行，主要进行断合开关时间、三相合闸不同期时间、三相分闸不同期时间、合闸弹跳时间、合闸线圈动作值、分闸线圈动作值、分合闸线圈电阻等测试。

3）SF_6 气体水分测量。如果 SF_6 气体含有大量水分，将使绝缘电阻降低，因此断路器气室新充入的 SF_6 气体含水量应控制在 150 μL/L 以内，其余气室控制在 250 μL/L 以内。

设备安装室底部应安装 SF_6 浓度超标报警仪和氧量仪，当 SF_6 浓度超过 1 000 mL/L，氧气含量低于 18% 时，该仪器应报警。

工作人员不准单独或随意进入设备安装室，进入设备安装室前，应先通风 20 min，不准在设备防爆膜附近停留。

4）密封试验。用灵敏度不低于 10^{-7} MPa · mL/s 的 SF_6 气体检漏仪检查所有密封连接部分的渗漏。检漏方法采用局部包扎法。年漏气率应小于 1%。

5）断路器、隔离开关、接地开关联锁试验。按与各用户具体签订的技术协议要求进行各项试验。

（8）结尾工作。整体清扫，必要时外壳刷漆。

1）场地清理，班组自检。场地无遗留杂物，检查应仔细。

2）运行人员检查验收。

3）工作票结束签收。

二、SF_6 断路器安装

1. 安装前的准备工作

（1）技术准备。开箱应检查附件，按装箱单检查所装零部件是否齐全。压力表、密度继电器等灵敏度部件要仔细检查，确保其品质合格（在以后运行中故障判断的重要依据）。工作条件：室外无雨，风力小于 6 级。现场准备检查：现场工器具的准备是否足够充分，现场安装条件是否符合安装环境要求，现场施工条件与施工图样是否相符。检查安装基础是否符合要求：土建基础是否依照图样在规定地点建造，水平度是否符合安装要求，预埋螺栓中心的误差小于 2 mm，基础高度误差小于 10 mm。

安装 SF_6 断路器的工器具、材料准备见表 4—3 和表 4—4。

表 4—3　　安装 SF_6 断路器的工器具

常用工具		专用工具	
名称	数量	名称	数量
600 in 管钳	1 把	电、火焊工具	各 1 套
450 in 管钳	1 把	手锯	1 把

续表

常用工具		专用工具	
名称	数量	名称	数量
30～32 in 梅花扳手	2 把	剪刀	1 把
30～32 in 开口扳手	2 把	带柄旋具	2 把
24～27 in 梅花扳手	4 把	传动皮带孔冲	1 套
24～27 in 开口扳手	4 把	液压泵	1 台
19～22 in 开口扳手	4 把	握弯器	2 套
19～22 in 梅花扳手	4 把	断线器	1 套
17～19 in 开口扳手	4 把	木长梯	1 个
17～19 in 梅花扳手	4 把	台钳	1 台
12～14 in 开口扳手	2 把	240 kg 力矩扳手	1 把
12～14 in 梅花扳手	2 把	120 kg 力矩扳手	1 把
12 in 扳手	2 把	钢直尺	1 把
15 in 扳手	2 把	水平尺	1 把
18 in 扳手	3 把	平锉刀	1 把
套筒扳手	1 套	圆锉刀	1 把

表 4—4　　安装 SF_6断路器的材料

序号	名称	单位	数量
1	砂布	张	5
2	丙酮	瓶	3
3	白布	m	2
4	铁丝	kg	5
5	设备线夹	个	6
6	棉纱	kg	3
7	SF_6 气体	kg	适量
8	电焊条	kg	5
9	相位标示漆（红、绿、黄）	kg	适量
10	电源线	m	50
11	白布带	盘	3
12	毛刷	把	5
13	铝排	m	适量
14	导线	m	适量

(2) 人员准备。作业人员共 8 人（不包括高压试验和继电保护人员），其中工作负责人（监护人）1 人，开关本体安装人员 3 人，开关机构安装人员 2 人，起重工、电气焊工各 1 人。工作人员必须经培训合格，持证上岗。

2. 安装要求

(1) 开关支架的安装

1) 固定式：牢固可靠、水平，注意安装的方向，保证机构安装面的正确。

2) 手车式：行动可靠，无阻塞、水平。水平度不高及左右的偏差会造成安装后开关分合阻力增加以及开关分合不到位。

手车式开关基础不对正时，要调节轨道；固定式基准调节基准螺栓；手车式开关调整推车的垫片数量；固定式开关调整螺栓固定的高度。

佩戴安全帽，使用安全器具，起重人员与指挥人员协调一致，保证人员、设备的安全。

(2) 本体的安装

1) 套管的安装。安装可靠，密封面无破损脏污，卡套拧紧程度要适度，可使用力矩扳手进行紧固。防止套管破损。注意套管与周围设备的距离，保证设备的安全。

2) 密封垫的安装和使用。密封垫的使用，要注意保证其位置的正确，确实起到密封作用。对密封垫进行压缩时，既要防止压缩不到位，又要注意防止密封垫压缩过量。

3) 密封硅脂的使用。使用密封硅脂时不可涂抹过多，避免运行中二氧化硅与微量的 HF 反应，生成有毒物质。

(3) 气室之间管路的安装

1) 气管的检查。SF_6管路无破损，管内无阻塞。用氧气或氮气进行吹管，保证管路的畅通。

2) 握弯。进行握弯时要避免反复对同一管路的同一弯度进行折握，以免降低管路的机械强度；使用钳台进行固定管路时，要用柔软织物对其外表面进行保护，防止伤及管路。

3) 连接。管路之间以及管路和气室之间的连接，要使用专用的接头，使用好密封垫和密封硅脂，确保连接处不发生泄漏现象。

(4) 传动回路的安装。传动杆连接位置正确，水平，运动无卡涩（弹簧）。

(5) 操作机构的安装。位置安装正确，确保机构动作无障碍，安装水平。

(6) 充气

1) 气体的检查。检查要充注的 SF_6气体，对其微水含量及纯度进行检测，要符合使用的要求。

2) 充气设备的检查。检查充气设备，确保其可以正常使用。

3) 充气管路的检查。检查充气管路，确保其没有漏气，使用新的 SF_6气体对充气设备及管路进行清洗，排出设备及管路的杂质。

4) 充气。在确保预压力不变的情况下，进行充气至 0.4 ~ 0.6 MPa，注意充气时气流速度的控制，不可过急。

(7) 控制电缆的安装

1) 电缆的铺设。铺设时，要防止电缆覆压，保证电缆无破损，电缆连接机构箱底板上的电缆孔用油泥密封，防止潮气进入。

2）导线的连接。进行导线连接时，电源侧确保无电状态，连接操作机构的部分时，要依照图纸，确保接线的正确。

（8）设备连线的安装

1）线夹的安装。线夹与设备的连接面要光滑无毛刺，使用导电脂涂抹后，用紧固螺栓进行连接；线夹与导线连接处使用压接方式，压接部分要足够，并且确保压接的方向不会导致导线受力。

2）导线的安装。螺栓紧固，导线无破损；线间距离符合电压等级的要求；摆动幅度不致使线间放电；导线长度要考虑到环境对其膨胀收缩的影响。

3）接地线的安装。设备的接地线牢固可靠。

（9）检漏。用SF_6检漏仪对各密封环节检漏，重点检查SF_6气体管路各连接密封处密封是否完好，要求SF_6年泄漏率不大于1%，含水量不大于150×10^{-6}。

（10）调试

1）开关分合试验。

①动触头的行程符合要求。

②动触头的接触行程符合要求。

③分合闸指示器位置与开关位置相符。

2）直阻测量试验。

3）绝缘电阻试验。

4）断路器及操动机构的联动正常无卡涩。

（11）结尾工作

1）场地清理，班组自检。场地无遗留杂物，检查应仔细。

2）运行人员检查验收。

3）工作票结束签收。

三、隔离开关安装

1. 安装前的准备工作

（1）技术准备

1）检查隔离开关所附文件是否齐全。拆箱时，注意勿使绝缘子受损，同时应做产品的外观检查和核对所提供的附件。

2）工作条件：室外无雨，风力小于6级。

3）办理工作票，检查安全措施。

4）负责人宣读工作票，交代安全措施和注意事项。

5）安装前外观检查，做好记录。

6）接好切割机、电焊机、台钻电源，连接好火焊工具。

（2）安装隔离开关的工器具、材料准备见表4—5和表4—6。

（3）人员准备。作业人员共8人（不包括高压试验和继电保护人员），其中工作负责人（监护人）1人，隔离开关本体检修人员6人，配合检修人员1人。工作人员必须经培训合格，持证上岗。

表 4—5　　安装隔离开关的工器具

常用工具		专用工具	
名称	数量	名称	数量
铁锤	2 把	专用吊具	1 套
錾子	3 把	专用检修工具	1 套
带柄旋具	2 把	专用吊袋	3 套
管钳	2 把	安全带	4 条
10 in 活扳手	1 把	手用工具	若干套
17 ~ 19 in 梅花扳手	8 把	木梯	1 架
12 ~ 14 in 梅花扳手	8 把	火焊工具	1 套
17 ~ 19 in 呆扳手	3 把	电焊工具	1 套
12 ~ 14 in 呆扳手	3 把	台钻	1 台
机油枪	1 把	切割机	1 台
黄油枪	2 把		
清洗盆	2 个		
圆锉	1 把		

表 4—6　　安装隔离开关的材料

序号	名称	规格	单位	数量
1	汽油		kg	3
2	黄油		kg	0. 5
3	机油		kg	0. 5
4	导电膏		kg	0. 3
5	砂布		张	8
6	锯条		根	7
7	白布		m	0. 8
8	棉纱		kg	1. 5
9	塑料布		kg	0. 5
10	银粉漆		kg	5
11	相位漆	红、绿、黄	kg	各 2
12	钢丝刷		把	1
13	毛刷		把	4
14	稀料		kg	2

续表

序号	名称	规格	单位	数量
15	丙酮		瓶	1
16	松动液		瓶	1
17	白布带		盘	1
18	M 8 mm 螺栓		套	1
19	M 10 mm 螺栓		套	1
20	M 12 mm 螺栓		套	1

2. 安装工作

（1）隔离开关分解

1）准备好塑料布。

2）拆开隔离开关，拆下引线。

3）拆下引线线夹并检查。

4）拆下各相的传动连杆。

5）利用专用吊具逐相将绝缘子吊下。防止引线、附件磕碰；所拆引线应用白布带绑牢，以免引线碰损设备和伤人；拆下的引线线夹应用砂布打磨并涂导电膏，确保导电良好；拆下传动连杆时，应相互配合，以防止连杆扭弯和伤人。

（2）接线装置的拆解检查

1）松开螺栓，取下导电杆及左右触头。

2）拆开接线座下部的固定板、防雨帽，拔出导电杆、夹板及软铜带。

3）卸下软铜带的固定螺栓，将夹板与导电杆分离。卸软铜带时应防止软铜带拉伤手指。

4）对各部件进行检查、清洗，清除导电面的氧化层，用丙酮擦洗。

5）按相反的顺序回装。回装时螺栓应涂黄油以防止螺栓锈蚀，并在导电面上涂导电膏，确保导电良好。

（3）隔离开关左触头拆解检查

1）卸下螺栓，取下挡板。

2）取下定位板，卸下触头、弹簧和销子。

3）取下触头座。

4）检查清洗各零件，打磨并擦洗接触面。

5）按相反的顺序回装。

（4）隔离开关支持绝缘子拆解检查

1）检查上下部法兰。

2）检查绝缘子表面。

（5）底座装配拆解检查

1）松开伞齿轮止位螺钉，取下伞齿轮。

2）取下圆头平键，松开紧固螺钉，拧下螺母，退出轴装配。

3）拆分罩、支座和圆锥滚子轴承。

4）检查各部件，用汽油清洗。

5）在轴承及转动部位加适量润滑油。

6）检查底座并清扫。

7）按相反顺序回装。回装时紧固螺母应松紧适度。

（6）连杆装配拆解检查

1）检查连杆与叉子的连接状况。

2）检查螺杆和固定销。

3）在螺纹处加机油或黄油。水平连接杆叉子上的圆柱销的开口销一定要开口，以防柱销脱落。

（7）操动机构拆解检查

1）检查操动机构各连杆、中间转动轴承及固定销，清洗并加润滑脂或润滑油。

2）打开辅助开关盒装置，清扫、检查辅助开关等部件。

3）检查机构闭锁。辅助开关触点锈蚀的应擦洗处理，以防不报或误报信号。

（8）安装底座基础

1）切割槽钢并按底座的安装孔钻孔。

2）用螺栓将槽钢装于底座。

（9）隔离开关组装

1）将各单相组装好。

2）用专用吊具依次将各相吊装在基础上，量好相间尺寸后焊牢槽钢。用专用吊具组装各相时，要有专人扶持，以防瓷件损伤。

3）将三相连杆组装好。

（10）安装机构和垂直拉杆。安装好包箍，焊好基础斜撑并安装机构；机构基础应水平；装好垂球，按垂球调整好机构位置并紧固机构；连接万向节和机构转动轴，并在隔离开关、机构均合正时焊牢。

（11）隔离开关调整

1）调整各单相角度。

2）调整触头插入尺寸。

3）调整各相接触同期。调整各相接触同期拉合隔离开关时应和 3 个调整人打招呼，以防隔离开关拉合时伤人。

（12）收尾工作

1）在三相的适当处刷上相位漆，底座刷银粉漆。

2）清理引线接触面，涂上导电膏，然后接上引线。

3）整体清扫，检查接地线。

4）工作负责人通知变电站运行人员检查验收。

5）填写值班安装记录和隔离开关安装记录。

6）清理现场。

7）撤出全部安装人员，办理工作票手续签收，工作结束。

第三节 GIS 检修

一、液压型弹簧机构小修

1. 小修前的准备工作

（1）技术准备

1）熟悉技术资料，明确有关技术要求及质量标准。

2）工作条件：无风沙、无雨雪。

3）编制施工作业指导书，内容包括设备性能、结构、小修程序、质量要求、工艺方法及注意事项。

4）进行技术交底和组织分工。

5）按需要准备消耗材料及施工工具。

（2）小修液压型弹簧机构的工器具、材料准备见表 4—7 和表 4—8。

表 4—7　　小修液压型弹簧机构的工器具

常用工具		专用工具	
名称	数量	名称	数量
铁锤	1 把	充气专用设备	1 套
呆扳手	1 套	链条钳	2 把
24 件套筒扳手	1 套	36 in 管钳	2 把
内六角扳手	1 套	专用死扳手	1 套
一字旋具	1 把	油盆	1 个
12 in 活扳手	2 把	10 in 活扳手	2 把
尖嘴钳	1 把		
8 in 钳子	1 把		
钢直尺	1 个		
卷尺	1 个		

表 4—8　　小修液压型弹簧机构的材料

序号	名称	规格	单位	数量
1	液压油（10 号航空油）		kg	10
2	汽油		kg	5
3	棉纱		kg	3

续表

序号	名称	规格	单位	数量
4	砂纸	0号	张	5
5	氮气		瓶	1
6	毛刷		把	3
7	防锈漆		kg	1
8	洗衣粉		kg	1
9	密封垫		套	1
10	白布		m	1

（3）人员准备。作业人员共4人，其中工作负责人（监护人）1人，检修人员3人。各检修工随工作进程，由负责人指派担任相应工作。工作人员必须经培训合格，持证上岗。

2. 小修工作

（1）检查电动机及二次回路绝缘

1）检查电动机的转动情况，转子与定子间的间隙面均匀、无摩擦痕迹。注意事项：电动机转动试验时，工作人员应密切配合，得到有关人员允许后方可送电试运转。

2）检查电动机炭刷磨损情况，整流子磨损深度不超过0.5 mm。

3）二次回路绝缘电阻大于1 MΩ。

（2）检查各管路的渗漏点及氮气初始压力

1）检查方法：关闭放油阀，启动油泵，使压力表指针由零快速升到一个稳定值（p_1），记下p_1值，再打开放油阀，储压筒压力逐渐慢慢下降，这时注意观察压力表指针忽然由某一数值（p_2）回到零位，记下p_2值，（p_1+p_2）/2即为预压力值。

2）预充压力：（12±1.0）MPa。当温度变化1℃时，预充压力变化约0.045 MPa，工作压力变化约0.075 MPa。

（3）液压油的补充

1）检查油箱有无渗油，油位是否在油标合格范围内。

2）油位偏低时，注入合格的10号航空液压油。

3）注油时，用滤油机或用200目铜丝布上面再铺1~2层绸布进行过滤。

（4）检查辅助开关及微动开关

1）辅助开关触点随开关分合位置切换正确、灵活。

2）辅助开关触点无烧伤，接触应良好。

3）微动开关触点接触良好、动作灵活。

4）微动开关滚子与活塞杆接触可靠（活塞杆压着滚子后，应留有1~2 mm剩余行程）。

5）移动开关位置与压力值的对应关系正确。

（5）检查加热器及机构箱密封。检查加热器良好，试验自动控制装置动作应准确可靠。机构箱密封良好，门开启灵活。

（6）分合闸操作试验。手动分合及电动分合应正确可靠。

二、电流互感器（TA）、电压互感器（TV）小修

1. 小修前的准备工作

（1）技术准备

1）熟悉技术资料，明确有关技术要求及质量标准。

2）工作条件：无风沙、无雨雪。

3）编制施工作业指导书，内容包括设备性能、结构、小修程序、质量要求、工艺方法及注意事项。

4）进行技术交底和组织分工。

5）按需要准备消耗材料及施工工具。

（2）小修 TA、TV 的工器具、材料准备见表 4—9 和表 4—10。

表 4—9　　小修 TA、TV 的工器具

常用工具		专用工具	
名称	数量	名称	数量
8 in 活扳手	2 把		
汽油壶	1 个（2 kg）		
12～14 in 呆扳手	1 把		
6 in 活扳手	1 把		

表 4—10　　小修 TA、TV 的材料

序号	名称	规格	单位	数量
1	汽油		kg	1
2	砂布	100 号	张	2
3	导电膏			少许
4	螺钉、螺母	M 12 mm	套	3
5	棉纱		kg	0.5

（3）人员准备。作业人员共 3 人（不包括高压试验和继电保护人员），其中工作负责人（监护人）1 人，检修人员 2 人。各检修工随工作进程，由负责人指派担任相应工作。工作人员必须经培训合格，持证上岗。

2. 小修工作

（1）TV 小修

1）检查 TV 一、二次侧接线，应接触良好，线夹无裂纹，接地可靠。

2）检查 TV 外瓷套应完好，无损伤，无裂纹。

3）检查本体固定螺钉，应完好牢固。

4）检查设备线夹，应无裂纹。

5）检查一、二次侧接地应可靠。

6）清理外瓷套，按规定涂防污涂料。

（2）TA 小修

1）检查 TA 一、二次侧接线，应接触良好，线夹无裂纹，接地可靠。

2）检查 TA 外瓷套应完好，无损伤，无裂纹。

3）检查本体固定螺钉，应完好牢固。

4）检查设备线夹，应无裂纹。

5）检查接地良好。

6）清理外瓷套，按规定涂防污涂料。

三、隔离开关小修

1. 小修前的准备工作

（1）技术准备

1）熟悉技术资料，明确有关技术要求及质量标准。

2）工作条件：无风沙、无雨雪。

3）编制施工作业指导书，内容包括设备性能、结构、小修程序、质量要求、工艺方法及注意事项。

4）进行技术交底和组织分工。

5）按需要准备消耗材料及施工工具。

（2）小修隔离开关的工器具、材料准备见表 4—11 和表 4—12。

表 4—11　　小修隔离开关的工器具

常用工具		专用工具	
名称	数量	名称	数量
6～24 in 呆扳手	1 套	钢直尺	1 把
铁锤		卷尺	1 个
24 件套筒扳手	1 套	塞规	1 套
一字旋具	1 把	梅花扳手	1 套
十字旋具	1 把	汽油壶	1 个，2 kG
12 in 活扳手	2 把	机油枪	1 个
10 in 活扳手	2 把	手动操作装置	1 套
尖嘴钳	1 把	棘轮扳手	1 套
8 in 钳子	1 把		

表 4—12　　小修隔离开关的材料

序号	名称	规格	单位	数量
1	汽油		kg	1
2	机油		kg	0.5
3	棉纱		kg	1
4	砂纸		张	10
5	二硫化钼		kg	1
6	导电膏		盒	1
7	防锈漆	黄、绿、红	kg	各 1
8	洗衣粉		kg	1
9	白布		m	0.5
10	塑料布		m	2
11	锯条		根	10
12	黄油		袋	1
13	丙酮		kg	0.5
14	开口销	$\phi1\sim\phi3$ mm	个	各 10

(3) 人员准备。作业人员共 5 人（不包括高压试验和继电保护人员），其中工作负责人（监护人）1 人，检修人员 4 人。各检修工随工作进程，由负责人指派担任相应工作。工作人员必须经培训合格，持证上岗。

2. 小修工作

(1) 引线、线夹检查。引线、线夹应完好无伤痕、接触紧密。作业时，防止人员高空坠落，登高作业应穿软底鞋、系安全带。

(2) 检查各部螺钉紧固情况。用旋具或扳手进行紧固工作，紧固时防止扳手或旋具打滑、伤及人身及设备。

(3) 瓷绝缘子的检查。瓷质表面应无伤痕、浇注良好。若瓷绝缘子损坏需进行更换，安装时应防止瓷件损伤。

(4) 动、静触头的检查处理、更换。接触压力符合厂家要求，根据现场情况决定是否更换，主要用 0.05 mm 塞尺检查接触面。

(5) 转动部分的检查处理。各销子加润滑油，开口销齐全。要求传动灵活，无卡阻。

(6) 导电部分检查、处理。导电部分接触良好，无伤痕。导电部分载流容量应满足负荷要求。

(7) 机构的检查。处理机构能够操作灵活，辅助节点变位正确，满足刀闸开合要求。辅助节点应有良好的防潮措施。

(8) 闭锁装置的检查、处理。闭锁装置动作正确、可靠。

(9) 各相同期性检查。开关各相同期性满足厂家要求。

（10）隔离开关防腐处理，各相刷漆根据现场情况决定。

四、SF_6断路器小修

1．小修前的准备工作

（1）技术准备

1）熟悉SF_6技术资料，明确有关技术要求及质量标准。

2）工作条件：天气晴朗，无风沙，无雨雪，空气相对湿度小于65%。

3）收集缺陷记录。

4）进行技术交底和组织分工。

5）按需要准备必要的消耗材料和清洗用材料。

6）准备必要的劳动保护用品。如工作服、安全帽、安全带等。

7）准备必要的登高工器具。

（2）小修SF_6断路器的工器具、材料准备见表4—13和表4—14。

表4—13　小修SF_6断路器的工器具

常用工具		专用工具	
名称	数量	名称	数量
30～32 in 梅花扳手	6把	SF_6 检漏仪	1套
24～27 in 梅花扳手	6把	应急灯具	1台
22～24 in 梅花扳手	6把	电源箱	1个
17～19 in 梅花扳手	6把	塞尺	1套
12～14 in 梅花扳手	6把	电源线	100 m
13、15、16、18 in 扳手	各6把	电动扳手	1套
木锤	1把	SF_6 充气装置	1套
布剪刀	1个	电池式电动砂轮机	1套
2.5磅手锤	2把	机油枪	1个
木梯	2把，4 m	力矩扳手	1套
内六角扳手	3套	带柄旋具	3把
12、15、18 in 电动扳手	各3把	套筒扳手	1套
8件呆扳手	2套		

表4—14　小修SF_6断路器的材料

序号	名称	规格	单位	数量
1	汽油	90号	kg	10
2	棉纱		kg	10
3	砂纸	120号	张	20

续表

序号	名称	规格	单位	数量
4	SF_6 气体	50 kg	瓶	1
5	白布		m	2
6	无毛纸		筒	2
7	相位漆	红、绿、黄	kg	各 1
8	防锈漆		kg	3
9	塑料布		kg	3
10	丙酮		瓶	2
11	酒精		瓶	2
12	锯条		根	20
13	导电复合脂		筒	1
14	防油彩布条		m^2	40
15	防水胶布		盘	1
16	塑料布		kg	2
17	毛刷		把	3
18	传递绳	ϕ12 mm	m	20
19	机油		kg	0.5

（3）人员准备。作业人员共 8 人（不含高压试验和继电保护人员），其中工作负责人（监护人）1 人，安全监督 1 人，检修人员 6 人。各检修工随检修进度，由负责人指派担任相应工作。工作人员必须经培训合格，持证上岗。

2. 小修工作

（1）本体检查

1）检查瓷套有无破损及严重脏污。

2）检查有无漏气处，密度控制器压力表指示是否正常。

3）分合闸指示器指示位置是否正常。

4）检查本体紧固螺母是否松动，检查基础螺母是否松动。

5）听断路器内部有无异常响声。

6）检查导电部分有无发热现象。

7）检查 SF_6气体压力是否正常。

8）检查传动部分是否灵活，有无卡滞现象。

注意事项：登高要系安全带，发现问题要及时处理。检查漏气处要用灵敏度为 1×10^{-6} 的卤素检漏仪。

（2）现场清理。清理现场杂物，打扫现场，保持现场整洁；检查设备上是否有遗留物，并将应该打开的气体阀门确定在打开位置。

第四节 GIS 绝缘预防性试验

GIS 绝缘预防性试验分为两类，一类是 GIS 内绝缘气体品质及气体泄漏试验；另一类是组成 GIS 的各电力设备的试验。

一、GIS 内绝缘气体的湿度和气体泄漏试验

1. SF_6湿度测量

GIS 运行中，气体水分含量的测试及控制是 SF_6及其混合气体绝缘设备运行维护的主要内容之一。SF_6及其混合气体中的水分（特别是在 GIS 中绝缘部件上凝露时）会使气体绝缘设备的绝缘强度大为降低。此外，气体中的水分还参与电弧作用下的分解反应，生成许多有害物质，这些电弧副产物的形成不但造成设备内部某些结构材料的腐蚀、老化，而且在设备有气体泄漏处时或在设备解体维修时，都可能对工作人员的健康产生影响。

SF_6气体湿度的测量采用微水测定仪，《规程》规定 SF_6气体中水分含量标准见表 4—15。

表 4—15 SF_6气体水分含量标准（体积分数） $\times 10^{-6}$

项目	大修后	运行中
断路器灭弧室气室	150	300
其他气室	250	500

由于各种微水测定仪性能有明显差异，且所用气体的管路及操作方式不同。因此，可能造成不同的微水测定仪测试结果不同，甚至存在巨大差异，所以不同微水测定仪之间的测量数据没有可比性。测定 GIS 中的 SF_6水分应严格执行操作程序，保证每次取样过程、测量操作方式基本一致，对同一台设备坚持用同一台微水测定仪测试，这样更容易掌握 SF_6气体中含水量的变化，以提高实测数据的可比性。

因为在一年中气体中水分含量随气温升高而升高，所以测试宜在夏天进行，以获得 SF_6绝缘设备中水分含量的最大值。

2. SF_6气体泄漏检测

漏气是 SF_6断路器的致命缺陷，所以其密封性能是考核产品质量的关键性能指标之一，它对保证断路器的安全运行和人身安全都具有重要意义。GIS 中 SF_6气体易漏部位主要包括各检漏口、焊缝、SF_6气体充气嘴、法兰盘连接面、压力表连接管、滑动密封底座、操动机构、导电杆与环氧树脂密封处等。

SF_6气体检漏仪虽多种多样，但通常都由探头、探测器和泵体三部分组成。当大气中有 SF_6气体时，探头借助真空泵的抽力将 SF_6气体吸进探测器，引起探测器二极管产生电晕放电，使得二极管电极的电流减小，电流减小的信号通过电子线路变成一种可以听得到、见得着的声、光报警信号，泄漏量越大，声、光信号越强。

图 4—5 所示为一种典型 SF_6气体检漏仪的工作原理图。合上探测器中汞灯电源，一定波长的紫外线透过石英玻片再通过阳极网照射在光阴极上，产生光电子，当待测气体进入

阴、阳极板之间时，气体中的 O_2和 SF_6被其间产生的光电子结合成 O_2^- 和 SF_6^- 的形式，这些离子按照各自的速度移动，从而在两极板之间产生电磁场。因为 O_2^- 和 SF_6^- 的移动速度不同，引起载流子流量的变化，可通过测试电阻检测出 SF_6的含量。

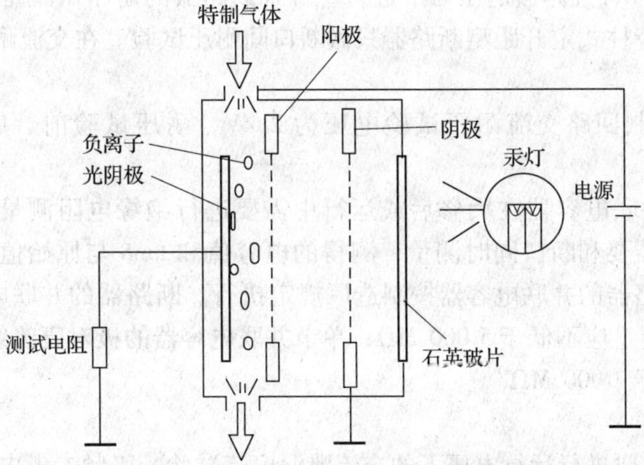

图 4—5　SF_6气体检漏仪检测原理图

常规 GIS 气体泄漏检测通常采用定性检测。用 SF_6气体探测仪探测 GIS 外部易泄漏部位和检漏处，根据探测仪发出的声、光报警信号及仪器的指示，大致判断泄漏位置及浓度，必要时进行定量检测。

对于大型 GIS 进行定量检测，通常是通过设备制造中预留的检漏口挂瓶检漏，采集一定时间的 SF_6气体，再测量气体浓度，计算漏气率。对于小型 GIS 设备也有采取整体扣罩法，将设备整体罩住，一定时间后用检漏仪测定罩内的 SF_6气体的浓度。《规程》规定，GIS 设备年漏气率不得大于 1%。

二、GIS 中电力设备的其他绝缘检测

GIS 中主要的电力设备有断路器、并联电容器、电流互感器、电压互感器、氧化锌避雷器等。

1. 断路器及并联电容器绝缘检测

SF_6断路器除 SF_6气体湿度检测、气体泄漏检测外，其他试验项目包括绝缘电阻测量、导电回路电阻测量、耐压试验、合闸电阻测量、并联电容器的电容量和 $\tan\delta$ 测量等。这些测试项目的测试方法和油断路器的测试方法相同。

《规程》规定：110 kV 及以上的 SF_6断路器，用 2 500 V 兆欧表测量高压回路对地的绝缘电阻，其值不低于 5 000 MΩ；用 500 V 兆欧表测量辅助回路和控制回路的绝缘电阻，其值应大于 2 MΩ。500 kV 的 SF_6断路器，用 1 000 V 兆欧表测量辅助回路和控制回路绝缘电阻，其值应大于 2 MΩ。

对于 500 kV 的 SF_6断路器，要求测量断口间并联电容器的电容值和介质损耗 $\tan\delta$，测得的电容值与出厂值比较应无明显变化，允许偏差为 ±5%。20℃时油纸绝缘并联电容器的 $\tan\delta$ 值应不大于 0.5%。

在大修及运行中，敞开式 SF_6 断路器每相导电回路的电阻应不大于制造厂规定值的120%。

GIS 中断路器的交流耐压或操作冲击耐压的试验电压为出厂试验电压值的80%，试验时间为5 min，试验在 SF_6 气体额定压力下进行。罐式断路器的耐压试验是分别在合闸对地和分闸两端加压，而瓷柱式定开距型断路器只做断口间耐压试验。在交流耐压试验的同时测量局部放电。

辅助回路的控制回路交流耐压试验电压为2 kV，耐压试验前、后绝缘电阻不应降低。

GIS 中断口间并联电容器在大修后或运行中需要进行绝缘电阻测量和电容量、$\tan\delta$ 测量。对瓷柱式断路器要和断口同时测量，测得的电容值和 $\tan\delta$ 与原始值进行比较，应无明显变化；对罐式断路器的并联电容器按制造厂规定执行。断路器的并联电容器的绝缘电阻，用2 500 V 兆欧表测量应不低于5 000 MΩ；单节并联电容器的极对壳绝缘电阻，用2 500 V 兆欧表测量应不低于2 000 MΩ。

2. 避雷器检测

GIS 的避雷器主要进行运行电压下的交流泄漏电流试验、工频参考电流下的工频参考电压试验以及放电计数器检查。

测量运行电压下的全电流、阻性电流或功率损耗，测量值与初始值比较应无明显变化。当阻性电流增加1倍时，应停电检查。测量时，应记录环境温度、相对湿度和运行电压。测量应在瓷套表面干燥时进行。

必要时，在环境温度5～35℃下，测量每节避雷器在工频参考电流下的工频参考电压。整相避雷器有一节不合格，应更换该节避雷器或整相更换。

三、GIS 现场耐压试验

1. GIS 现场耐压试验的必要性

GIS 在工厂中制造、试验后，采用运输单元的方式运往现场进行装配，因此 GIS 在现场组装后必须进行现场耐压试验。现场耐压试验的目的是检查总体装配的绝缘性能，防止运输时出现绝缘故障。

现场耐压试验主要是为了消除运输和安装中可能造成的导致内部故障的意外因素，因此只要求其试验电压值不低于工厂试验电压的80%。但是，由于现场试验时被试设备的尺寸大、对地电容量大，给现场耐压试验带来较大的困难，因此现场耐压试验的方法与常规的高压试验方法是不同的。

例如，GIS 的单相母线单位长度的电容量为：

$$C/l = \frac{2\pi\varepsilon_0\varepsilon_r}{\ln\frac{r_s}{r_c}}$$

式中　r_s——外壳的内半径；

　　　r_c——导体的外半径。

由于 $\varepsilon_r \approx 1$，$r_s/r_c \approx e$，所以可近似地写为：

$$C/l \approx \frac{1}{18 \times 10^{9}} = 55.5 \times 10^{-12}(\mathrm{F/m})$$

由此可见，GIS 的电容量很大，所以试验电源的容量必须很大。同时试品发生击穿时，由于放电能量大，因而破坏作用大。进行 GIS 的现场试验宜通过断路器和隔离开关，将整个设备分成几部分进行试验，以减小试验电源的容性负载，限制击穿时的放电能量。

不同试验电源的电压波形，对检测 GIS 中缺陷的能力是不一样的。交流电压试验对检查介质污染（如导电微粒）是相当灵敏的，雷电冲击试验对检查异常电场情况（如电极损坏）特别灵敏，操作冲击波试验能检查出自由导电微粒的污染。与交流电压相比，操作冲击波对检测异常电场的灵敏度要高些。直流电压试验对交流 GIS 是不适合的，这是因为自由导电微粒在直流下的运动特性和交流下的情况不同，直流下的闪络电压规律与交流下的也是不同的。

2. GIS 现场耐压试验的要求

现场耐压试验应在设备完全安装好并充以额定密度气体的情况下进行。现场耐压试验电压值为：

（1）交流电压试验不低于出厂电压的 80%，耐压 1 min。

（2）雷电冲击和操作冲击试验时，分别不低于工厂中相应试验电压的 80%。正、负极性各施加三次试验电压，且在进行冲击耐压前应先使试品承受 5 min 的最高工作电压（中性点接地系统为 $U_m/\sqrt{3}$，中性点非有效接地系统为 U_m）。

对于 220 kV 级及以下的 GIS，工厂中不做操作冲击电压试验，这种情况下现场操作冲击耐压值取为现场雷电冲击试验电压的 80%。

第五章

高压断路器

第一节　高压断路器的分类和参数

高压断路器是变电站的重要设备之一。电路正常情况下，断路器用来开断和关合电路；电路故障时，通过继电保护动作来断开故障电路，以确保电力系统安全运行；同时，断路器又能完成自动重合闸任务，以提高供电可靠性。

为此，对高压断路器要求：

- 在正常情况下能开断和关合电路。能开断和关合负载电流，能开断和关合空载长线路或电容器组等电容性负荷电流，以及能开断空载变压器或高压电动机等电感性小的负荷电流。
- 在电网发生故障时能将故障从电网上切除。
- 要尽可能缩短断路器切除故障的时间，以减轻电力设备的损坏程度，提高电网稳定性。
- 能配合自动重合闸装置进行单重、综重的动作。

一、高压断路器类型

根据高压断路的装设地点，可分为户内和户外两种类型；按断路器使用灭弧介质的不同，可分为油断路器（多油断路器和少油断路器）、压缩空气断路器、SF_6（六氟化硫）断路器、真空断路器等。

1．油断路器

油断路器利用变压器油作为灭弧介质，按使用油量的多少分为多油断路器和少油断路器。在多油断路器中，变压器油除作为灭弧介质和开断后触点之间的绝缘介质外，还作为带电部分对地绝缘介质使用。在少油断路器中，变压器油只作为灭弧介质和开断后触点之间的绝缘介质，带电部分对地绝缘采用瓷件或其他介质。

2．压缩空气断路器

压缩空气断路器（简称空气断路器）是利用压缩空气作为灭弧介质和开断后触点之间的绝缘介质，其额定电流和开断能力较大，适用于开断大容量电路。除此之外，压缩空气断路器还具有动作快、开断时间短、维修周期长、无火灾危险等优点。缺点是开断时噪声大、结构复杂、加工和装配要求高、需专设压缩空气装置作为气源。其制造、运行、维护复杂，已被淘汰。

3．真空断路器

真空断路器是利用真空（气压 133.3×10^{-4} Pa 以下）的高介电强度来灭弧的断路器。这种断路器具有体积小、质量轻、开断能力强、灭弧迅速、运行维护简单、灭弧室不需要检修、噪声小等优点。目前，真空断路器在 3～35 kV 配电系统中得到广泛应用。

4．SF_6 断路器

SF_6断路器采用具有优良灭弧性能和绝缘性能的 SF_6气体作为灭弧介质。这种断路器具有开断能力强、全开断时间短、体积小、运行维护量小等优点；但其结构复杂，金属消耗量大、价格较贵。由于 SF_6断路器的优良性能，目前在 35 kV 及以上系统得到广泛应用，尤其以 SF_6断路器为主体的封闭式组合电器（GIS），在高压配电装置应用日趋广泛。

5．自产气断路器

该断路器是利用固体介质受电弧作用而分解的气体来灭弧的断路器。该断路器一般应用在农电和居民配电的场合。

6．磁吹断路器

该断路器靠磁力吹弧，将电弧引入狭缝中冷却而灭弧。

由于油断路器运行维护量大，且有火灾的危险，而空气断路器结构复杂、制造工艺和材料要求高、有色金属消耗量大、维护周期长。因此，目前油断路器、空气断路器逐渐被 SF_6 断路器和真空断路器取代。

二、高压断路器的基本参数

1．额定电压（U_N）

额定电压是指断路器长期工作的标准电压。产品铭牌上标明的额定电压是指正常工作的线电压。我国采用的额定电压等级有：3 kV、6 kV、10 kV、35 kV、110 kV、220 kV、330 kV、500 kV、1 000 kV 等。

考虑到输电线路的首、末端运行电压不同及电力系统调压要求，高压断路器又规定了与额定电压对应的最高工作电压 U_{max}。当 $U_N\leqslant220$ kV 时，$U_{max}=1.15U_N$；当 $U_N>220$ kV 时，$U_{max}=1.1\,U_N$。额定电压的高低影响断路器的外形尺寸和绝缘水平，额定电压越高，要求的绝缘水平越高，外形尺寸越大。

2．额定电流（I_N）

额定电流是指断路器长期允许通过的最大工作电流。断路器长期通过 I_N时，其发热温度不会超过国家标准规定值。额定电流的大小决定断路器导电部分和触点的尺寸及结构，在相同的允许温升下，额定电流越大，则要求导电部分和触点的截面积越大，以便减小损耗和增大散热面积。

3. 额定开断电流（I_{Nbr}）

额定开断电流是指断路器在额定电压下能保证正常开断的最大短路电流，是标志断路器开断能力的一个重要参数。开断电流和额定电压有关，在低于额定电压下，断路器开断电流可以提高，但由于灭弧装置机械强度的限制，开断电流仍有一极限值，此极限值称为极限开断电流。

4. 关合电流（I_{Ncl}）

当线路上存在短路故障时，断路器一合闸就会有短路电流流过，这种故障称为“预伏故障”。当断路器关合有预伏故障的线路时，在动、静触点接触前几毫米就发生预击穿，随之出现短路电流，给断路器关合造成阻力，影响动触点合闸速度及触点的接触压力，甚至出现触点弹跳、熔化、黏接，以及断路器爆炸等故障。

短路时，保证断路器能够关合而不致发生触点熔焊或其他损伤的最大电流，称为断路器的关合电流。其数值以关合操作时瞬态电流第一个最大半波峰值来表示，制造部门对关合电流一般取额定开断电流的 $1.8\sqrt{2}$倍，即

$$I_{Ncl} = 1.8\sqrt{2}I_{Nbr} = 2.55I_{Nbr}$$

断路器关合短路电流的能力与断路器操动机构的功率、断路器灭弧装置性能等有关。

5. t 秒热稳定电流（I_t）

t 秒热稳定电流是指在 t 秒内通过断路器使其各部分发热不超过短路时发热允许温度的最大短路电流，是标志断路器承受短路电流热效应能力的一个重要参数。

6. 动稳定电流（I_{es}）

动稳定电流亦称极限通过电流。动稳定电流是指断路器在合闸位置时，允许通过的短路电流的最大峰值。在通过这一电流后，断路器不应损坏而能继续正常工作。动稳定电流以短路电流最大峰值，即短路电流的第一个半波最大峰值来表示。动稳定电流表示断路器对短路电流的动稳定性，它决定于导体部分及支持绝缘子部分的力学强度，并决定于触点的结构形式。

7. 全开断（分闸）时间（t_{kd}）

全开断时间是指断路器接到分闸命令瞬间起到各相电弧完全熄灭为止的时间间隔，即

$$t_{kd} = t_1 + t_2$$

式中 t_1——断路器固有分闸时间，是指断路器接到分闸命令瞬间到各相触点都分离的时间间隔；

t_2——燃弧时间，是指断路器触点从分离燃弧瞬间到各相电弧完全熄灭的时间间隔。

断路器开断单相电路时的时间关系如图 5—1 所示。

全开断时间 t_{kd}是表征断路器开断过程快慢的主要参数。从电力系统对开断短路电流的要求来看，希望 t_{kd}越小越好，因为它直接影响故障设备的损坏程度、故障范围、传输容量和系统的稳定性。高速动作的断路器的 $t_{kd} < 0.08$ s；低速动作的断路器的 $t_{kd} > 0.12$ s；中速动作的断路器的 $t_{kd} = 0.08$ s ~ 0.12 s。

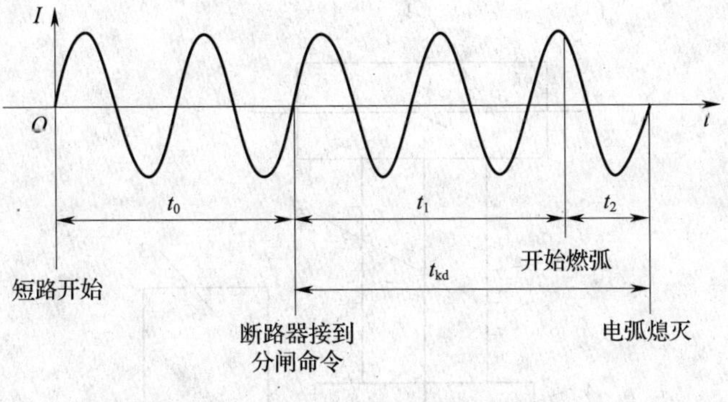

图 5—1 断路器开断电路时的有关时间

8. 合闸时间（t_{hz}）

合闸时间是指处于分闸位置的断路器，从接到合闸命令瞬间起，到各相的触点均接触为止的时间间隔。合闸时间决定于断路器的操动机构及中间传动机构。电力系统对合闸时间一般要求不高，但希望其能稳定。

9. 操作循环

操作循环也是表征断路器操作性能的指标。架空线路的短路故障大多为暂时性的，短路电流切除后，故障迅速消失。为了提高架空线路供电的可靠性和系统运行的稳定性，断路器应能承受一次或两次以上的关合、开断，或关合后立即开断的能力。此种按一定时间间隔进行多次分、合的操作，称为操作循环。我国规定断路器的额定操作循环如下。

（1）自动重合闸操作循环：分—θ—合分—t—合分。

（2）非自动重合闸操作循环：分—t—合分—t—合分。

其中，分为分闸操作；合分为合闸后立即分闸的动作；θ 为无电流间隔时间，标准值为 0.3 s 或 0.5 s；t 为强送电时间，标准值为 180 s。

三、高压断路器的基本结构和型号

1. 基本结构

虽然高压断路器类型及结构各不相同，但其基本结构类似，主要包括电路通断元件 1、绝缘支撑元件 2、操动机构 3、基座 4 及传动机构 5，如图 5—2 所示。电路通断元件安装在绝缘支撑元件上，而绝缘支撑元件则安装在基座上。

电路通断元件承担接通和断开电路的任务，它由接线端子、导电杆、触点及灭弧室等组成。绝缘支撑元件起固定通断元件的作用，并使其带电部分与地绝缘。操动机构通过传动机构起控制通断元件的作用，当操动机构接到合闸和分闸命令时，操动机构动作，经中间传动机构驱动触点，实现断路器的合闸和分闸。

2. 高压断路器的型号

断路器的类型很多，根据行业标准 JB/T 8754—2007《高压开关设备和控制设备型号编制方法》规定，目前我国断路器的型号一般由文字符号和数字按以下方式组成：

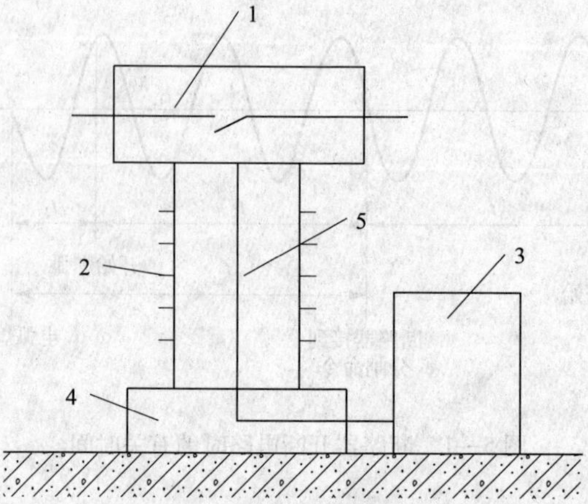

图 5—2　断路器基本结构

1—电路通断元件　2—绝缘支撑元件　3—操动机构　4—基座　5—传动机构

1　2　3—4　5　/　6　7　8

其代表的意义为：

1——产品字母代号，用下列字母表示：S——少油断路器；D——多油断路器；K——空气断路器；L——SF_6 断路器；Z——真空断路器；Q——产气断路器；C——磁吹断路器。

2——装设地点代号：N——户内；W——户外。

3——设计序列号：以数字 1、2、3…表示。

4——额定电压，kV。

5——其他补充工作特性标志：G——改进型；F——分相操作。

6——额定电流，A。

7——额定开断电流，kA。

8——特殊环境代号。

例如，LW8—35/2 000 型断路器是表示额定电压为 35 kV、额定电流为 2 000 A、设计序列号为 8 的户外 SF_6断路器。

第二节　断路器灭弧原理

一、断路器的灭弧原理

在电弧中，介质在不断游离的同时，还有带电质点减少的去游离。如果游离与去游离相等，电弧则稳定燃烧；如果游离大于去游离，电弧则加剧燃烧；如果去游离大于游离，电弧电流随之减小而使电弧熄灭。去游离是开关电器灭弧的根本理论，其方式有复合和扩散两种。

1. 复合

复合是指异号带电质点彼此中和成为中性质点的现象。电子质量小、运动速度快，与正离子直接复合的可能性很小；正、负离子之间的质量和速度相差不多，因而容易复合。所以，电子常附在原子上形成负离子再与正离子复合。当电弧区有金属物时，可吸引带电质点使金属带电，再吸引相反电荷的质点复合为中性质点。电弧区有绝缘时，带电质点附在其上也可促使复合。在开关电器中，采用液压或气体灭弧，将电弧拉入绝缘冷壁制成的狭缝、狭沟中，以及增大气体压力及缩短质点间的自由行程等措施，都可以达到复合的目的。

2. 扩散

弧柱中的带电质点，由于热运动而从弧柱内部逸出，进入周围介质的一种现象称为扩散。其结果是使弧柱中带电质点减少。由于电弧和周围介质的温差很大，以及弧柱内与周围介质中的带电质点的密度相差很大等原因，在高压断路器中，常采用吹弧的方式，以气流带走弧柱中的自由电子和正离子，以达到去游离的作用。

3. 电弧电压的特性

图 5—3 所示为电弧电压 u_{ar} 沿弧长的分布图。

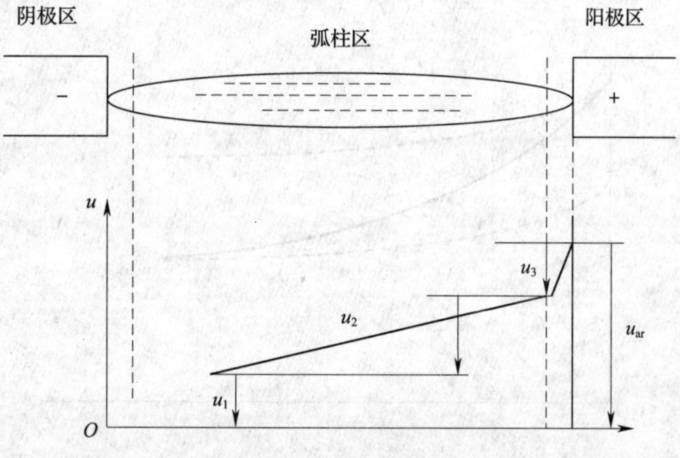

图 5—3 电弧电压 u_{ar} 沿弧长的分布图

$$u_{ar} = u_1 + u_2 + u_3 \tag{5—1}$$

式中 u_1——阴极区电压降；

u_2——弧柱区电压降；

u_3——阳极区电压降。

电弧的阴极区和阳极区长度均很小，其电位变化急剧，但弧柱区的电位变化则平缓。弧柱电压降与电弧的长度、电弧所处介质种类和状态（压力、流动方式、流速等）有关，阴极区电压降主要与触头材料性质和弧隙介质种类有关。

对于长度只有几毫米的短电弧，u_{ar} 主要由阴极电压降和阳极电压降两部分组成，其物理过程对电弧起主导作用，此时，u_{ar} = 10 ~ 20 V。在低压电路中，将长电弧分成多个短电弧，使电弧熄灭的原理就在于此。

对于长电弧，弧柱压降起主要作用，阴极和阳极压降可忽略不计。在小电流范围内，电弧电压随电流增大而下降；在大电流范围内（几百安以上），电弧电压则基本不变，且单位长度中电弧电流成强烈的非线性，这是因为电导率随电流增大而急剧增大，电弧截面积也随之增大。

二、直流电弧的熄灭

1. 直流电弧的基本特征

直流电路产生的电弧叫直流电弧。直流电弧在稳定燃烧时，所测得电弧电压与电弧电流的关系曲线称为直流电弧的静态伏安特性，如图 5—4 所示。图中，*ab* 曲线是无数静态点的连线，曲线上每一点的游离与去游离都达到平衡。当弧柱电流增大时，弧道电阻下降，电弧电压下降；当流经弧柱的电流减小时，电弧电压升高。由图 5—4 可见，若从 *a* 点开始电流增大很快时，所测得电压曲线 *ac* 高于 *ab*；反之，若从 *b* 点很快减小电流至零，所得到的电压曲线 *db* 是低于曲线 *ab* 的。这些都是热惯性作用的结果，即电流增大快，而游离作用的增强比电流增强来得慢；电流减小快，而去游离的变化程度比电流减小来得慢。在这些变化过程中，电弧并不是在稳定燃烧，其中曲线 *ac* 或 *db* 称为动态特性曲线。

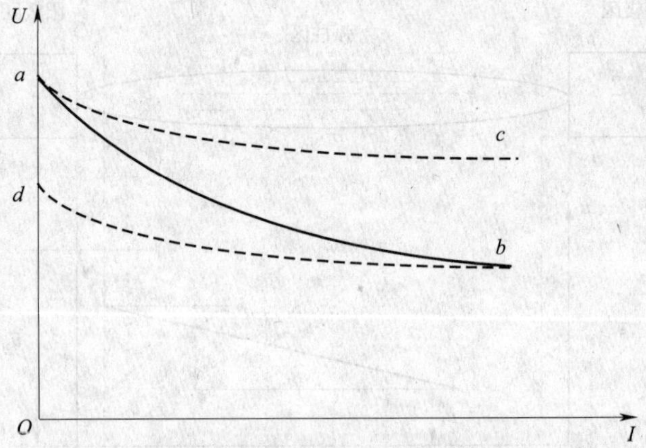

图 5—4　直流电弧的静态伏安特性

曲线与纵轴的交点 *a* 处的电压称为发弧电压，它是产生电弧所需的最小电压。曲线 *db* 与纵轴相交于 *d* 点处的电压称为熄弧电压，它是使电弧熄灭的最高电压，即施加在电弧两端的电源电压低于此值时，电弧就不能维持而熄灭。

2. 直流电弧熄灭的条件

在图 5—5 所示等效电路中，*U* 为电源电压，S 为开关。

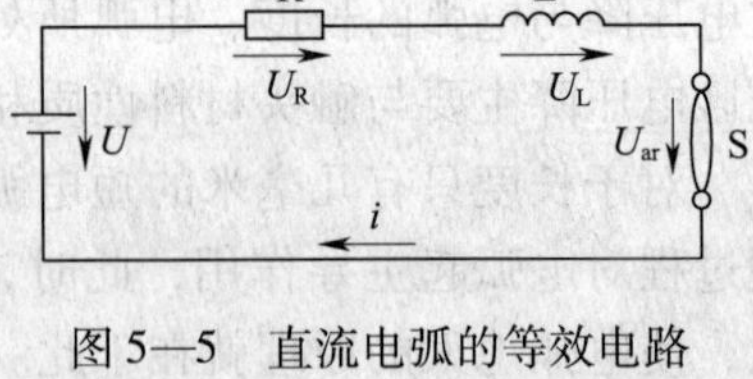

图 5—5　直流电弧的等效电路

当开关 S 处于闭合状态时，开关两端无电压。当开关 S 处于断开时，开关两端产生电弧并有一定的电压降，其电压方程式为：

$$U = iR + L\mathrm{d}i/\mathrm{d}t + U_{ar} \tag{5—2}$$

当电弧稳定燃烧时，$\mathrm{d}i/\mathrm{d}t$ 为 0，式（5—2）为：$U = iR + U_{ar}$ 或 $U_{ar} = U - iR$。

由前述可知，直流电弧的熄灭条件为：

$$U_{ar} > U - iR \tag{5—3}$$

式（5—3）的物理意义是，当电源电压不足以维持稳定电弧电压及线路电阻压降时，电弧就自行熄灭。

3．开断直流电路时必须注意的问题

（1）在开断直流电路时，因线路中存在电感 L，在开断电路的过程中，由于电流的迅速减小，必然要在电路中产生自感电动势。此电动势加到电源电压上去，将会引起操作过电压，过电压值的大小决定于电感的大小和电流的变化率，即 $E = -L\mathrm{d}i/\mathrm{d}t$。电流的变化率 $\mathrm{d}i/\mathrm{d}t$ 与电弧所在介质的灭弧特性和开关电器所采用的灭弧装置形式有关。电弧的去游离越强，则电流的变化率越大，产生的操作过电压越高。

（2）线路中电感 L 的存在还会延长开断时间，又由于电弧能量过大，导致触头烧伤，甚至使开断失败，同时因电感易产生过电压而危及设备的绝缘。

因此，在直流电路中，不能使用灭弧能力太强的断路器，防止电流变化太快而产生过电压。

三、交流电弧的熄灭

1．交流电弧的特性

交流电弧的特点是，电弧电压和电弧电流的大小及相位都是随时间作周期性变化的，每一周期内有两次过零值。电流过零时，电弧自动熄灭，而后随着电压的升高，电弧又重新点燃，故交流电弧的特性为动态特性。图 5—6 所示为每一周期内交流电弧电压 U_{ar} 和电弧电流 I 的变化曲线。

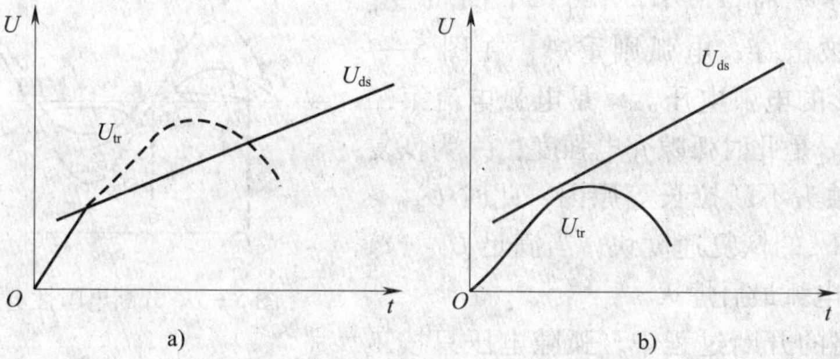

图 5—6　交流电弧在电流过零后重燃与熄灭恢复过程

a）重燃　b）熄灭

2．交流电弧的熄灭条件

交流电弧电流过零自然熄灭后，是否重燃，主要取决于弧隙介质电强度 U_{ds} 与加在弧隙上的恢复电压 U_{tr} 的变化。如果在交流电弧自然熄灭后的任何时间里都有 $U_{ds}(t) > U_{tr}(t)$，交流电弧一定熄灭，这就是交流电弧的熄灭条件，如图 5—6 所示。

（1）弧隙介质电强度 U_{ds} 在电弧电流由大变小至零时，电源向弧隙输入的能量由大变小至零，弧隙温度则大大降低，因而弧隙的去游离增强，弧隙电导下降，而绝缘性能提高。随着弧隙热量的散失，温度的继续下降（此时若人为加强冷却则更有效），热游离基本停止，去游离继续加强，最终弧隙就由导电状态恢复到绝缘状态，这一过程为介质电强度的恢复过程。介质电强度是指介质所能承受而不被击穿的最大电压。

在交流电源过零后的 0.1 ~ 1 μs 极短时间内，弧隙立即出现 150 ~ 250 V 的介电强度，这一介电强度称为起始介电强度，这一现象称为近阴极效应。这是由于电流过零后极性改变，弧隙中的带电质点运动方向也要改变，由于电子质量小可迅速由阴极向阳极移动，而正离子质量大而几乎不动，于是在阴极附近形成了只有正电荷的不导电薄层，阻碍了阴极电子发射，如果要击穿这个薄层，就需要 150 ~ 250 V 的电压。

由上可知，近阴极效应在低压短电弧熄灭过程中有很重要的作用，在高压中其作用微不足道。所以，低压开关在分断交流电流时，将长电弧分成多个短电弧熄弧的原理就基于此。

介电强度的恢复速度与电流的大小有关，电弧电流越大，电弧温度越高，介电强度恢复越慢。提高开关的分闸速度，完善开关的灭弧装置和强冷却措施，以及采用优质灭弧介质，都可以使介电强度的恢复速度提高。

（2）弧隙电压 U_{tr} 的恢复过程。弧隙电压由熄弧电压经电路参数所决定的电磁振荡过程，逐渐恢复到电源电压的过程称为弧隙电压的恢复过程。在交流电弧电流过零时，弧隙既有介电强度的恢复，同时也有弧隙电压 U_{tr} 的恢复。其恢复速度决定于电源电压、电路参数和负载的性质。

图 5—7 所示是开断电阻性电路的波形图。图中主要参数为电源电压 U、电弧电流 I、电弧电压 U_{ar}、介电强度 U_{ds} 和恢复电压 U_{tr}。

t_0 为触头分离瞬间，t_1 为电流第一次过零时间，U_{ds} 是 t_1 以后的弧隙介电强度，U_{tr} 为此时的恢复电压。当 $t > t_1'$ 时，$|U_{ds}(t_1')| < |U_{tr}(t_1')|$，孤隙被击穿，电弧则重燃，在图 5—7 上又出现马鞍形的电弧电压。t_2 是电弧电流第二次过零时刻，U_{ds2} 是此时弧隙介电强度，U_{tr} 为恢复电压。由于动触头不断拉长等原因，此时 $U_{ds2} > U_{ds1}$，且 U_{ds2} 比 U_{tr} 的恢复速度快，当满足 $U_{ds}(t) > U_{tr}(t)$ 时，电弧最后熄灭。

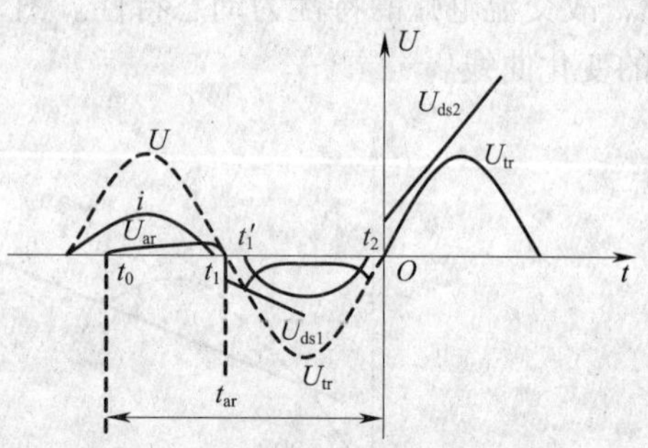

图 5—7　开断电阻性电路的波形图

纯电阻回路的开断过程中，弧隙电压只按工频电压恢复，不会出现瞬变恢复电压，且在电路的开断过程中无过电压产生，因此该性质的电路容易断开。

对纯电感的回路或纯电容的回路，由于电源电压与电弧电流相位相差 90°，在电流过零时电弧自然熄灭，但加于触头间的恢复电压最高可达 1.5 倍相电压值，电弧易重燃。且在开断过程中，还会产生很高的过电压。所以，对这类电路的开断，断路器应具有很强的灭弧能力。

四、熄灭电弧的基本方法

根据上述讨论的电弧现象和特性，在现代高压开关电器中，广泛采用的基本灭弧方法常有以下几种。

1. 吹弧

利用电磁力、气流或油流作用于电弧，以使电弧被拉长并冷却，从而加速电弧的熄灭。依电弧被吹的方向，可分为纵吹、横吹和纵横吹三种。

(1) 纵吹。指气、油作用方向与电弧相平行的吹弧方式，如图 5—8a 所示。纵吹使新鲜介质更好地与炽热的电弧相接触，使电弧熄灭，常用于 110 kV 以上的少油断路器。

图 5—8　气体吹弧

a) 纵吹　b)、c) 横吹

(2) 横吹。指气、油作用方向与电弧垂直横向吹弧的方式，如图 5—8b、c 所示。横吹比纵吹效果好，因为横吹更容易拉长电弧，增加电弧冷却面积，去游离效果更好。

(3) 纵横吹。它综合了纵吹和横吹的优点，其灭弧效果更好，是在高压油断路器中常采用的一种灭弧方式。

2. 使用优质绝缘材料

电弧中的去游离作用，在很大程度上取决于电弧周围的介质特性。介质的导热系数、介质强度、热游离温度和热容量越大，电弧的去游离就越强，电弧越易熄灭。SF_6气体就是一种理想的绝缘和灭弧介质，真空也是一种优质的灭弧介质。SF_6气体和真空是目前高压断路器优质灭弧介质的发展方向。

3. 采用高熔点金属制作触头

熔点高、导热系数和热容量大的金属触头，可以使热电子发射和电弧金属蒸气减少，从而可抑制游离作用，利于电弧熄灭，如动、静触头端部采用含钨的合金材料制造。

4. 迅速拉长电弧

迅速拉长电弧和增大开关触头的分离速度，使电弧的长度和表面积迅速增大，有利于电弧的散热和带电质点的扩散，从而使去游离加强而利于熄弧。在开关电器中采用强有力的分闸装置（如分闸弹簧），使触头的分离速度加快，这也是现代高压断路器常采用的一种灭弧手段。

5. 采用多断口灭弧

图 5—9 所示为多断口灭弧示意图。在触头行程、分闸速度相同的情况下，采用多断口灭弧，电弧被拉长的速度和长度均比采用单断口灭弧时成倍增加，而每个断口的恢复电压幅

值与只有一个断口时相比，基本上成倍降低，因此采用多断口灭弧，电弧更容易熄灭。但由于各断口分布电容的影响，会造成各断口电压分布不均匀，使承受高电压的断口首先被击穿，再造成其余断口的击穿。因此，一般采用在每个断口上并联均压电容器等手段来解决。

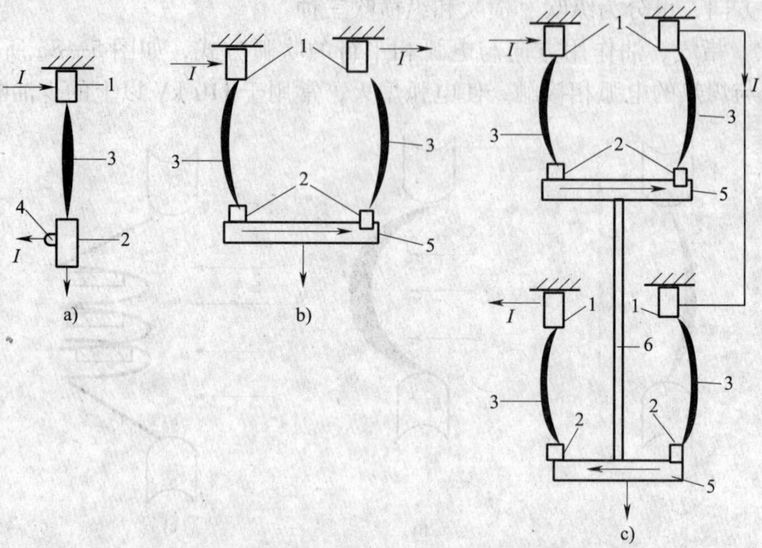

图 5—9　多断口灭弧

a）一个断口点　b）两个断口点　c）四个断口点

1—固定触头　2—可动触头　3—电弧　4—滑动触头　5—触头的横担　6—绝缘杆

上述 5 种交流电弧熄灭的方法，应用于高压断路器的电弧熄灭。在低压电器中，由于结构的原因，其灭弧的方法是采用短电弧灭弧或利用固体介质的狭缝、狭沟灭弧。其方法有以下两种。

（1）采用短电弧灭弧。图 5—10 所示为金属灭弧栅片灭弧原理图。当动、静触头的电弧受电磁力的作用被吸到栅片内时，就被分成了若干短电弧相串联。当电弧电流过零时，每个短电弧内部会立即出现 150 ~ 250 V 的介质电强度，如果电源电压小于各段弧隙介电强度之和时，电弧被熄灭。

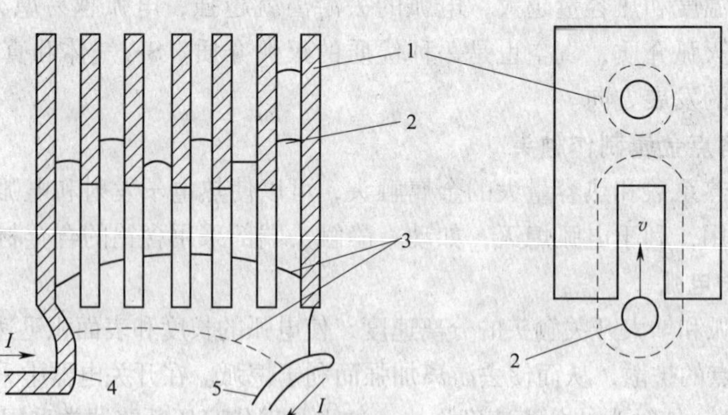

图 5—10　电弧在灭弧栅内灭弧

a）灭弧装置　b）栅片结构

1—灭弧栅片　2—电弧　3—电弧移动位置　4—静触头　5—动触头

（2）利用固体介质的狭缝、狭沟灭弧。当电弧在固体介质的狭缝或狭沟中燃烧时，由于与固体介质紧密接触，电弧会自然冷却，使附在固体表面的带电质点强烈地复合，从而使电弧熄灭，如填料式熔断器的灭弧。另外如果采用有机固体介质，在电弧高温作用下分解出大量气体，从而使狭缝或狭沟中的压力增大，气体的密度随之增大，因而去游离的作用增强，电弧也易熄灭，如封闭式熔断器。

第三节　断路器操动机构

一、对操动机构的要求

断路器的分、合闸动作是通过操动机构来实现的。因此，操动机构的工作性能和质量的优劣，对断路器的工作性能和可靠性起着极为重要的作用。对于操动机构的要求主要有以下几个方面。

1．合闸的可靠性、安全性

正常工作时，用操动机构使断路器合闸，这时电路中流过的是工作电流，关合是比较容易的。但在电网事故情况下，断路器要合到有故障的电路上时，因流过短路电流，存在阻碍断路器合闸的电动力，有可能出现不能可靠合闸，即触头闭合不足的情况，这会引起触头严重烧伤，甚至发生断路器爆炸等严重事故。因此，要求操动机构必须能足以克服短路电动力的阻碍作用力，即对于电磁、气动、液压等操动机构，还应要求合闸电源电压、气压或液压在一定范围内变化时，仍能可靠工作。当电压、气压或液压在下限值（规定为额定值的80%或85%）时，操动机构应仍使断路器具有关合短路故障的能力；而当电压、气压或液压在上限值（规定为额定值的110%）时，操动机构不应出现由于操动力、冲击力过大等原因使断路器的零部件损坏的现象。

2．具备保持合闸功能

由于在合闸过程中，合闸命令的持续时间很短，而且操动机构的操作功也只在短时间内提供，因此操动机构中必须有保持合闸的部件，以保证在合闸命令和操作功消失后，能使断路器保持在合闸位置。

3．分闸的可靠性、安全性

操动机构应具有电动和手动分闸功能。当接到分闸指令后，为满足灭弧性能要求，断路器应能快速分闸，且分断时间应尽可能缩短，以减少短路故障存在的时间。为了达到快速分闸和减少分闸功，在操动机构中应有分闸省力机构。对于电磁、气动、液压等操动机构，还要求分闸电源电压、气压或液压在一定范围内变化时仍能可靠工作。当电压、气压或液压在下限值（规定为额定值的30%～65%）时，操动机构应仍使断路器正确分闸；而当电压、气压或液压在上限值（规定为额定值的110%）时，操动机构不应出现因操动力过大而损坏断路器零件等现象。

4．具备自由脱扣功能

自由脱扣的含义是在断路器合闸过程中，如操动机构又接到分闸命令，则操动机构不应继续执行合闸命令而应立即分闸。当断路器关合有短路故障的电路时，若操动机构没有自由脱扣功能，则必须等到断路器的动触头关合到底后才能分闸。对有自由脱扣功能的操动机构，则不管触头关合到什么位置，也不管合闸命令是否解除，只要接到分闸命令，断路器就能立即跳闸。

5. 具备防跳跃功能

当断路器关合有短路故障的电路时，断路器将自动分闸。此时若合闸命令还未解除，则断路器分闸后又将再次合闸，接着又会分闸。这样，就有可能使断路器连续多次合分短路故障电路，这一现象称为“跳跃”。出现“跳跃”现象时，断路器将连续多次合、分短路电流，造成触头严重烧伤，甚至引起断路器爆炸事故。防“跳跃”措施有机械的和电气的两种方法。

6. 机构各部件具备自动复位功能

断路器分闸后，操动机构中的各个部件应能自动地回复到准备合闸的位置。因此，操作机构中还需装设一些复位用的零部件。

7. 联锁装置可靠、完备

为了保证操动机构的动作可靠，要求操动机构具有一定的联锁装置。常用的联锁装置有：

(1) 分合闸位置联锁。

(2) 低气（液）压与高气（液）压联锁。

(3) 弹簧机构中的位置联锁。

8. 配有可靠的缓冲装置

断路器的分、合闸速度很高，要使高速运动的零部件立即停下来，不能采用在行程终了处装设止钉的简单办法，而必须用缓冲装置来吸收运动部分的动能，以防止断路器中某些零部件因受到很大的冲击力而损坏。

二、操动机构的分类

断路器的分合闸要靠操动机构来实现，而操动机构有能源才能动作，还需要有传动系统传递操作功，这样才能使断路器分合闸。操动机构作为断路器的重要构件，由储能单元、控制单元、力递单元组成。按操动机构所用操作能源的能量形式的不同，可分为以下几种。

(1) 手动机构（CS）。指用人力合闸的操动机构。

(2) 电磁机构（CD）。指用电磁铁合闸的操动机构。

(3) 弹簧机构（CT）。指事先用人力或电动机使弹簧储能实现的弹簧合闸操动机构。

(4) 电动机机构（CJ）。指用电动机合闸与分闸的操动机构。

(5) 液压机构（CY）。指以高压油推动活塞实现合闸与分闸的操动机构。

(6) 气动机构（CQ）。指用压缩空气推动活塞实现合闸与分闸的操动机构。

合闸的能源可以是人力、电磁能、弹簧能、气体或液体的压缩能等。分闸的能源可以是在合闸过程中储能的分闸弹簧，又可以直接用气体或液体的压缩能。

操动机构为一个独立的产品，一种型号的操动机构可以和几种型号的断路器相配装；同样，一种型号的断路器可以和几种不同型号的操动机构相配装，但是空气断路器的操动机构与断路器组成一体。

1. 电磁操动机构

靠电磁力合闸的操动机构称为电磁操动机构。电磁操动机构的优点是结合简单，工作可靠，制造成本低。缺点是合闸线圈消耗的功率太大，机构结构笨重，合闸时间较长。图 5—11 所示为 CD2—40 型电磁操动机构动作示意图，可用来操作 10 kV 和 35 kV 的断路器。由于合闸线圈消耗的功率大，这种机构很少在 35 kV 以上的断路器上使用。

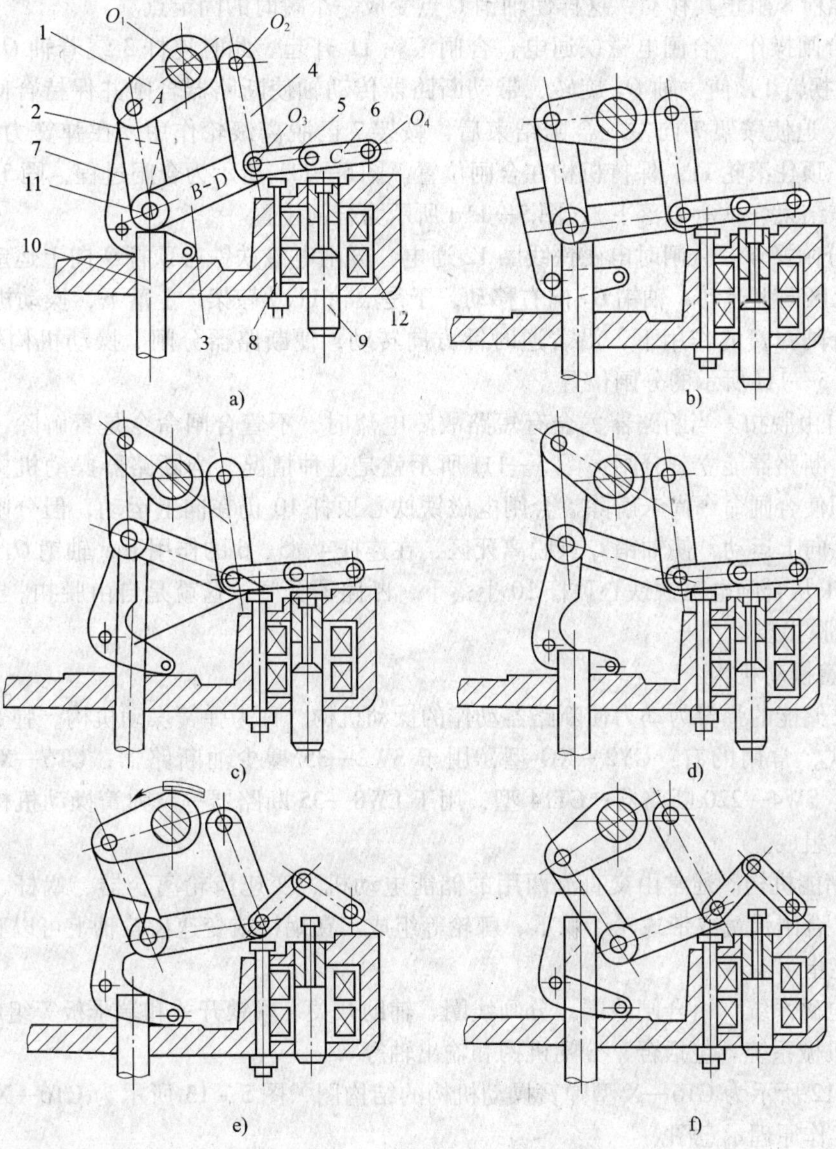

图 5—11 CD2—40 型电磁操动机构动作示意图

a）准备合闸前的分闸位置 b）合闸过程中

c）合闸动作结束（铁心未落下） d）合闸位置 e）分闸过程中 f）分闸位置

1—拐臂 2、3、4、5、6—连杆 7—鞍架 8—调节螺栓 9—分闸电磁铁铁心顶杆

10—合闸电磁铁铁心顶杆 11—滚轮 12—电磁铁线圈

主轴 O_1 与断路器的传动轴连接。操动机构有固接于主轴 O_1 上的拐臂 1，三个同样尺寸的连杆 2、3 及 4，在轴销 B 上有滚轮 11，还有两个同样尺寸的连杆 5 及 6，以及装有弹簧的鞍架 7。拐臂与连杆之间用轴销连接，连杆 4 可绕着不动轴 O_2 转动，连杆 6 可绕着不动轴 O_4 转动。

图 5—11a 所示是机构在准备合闸前的分闸位置，此时连杆 5 与连杆 6 的连接点超过死点，调节螺栓 8 阻止其移动，这样使轴销 C 点变成一个瞬时的固定点。

（1）合闸操作。合闸电磁铁通电，合闸滚轮 11 升起。此时连杆 3 绕着轴 O_3 旋转，借助连杆 2、拐臂 1，使主轴 O_1 旋转，带动断路器传动轴使断路器合闸并保持合闸。当滚轮 11 升起时，迫使鞍架 7 向左。合闸结束后，鞍架 7 已脱离滚轮作用，在弹簧力的作用下，向右返回，顶住滚轮 11，保持机构在合闸位置。图 5—11b 所示为合闸过程，图 5—11c 所示为合闸动作结束（铁心未落下），图 5—11d 所示为合闸位置。

（2）分闸操作。分闸时电磁铁线圈 12 通电，分闸电磁铁铁心顶杆 9 向上运动，使销轴 C 点脱离死区向上运动，轴销 O_3 向右移动，于是滚轮 11 从鞍架 7 上落下，操动机构主轴 O_1 在断路器分闸弹簧的作用下，沿着逆时针方向转动，使断路器分闸。操动机构经过图 5—11e 到达图 5—11f 所示的分闸位置。

（3）自由脱扣。当断路器关合有短路故障电流时，不管合闸命令是否解除，只要接到分闸命令，断路器能立刻分闸，图 5—11f 所示就是这种情况。当断路器操动机构接到分闸命令后，即使合闸命令尚未解除、合闸电磁铁铁心顶杆 10 仍在向上运动，但分闸电磁铁铁心顶杆 9 已向上运动，使轴销 C 点脱离死区，在连杆 4、5、6 的作用下，轴销 O_3 向右移动，于是滚轮 11 从合闸电磁铁铁心顶杆 10 上落下，断路器分闸，这就是自由脱扣。连杆 4、5、6 成为自由脱扣装置。

2．弹簧操动机构

利用已储能的弹簧为动力使断路器动作的操动机构，称为弹簧操动机构。弹簧操动机构有多种形式，常用的有：CY2—XG 型，用于 SW2—35 型少油断路器；CT6—X 型，用于 SW4—110、SW4—220 断路器；CT14 型，用于 LW8—35 断路器等。弹簧操动机构通常由以下主要部件组成。

（1）储能机构。通常由交直流两用的储能电动机、变速齿轮离合器、蜗杆、蜗轮、连杆、拐臂、合闸弹簧或带式轮、棘爪、棘轮等组成。在蜗杆或变速齿轮轴上可以套装储能的手柄和储能指示器。

（2）电磁系统。由合闸线圈、分闸线圈、辅助开关、联锁开关和端子板等组成。

（3）机械系统。包括合、分闸机构和输出轴等。

图 5—12 所示为 CT6—X 型弹簧操动机构的结构图，图 5－13 所示为 CT6—X 型弹簧操动机构的工作原理示意图。

1）储能与维持储能

①弹簧储能。图 5—13 中弹簧储能部分由弹簧 1、连杆 2 及 3、拐臂 4、蜗轮 5、蜗杆 6、离合器 26、齿轮 28 及 29 等组成，弹簧 1 为压缩储能型，其上端固定，下端经连杆 3 和绕轴 O_1 转动的拐臂 4 相连。拐臂 4 的另一端则与连杆 2 相连。连杆 2 向下运动时弹簧将被储能。油缓冲器 30 的作用是弹簧释放能量时，防止机构受冲击。电动储能时，启动电动机，通过

减速齿轮 28 及 29、离合器 26、蜗杆 6，带动蜗轮 5 逆时针方向旋转。连杆 2 的下端和蜗轮 5 连轴上的 a 点绞连。在蜗轮转动时，a 点将绕轴 O_2 做圆周运动。轴 O_1 和 O_2 间由拐臂 4、连杆 2 和蜗轮 5 构成一个四连杆机构，这个机构有两个死点位置。当 a 点运动到蜗轮最上面点时，称上死点；当 a 点运动到蜗轮最下面点时，称下死点。当 a 点逆时针转到下死点位置时，通过连杆 2、拐臂 4、连杆 3 迫使合闸弹簧压缩储能，如图 5—13a 所示。为了防止蜗轮在弹簧 1 作用下反转，需在蜗杆转动系统中装设棘轮和掣子（图中未画出）。

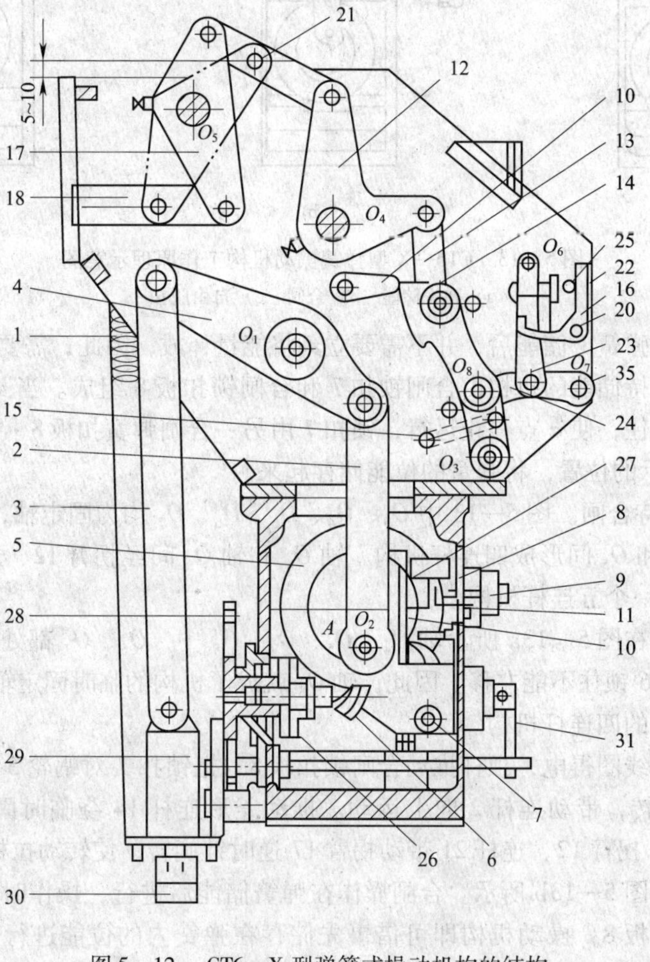

图 5—12 CT6—X 型弹簧式操动机构的结构

1—弹簧 2、3、13、15、20、24—连杆 4、12—拐臂 5—蜗轮 6—蜗杆 7—合闸锁扣 8—合闸锁扣板 9—分闸电磁铁铁心顶杆 10—合闸电磁铁铁心顶杆 11—蜗轮 14—斧形连杆 16—锁扣板 17、18、19—支持元件 21—三连板 22—壳 23—插销 25—滚轴 26—离合器 27—凸轮 28、29—减速齿轮 30—油缓冲器 31—手柄

手动储能时，将手柄向顺时针方向转动，蜗轮 5 则逆时针方向旋转，同用电动机控制一样，合闸弹簧将储能。当锁扣板 16 与滚轴 25 搭扣时，应立即停止操作。此时弹簧储能完毕。

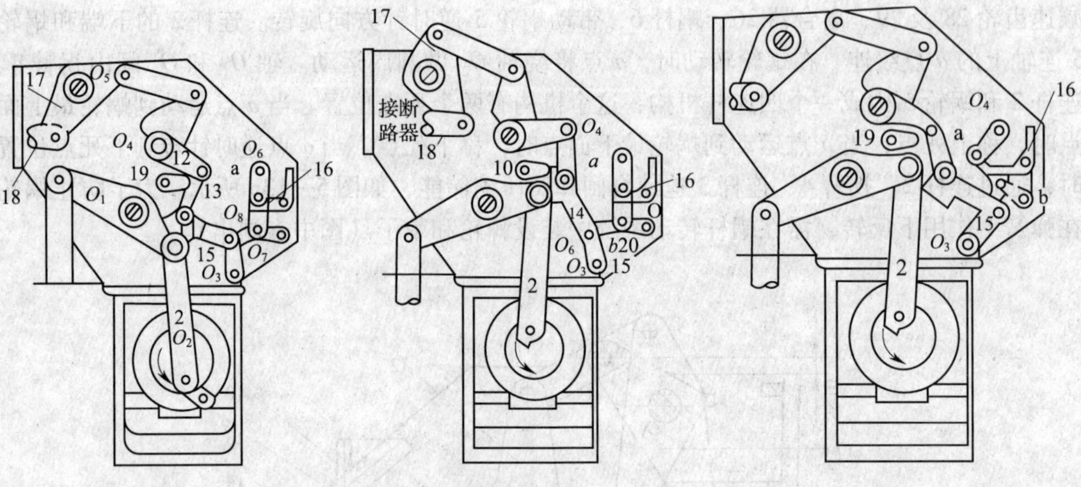

a)　　b)　　c)

图 5—13　CT6—X 型弹簧操动机构工作原理示意图

a）弹簧储能　b）合闸　c）自由脱扣

②维持储能。弹簧 1 储能后，并不需要立刻将能量释放，因此，需要一套机构将弹簧的位能储存起来。维持储能的机构由合闸锁扣 7 和合闸锁扣板 8 组成。当 a 点越过下死点后，锁扣 7 将连杆 2 顶住，使 a 点停止运行，锁扣 7 由另一合闸弹簧扣板 8 控制牢。因此可以维持在图 5—13a 所示的位置，将弹簧的位能储存起来。

2）合闸与维持合闸。图 5—13 中 O_3、O_4、O_5、O_6、O_7 均为固定轴，其中 O_5 为操动机构的主轴。轴 O_4 和 O_5 间形成四连杆机构。轴 O_4 和轴 O_3 间经拐臂 12、连杆 13、斧形连杆 14 和连杆 15 形成一个五连杆机构。

①准备合闸。在图 5—13a 所示轴 O_4、O_5、O_7、O_8 中，O_6、O_7 都处于死点附近，滚轴 25 被分闸锁扣板 16 锁住不能左移。因此，轴 O_8 就成了机构的临时固定轴，在轴 O_4 和轴 O_8 间形成了可以传动的四连杆机构。

②合闸。合闸线圈得电，顶杆推动合闸锁扣板 8，把锁扣 7 对蜗轮 5 的止动接触，蜗轮 5 沿逆时针方向旋转，带动连杆 2 向上运动。推动斧形连杆 14 绕临时固定轴 O_8 顺时针转动，通过连杆 13、拐臂 12、连杆 21 带动拐臂 17 逆时针旋转，使转动拉杆 18 向右运动，完成断路器合闸，如图 5—13b 所示。合闸操作在弹簧储能后进行，操作时只需操作合闸电磁铁，打开合闸锁扣板 8，操动机构即可借事先储存在弹簧内的位能进行合闸操作。由此可见，在弹簧操动机构中合闸电磁铁只需起到脱扣的作用，所需功率可以很小。

③维持合闸。合闸后，斧形连杆 14 将由支持元件 19 支持，如图 5—13b 所示，使斧形连杆 14 不能向左运动而保持在合闸位置。合闸结束后，弹簧 1 能量被释放，储能系统立即可以进行储能，即由联锁开关启动电动机，连杆 2 可由蜗轮带动向下运动重新使合闸弹簧储能。因此，机构可实现一次快速合闸。

3）分闸。当分闸线圈接通电源，顶杆推动锁扣板 16，把锁扣板 16 和滚轴 25 的搭扣解除。滚轴 25 将被释放。此时在断路器分闸弹簧的作用下，连杆 15 将绕轴 O_3 顺时针旋转，斧形连杆脱离支持元件 19 而实现分闸，操动机构进行到图 5—13a 所示的机构分闸位置。

3．液压操动机构

（1）液压操动机构的组成。液压操动机构是利用液压油作为传递动力的介质，常用储能驱动方式，即利用储压器中预储的能量间接驱动操动活塞，而储压器则是由较小功率的电动机与油泵组成。

图 5—14 所示是断路器液压操动机构的工作原理示意图。断路器的运动部分是由工作缸的活塞推动的，图中工作缸活塞可以在水平方向左右移动，推动断路器分合闸。活塞运动方向由阀门控制，图中工作缸左侧直接与储压器的高压油连通，右侧接阀门。如图 5—14a 所示，当阀门与储压器连通时，工作缸右侧也接高压油，但活塞两侧受压面积不等，右侧受压面积大，活塞将向左移动而带动断路器合闸。如图 5—14b 所示，当阀门转到与低压力的油箱连通时，活塞向右移动，使断路器分闸。从图 5—14 中可以看出，液压操动机构的主要组成部分如下。

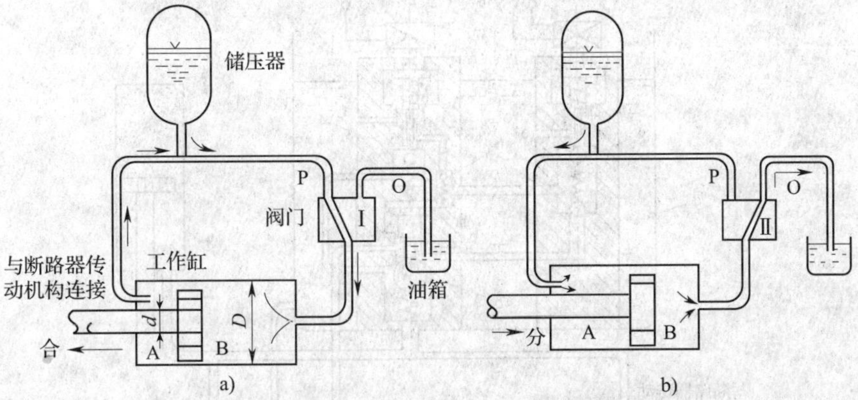

图 5—14　断路器液压操动机构的工作原理示意图

a）合闸　b）分闸

1）储能部分——储压器、油泵、电动机等。储压器是充有高压力气体（氮气）的容器，能量是由气体压缩形成的。当机构操动时，气体膨胀释放出能量，经液压油传递给工作缸而转变成机械能。油泵和电动机供储压器储能用，电动机带动油泵向储压器压油，使气体受压缩，所以机构的能源仍然来自电源。由于储能过程时间较长，要几分钟；而释放能量的时间却很短，一般小于 0.1 s，两者相差近千倍，因此储能用的电动机功率也就降低了近千倍，这就大大减轻了对电源容量的要求，这是储能式机构的优点。

2）执行元件——工作缸。它把能量转变为机械能，驱动断路器分合闸。

3）控制元件——阀门。用来实现分合闸动作的控制以及联锁、保护等要求。

4）辅助元件——如低压油箱、连接管路以及油过滤器、压力表、继电器、辅助开关等。

由此可见，在液压机构中液压油主要起传递能量的作用。

（2）液压操动机构的特点。液压操动机构的优点主要体现在以下几方面。

1）体积小，操作力大，需要的控制能量小。液压机构的工作压力高，一般在 20 ~ 30 MPa，比气动机构高 10 多倍。在同样的储压器容积下，其能量密度也就比气动机构高 10 多倍。因此，液压机构的储压器容积不大，可获得很大的操作力，而且控制比较方便。

2）操作平稳无噪声。

3）油具有润滑、保护作用。

4）容易实现自动控制。

液压机构的缺点是结构比较复杂，对其零件的加工精度要求高。油系统的工作压力高，易渗漏。

（3）断路器液压操动机构的典型结构。断路器液压操动机构为储能式液压机构，其操作力大，动作速度快。与断路器动触头之间连接方式为液压—连杆混合传动。液压机构的工作缸活塞经过连杆机构再推动触头系统。这种结构的液压元件，包括工作缸活塞，都可以远离断路器的高电压部分，而处于低电位上。油系统结构比较简单。整个传动系统刚度大，操作时同步性能较好。但机械连杆部分的运动质量大，操作时冲击较大，一般要有缓冲装置。CY—3 型液压操动机构如图 5—15 所示。

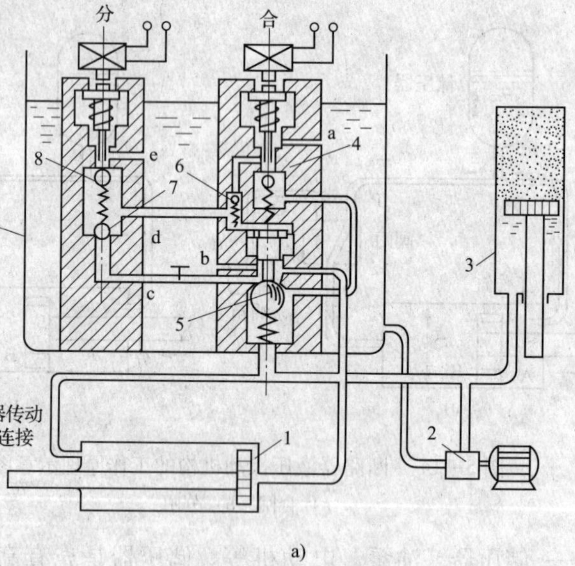

a）

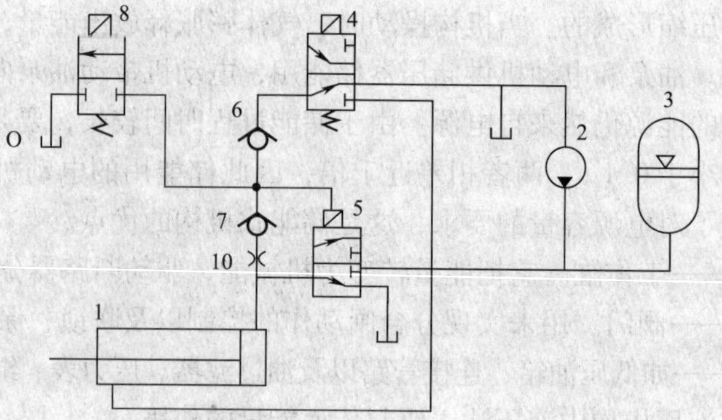

b）

图 5—15　CY—3 型液压操动机构

a）结构示意　b）液压油路示意

1—工作缸　2—油泵　3—储压器　4—合闸控制阀　5—主控阀

6、7—单向阀　8—分闸控制阀　9—油箱　10—节流阀

CY—3X 型是一种简易型液压操动机构，采用差动式工作缸，液压—连杆混合传动，控制部分只用一个主控阀和两个分合闸控制阀，元件少，结构简单，其结构如图 5—15a 所示。图中所示为机构处于分闸状态，主控阀 5 关闭，工作缸左侧接通高压油，右侧为低压，工作缸活塞维持在右边位置，断路器保持在分闸位置。

1）合闸过程。合闸电磁铁通电，合闸控制阀 4 动作，关闭了通向低压油箱的小孔 a，打开阀 4 的钢球使高压油进入单向阀 6 并使之开启。高压油通过阀 6 分为两路：一路通向主控阀活塞上方，使活塞动作，顶开钢球 5，同时关闭通向低压油箱的小孔 b，高压油经过主控阀 5 进入工作缸右侧，推动断路器合闸；另一路高压油通过单向阀 6 及小管 d 进入分闸控制阀 8 使之闭锁。

在合闸电磁铁断电后，合闸控制阀 4 及单向阀 6 关闭，而主控阀 5 依靠节流阀 10、小孔管 c、单向阀 7、小管 d 进来的高压油使其活塞及钢球维持在开启位置，工作缸及断路器维持在合闸状态。

2）分闸过程。分闸电磁铁通电，打开分闸控制阀 8，主控阀 5 活塞上方高压油经过小管 d 与孔 e 泄放，主控阀关闭。工作缸右侧的高压油经小孔 b 流入油箱，而此时左侧仍接高压油，因此工作缸活塞向右方推动，断路器分闸。

差动式工作缸的液压操动机构存在着“慢分问题”。当机构处于合闸状态时，由于某种原因机构的油系统失压，主控阀 5 活塞上面的维持油压也因泄漏而逐渐降低，致使球形阀 5 在弹簧作用下自动闭合。这时工作缸活塞两侧都没有高压油，而断路器处于合闸位置。如果这时油泵启动打压，由于主控制阀已关闭，高压油只进入工作缸活塞左侧，因右侧为低压油，则随着压力上升，工作缸活塞连同断路器将做缓慢分闸。这种“慢分动作”是非常危险的，可能酿成严重事故，所以液压机构一般需设有防“慢分”的闭锁装置。

第四节　真空断路器

一、真空断路器的灭弧原理

利用真空作为触头间的绝缘与灭弧介质的断路器称为真空断路器。真空一般指的是气体稀薄的空间。凡是绝对压力低于正常大气压力的状态都可称为真空状态。绝对压力等于零的空间称为绝对真空，这才是真正的真空或理想的真空。

真空的程度以气体的绝对压力值来表示，压力越低真空度越高。在国际单位制中，压力以帕（Pa）为单位。即 1 N/m^2的作用力。一个工程大气压约为 0.1 MPa（兆帕）。过去习惯使用毫米汞柱（mmHg）或托（Torr）。真空灭弧室的真空度（即真空压力值）为$1.33\times10^{-2}\sim1.33\times10^{-5}$ Pa，属于高真空范畴。在这样高的真空度下，气体的密度很低，气体分子的平均自由路程很长，因此触头间隙的绝缘强度很高。

在无油化配电开关中，首屈一指的品种是真空开关，包括真空断路器、真空负荷开关、真空接触器、真空重合器和分段器等。它们的灭弧介质和灭弧后触头间隙的绝缘介质都是高真空。真空之所以有高的绝缘强度，是因为真空中气体分子极少。真空灭弧室中的气体分子

密度约为 1×10^{-5} Pa，在这种情况下，电子的平均自由行程约为 25 m，而通常的真空灭弧室中，电极间的距离仅几毫米到几十毫米。因此，以碰撞游离为基础的气体击穿理论，在这里不再适用。图 5—16 所示是气体间隙的击穿电压随压力变化的曲线。曲线的右半部，可由巴申（Pasehen）定律作出解释，但曲线左半部 1×10^{-2} Pa 以上的高真空区域，击穿电压不随压力的下降而增大，在这里，击穿强度已取决于其他条件，不存在气体粒子的碰撞游离正是高真空具有很高的电气击穿强度的原因所在。10 mm 的高真空间隙，其击穿电压约为大气压力下击穿电压的 6 倍以上。

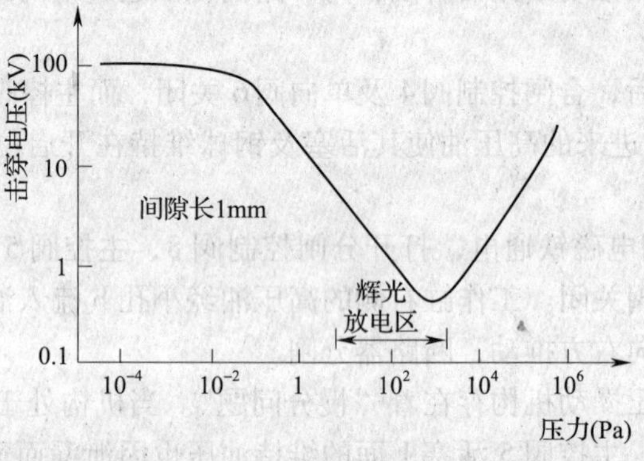

图 5—16　间隙击穿电压随压力的变化比较

如何使电弧尽快熄灭是开断过程最根本的任务。就其原理而言，熄灭交流电弧的基本出发点是创造各种条件阻止电弧电流过零后的重燃。真空间隙之所以有很强的熄弧能力，简言之，就在于弧柱中带电的和不带电的各种粒子因弧柱周围是真空而以极高的速度向四周飞逸扩散。当电弧弧柱随电流瞬时值的减小而减小时，触头向真空间隙空间供给的金属蒸气和带电粒子也越来越少，阴、阳极表面所承受的能量输入也越来越小。当交流电流经过电流零点时，原则上电弧已不存在。从弧柱和弧根两方面来看此时的电弧，就弧柱而言，残存于弧柱空间的导电粒子很快消散，而决定真空电弧是否熄灭更主要的是弧根，电流过零后，两电极的极性互换，新的阴极表面若不存在局部的熔融，无法向间隙空间供给电子和金属蒸气，电弧就无法重燃，电路也就被开断。要想阳极在电流过零后变成新的电弧阴极，就必须加很高的电压于真空间隙两端，这相当于真空间隙应具有很高的耐电强度。图 5—17 所示为几种灭弧介质在电流过零后介质恢复强度的比较，由图可见，在图示条件下，真空的介质恢复速度比其他介质要高出很多倍，这就是真空间隙具有很强熄弧能力的原因所在。

鉴定真空灭弧室的真空度的基本方法有以下几种。

1．火花法

这种方法比较简单，只适用于玻璃管真空灭弧室。使用时，让火花探漏仪在灭弧室表面移动，在其高频电场作用下内部有不同的发光情况。若管内有淡青色辉光，则真空度在 1×10^{-3} Pa 以上；如呈红蓝色光，说明真空度低，管子已经失效；如管内已处于大气状态，则不会发光。

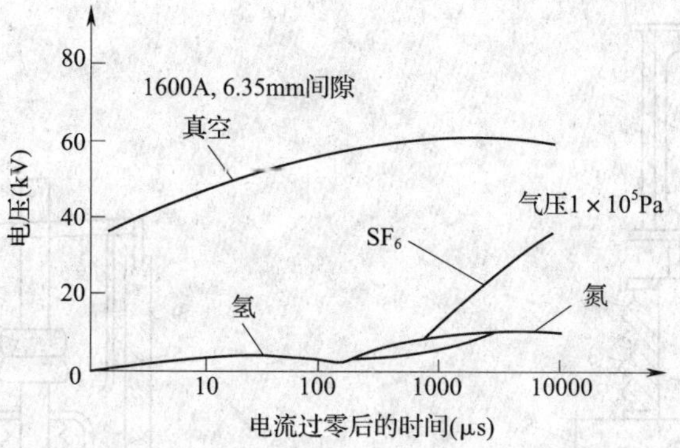

图 5—17　各种介质灭弧后介质强度的恢复特性

2．观察法

此法只能定性地对玻璃管真空灭弧室进行观察。真空灭弧室内部真空度的变化常常伴随着电弧颜色的改变及内部零件的氧化程度。

3．工频耐压法

这是运行中常用的鉴定方法。当触头处于分闸状态时，施加 28 kV 以上（对 10 kV 等级灭弧室）的工频试验电压，就能判断其真空度的好坏。

4．真空度测试仪

利用专用的真空度测试仪定量测定其真空度。

二、真空断路器的结构及特点

1．真空断路器的结构

真空断路器总体结构除具有真空灭弧室外，与油断路器没有多大差别，如图 5—18 所示。真空灭弧室是真空断路器中的一个最重要的部件，电弧能量的控制和处理就是通过它来完成的，图 5—19 所示为它的结构的示意图。真空灭弧室外壳是由绝缘筒 1、金属端盖 2、3 和波纹管所组成的密封容器。灭弧室内的静触头 4 固定在静导电杆 6 上，它穿过静端盖 2 并与之焊成一体。动触头 5 固定在动导电杆 7 的一端上，动导电杆在中部与波纹管 8 的一个端口焊在一起，波纹管的另一端口与动端盖 3 的中孔焊接，动导电杆从中孔穿出外壳。由于波纹管在轴向上可以伸缩，因而这种结构既能实现在灭弧室外带动动触头做分合运动，又能保证真空外壳的密封性［真空灭弧室内部通常抽成约 1×10^{-4} Pa（1×10^{-6} Torr）的高真空］。在动、静触头和波纹管周围装有屏蔽罩 9 和 10。

由于大气压力的作用，灭弧室在无机械外力作用时，其动、静触头始终保持闭合位置，当外力使动导电杆向外运动时，触头才分离。

2．真空断路器的分类

对于真空灭弧室的固定方式，既可以垂直安装，又可以水平安装，还可选择任意角度进行安装，因此出现了多种多样的总体结构形式。按真空灭弧室的布置方式可分为“落地式”和“悬挂式”两种最基本的形式。

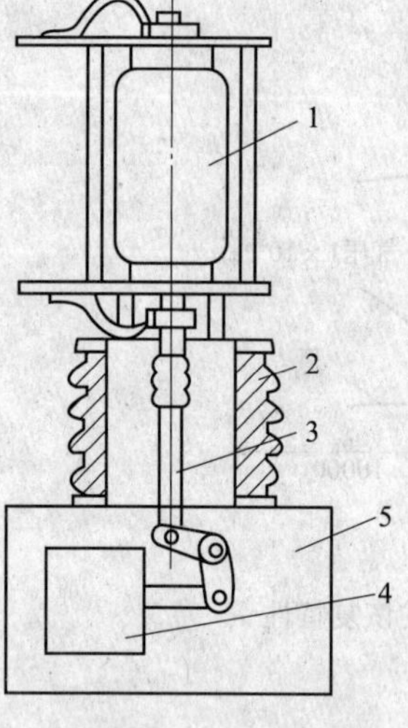

图 5—18　真空断路器的总体结构示意图

1—真空灭弧室　2—绝缘支撑　3—传动机构

4—操动机构　5—基座

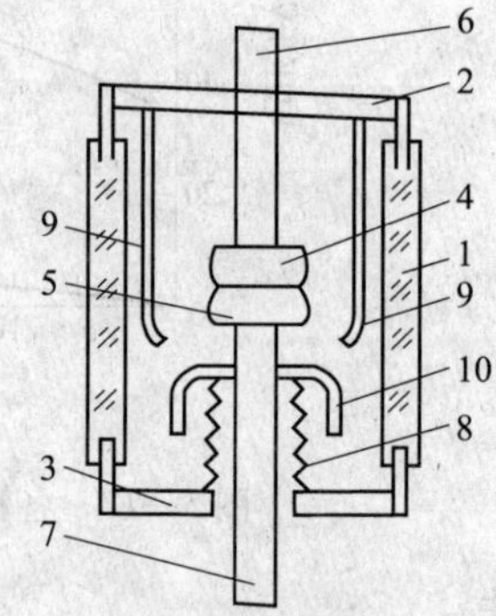

图 5—19　真空断路器灭弧室的结构示意图

1—绝缘筒　2—静端盖　3—动端盖　4—静触头

5—动触头　6—静导电杆　7—动导电杆　8—波纹管

9—主屏蔽罩　10—波纹管屏蔽罩

（1）“落地式”真空断路器。它是将真空灭弧室安装在上方，用绝缘支撑支持，操动机构设置在底座下方，上下两部分由传动机构通过绝缘杆连接起来。图 5—20 所示为落地式的一种。落地式真空断路器的结构优点是便于操作人员观察和更换灭弧室；传动效率高，分合闸操作时直上直下，传动环节少，传动摩擦小；整个断路器的重心较低，稳定性好，操作时振动小；断路器深度尺寸小，质量轻，进开关柜方便；产品系列性强，且户内、户外产品的相互交换容易实现。但是该产品的总体高度较高，检修操动机构较困难，尤其是带电检修时。

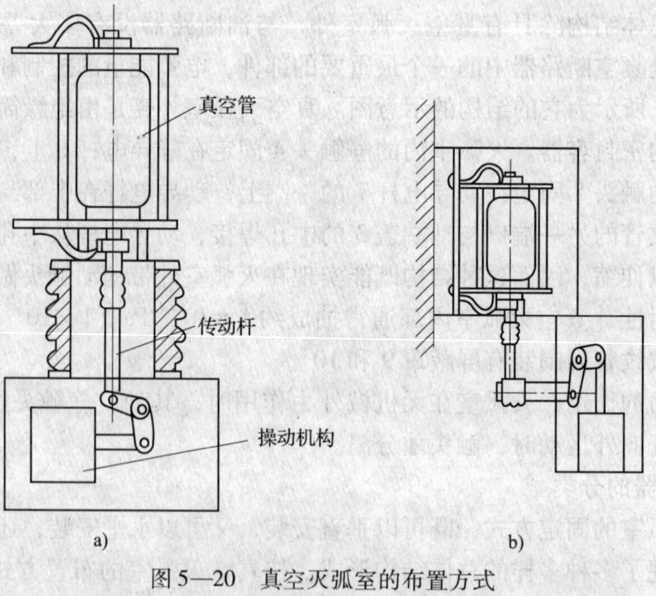

图 5—20　真空灭弧室的布置方式

a）落地式　b）悬挂式

（2）“悬挂式”真空断路器。它是将真空灭弧室用绝缘子悬挂在底座框架的前方，操动机构设置在后方（即框架内部），前后两部分用绝缘传动杆连接起来。

悬挂式真空断路器在结构上与传统的少油断路器类似，宜用于手推车式开关柜，其操动机构与高电压隔离，便于检修。这种结构的缺点是：总体深度尺寸大，用铁多，质量重；绝缘子受弯曲力作用；操作时灭弧室振动大；传动效率不高。因此，一般只适用于户内中等电压以下的产品。

3．真空断路器的结构

（1）外壳。外壳是真空灭弧室的密封容器，它不仅要容纳和支持真空灭弧室内的各种零件，而且当动、静触头在断开位置时起绝缘作用，因此整个外壳通常由绝缘材料和金属组成。对外壳的要求一是气密性要好，所有材料均不允许有任何漏孔存在；二是要有一定的力学强度；三是绝缘体在真空和大气中都必须有良好的绝缘性能。

目前，绝缘筒（有时也称绝缘外壳）广泛采用硬质玻璃和高氧化铝瓷等无机绝缘材料，近来又有采用微晶玻璃作为绝缘外壳的，它不透气、不吸水，力学强度高，绝缘性能好，软化温度高。外壳的端盖常用不锈钢、无氧铜等金属制成。

此外，还有另一种是以金属材料制成的圆筒外壳，并以无机绝缘材料制成绝缘端盖。金属圆筒又起屏蔽的作用。

（2）波纹管。它既是保证灭弧室完全密封的元件，又是在灭弧室外部操动触头运动不可缺少的元件。在真空灭弧室中，常用的波纹管有液压成形和膜片焊接两种形式。常用的材料有不锈钢、磷青铜、铍青铜等，以不锈钢性能最好。波纹管的侧壁可在轴向上伸缩，它的允许伸缩量决定了灭弧室所能获得的触头最大开距。通常，波纹管的疲劳寿命决定了真空灭弧室的机械寿命。

（3）屏蔽罩。在触头周围设置屏蔽罩，可以挡住电弧生成物的去路，防止绝缘外壳因电弧生成物的污染而引起绝缘强度降低和绝缘破坏。电弧生成物在屏蔽罩表面会凝结，不容易返回电弧间隙，有利于熄弧后弧隙介质强度的迅速恢复。屏蔽罩还能起到使灭火室内部电压均匀分布的作用。在波纹管外面用屏蔽罩保护，在开断过程中，电弧的能量有很大一部分消耗在屏蔽罩上，使屏蔽罩的温度升得相当高，而温度越高，使屏蔽罩表面冷凝电弧生成物的能力越差。因而，应尽量采用热导性能好的材料制造屏蔽罩，常用的材料为无氧铜、不锈钢和玻璃，铜是最常用的。在一定范围内，金属屏蔽罩厚度的增加可以提高灭弧室的开断能力，但通常不超过2 mm。

（4）触头。触头是真空灭弧室内最为重要的元件，真空灭弧室的开断能力和电气寿命主要由触头状况来决定。目前真空断路器的触头系统，就接触方式而言，都是对接式的。根据触头开断时灭弧的基本原理的不同，大致可分为非磁吹触头和磁吹触头两大类。

1）非磁吹型圆柱状触头最简单，力学强度好，易加工，但开断电流较小（有效值在6 kA以下），一般只适用于真空接触器和真空负荷开关中。

2）横向磁吹触头的采用使真空断路器开断电流增大，从而使它进入了实用断路器行列。纵向磁吹触头又使开断电流进一步提高，真空灭弧室的体积也大大减小，极大地提高了真空断路器的竞争能力。

真空灭弧室的开断能力通常取决于触头的直径。由于真空断路器灭弧管的触头经多次开断电流后会磨损、烧蚀（通常称为电磨损），因此触头厚度减小，波纹管行程变大，对其灭弧性能将形成不良影响。制造厂对各种型号真空灭弧管触头的电磨损值都有明确规定，当其值达到规定磨损值时，灭弧管就不能继续使用。因此，为了准确掌握触头的累计电磨损值，断路器在第一次安装调试中就必须测量出动导电杆露出某一基准线的长度，并做好记录，以此作为历史参考。在以后每次检修中测量行程时，都得复测该长度，其值与第一次原始值之差就是触头的电磨损值，当其超过标准时就得更换。

4. 真空断路器的特点

真空断路器由于工作原理和结构上与其他断路器不同，具有以下特点。

（1）熄弧能力强，燃弧时间短，完全分断时间也短。

（2）触头电磨损小，电寿命长，触头不受外界有害气体的侵蚀。

（3）触头开距小，减少了操动机构的操作，机械寿命也长。

（4）结构简单，维修工作量小，真空灭弧室和触头不用检修。

（5）体积小，质量轻。

（6）环境污染小。

（7）适合用于频繁操作和快速切断的回路，切断电容性负载的电路。

三、真空断路器的检修及预试作业

真空断路器以其体积小、性能好、无污染、寿命长等诸多优点，广泛应用于10～35 kV电压等级的中低压电网中。尤其是10 kV真空断路器，基本上完全取代了其他介质熄弧的断路器。但从近几年真空断路器运行情况来看，由于检修维护不到位，仍然出现一些产品质量以外的问题。因此，对真空断路器的检修维护应足够重视，切不可轻信真空断路器“免维护”，而减少对真空断路器的检修维护。

真空灭弧室是真空断路器的关键部件，玻璃或陶瓷外壳最为脆弱，遇有受力不均匀或撞击、强力振动等，都会导致灭弧室损坏或漏气，丧失开断性能。因此，真空灭弧室在检修维护过程中严禁强行用力拆装或拍打，每次进行检修，必须对灭弧室认真检查，必要时检测其真空度。

室内真空断路器一般都是安装在开关柜内，有一些金属全封闭开关柜，散热条件差，致使开关室内、外温度悬殊，遇高温季节、突发暴雨天气，极易形成凝结水，附着在开关柜内的绝缘支撑件表面，造成绝缘闪络事故。所以，除保持开关设备表面清洁外，还要长期保持开关室内干燥。一台真空断路器，由多达数百个机械零件和电气元件组成。任何一个零部件出现异常，都必然导致断路器非正常运行，严重的还会构成事故。所以，要定期认真检查这些部件，如有松动、卡涩、脱落、磨损、老化等都应及时检修处理。

《电力设备预防性试验规程》对运行中真空断路器的试验周期与项目做了具体规定，但对于早期不够完善的产品，这些规定显得过于宽松。在当前在线检测手段还不够成熟、状态检修还没有全面开展的情况下，应根据所在地域的环境条件，制定符合实际的检修周期和现场检修试验规程，定期进行电气绝缘检测，测量相间、断口极间、带电部分对地的绝缘强度。

真空断路器的机械参数是保证真空断路器性能的重要参数，如触头开距，触头弹簧的压缩行程，合、分闸速度，合闸弹跳时间，分闸反弹幅值，导电回路接触电阻等，检修时应尽可能保证其符合制造厂规定的标准。特别是动触头速度的测量和调试，因为速度过快时振动强烈，容易造成真空灭弧室损坏；速度过慢时又满足不了合分性能。断路器在经过一段时间的运行后，转动部位润滑老化或金属零部件疲劳，都可能影响断路器速度。所以，建议任何形式的真空断路器都必须做合分闸速度检测。

目前，变电站大都采用较为先进的继电保护装置与真空断路器配合运行，对真空断路器的机械、电气性能要求特别严格。电力系统中因二次回路故障原因造成的事故、设备损坏等屡见不鲜，通常有辅助开关转换不灵、二次侧元件触点熔化、腐蚀、断线、受潮、接线端子松动等，所以二次侧部分同样是不可忽视的问题，检修维护必须到位。早期投入的真空断路器存在的不足，必然要影响到供电安全可靠性；新开发的真空断路器，虽然理论上较为完善，但毕竟没有经过运行时间的检验，也应是运行维护中不可忽视的，只有通过认真的检修、维护及必要的改进才能保证真空断路器的安全运行。目前，国内的高压真空断路器生产厂家对高压真空断路器的维护与检修谈得较少，有的生产厂家只给出了操动机构（主要部分）的一些数据，这给人们的维护与检修造成了一定的困难。鉴于此，需按检修计划进行检修，并将内容记录建档，为真空断路器的维护和正常运行提供保障。

1．真空断路器的检修项目

真空断路器的检修主要包括开关部分和操动机构部分两个项目。目前真空断路器和 GIS 组合开关电器一起使用，真空断路器安装于 GIS 室内，正常情况下不能用一般方法检查真空断路器使用情况的好坏，给真空断路器检修带来较大的难度。

2．检修前的准备工作

（1）真空断路器的开关柜一般为并装式，即一段母线与开关柜安装在一起，检修真空断路器时，若仅仅是本开关柜停电不能保证开关柜的停电安全，需将检修的开关柜本段母线全部停电。若为母联断路器检修时，还需考虑两段母线是否也应停电。

（2）相应的检修工具和仪器仪表准备见表 5—1，SF_6的处理设备、抽真空处理装置等设备和检修 GIS 设备的装置一样。检修工具有各种扳手，具体参照供电大修的工具准备。仪器有继电保护测试仪，开关特性测试仪，耐压试验测试仪。

表 5—1　　工具和仪器配备表

序号	设备名称	数量	规格型号	主要工作性能指标
1	油压千斤顶	6 个	CBR－2A	16T
2	油压千斤顶	6 个		1T
3	油压起道器	6 个	QD－15	15T
4	机械千斤顶	8 个		5T
5	液压搬运小车	8 辆		3T
6	重物运行架	4 个		
7	搬运转向架	4 个		
8	手扳葫芦	6 个		5T
9	倒链	8 条		3T

续表

序号	设备名称	数量	规格型号	主要工作性能指标
10	手电钻	8 个	JIZ－SDO3	13 A
11	扭矩扳手	15 把		
12	电动切割机	4 台	J36－SL	400 A
13	手提切割机	4 台	4107B	
14	水准仪	8 个		
15	发电机	8 台	5 kW	
16	继电保护测试仪	2 台	SVERKER 760	AC：250 V、100 A、1% DC：300 V、0.5% 0～3 600 V、10 A
17	计算机继电保护测试系统	1 套	ONLLY－A430	0.1%
18	四线示波器	1 台	TDS3054B	500 MHz、5 GS/s
19	交流大电流试验装置	1 台	ODEN AT	AC 4 000 A
20	变频谐振高压试验装置	1 台	ST3598	100 kV、1%
21	精密高压测量仪	1 台	JGY－100	100 kV、1%
22	局部放电测试系统	1 套	JF－2 001	
23	露点测试仪	1 台	DP99	(－60±0.2)℃
24	SF_6 气体检漏仪	1 台	TIF5750 A	12g/年
25	高压开关动特性测试仪	1 台	GCKC－H	0.01 m/s、1 mm
26	回路电阻测试仪	1 台	HLY－Ⅱ	1～1999 μΩ、1%
27	直流电阻测试仪	1 台	JD2505B	0.2%
28	直流高压试验器	1 台	ZGSⅢ－60	60 kV、1.5 mA
29	高压绝缘测试仪	1 台	3 124	1 000～10 000 V、100 000 MΩ
30	兆欧表	1 个	2 676G	1 000～2 500 V、10～20 GΩ
31	高精度数字万用表	1 个	F87IV	4 位半
32	数字万用表	1 个	DT9901C	0.5
33	指针式万用表	1 个	MF30	1.5
34	温湿度表	1 只	JWS－A4	1.5%
35	高频对讲机	4 套		

(3) 材料有备用断路器的真空管，断路器的支撑绝缘子，各种螺钉、铜连接片。

(4) 检修工作计划安排。一般地，真空断路器检修不能在一个工作日内完成，需要停电时间长，影响范围大，对设备的检修要求高，需制订详细的检修计划和日程安排。

(5) 熟悉现场设备的图样资料，技术说明书，有关技术参数，做好现场的技术交底工作。

(6) 对真空断路器进行电气性能试验，主要项目为：断口的绝缘强度，回路的接触电阻、绝缘电阻，以便检修前后进行比较。

3. 断路器的拆卸、清洗、维修和组装

真空断路器是以基本不需要维修的真空灭弧室（又称真空管）为主体及相关附件组合而成的，它的操动机构由于动作行程短、结构简单、零部件少，因而故障少，被称为免维护电器。但是，真空断路器并不是完全不需要维护的，它在额定短路开断电流开断次数，或机械操作次数达到规定的次数后，都要进行维护。

(1) 拆卸

1) 将断路器的操动机构连杆与断路器分离，在拆卸前要做好螺纹孔的标记，操动机构行程的标记号，同时将操动机构的能量完全释放。

2) 将断路器的外围 GIS 气室的气体抽出，放置于 SF_6气体装置和气瓶中。若隔离开关与断路器共气室时，还需将隔离开关气室的气体抽出。

3) 戴好防毒面具，保持室内的通风良好，打开断路器的 GIS 气室，将各物品做好编号标记，特别注意室内的部件必须放在干净的容器或盒子里，防止金属粉尘的污染。

4) 拆除真空断路器的导电连接部件、绝缘支撑部件、操动机构动导电杆连接部件、绝缘固定部件。

5) 拆除断路器的真空管，在拆除过程中应小心轻放，确保真空开关泡不被损坏。有些真空管外装有绝缘子或用树脂浇注。

(2) 清洗

1) 对能拆卸的各部件及绝缘子进行清洗，清洗时用无纱棉布和无水工业酒精进行。检查绝缘支撑部件受力件有无裂纹，真空管有无裂纹，真空管内有无异常杂质。

2) 对不能拆卸的 GIS 室的四壁进行全面清洁，一般应清洁三次，确保气室内无任何金属粉尘存在。

3) 对真空管内的绝缘部瓷体小心清洁，确保核心部件不被损坏。

(3) 维修

1) 真空灭弧室。真空灭弧室是真空断路器的主要元件。它是在一只管形的玻璃管（或陶瓷管）内密封着所有的灭弧元件，分合闸时通过动触杆运动，拉长或压缩波纹管而不破坏灭弧室内真空的装置。

①检查外观有无异常、外表面有无污损。如果绝缘外壳表面沾污，应用干布擦拭干净。

②动、静触头累积磨损厚度超过 3 mm，就要更换真空管。

③真空度的检查主要通过工频耐压法检查，在真空断路器处于开断状态下，在真空灭弧管的触头间加上规定的预防性工频试验电压 1min，中间应无异常。

④每一次维护都要对真空断路器的触头开距、压缩行程、三相同期性进行检查及调整。

2）高压带电部分。高压带电部分是指真空灭弧室的静导电杆和动导电杆接到主回路端子以接通电路的部分，它由支持绝缘子、绝缘套管等绝缘元件支撑在真空断路器的框架上。

①检查导电部分有无变色、断裂、锈蚀，固定连接部分元件有无松动，绝缘有无破损、污损。

②测试主回路相对地、相与相之间以及绝缘提升杆的绝缘电阻应不小于规定值。

③断路器在分、合闸状态下，分别进行主回路相对相、相间及断口的交流耐压试验1 min，应合格；绝缘提升杆在更换或干燥后，也必须进行耐压试验。

④测试真空灭弧室两端之间、主回路端之间的接触电阻，应不大于规定值。

3）操动机构部分。真空断路器的操动机构一般采用电磁操动机构、电动或手动弹簧储能操动机构。

①检查紧固元件有无松动，各种元件是否生锈、变形、损伤，更换不合格的部件，涂上防锈油。

②多次进行分、合闸操作试验、自由脱扣试验、通电合闸操作试验，断路器均应无异常。

③测试电磁操动机构在65%～120%的额定电压范围内，分、合闸操作应无异常；在30%额定分闸电压进行操作时，应不得分闸；在85%～110%的额定电压范围内，分、合闸内操作应无异常。

4）控制组件。控制组件是操作断路器不可缺少的部分。主要检查各个接线端子有无松动变色，微动开关、辅助开关的动作是否到位，触头有无烧损，各个电气及控制回路元件的绝缘电阻应不小于2 MΩ。分、合线圈及合闸接触器线圈的直流电阻值与产品出厂试验值相比应无明显差别。有手持遥控装置的，还要进行遥控测试，其直线遥控距离一般不低于8 m。

5）真空断路器分合闸缓冲器。真空断路器分合闸缓冲器用于减轻分闸或合闸时的冲击力，分闸缓冲器还用来限制动、静触头的“开距”，要求分闸缓冲器性能可靠；合闸缓冲器可以减少合闸“弹跳时间”。但为了保证缓冲效果，动、静触头接触后，静触头必须跟随动触头继续前进一个缓冲距离，这就导致真空灭弧室静触头外壳与静触头的整体强烈振动，很容易造成真空灭弧室外壳或与静触头连接处损伤。所以，在检修真空断路器的合闸缓冲器时，不一定过分强调“弹跳时间”，要兼顾保证有良好的缓冲性能。

（4）组装

1）将试验合格的真空管安装于固定基座，安装时需小心轻放，防止真空管碰撞和损坏。

2）支撑绝缘子和底座绝缘子要安装牢靠。

3）检查绝缘操作连杆无裂纹损坏后进行清洁，将绝缘连杆与空真管的动触头活动杆相连接。

4）将绝缘操作连杆与断路器操动机构相连接后，调整真空断路器与操动机构的行程，防止断路器与操动机构的行程过小，造成真空开关不能合闸；或操动机构的行程过大，使真空断路器受力过大损坏真空管。同时一定要与拆卸前标记的断路器操动机构位置相符一致。

5）组装后，将 GIS 气室内所有元件全部用干布清拭一次，确保气室内无任何金属粉尘、杂质。

6）更换密封圈，涂上密封胶，封装 GIS 气室，将各个螺钉用力矩扳手拧紧固定。

7）对手动合闸、电动合闸断路器，检查开关的各种状态是否良好，对 GIS 气室进行抽真空处理，用氮气冲洗，再进行真空处理，最后按要求气压充入气体，并进行检漏处理。

8）高压真空断路器有许多的机械参数，如合闸速度、分闸速度、触头行程、触头合闸弹跳时间、触头分闸反弹幅值等，这些机械参数都是用以保证高压真空断路器技术性能而设定的。

（5）注意事项

1）需要用手触及真空断路器进行维护的，断路器必须处于开断状态；同时，还应断开主回路和控制回路，并将主回路可靠接地。

2）采用储能弹簧操作机构的，要松开合闸弹簧才能维修。

3）松动的螺栓、螺母之类的零件要完全拧紧，弹簧垫片之类的零件用过之后必须更换，禁止再使用。

4）对有怀疑的真空管、试验电压不符合要求、短路次数、机械寿命达到次数的断路器，有裂纹的真空管要进行整体更换处理，切不可再继续使用。

4．预防性试验及防故障措施

（1）一年检修一次的参数如下。

1）合闸时间：直流电磁不大于 0.15 s，弹簧储能不大于 0.15 s；分闸时间不大于 0.06 s；三相分闸的同期性不大于 2 ms。

2）合闸触头弹跳时间不大于 2 ms。

3）平均合闸速度（0.55 ±0.15）m/s。

4）平均分闸速度（接触油缓冲器前）（1 ±0.3）m/s。

（2）测量额定绝缘水平。一般只测 1 min 工频耐压 42 kV，无闪络；无条件可以不做真空度测量，但必须进行相间、断口间工频耐压试验，要求 42 kV 或更高（无工频条件可用直流代替）。使用 5 ~10 年的真空断路器需由生产厂家调整触头开距、接触行程、油缓冲器缓冲行程、相间中心距、三相分闸同期性、合闸触头接触压力、弹跳时间、动静触头累计允许磨损厚度等。

（3）对断路器真空度的测量，若无条件时可用断路器的断口耐压来进行，若断路耐压达不到规定值时要查找原因，确定是真空度达不到要求还是别的原因。灭弧室也可用磁控真空计来确定。

（4）在合闸过程中，真空断路器触头接触后的弹跳时间是该断路器的主要技术指标之一，弹跳时间过长，弹跳次数也必然增多，引起操作过电压也高，对电气绝缘和安全不利，一般 35 kV 断路器弹跳时间应不大于 2 ms。

真空断路器由于行程较小，一般用电子示波器及临时安装的辅助触头来测定主触头实际行程与所耗时间比较难，因此可适当放宽。

（5）真空断路器的试验项目。其试验项目、周期、要求见表 5—2。

表 5—2　　真空断路器的试验项目、周期、要求

<table>
<tr><th>序号</th><th>项目</th><th>周期</th><th colspan="4">要求</th><th>说明</th></tr>
<tr><td rowspan="5">1</td><td rowspan="5">绝缘电阻</td><td rowspan="5">（1）1~3 年
（2）大修后</td><td colspan="4">（1）整体绝缘电阻参照制造厂规定或自行规定
（2）断口和用有机物制成的提升杆的绝缘电阻应不低于下面的数值（单位：ΩM）：</td><td rowspan="5"></td></tr>
<tr><td rowspan="2">试验类别</td><td colspan="3">额定电压（kV）</td></tr>
<tr><td><24</td><td>24~40.5</td><td>72.5</td></tr>
<tr><td>大修后</td><td>1 000</td><td>2 500</td><td>5 000</td></tr>
<tr><td>运行中</td><td>300</td><td>1 000</td><td>3 000</td></tr>
<tr><td>2</td><td>交流耐压试验（断路器主回路相对地、相间及断口）</td><td>（1）1~3 年（12 kV 及以下）
（2）大修后
（3）必要时（40.5kV、72.5 kV）</td><td colspan="4">断路器在分、合闸状态下，分别进行的试验电压值按 DL/T 593 的规定</td><td>（1）更换或干燥后的绝缘提升杆必须进行耐压试验，耐压设备不能满足时可分段进行
（2）相对地、相间及断口的耐压值相同</td></tr>
<tr><td>3</td><td>辅助回路和控制回路交流耐压试验</td><td>（1）1~3 年
（2）大修后</td><td colspan="4">试验电压为 2 kV</td><td></td></tr>
<tr><td>4</td><td>导电回路电阻</td><td>（1）1~3 年
（2）大修后</td><td colspan="4">（1）大修后应符合制造厂规定
（2）运行中自行规定，建议不大于 1.2 倍出厂值</td><td>用直流压降法测量，电流不小于 100 A</td></tr>
<tr><td>5</td><td>断路器的合闸时间和分闸时间，分、合闸的同期性，触头开距，合闸时的弹跳过程</td><td>大修后</td><td colspan="4">应符合制造厂规定</td><td>在额定操作电压下进行</td></tr>
<tr><td>6</td><td>操动机构合闸接触器和分、合闸电磁铁的最低动作电压</td><td>大修后</td><td colspan="4">（1）操动机构分、合闸电磁铁或合闸接触器端子上的最低动作电压应在操作电压额定值的 30%~65%
在使用电磁机构时，合闸电磁铁线圈通流时的端电压为操作电压额定值的 80%（关合峰值电流等于或大于 50 kA 时为 85%）时应可靠动作
（2）进口设备按制造厂规定</td><td></td></tr>
</table>

续表

序号	项目	周期	要求	说明
7	合闸接触器和分、合闸电磁铁线圈的绝缘电阻和直流电阻	（1）1～3年 （2）大修后	（1）绝缘电阻不应小于2 MΩ （2）直流电阻应符合制造厂规定	采用1 000 V兆欧表
8	真空灭弧室真空度的测量	大、小修时	自行规定	有条件时进行
9	检查动触头上的软连接夹片有无松动	大修后	应无松动	

（6）防故障措施。由于地铁所采用的SF_6组合开关电器柜的断路器安装于气室内，发生断路器爆炸和损坏时的维修是很难进行的，同时断路器安装于气室内，平常较难进行巡视以预先进行事故预防工作，因此防故障必须做好以下工作：

1）必须定期做好断路器的预防试验工作，特别是断路器有断口耐压试验，当试验数据出现较大的偏差时应及时查找原因，一旦认定是真空管故障时一定要进行更换处理。

2）当出现断路器开断短路电流次数达到规定值，或开断近端短路电流值较大时，要对断路器的回路电阻和绝缘电压进行测试。

3）当出现GIS气室爆炸时，很可能是真空断路器真空管爆炸引起，要将上一级电源停电后方可进行处理，同时由于SF_6气体在高温时会分解产生有毒气体，要注意防毒处理，如戴上防毒面具，穿上防护服，开启排风系统。

4）操动机构的防故障处理与其他操动机构相似。

5．紧急事故处理技能

据多年来我国真空断路器的运行情况，出现的故障主要有两个方面：一是真空灭弧室漏气，一般在运行约一年内发生的居多，一年以后较少，基本上还未构成事故，绝大多数都在检查中发现后立即予以更换；二是操动机构故障，曾出现有合、分闸不良，烧坏合、分线圈等故障。

（1）常见故障的原因

1）真空灭弧室。真空灭弧室是一个相对娇嫩的元件，真空管出厂之后，经过多次运输颠簸、安装振动、意外碰撞等，都有可能产生玻璃或陶瓷封接的渗漏。因此，应在投运前进行工频耐压试验，用间接方法检查其真空度，用时亦应证实它的绝缘水平。投运后应加强检查，有条件的最好在投运后半年内耐压检查一次，可以尽早发现管子漏气，及时更换处理。以后可按正常年检试验检查。

2）操动机构。操动机构的故障，可能源自电气回路，也可能源自机械部分。

①短路。送电操作时，表现为断路器不动作，电流很大甚至使熔断器熔断，导线发热软化，电气元件也可能烧坏，切断操作电流时触头产生很大弧光。产生故障的原因有：操作线路接错；机构本身接线有差错，受电回路未接入负载线圈；内部接线松脱，构成短路点；布线受外部机械砸伤形成短路点。

②断路器拒动。给断路器发出操作信号而不合闸或不分闸。产生故障的原因可能有：操作电源无电压；操作回路未接通；合闸线圈或分闸线圈断线，或未接入受电回路；机构上的辅助开关触点未到位或接触不良。

③合闸和分闸操作中其中一个拒动。产生故障的原因与②相似，很可能是辅助开关触点位置调整不当，一对触点接触量过大，而另一对触点却不接触。

④合不上闸或合后即分断。产生故障的原因可能有：操作电压太低；断路器动触杆接触行程过大；辅助开关联锁电接点断开过早；操动机构的半轴与掣子扣接量太小（对 CD17 型机构或弹簧机构），或 CD10 操动机构的“一”字板未调整好等。

⑤分不了闸。产生故障的原因可能有：分闸铁心内有织物使铁心受阻、动作不灵；分闸脱扣半轴转动不灵活；分闸的铜撬板太靠近铁心的撞头，使铁心分闸时无加速力；半轴与掣子扣接量太大。

⑥烧坏分闸线圈。产生故障的原因可能有：由于在断路器分闸操作中辅助开关没有联动旋转至分闸位（可能是机械连接卡滞或松脱）；辅助开关振松移位，造成分闸后辅助开关的分闸电接点没有断开。

⑦烧合闸线圈。产生故障的原因可能有：由于二次线路上的原因造成合闸后直流接触器不能断开；直流接触器被异物卡阻，合闸后分不了闸或分闸延缓；辅助开关在合闸后没有联动转至分闸位（可能是机构连接受阻或松脱）；辅助开关松动移位，造成合闸后控制接触器的电接点没有断开。

⑧分闸或合闸电磁铁稍动或动作缓慢。产生故障的原因可能有：电磁铁铁心位置或行程调整不当；由两个线包串联（220 V 时）或并联（110 V 时）组成的电磁铁心线圈，相互极性接反；线圈内部产生匝间短路，此时回路中电流很大而电磁力却很小；零部件锈蚀严重；铁屑或灰尘落入铁心间隙或导槽中。

真空断路器出现故障后，应根据事故现象仔细研究分析找出主要原因，事故原因清楚了，处理就容易了，而且可以吸取教训，采取措施，杜绝后患。

（2）分断短路事故后的检查。在发生短路事故分断动作后，不论真空断路器是否成功分断事故，为稳妥起见，值班员都应检查断路器，特别是真空灭弧室。对其有疑问时，应在设备停电安全的情况下，用手触摸灭弧室外壳，如感到外壳温度相当高时，应对灭弧室断口进行工频耐压检查。若工频耐压达不到要求，则真空管内部可能已烧损或漏气，应及时更换处理。对灭弧室正常的断路器，亦应进行连续 8 ~ 10 次以上的空载操作检查，确认断路器一切正常时方可投入运行。

第五节　SF_6 断路器

一、SF_6气体的基本特性

SF_6气体无色、无味、无嗅、无毒、不燃烧；在常温常压下，化学性能稳定；其绝缘性能和灭弧性能均大大优于传统绝缘油，可以说是目前最优良的绝缘和灭弧介质。

1. SF_6气体的状态参数

SF_6气体是一种重气体，分子量大（146），它与空气相比是比较容易液化的气体，其状态决定于它的压力和温度等参数。气体不流动时，可用三个状态参数，即压力、密度和温度来代表其所处状态，画出SF_6气体三态图。图5—21所示*KTS*曲线表示气态转变为液态或固态的临界线，也就是饱和蒸气压力曲线，曲线右侧为气态区域，曲线左侧为液态和固态区域，在气态区域中的斜直线簇对应着不同的气体密度*r*。图中*S*点是SF_6气体升华点（温度为－63.8℃，压力为0.1 MPa），*T*点为SF_6气体的熔点（温度为－50.8℃，压力为0.24 MPa），*K*点为临界点。

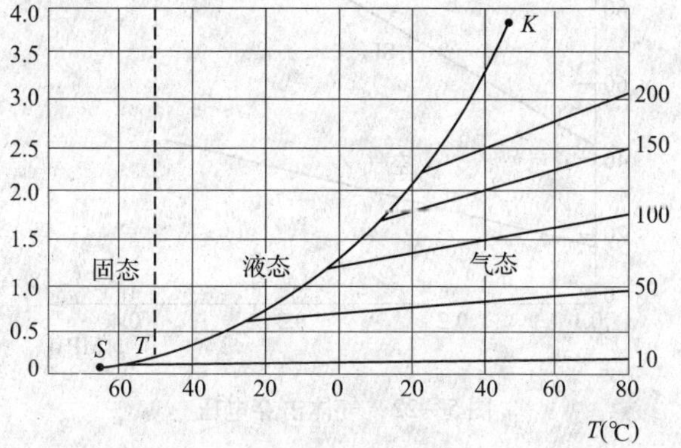

图5—21　SF_6状态参数曲线

应用这些曲线，可以在SF_6气体某一参数发生变化时计算其他状态参数的变化，具体说有下述用途。

（1）给定体积和某一温度时的压力值求气体质量。例如，20℃时额定压力为0.6 MPa，绝对压力为0.7 MPa的SF_6气体，可查得其密度约为47 kg/m^3。如果体积为0.4m^3，则其气体质量约为18.8 kg。

（2）求可能的液化温度。如前述气体额定压力为0.7 MPa，则相应的液化温度约为－26℃。

（3）求对应于不同温度下的SF_6的气体压力。SF_6气体所具有的绝缘和灭弧的性能是在气态情况下，当气压增大时，其绝缘能力也随之提高，但压力过高时容易液化，甚至在常温下液化，因此一般都用1.5 MPa以下，SF_6气体选择在最佳的工作范围。

2. SF_6气体的绝缘和灭弧特性

SF_6是高绝缘强度气体，它的分子体积大，电子在气体里容易碰撞，但因为自由行程短，电子不易聚集足够能量产生游离。且又具有负电性，容易俘获电子形成负离子，使电子失去产生碰撞游离的能力，故绝缘强度高。其绝缘性能稳定，不会老化变质，当气压增大时，其绝缘能力也随之提高。如SF_6在0.3 MPa时其绝缘强度就达到或超过了变压器油（见图5—22），空气要达到这个强度要0.6～0.7 MPa/cm^2。所以，只要提高SF_6使用压力，就可以缩小绝缘尺寸和断路器的体积。

一般气体间隙的击穿电压随着压力*p*与间隙距离*h*的乘积*ph*值增大而增大，但是在*ph*值很大时会出现击穿电压的“饱和”现象。这在SF_6气体间隙中表现得更为明显，如图5—

23 所示。在一定的气体压力下，随着间隙距离 h 的加大，击穿电压 U 的增大越来越小，以致最后不再随距离 h 的加大而提高。因此，在断路器设计时，不能简单地用加大距离来提高绝缘能力。

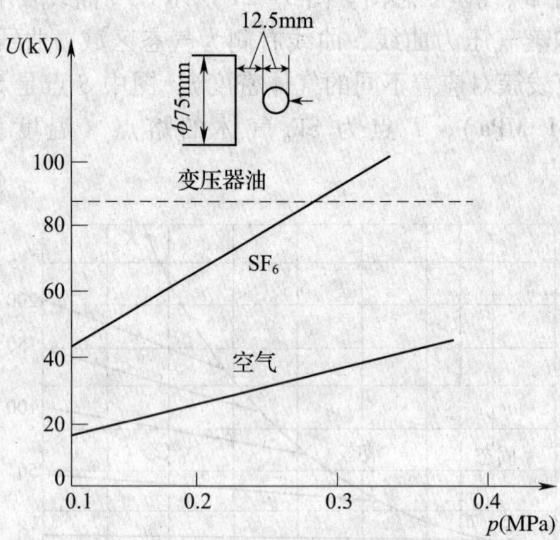

图 5—22　气体击穿电压

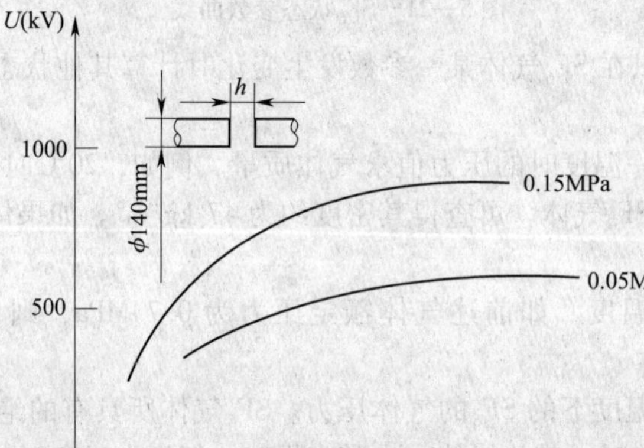

图 5—23　间隙击穿电压饱和现象

SF_6气体具有很强的灭弧能力，在静止 SF_6气体中的灭弧能力为空气的 100 倍以上。利用 SF_6气体吹弧时，气体压力和吹弧速度都不需要很大，就能在高电压下开断相当大的电流。

SF_6气体灭弧性能特别强的原因主要如下：

（1）SF_6气体的分解温度（2 000 K）比空气（主要是氮气，分解温度约为 7 000 K）的低，而需要的分解能（22.4 eV）却比空气（9.7 eV）高。因此 SF_6分子在分解时吸收的能量多，对弧柱的冷却作用强。由于 SF_6气体分子的分解，在相应的分解温度时就出现气体导热率的高峰。

（2）SF_6气体在高温时分解出的硫、氟原子和正、负离子，与其他灭弧介质相比，在同样的弧温时有较大的游离度。在维持相同游离度时，弧柱温度较低。SF_6中电弧的电压梯度比空气中的约小3倍。因此，SF_6气体中电弧电压也较低，即燃弧时的电弧能量较小，对灭弧有利。

（3）SF_6气体分子的负电性强。所谓负电性，就是SF_6气体分子吸附电子和正离子复合时，复合速度快，去游离作用也特别强。尤其在电流通过零前后，可使弧隙中带电粒子减少，导电率下降，在电弧电流过零后，弧柱温度将急剧下降，分解物也就急速复合。因此，SF_6气体弧隙的介质性能、恢复速度很高，能耐受很高的恢复电压，电弧在电流过零后不易重燃。

3．SF_6气体的纯度要求和水分控制

（1）纯度要求。纯净的SF_6气体是稳定和无毒的介质，但是，在制造过程中可能残留微量的S_2F_{10}和SF_4等其他氟化物杂质，这些杂质有剧毒。因此，对使用的SF_6气体的纯度及各种杂质含量应加以控制。国际电工委员会（IEC）推荐用于断路器的SF_6气体的纯度标准见表5—3。

表5—3　SF_6气体的纯度标准（IEC）

杂质	允许含量（质量比）	杂质	允许含量（质量比）
CF_4	0.5%	游离酸	0.3×10^{-6}
空气（N_2+O_2）	0.05%	可水溶的氟化物	1.0×10^{-6}
水分	1.5×10^{-6}		

电弧或电晕放电中，SF_6将分解，由于金属蒸气参与反应，生成金属氟化物和硫的低氟化物。当SF_6气体含有水分时，还可能生成腐蚀性很强的氟化氢（HF）或在高温下SF_6分解出SO_2，在这些分解产物中，HF和SO_2对绝缘材料、金属材料都有很强的腐蚀性，HF和SF_4对含硅（Si）材料如玻璃、电瓷等也有很强的腐蚀作用。因此，必须严格控制SF_6气体中水分、杂质的含量，与SF_6气体接触的零件应该避免采用含硅材料。

SF_6气体中所含杂质和分解物都是剧毒物，对人体是有害的。

（2）SF_6气体的水分控制。在SF_6断路器中，在水分参与下将造成强腐蚀性的分解产物HF。它对绝缘材料、金属材料、玻璃、电瓷等含硅材料都有很强的腐蚀性。因此，必须严格控制SF_6气体中的水分。控制水分进入SF_6断路器的办法有以下几方面：

1）SF_6断路器的密封十分重要。

2）断路器组装时，零部件必须先进烘箱烘干，使之达到工艺要求。尤其是绝缘零件，对环氧拉杆烘燥要求特别严格。如果烘得不干，环氧拉杆会释放水分，造成SF_6气体含水量增高。

3）严格控制充入断路器内SF_6气体的含水量。国家标准规定SF_6气体含水量应低于1.5×10^{-6}。

4）严格控制断路器在充气前的含水量。

5）在SF_6断路器内部加装吸附剂。

二、SF_6断路器灭弧室的结构与灭弧原理

SF_6断路器灭弧的结构有单压式和双压式两种。

1．单压式（压气式）灭弧室

单压式灭弧室又称压气式灭弧室。所谓压气式断路器，是指在断路器内SF_6气体只有一种较低的压力（0.3～0.5 MPa）。灭弧室的可动部分带有压气装置，靠分闸过程中活塞与气缸的相对运动造成短时气压升高而吹熄电弧。单压式灭弧又分为以下两类。

（1）变开距。图5—24所示为变开距单压式灭弧室的工作原理图。压气活塞是固定不动的。图5—24a所示触头在合闸位置。分闸时，操动机构通过拉杆7使动触头4、动弧触头3、绝缘喷嘴8和压气缸5运动，在压气活塞6与压气缸5之间产生压力。图5—24b所示为产生压力的情况。等到动、静弧触头脱离后，在这两个触头间产生电弧，同时压气缸内SF_6气体在压力作用下吹向电弧，使电弧熄灭，如图5—24c所示。图5—24d所示为电弧熄灭后，触头在分闸位置。在这种灭弧室结构中，电弧可能在触头运动的过程中熄灭，所以称为变开距。

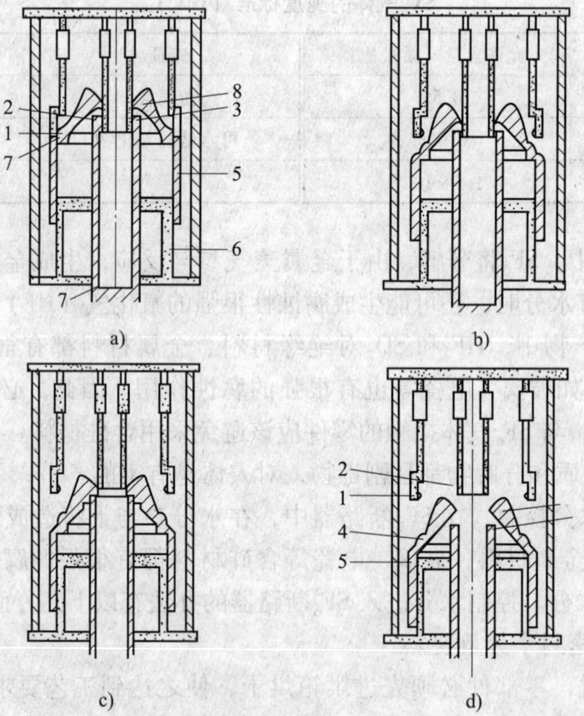

图5—24　变开距单压式灭弧室的工作原理示意图

a）触头在合闸位置　b）产生压力情况　c）吹弧情况　d）触头在分闸位置

1—静触头　2—静弧触头　3—动弧触头　4—动触头　5—压气缸　6—压气活塞　7—拉杆　8—喷嘴

（2）定开距。图5—25所示为定开距单压式灭弧室的工作原理图。压气活塞6是固定不动的，静弧触头1和动弧触头2之间的开距也是固定不变的。图5—25a所示触头在合闸

位置。分闸时，操动机构通过连杆带着动触头 3 和压气缸 5 运动，在压气活塞 6 与压气缸之间产生压力。图 5—25b 所示为产生压力的情况。当动触头 3 脱离静触头 1 后，产生电弧 7，同时压气缸 5 内 SF_6气体在压力作用下，通过气栅 4 吹向电弧 7，如图 5—25c 所示。当电弧熄灭后，触头处在图 5—25d 所示的分闸位置。

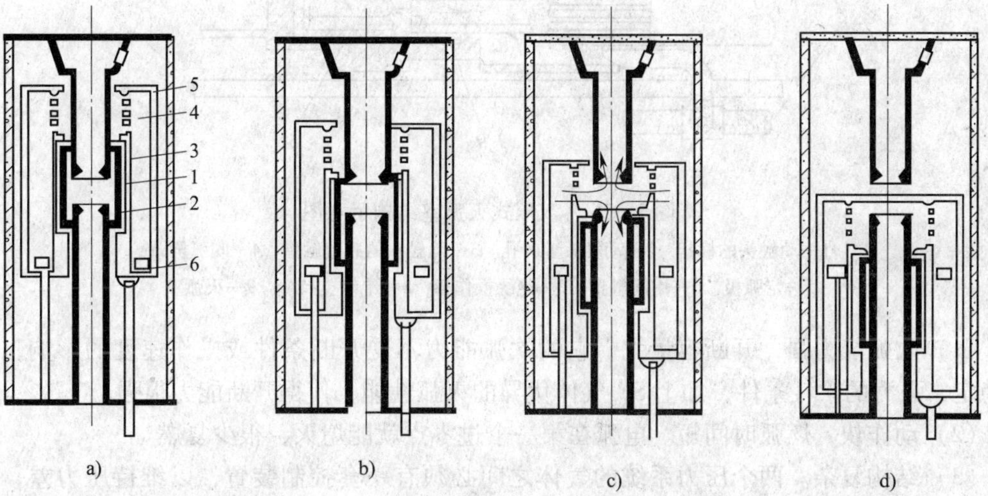

图 5—25　定开距单压式灭弧室工作原理示意图

a）触头在合闸位置　b）产生压力情况　c）吹弧情况　d）触头在分闸位置

1—静触头　2—静弧触头　3—动触头　4—压气栅　5—压气缸　6—活塞　7—电弧

单压式灭弧室中 SF_6气体只有一种气压，其值约为 0.3 ~0.5 MPa。当分闸时，由于压气缸与压气活塞的作用，吹弧系统的 SF_6气体压力可比原来提高一倍。

（3）变开距与定开距灭弧室的比较

1）气吹情况。变开距的气吹时间比较富裕，压气缸内的气体利用比较充分。定开距吹弧时间短促，压气缸内的气体利用稍差。

2）断口情况。变开距的开距大，断口间的电场均匀度较差；绝缘喷嘴置于断口之间，经电弧多次灼伤后，可能影响断口系统。定开距的开距短，断口间电场比较均匀，绝缘性能较稳定。

3）电弧能量。变开距的电弧拉得较长，电弧能量较大。定开距的电弧长度一定，电弧能量较小，对灭弧有利。

4）行程与金属短接时间。变开距可动部分的行程较小，超行程与金属短接时间也较短。定开距的行程较大，超行程与金属短接时间较长。

2. 双压式灭弧室

双压式灭弧室有高压和低压两个气压系统。灭弧时，高压室控制阀打开，高压 SF_6气体经过喷嘴吹向低压系统，再吹向电弧使其熄灭。图 5—26 所示是双压式灭弧室结构图。灭弧室触头系统处于低压的 SF_6气体中。在分闸时，当动触头脱离静触头，在定弧极与动触头之间产生电弧。这时通向高压系统的控制阀门打开，SF_6气体从高压区域顺着箭头方向吹向低压区域，电弧在 SF_6气吹的作用下熄灭。这种形式的特点如下：

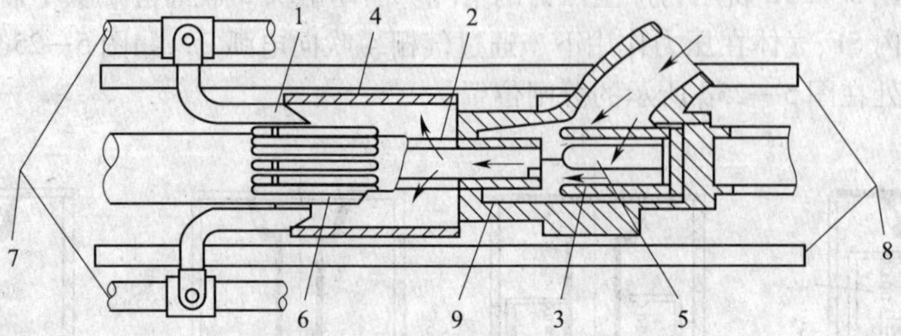

图 5—26　双压式灭弧室结构示意图

1—动触头的横担　2—动触头上的孔　3—静触头的载流触指　4—吹弧屏罩
5—定弧极　6—中间触指　7—绝缘操作棒　8—绝缘支持棒　9—灭弧室

（1）吹弧能力强，开断容量大。它的吹弧能力不受开断条件或操作速度的影响，能维持稳定，强力的吹气条件，加上 SF_6 气体优异的灭弧性能，使得开断能力很强。

（2）动作快，燃弧时间短。电弧在第一个过零点就能熄灭，很少复燃。

（3）结构复杂。两个压力系统的气体之间必须有一套控制装置，以维持压力差，这就增加了设备的复杂性。

三、SF_6 断路器的检修

SF_6 断路器本体解体检修应在无风沙、无雨雪、空气相对湿度小于 80% 的条件下进行，并采取防尘、防潮措施，室内应干燥、通风良好，室内应保持至少有 18% 的氧气密度。SF_6 断路器本体解体检修需得到厂家的技术认可或在厂家技术人员指导下进行。使用的清洁剂、润滑剂、密封脂和擦拭材料必须符合产品的技术规定；所有螺栓的紧固均应使用力矩扳手，其力矩应符合产品的技术规定。SF_6 断路器本体解体检修时，当断路器气室内未充入额定压力的 SF_6 气体时，不得进行快分、快合操作；断路器在调整中应进行慢分、慢合的操作，确认无卡涩，各部件的紧固螺栓应紧固，并充有额定压力的 SF_6 气体时，方可进行快分、快合的操作；无论是液压机构、弹簧机构、气动机构、电磁机构，检修前一定要先释放分、合闸能量，取下操作熔丝和合闸熔丝后，才能开始检修。

1. SF_6 断路器检修类型及周期

（1）SF_6 断路器设备的维护检修。SF_6 断路器设备的维护检修周期应结合设备状态，1 ~ 2 年进行一次日常检查维护。

（2）SF_6 断路器设备常规小修。SF_6 断路器设备小修周期为 3 ~ 5 年，小修时不要随便解体设备。

（3）SF_6 断路器设备临时性检修。SF_6 气室含水量超标、断路器达到规定开断次数或累计其开断电流达到规定值时，均需进行临时性检修。

（4）SF_6 断路器设备部分（全部）大修。SF_6 断路器设备部分（全部）解体大修周期为 15 ~ 20 年。

2. SF_6断路器检修项目

（1）SF_6断路器设备维护检修项目

1）断路器、隔离开头、接地开头、快速接地隔离开头的位置指示是否正常。

2）各种指示灯、信号灯的指示是否正常，加热器是否按规定投入或切除。

3）从窥视孔中检查隔离开头、接地隔离开头的触头接触是否正常。

4）密度继电器、压力表的指示是否正常。

5）断路器、避雷器的指示值是否正常。

6）裸露在外的母线（接地汇流排），其温度的指示是否正常。

7）CT、PT 二次侧端子有没有发热现象，熔丝、熔断器的指示是否正常。

8）在 GIS 设备附近有无异味、异声。

9）设备有无漏气、漏油的现象。

10）所有阀门的开、闭位置是否正常，金属支架有无锈蚀、发热现象。

11）可见的绝缘件有无老化、剥落、裂纹的现象。

12）所有金属支架和保护罩的外壳有无油漆剥落现象。

13）接地端子有无发热现象，金属外壳的温度是否超过规定。

14）所有设备是否清洁、齐整、标志完善。

15）室内行车操作是否正常。

16）各气室 SF_6气体含水量的测量。

17）氧化锌避雷器阻性电流测量。

18）断路器、隔离开头机构目检，液压机构有无渗漏油、二次侧接线有无发热的现象。

（2）SF_6断路器常规小修项目及质量

1）密度继电器、压力表的校验。

2）各主接线的导电回路接触电阻测量（主元件接触电阻）。

3）SF_6气体补充。

4）断路器、隔离开头（地刀）操动机构检查（检修项目另附）。

5）不良紧固件的更换。

6）断路器、隔离开头、接地开头、快速接地隔离开头的闭锁位置及功能核对检查。

7）主接线回路绝缘测量。

8）SF_6气体含水量测量。

9）断路器、隔离开头、接地开头、快速接地隔离开关传动操作试验。

（3）SF_6断路器部分（全部）解件大修项目

1）各气室内的 SF_6气体回收干燥、过滤。

2）吸附剂的更换。

3）更换密封环。

4）更换部分磨损了的零件。

5）更换部分断路器、隔离开头等的导电触头。

6）更换不良的绝缘零件。

7）清扫 SF_6气室的金属微粒、粉末。清除 SF_6气体的分解物。

8）氧化锌避雷器测试。

9）断路器机械特性测试。

10）绝缘耐压试验。

3．含水量超标的处理原理

SF_6气体含水量超标处理主要依靠抽真空的方法。若含水量大于1 500×10^{-6}体积分数以上，属严重超标，应考虑更换吸附剂。

用回收装置回收高压断路器内的SF_6气体，并利用真空泵对其进行抽空。含水量偏高，主要是提升杆等有机材料的绝缘件及瓷套内壁面存在水分，抽真空即可使这些部件内部绝缘表面存在的水分在趋于真空状态下汽化，然后抽出体外。一般水分在一定的真空度便开始汽化蒸发，但汽化需一定的时间，短时间内不可能使材质内部的水分完全汽化释放出来，因此采取抽、停间歇性地反复进行抽真空，并保持高真空度状态，即可使水分缓慢地释放，同时充入高纯氮气相互置换。

4．含水量超标的处理工艺步骤

（1）对断路器或GIS气室抽真空，当真空度达到133.32 Pa以下时开始计时。维持真空泵运转至少30 min。停泵并与泵隔离，静止30 min后读取真空度p_A值。

（2）再静止1 h（高压开头设备SF_6气体密封试验导则中为静止5 h），读取真空度p_B值。

（3）p_B-p_A值要小于66.66 Pa（极限允许值为133.66 Pa），否则，进行检漏并重复（1）、（2）步骤（这条可结合设备在运行中是否发生过SF_6气体低气压报警及补充气情况来判断）。

（4）对断路器反复抽真空2~3 h后，充入高纯氮气，纯度为99.999%，含水量应不大于5×10^{-6}体积分数，停留12~24 h。

（5）测量氮气的含水量，其值应小于150×10^{-6}体积分数，否则应重复上述操作，重新抽真空，并用高纯氮气进行内部冲洗。

（6）对断路器或GIS抽真空达133.66 Pa后，充入SF_6气体至0.1~0.15 MPa，静止12 h后测量含水量应不大于450×10^{-6}体积分数，可将SF_6气体在额定压力下静止12 h以上，测量含水量应不大于150×10^{-6}体积分数。

（7）非额定压力下含水量的估算。SF_6气体在非额定压力时的含水量，可用下列公式计算，并通过换算来验证含水量是否合格（仅作为含水量处理和新设备运输压力下，含水量是否合格的参考值）。

$$p_1H_1/t_1 = p_2H_2/t_2$$

式中 p_1——含水量标准值，150×10^{-6}体积分数；

p_2——充入压力下的含水量，150×10^{-6}体积分数；

H_1——额定压力值（表值），换算时应加0.1 MPa，即绝对压力，MPa；

H_2——充入压力值（表值），换算时应加0.1 MPa，即绝对压力，MPa；

t_1——换算时的环境温度，℃；

t_2——充入时的环境温度，℃。

第六节　直流断路器

直流断路器也称为直流快速断路器，广泛用于地铁、轻轨、冶金、化工等领域，所有灭磁开关均为直流快速断路器。直流快速断路器是无极性单极装置，具有电磁吹弧，直接瞬时过电流释放，间接快速释放（可选用在3 000 A以上），自然空气冷却和电气操作系统。在应用12 000 A及以下时为机车、工业领域半导体整流装置和铁路小型馈电装置的分断断路器。

带有大电流脱扣装置的直流快速断路器是直流牵引行车供电的重要设备，对其进行必要的预防性检修和试验，以及故障后的检修、修后试验，使其电气参数和机械参数满足相关要求、标准，对确保牵引供电的可靠性起到十分重要的意义。

一、检修前的准备工作

1. 技术准备

技术准备主要是对参检人员进行技术强化，对待修设备进行技术摸底，包含三方面的内容。首先是参加检修的人员要全面掌握设备原理、构造，熟读图样资料，对检修工艺加以强化，在技术水平上保证检修的顺利进行；其次要充分了解设备的运行情况，如声音、发热等，有无故障记录；最后是收集直流开关柜投运以来的出厂试验报告、现场交接试验报告、检修记录等，参照相关标准，进行系统的分析，同时可对比其他直流开关柜的情况做纵向、横向比较。特别是对严重故障后或大修后直流开关柜重要机械部件、电气元件的检修、更换及修复后的相关试验工作，也是必须具备的技能。

2. 工器具、材料准备

（1）工器具见表5—4。

表5—4　　检修、试验所需工器具

序号	名称	规格及数量
1	套筒扳手	7 mm、8 mm、10 mm和13 mm各1个
2	扳手	7 mm、8 mm、10 mm、13 mm、17 mm和19 mm各1个
3	内六角扳手	2 mm、4 mm、5 mm、6 mm、8 mm和10 mm各1个
4	挡簧钳	1把
5	一字旋具	大、小各1把
6	十字旋具	大、小各1把
7	钢丝钳、尖嘴钳、剥线钳	各1把
8	活动扳手	250 mm，2把
9	压线钳	1把
10	数字式、指针式万用表	各1个
11	应急灯	1只

续表

序号	名称	规格及数量
12	手提灯	2 盏
13	电池盒	2 只
14	交流耐压试验仪	1 套
15	继电器测试仪	SVERKER 750 1 套
16	大电流微欧计	MOM600A 1 套
17	兆欧表 2 500 V 和 1 000 V	各 1 块
18	特性试验测试板	1 套（制作）
19	大电流发生器	1 套
20	各种规格测试线	1 套
21	力矩扳手	1 套
22	水平尺	1 把
23	铅锤	1 个
24	木锤	1 把

（2）材料。工业酒精、抹布、绝缘胶布、除锈剂、毛刷、导电膏、润滑油、导线（1.5 mm^2）若干、细砂布、熔断丝、电池，对应型号的螺栓、螺母、螺钉、垫片、弹簧垫圈。

3. 人员准备

人员的准备视检修的项目和内容的不同而异。直流断路器的小修一般需要 2 ~ 3 人，而大修一般需要 3 ~ 4 人。

二、检修步骤

1. 断路器的检修

（1）断路器灭弧罩的解体检修

1）用扳手松开位于灭弧罩两端及两极板端部的连接搭扣，并旋转 90°，以松开角形导弧板。

2）用扳手松开灭弧罩与断路器的两个固定螺钉。

3）卸下灭弧罩放置在工作台上，检查灭弧罩外壳有无弧黑和积灰，使用干抹布对外壳清洁干净。若单面裂纹超过 1 cm 或双面对应处出现裂纹，均需更换。

4）用套筒扳手松开灭弧罩外壳六个固定螺栓和顶部手柄四个固定螺钉和垫圈。

5）把灭弧罩侧翻 180°，拆下灭弧罩一侧盖板，逐一取出灭弧罩内的每片大、小树脂灭弧栅片和偏转铁板，检查大、小树脂灭弧栅片表面有无弧黑和积灰，并用干抹布清洁干净。

6）当局部烧毁留下的标记大于 1/2 原始厚度（2.5 mm）或出现裂纹时，需及时更换。检查角形导弧板，当横截面积达到其原始面积（20 mm × 4 mm）一半时，须及时更换。

（2）断路器与小车的分离及外观检查

1）拆除断路器与计数器的连接线。

2）用 13 mm 扳手拆下断路器与小车支架的连接地线螺钉。

3）用17 mm扳手拆下固定断路器与小车支架之间连接的四个螺栓。保存好所有的螺栓、螺母、弹簧垫圈。

4）将断路器拆下放于工作台上，进行外观检查。

（3）上顶板的拆卸和动、静触头，左、右隔离板及两极板的检查及更换

1）将左、右隔弧板从断路器中取出，检查有无弧黑和积灰并使用干抹布清洁干净。当局部烧毁留下的标记，其厚度达到其原始厚度（20 mm）的一半时，须及时更换该零件。

2）用内六角扳手拆下静触头上固定两个散热片的螺钉，取下散热片。

3）用套筒扳手拆下连接前极板与框架连接板的两个螺钉和垫圈。

4）用内六角扳手拆下断路器顶板的六个螺钉和垫圈。

5）将上顶板放于工作台上，检查上接线端子铜排表面。上接线端子铜排表面应光滑，无过流痕迹。

6）检查动、静触头有无明显烧损，有无熔银，有无弧黑和积灰。动、静触头表面应无麻点，如果有必须用砂纸将其打磨光滑，以确保动、静触头接触良好。

7）检查两极板有无熔银，有无弧黑和积灰，并使用干抹布清洁干净。当两极板横截面积达到其原始面积（20 mm×4 mm）的一半时，须及时更换该零件。

8）两极板的更换：拆卸后极板与静触头连接螺钉和垫圈；拆卸两边连接搭扣的固定螺钉和垫圈，取下连接搭扣；拆下前、后两块极板的装备螺钉；拆下前、后两块极板。

9）测量触头磨损尺寸 *W* 值。*W* 值必须在断路器处于合闸状态下测量，不同型号规格的断路器 *W* 值的测量方法应遵照厂家说明书执行。

（4）断路器框架的拆卸及检查

1）用内六角扳手拆下前挡板上的螺钉和垫圈，取下前挡板；用扳手拆下两根引弧导线与框架支撑板连接的螺栓，取出框架支撑板。

2）用内六角扳手拆下框架支撑板与左右盖板连接的螺钉。

3）用内六角扳手拆下左右盖板与断路器主体部分连接的螺钉和垫圈。

4）用一字旋具撬下左右盖板上用于固定螺钉的四个橡胶托座。

5）用内六角扳手和扳手拆下框架底部及两端固定的螺栓和垫圈。

6）将断路器框架侧翻，打开左右盖板，取出断路器的主体部分，将其与左右盖板放于工作台上。检查左右盖板有无积灰，并使用干抹布清洁干净。若左、右盖板单面裂纹超过1cm或双面对应处出现裂纹，均须更换。

（5）断路器主体机构的解体检查

1）用扳手拆下两根引弧导线与框架支撑板连接的螺栓。

2）用内六角扳手拆下减震器的固定螺钉和垫圈，用手推动动触头，取下减震器。

3）取下透明外盖。

4）用十字旋具拆下弹簧驱动装置轴承上的螺钉，用内六角扳手拆下条形导向块上的螺钉和垫圈，然后用手推动动触头，微微撬起弹簧片使动触头的棘轮杆释放，取下弹簧驱动装置；检查储能弹簧和弹簧驱动装置的各个组件。

5）用挡簧钳拆下固定动触头棘轮杆的转轴两端的弹簧圈，取出弹簧圈和垫圈，把动触头推到合适位置，用小的十字旋具推动转轴，取出转轴，卸下棘轮杆；检查转轴。

6）用内六角扳手拆下主体部分上盖板的固定螺栓。

7）用内六角扳手拆下固定合闸线圈的螺钉和固定限位板，拆下合闸线圈电源连线及可见到的连接点并做好标记，取下合闸线圈；检查合闸线圈表面有无积灰，并使用干抹布清洁干净；检查合闸顶杆动作是否灵活；测量合闸线圈的电阻。

8）卸下辅助接点外壳上的螺钉，取下辅助接点外壳，使用干抹布清洁干净。

9）用内六角扳手拆下大电流脱扣整定装置上的螺钉，取下整定装置。

10）拆开断路器主体机构的上外壳；检查下接线端子铜排表面；检查下接线端子与动触头连接软连接；检查大电流脱扣可动铁轭与分闸顶杆动作过程。

2．断路器的预防性试验

（1）断路器动、静触头接触电阻的测量。试验电流 300 A，不大于规定的电阻值，超过时用细砂布打磨触头接触部位。

（2）合闸线圈直流电阻的测量。换算到 20℃时符合厂家规定的电阻值，温度换算公式为：

$$R_2 = R_1 \ (T + t_2) \ / \ (T + t_1)$$

式中 R_1、R_2——温度为 t_1、t_2 时的电阻值；

T——计算用常数，铜导线取 235，铝导线取 225。

（3）合闸保持电阻的测量。用万用表测量。

（4）合闸线圈最小合闸电流的测量。该试验接线如图 5—27 所示。合上外接开关 S，滑线电阻 RP 130 Ω 全部接入电路中（置于图中 A 点处）；合上外接开关 SK，从 A 点向 B 点逐渐调节（减小）RP 的阻值，注意观察电流表 PA（挡位置于 10 A）的读数，直到断路器完全合上为止，读取电流表 PA 的值，立即断开外接开关 SK。

（5）最小合闸保持电流的测量。该试验接线如图 5—27 所示。在完成合闸动作电流的测试后，向 A 点方向调节（增大）RP 的阻值，直到断路器完全断开为止，读取电流表 PA 的值（中途短接电流表两接线端换挡至 1 A）。

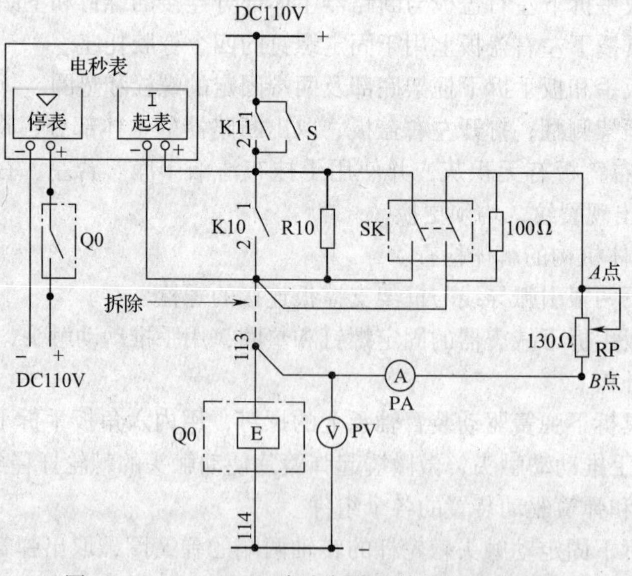

图 5—27　DC 1500V 直流断路器特性试验接线图

（6）断路器合闸最小启动控制电压的测量。试验接线如图 5—27 所示，用可调直流电源代替 110 V 电源，合上外接开关 S，滑线变阻器 RP 调至零；合上外接开关 SK，逐渐调节（增加）直流电源的电压值，直到断路器完全合上为止，读取可调直流电源的电压值，立即断开外接开关 SK，流电压值即为 R10 等于 100 Ω 时的断路器合闸最小启动控制电压。

（7）断路器合闸时间。该试验接线如图 5—27 所示。在额定电流下测量（短接 100 Ω 电阻，RP 置于 *B* 点处），合上外接开关 SK，断路器完全合上后立即断开外接开关 SK，读取电秒表的值，标称值为（100 ± 15） ms。

（8）断路器分闸时间。该试验接线如图 5—27 所示。在额定电压下测量（短接 100 Ω 电阻，RP 置于 *B* 点处），断路器在合位，分开外接开关 SK，断路器分开，读取电秒表的值，标称值应 <90 ms。

（9）断口之间、导电部分对地之间的绝缘电阻。用 2 500 V 兆欧表测试，绝缘电阻≥5 MΩ 或换算至同一温度下，与前一次测试结果相比应无明显变化；温度换算公式为：

$$R_2 = R_1 \times 1.5\ (t_1 - t_2)\ /10$$

式中　R_1、R_2——在温度为 t_1、t_2时的绝缘电阻值。

（10）主回路对小车外壳及二次回路绝缘电阻的测量。采用 2 500 V 兆欧表对其进行测量。

（11）辅助回路对地绝缘电阻的测量。试验电压为 1 000 V，绝缘电阻应≥2 MΩ。

（12）断路器断口间工频耐压试验。确认相关安全措施做好后，采用交流工频耐压设备对其进行 1 min 的工频耐压试验。

（13）主回路对地工频耐压试验（断路器于合位时）。将二次回路短接并接地，确认相关安全措施做好后，采用交流工频耐压设备对其进行 1min 的工频耐压试验。

（14）60 V 辅助回路工频耐压试验。将保护装置的所有接线拆除，短接所有电流、电压及直流回路的端子，并将电路回路的接地点拆开，确认相关安全措施做好后，采用交流工频耐压设备对其进行 1 min 的工频耐压试验。

（15）大电流脱扣跳闸值和时间（$di/dt \geq 5 \times 10^6$ A/s）。在断路器合闸状态时，用直流大电流发生器对直流断路器一次侧设备升流，电流值升至 15 kA，来校验断路器大电流脱扣值和动作时间。

第七节　空气断路器

一、工作原理及构造

压缩空气断路器（简称空气断路器）是利用压缩空气在燃弧触头间高速吹动来熄灭电弧，同时压缩空气还用于断路器的操动机构的驱动。为此，在设置空气断路器的变电所中，必须设有压缩空气的动力设备。由于新鲜的压缩空气气流除了可以带走弧隙中的热量，降低弧隙温度，还能直接带走弧隙中的游离带电质点，补充新鲜气体介质，使去游离大大加强，弧隙介质强度迅速恢复。所以，空气断路器断流容量大，灭弧时间短，而且快速自动重合闸时断流容量不降低。

目前生产的空气断路器多采用常充气式，即无论在合闸或分闸状态，灭弧室内部都充满压缩空气，保证了触头间必要的绝缘强度。这种形式结构简单，空气压力利用好，气耗量少。而旧式的瞬时充气及半充气式的空气断路器已逐渐淘汰。

全充气式空气断路器的熄弧室中长期充有高压压缩空气，压力为 2.5 MPa。国产 KW4 型空气断路器的结构如图 5—28 所示。

储气钢罐是安装熄弧室的容器，为增加储气罐的体积，在底部加设了辅助气罐 3，两者通过装于瓷套 5 内的高强度玻璃钢筒互相连接。在钢罐 2 中还装有主控制阀，由绝缘拉杆在底座中进行分合闸操作。每个钢罐中装有两个断口，组成一个开断单元。为确保断口之间的电压分布均匀，每个断口并联了一支0.001 8 μF的均压电容器。

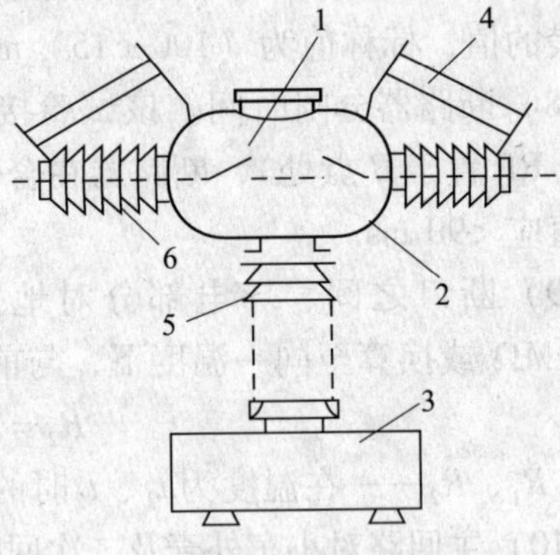

图 5—28　KW4 型空气断路器的结构示意图

1—熄弧室　2—储气钢罐　3—辅助气罐　4—并联电容器　5—支撑绝缘瓷套　6—引线瓷套管

KW5 型以一个罐为基本单元，可以方便地组成各种电压等级的系列产品，形成积木式结构，这就使生产、安装及运行管理很方便。

KW5 型熄弧室的结构和工作原理如图 5—29 所示。图示位置为断路器处于合闸位置，分闸过程如下：

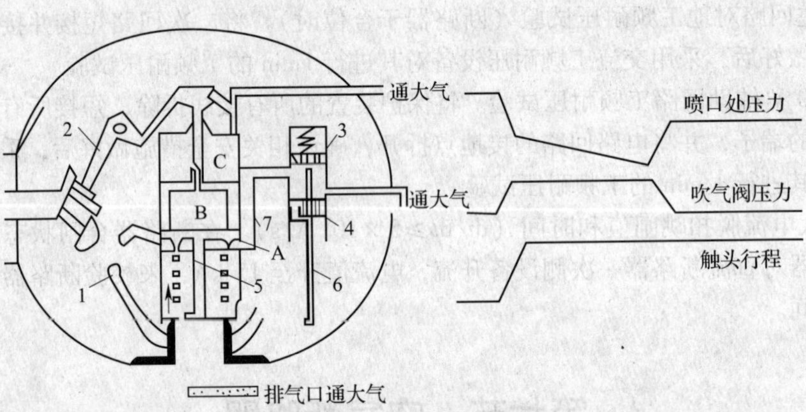

图 5—29　KW5 型断路器的熄弧室工作原理示意图

1—喷口　2—动触头　3—控制阀　4—主控制阀　5—吹气阀　6—绝缘拉杆　7—工作阀

绝缘拉杆向上推动，使主控制阀 4 动作，关闭空腔 A 通向大气的通口，同时打开阀 3，使高压气体进入 A 腔。在高气压的作用下，吹气阀 5 与工作阀 7 一起向上运动，吹气阀开启，形成喷口吹气，同时工作阀使动触头 2 打开，形成的电弧由于气流作用迅速地移到喷口 1 内而被熄灭。

在工作阀 7 向上运动到达终了位置时，关闭 B 腔经由 C 腔通向大气的出口，同时，侧壁小孔开启，沟通 A 腔与 B 腔，随着 B 腔压力的上升，吹气阀 5 在上、下两侧差动压力及弹簧作用下自行关闭，而工作阀 7 与动触头在 B 腔气压作用下维持在分闸位置，分闸过程完毕。

在分闸位置，触头间隙仍处在高压气体中，使触头间隙保持高的介电强度。

断路器的合闸过程如下：绝缘拉杆6向下移动，使控制阀3关闭，通大气的出口打开，A腔与B腔的压力降低，工作阀7在顶部气压的作用下向下运动使触头闭合。在合闸过程中吹气阀不动作。

全充气式空气断路器的吹弧气压高，开断能力强，由于触头间隙绝缘强度大，故触头开距小，使分闸时间短（约0.04 s），所以这种形式的空气断路器已在空气断路器中占优势地位。

总体来说，空气断路器具有结构复杂，工艺和材料要求高的特点。它以压缩空气作为灭弧介质、操作介质及弧隙介质，断路器和操作机构为一体，体积小、质量轻，额定电流和开断电流都可以做得很大，适于开断大容量的电路，动作快、开断时间短。但是，空气断路器也有噪声较大，维护周期长，有色金属消耗量大，需要装设压缩空气系统等辅助设备和价格较贵等缺点。在我国，它通常用于110 kV及以上的大容量电力系统中。

二、空气开关的组成、技术参数及选用原则

交流空气开关一般是指低压断路器，是一种既可以接通、分断电路，又能对负荷电路进行自动保护的电器，它主要是靠空气灭弧。当负荷电路中发生短路、过载、欠压等故障时，能自动切断电路。低压断路器可以手动直接操作和电动操作，也可以远方遥控操作。其图形符号及文字代号如图5—30所示。

1. 低压断路器的组成

低压断路器的类型虽然很多，但其基本结构和工作原理是相同的，主要由下述几部分组成。

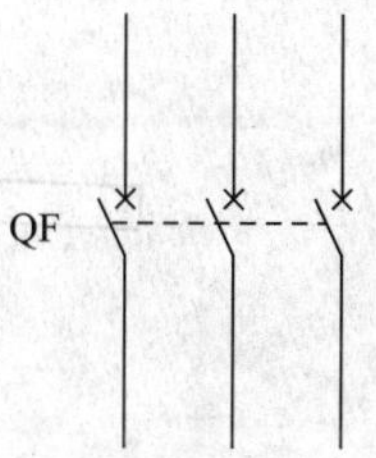

图5—30 断路器的图形符号及文字代号

（1）触点系统。触点系统是低压断路器的执行元件，用以接通或分断电路。运行时它必须满足以下三个基本要求：

1）能安全可靠地接通和分断极限短路电流及其以下的电路电流。

2）按标称电寿命，在规定次数内接通和分断电路后不致严重磨损。

3）长期工作制的载流能力。

常见的触点形式有对接式触点、桥式触点和插入式触点。对接式和桥式触点多为面接触，为了提高接触性能，在接触处都焊有银基合金镶块。插入式触点常用作板后式接线的插入式连接。例如，低压抽屉配电开关柜中使用的DW95系列低压断路器，其特点是在通过巨大短路电流时，有电动力补偿作用。

另外，触点挡数有单挡、双挡和三挡之分。单挡触点只有主触点（兼作弧触点），适用于小容量低压断路器，如DW10型200 A的就是单挡触点。双挡触点具有主触点和弧触点，如DW10型200～600 A的就是双挡触点。主触点主要承担主回路长期导电的任务，而弧触点主要承担主电路分断电弧的任务，保护主触点。所以，要求弧触点能耐弧、耐磨、抗熔焊。弧触点一般多采用银钨合金制成。三挡触点是在主、弧触点之间增加一挡副触点。副触点作为主触点的双重保护，常用于额定电流1 500 A及以上的低压断路器。

低压断路器在闭合时触点的闭合顺序是：弧触点先闭合，其次是副触点闭合，最后是主

触点闭合，如图5—31所示。分断时则相反，主触点先断开，然后是副触点断开，弧触点最后断开。因此，电弧只形成在弧触点上，从而保证了主触点不被烧蚀，并能长期稳定地工作。当弧触点失去作用时，副触点可以代替弧触点对主触点进行保护。

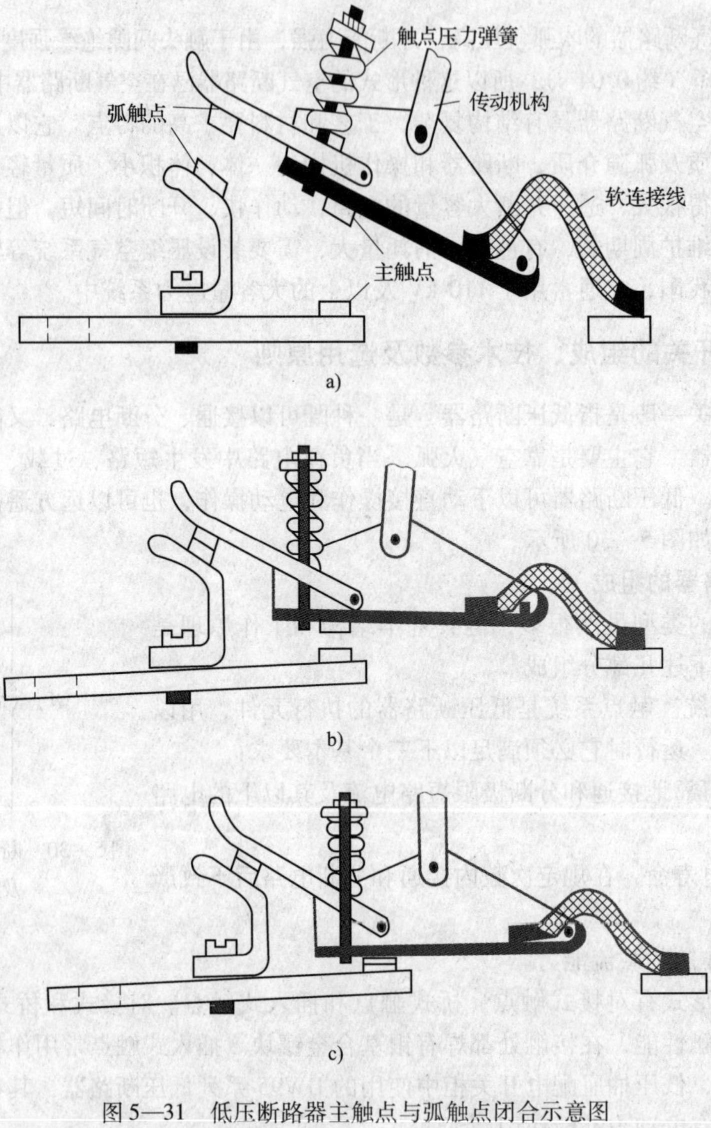

图5—31　低压断路器主触点与弧触点闭合示意图

a）触点断开位置　b）弧触点先闭合　c）主触点后闭合

（2）灭弧系统。灭弧系统的主要作用是熄灭触点在切断电路时所产生的电弧。一般低压断路器的灭弧系统常采用铁板制成的栅片和窄片相结合的复式结构，增强了灭弧能力，有效地限制了灭弧的距离，从而提高了它的灭弧能力及断流容量。

灭弧系统必须保证具有以下性能：

1）可靠地熄灭电弧，燃烧时间应尽可能短。

2）有足够的热容量，在熄灭电弧时，灭弧室的温度不致太高，防止灭弧室变形或碎裂。

3）尽可能小的飞弧距离。必要时，在栅片上部增设灭焰栅片。

4）灭弧室一般选用钢板、三聚氰胺等材料，它们在受电弧高温作用时，产生有利于灭弧的气体。

5）灭弧室的室壁较平整，既便于电弧运动，也利于电弧与室壁接触而冷却，增强灭弧性能。

6）有良好的绝缘性能，在受到电弧高温作用后不容易炭化。

7）有足够的力学强度，可承受电弧热能所产生的压力而不致碎裂。

（3）脱扣器。断路器的保护装置由各种脱扣器来实现。断路器的脱扣器形式有欠压脱扣器、过电流脱扣器、分励脱扣器等。过电流脱扣器还可分为过载脱扣器和短路脱扣器。

脱扣器是断路器的感觉元件，接收操作人员或继电保护装置发出的信号，通过传动机构使断路器跳闸而切断电路。按其作用不同又分为过流脱扣器、失压脱扣器、分励脱扣器等。一台断路器中同时装有两种或两种以上脱扣器时，称为装有复式脱扣器。

1）过流脱扣器。当过电流达到一定数值时，脱扣器经一段时间后动作，使断路器跳闸。过流脱扣器一般有两种结构，一种是用双金属片制成的热脱扣器，这种脱扣器具有反时限保护特性，即过电流越大动作时间越短，可以起到过载保护的作用。另一种是利用电磁原理制成的电磁脱扣器，当过电流大到一定数值时，可瞬时动作使断路器跳闸，起到短路保护的作用。过流脱扣器均与被保护电路串联。

2）欠电压（失压）脱扣器。欠电压脱扣器的动作电压范围：当电压达到额定电压的75%时，必须能保证吸合；当电压降低到额定电压的40%时，必须能够释放；而在40%～75%之间不作保证。它有瞬时动作和延时动作两种。欠电压脱扣器并联在电源电路中。

欠电压脱扣器的控制电路如图5—32所示。当进行合闸操作时，低压断路器的辅助动合触点QF2闭合，欠电压脱扣器电磁线圈FV2通电，低压断路器可合闸。若电源电压过低，低压断路器掉闸。若进行分闸操作时，可按分闸按钮SB2，SB2断开，FV2断电，低压断路器掉闸。

3）分励脱扣器。分励脱扣器为电磁型脱扣器，可按照操作人员的命令或继电保护装置发出的动作信号使其线圈通电，衔铁动作从而使断路器跳闸，分断电路。分励脱扣器由控制电源供电，控制电源可以是直流电源或交流电源。电源电压应与分励脱扣器电磁线圈额定电压相符。分励脱扣器的动作电压范围为电源电压必须大于电磁线圈额定电压的75%，脱扣器才能可靠工作。分励脱扣器的控制电路如图5—32所示。当进行合闸操作时，低压断路器的辅助动合触点QF1闭合；若进行分闸操作时，可按分闸按钮SB1，SB1闭合，FV1得电，低压断路器掉闸。

4）半导体电子型脱扣器。半导体电子型脱扣器是由信号检测、过电流保护、欠电压延时保护、触发、执行元件和电源等几部分组成的。

半导体脱扣器有5个可调电位器，用于长延时时间整定、长延时动作电流整定、短延时动作电流整定、瞬时动作电流整定和欠电压延时时间整定，可根据配电系统所需的保护要求选择调整。调整后需将锁紧螺母拧紧，以防因振动而使电位器的数值改变。

（4）低压断路器的分、合指示电路。安装了低压断路器的低压配电柜，在配电柜的仪表板上都装有红、绿指示灯作为低压断路器的分、合指示电路，如图 5—33 所示，这样可以使值班人员能随时监视低压断路器的运行情况。绿灯亮、红灯灭时，说明低压断路器处在分闸位置；绿灯灭、红灯亮时，说明低压断路器处在闭合位置已投入运行。若绿灯、红灯均不亮，有可能是红、绿灯控制回路有故障或灯泡损坏，也可能是低压断路器电源侧无电或没有了控制电源。这时一种情况可能是控制熔丝烧坏，再一种情况可能是电源停电。若判断是否停电，还必须用经检验合格的验电笔进行验电，验电笔无指示才能说明是停电。

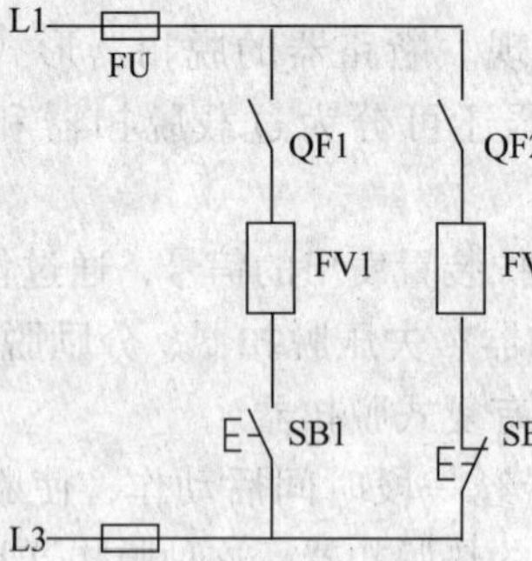

图 5—32　低压断路器的控制电路

FU—熔断器　SB1、SB2—控制按钮

QF1、QF2—低压断路器辅助触点

FV1—分励脱扣器线圈

FV2—欠电压脱扣器线圈

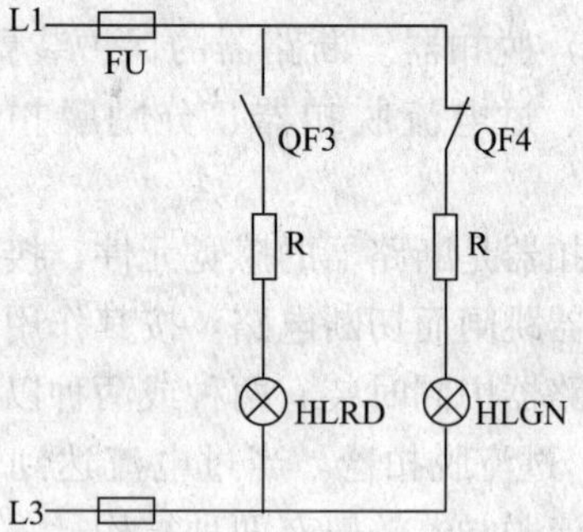

图 5—33　低压断路器的分、合指示电路

FU—熔断器　QF3、QF4—低压断路器辅助触点

HLRD—红色指示灯　HLGN—绿色指示灯

2. 低压断路器的主要技术参数

（1）额定电压

1）额定工作电压。低压断路器的额定工作电压是指与通断能力以及使用类别相关的电压值。对于多相电路是指相间的电压值（即线电压）。

2）额定绝缘电压。低压断路器的额定绝缘电压是设计断路器的电压值，电气间隙和爬电距离应参照此值而定。除非该型号产品技术文件另有规定，额定绝缘电压是断路器的最大额定工作电压，在任何情况下，最大额定工作电压不应超过额定绝缘电压。

（2）额定电流

1）低压断路器壳架等级额定电流。低压断路器壳架等级额定电流用尺寸和结构（包括母排）相同的框架或塑料外壳中能装的最大脱扣器额定电流来表示。

2）低压断路器额定电流。低压断路器额定电流就是额定持续电流，也就是脱扣器能长期通过的电流。例如，DZ20—100 型低压断路器，其壳架额定电流为 100 A，脱扣器额定电流则有 16 A、20 A、32 A、40 A、50 A、63 A、80 A、100 A 共 8 种，其中最大的额定电流与低压断路器壳架额定电流相同。

3）瞬时脱扣器整定电流值。瞬时脱扣器整定电流值用电流值表示，或以低压断路器额定电流值的倍数表示。

（3）额定短路分断电流。低压断路器在规定条件下所能分断的最大短路电流值。

3. 低压断路器的选用原则

选用低压断路器时一般应注意以下几点：

(1) 根据电器装置的要求确定低压断路器的类型及型号。

(2) 低压断路器的额定电压应不小于线路的额定电压。

(3) 低压断路器的欠压脱扣器的额定电压应等于线路额定电压。

(4) 低压断路器及其过电流脱扣器的额定电流应不小于线路的计算负荷电流。

1) 选用配电用低压断路器时，长延时过流脱扣器的动作整定电流值应等于0.8~1倍导线的安全载流量。

2) 选用电动机保护用低压断路器时，长延时过流脱扣器的动作整定电流值应等于电动机的额定电流值。

3) 瞬时动作过流脱扣器的动作电流整定值，对于笼型异步电动机应为电动机额定电流的8~15倍。

(5) 开关的分断能力能满足线路要求，即其保护范围内发生最严重的短路故障时，低压断路器能够安全地切断电路。

三、常用低压断路器

低压断路器的类型很多，常用的有框架式低压断路器、塑料外壳式低压断路器等。

1. 框架式低压断路器

框架式低压断路器的结构特点是有一个钢制的框架，所有的部件都装在框架内，导电部分加装绝缘，能实现各种不正常运行（短路、过载、欠压等）时的保护。这类低压断路器有多种操作方式，如手动、电动和远动操作等；有数量较多的辅助触点，以满足低压断路器本身、继电器及信号指示的需要。框架式低压断路器广泛用于工矿企业和其他单位的变配电站，作为接通和断开正常工作电流，以及不频繁的电路转换。

DW15系列框架式低压断路器的结构如图5—34所示。DW15系列万能式断路器主要用于交流50 Hz，额定电流为100~4 000 A，额定工作电压为380~1 140 V（其中额定电流为1 000~4 000 A的额定工作电压为380 V）的配电网络中，用来分配电能，保护线路及电源设备免受过载、欠电压和短路等故障的危害。壳架电流630 A以下的规格可用来保护电动机的过载、欠电压和短路。在正常条件下，该断路器可作为线路不频繁转换及电动机不频繁启动时的开关设备。由于断路器还具有三段保护特性，可以对电网做选择性保护。对于抽屉式断路器，由于主电路和二次回路采用了插接式结构，省略了固定式断路器所需的隔离开关，具有一机两用的特点，操作与维护方便，提高了配电系统的安全性、连续性和可靠性。

断路器分固定式和抽屉式两种，抽屉式由断路器本体及抽屉座组成。操动机构采用弹簧储能式，使触点的闭合速度与操作速度无关。

DW15—630型断路器为立体布置形式，触头系统、瞬时过电流脱扣器和左右侧板安装在一块绝缘板上。上部装有灭弧系统，操动机构可装在正前方或右侧面，有“分”、“合”指示及手动断开按钮机构指示。左上方装有分励脱扣器，背部装有欠电压脱扣器与脱扣半轴相连，过饱和电流互感器或电流电压变换器穿在下母线上，欠电压延时阻容装置、热继电器或电子型脱扣器均分别装在断路器下方。

DW15—1 000~DW15—4 000型断路器也采用立体布置形式，由底架、侧板、横梁组成框架，每相触头系统安装在底架上，上面装灭弧室。操动机构在断路器右前方，通过主轴与触头系统相连。电动操作机构通过方轴与机构成一体装于断路器下部，作为断路器的储能或直接闭合之用，储能后的闭合由释能电磁铁承担。在左侧板上方装有防回跳机构，以防止断路器在断开时弹跳。各种过电流脱扣器按不同要求装在断路器下方，欠电压、分励脱扣器及电动操作控制部分装在左侧，其中欠电压、分励脱扣器通过脱扣器与放大机构相连，以减小断路器的脱扣力。6 对辅助触头供用户连接二次回路用，面板上有显示断路器工作位置的指示牌“I”“0”和“储能”指示，还有供合闸及分闸用的按钮“I”、“0”（均可按下）。DW15—1 600 型断路器附有手动操作手柄；DW15—2 500、DW15—4 000 型断路器附有检修的手动操作手柄（均可卸下）。

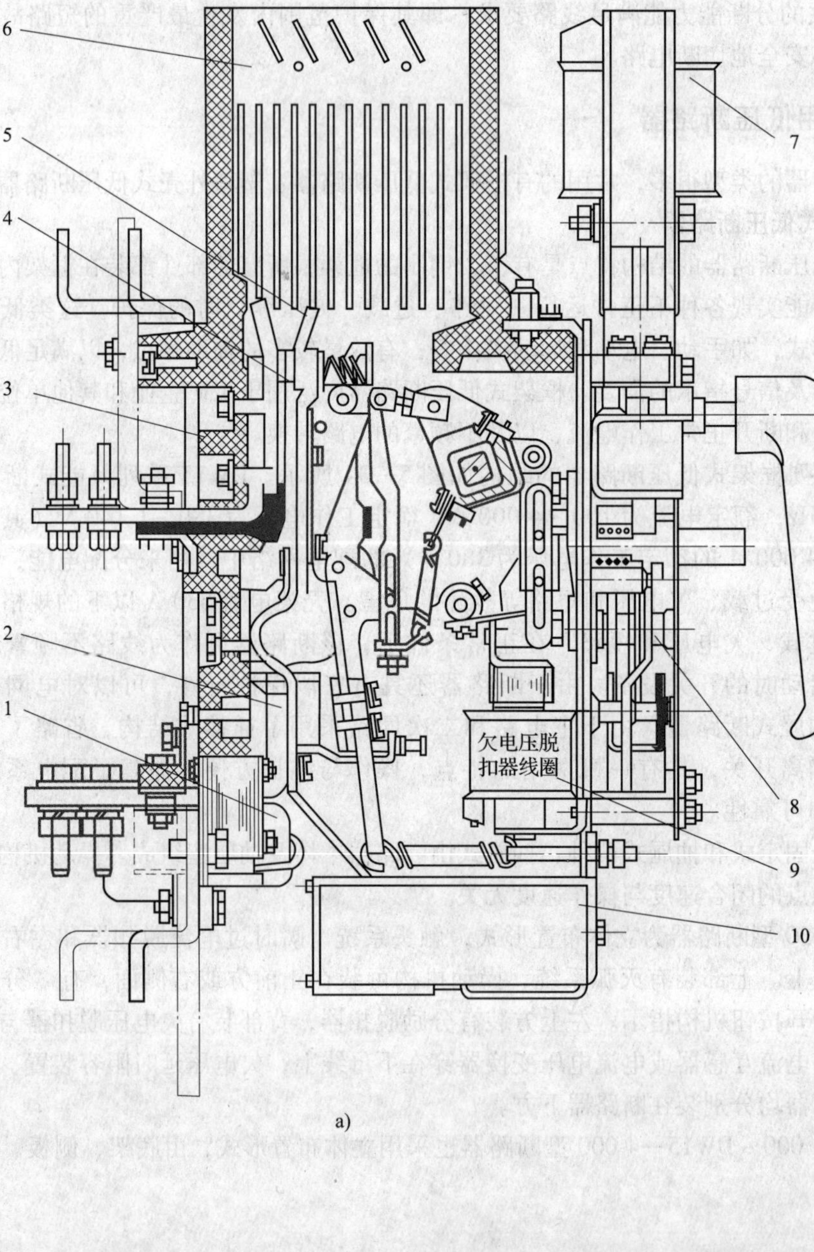

a)

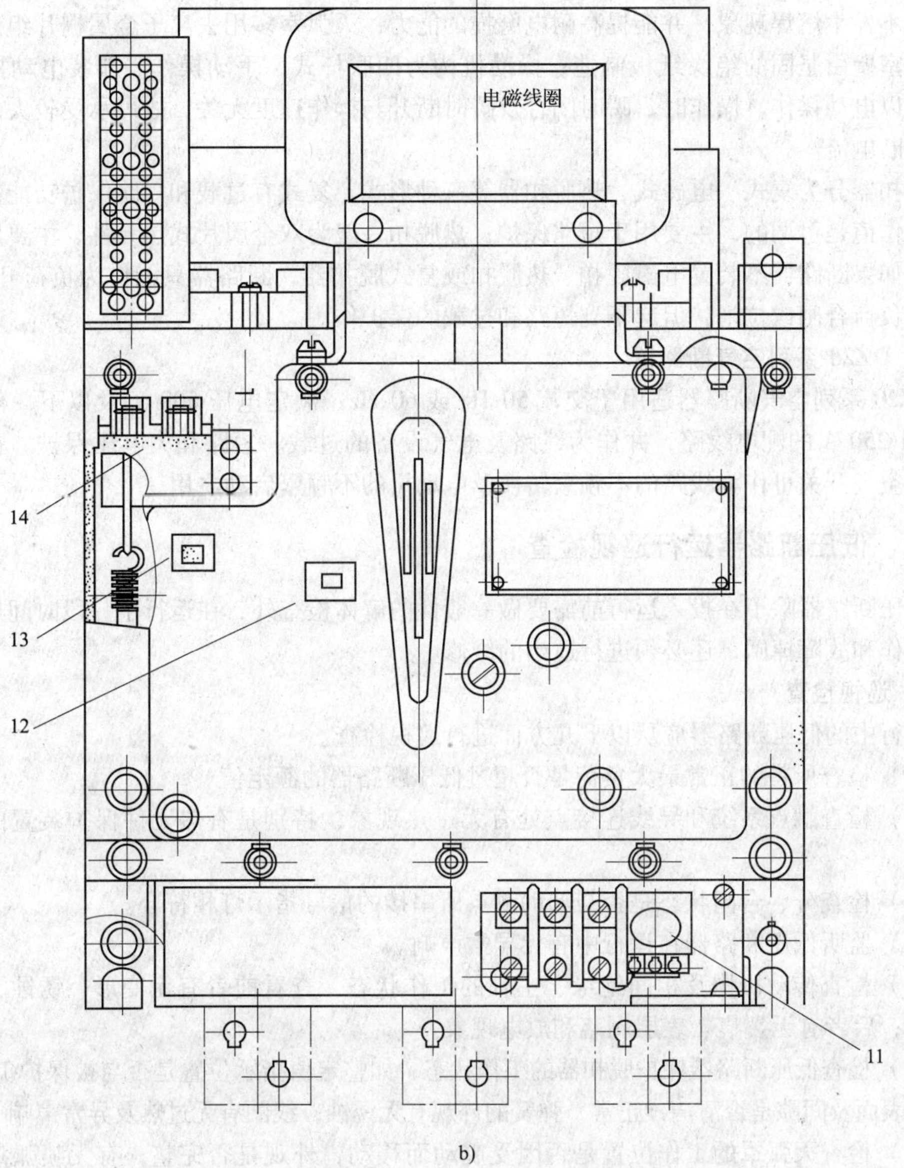

b)

图 5—34　DW15 系列低压断路器结构示意图

1—过饱和电流互感器（或电流电压变换器）　2—瞬动过电流脱扣器　3—底板　4—静触头　5—动触头　6—灭弧罩　7—电磁铁　8—操动机构　9—欠电压脱扣器　10—阻容延时装置　11—热继电器（或电子型脱扣器）　12—分、合指示牌　13—分断按钮　14—分励脱扣器

2. 塑料外壳式低压断路器

塑料外壳式空气断路器，常用于交流 50 Hz 或 60 Hz、500 V 及以下的供配电线路中，或直流 220 V 及以下的线路中。断路器的触头、灭弧系统、脱扣器及操动机构都安装在一个封闭的塑料外壳内，只有引出的进、出线导板和操作手柄露在壳外。断路器（亦称空气开关）的绝缘基座和盖都采用绝缘性能良好的热固性塑料压制而成，触头一般都采用陶冶合

金（即粉末冶金压铸，合金成分一般为石墨、镍或银等耐高温的合金材料），可以在通过大电流时不发生熔焊现象，并能提高耐电磨损的能力；灭弧室多用去离子金属栅片组成的灭弧隔室，室壁由坚固的绝缘纸板制造；操动机构为四联杆式，手动操作。加装电动操作机构后，可以电动操作。操作时，瞬时闭合及瞬时断开与操作速度无关，故可承受较大的接通电流与分断电流。

脱扣器分为复式、电磁式、热脱扣器等三种形式。复式有过载和短路保护功能；电磁式脱扣动作值是可调的，主要用于短路保护；热脱扣一般为双金属片式热元件，主要用于过载保护。如果断路器不装置电磁脱扣、热脱扣或复式脱扣器，断路器只能作为负荷开关使用，可以带负荷合闸或拉闸，但起不到短路和过载的保护作用。

3. DZ20 系列空气断路器

DZ20 系列空气断路器适用于交流 50 Hz 或 60 Hz，额定电压 500 V 及以下，额定电流 100 ~1 250 A 的配电线路，并作为线路及电气设备的过载、短路和欠电压保护。在正常情况下，空气开关可作为线路的不频繁转换及电动机的不频繁启动之用。

四、低压断路器运行巡视检查

低压断路器除了在投入运行前需要做一般性的解体检查外，在运行了一段时间后，经过多次操作和故障掉闸，还必须进行适当的维修。

1. 巡视检查

运行中的低压断路器应从以下几方面进行巡视检查。

（1）检查所带的正常最大负荷是否超过低压断路器的额定值。

（2）检查触点系统和导线连接点处有无过热现象，特别是有热元件保护装置的，更应注意。

（3）检查分、合闸状态是否与辅助触点所串接的信号指示灯相符合。

（4）监听低压断路器在运行中有无异常声响。

（5）检查传动机构及相间绝缘、主轴的工作状态，查看前者有无变形、锈蚀、销钉松脱现象；后者有无裂痕、表层剥落和放电现象。

（6）检查低压断路器保护脱扣器的工作状态，如整定值指示位置是否与被保护负荷相符，电磁铁表面及间隙是否清洁、正常，弹簧的外观有无锈蚀，线圈有无过热及异常声响等。

（7）检查灭弧罩的工作位置是否因受震动而移动，外观是否完整，有无喷弧痕迹和受潮情况。

（8）遇有灭弧罩损坏，不论是多相还是单相，均应停止使用。必须修配、装齐后才准许运行，以免断开时发生飞弧现象，造成相间短路而扩大事故。

（9）如发生长时间的负荷变动（增加或减少），需要相应调节过电流脱扣器的整定值，必要时应更换设备或附件。

（10）低压断路器因发生短路故障而掉闸或遇有喷弧现象时，除将故障排除外，还应对低压断路器进行解体检修，重点是触点系统和灭弧罩。

2. 维护与检修

除上述巡视检查外，对低压断路器定期维护及检修的内容如下。

（1）取下灭弧罩，检查灭弧栅片的完整性，清除表面的烟痕和金属细末，外壳应完整无损。

（2）检查触点表面，清擦烟痕，用细锉刀或细砂布打磨平接触面，并需保持触点原有形状。如果触点的银钨合金表面烧伤，超过 1 mm 时应更换新触点。

（3）检查触点的压力，有无因过热而失效，调节三相触点的位置和压力，使其保持三相同时闭合，并保证接触面积完整，接触压力一致。

（4）用手动缓慢分、合闸，检查辅助触点的动断、动合工作状态是否合乎要求，并检查辅助触点的表面，如有损坏应更换。

（5）检查脱扣器的衔铁和拉簧活动是否正常，动作应无卡阻，磁铁工作极面应清洁平滑，无锈蚀、毛刺和污垢。检查热元件的各部位有无损坏，其间隙是否正常。

（6）断路器中的机构各个摩擦部位应定期涂注润滑油。

（7）全部检修完毕后，应做几次传动试验，检查是否正常，特别对于电气联锁系统，要确保动作准确无误（指两个电源低压断路器之间联锁控制接线等）。

第八节　高压断路器预防性试验

一、绝缘电阻的测量

绝缘电阻的测量是断路器试验中的一项基本试验，通常用 2 500 V 兆欧表进行测量。

高压多油断路器的绝缘部件有套管、拉杆、绝缘油等。通过这项试验可以灵敏地发现拉杆受潮、沿面贯穿性缺陷（如弧道伤痕、裂纹）等，对于引线套管绝缘严重不良（如受潮等），也能被检查出来。测量高压多油断路器的绝缘电阻的目的主要是检查拉杆对地的绝缘，因此该测试应在合闸状态下进行。

35 kV 及以下高压少油断路器的主要绝缘部件有瓷绝缘子和绝缘拐臂。测量 35 kV 以下高压少油断路器的绝缘电阻，应分别在合闸与分闸状态下进行。在合闸状态下，可以检查出内部灭弧结构部分是否受潮或烧伤。

35 kV 及以上高压少油断路器的主要绝缘部件有瓷套、拉杆和绝缘油。测量 35 kV 以上高压少油断路器的绝缘电阻应分别在合闸状态和分闸状态下进行。在合闸状态下主要检查拉杆对地的绝缘；在分闸状态下主要检查各断口之间的绝缘，通过测量可以检查出内部灭弧室是否受潮或烧伤。

《规程》中对油断路器整体绝缘电阻未作规定，用有机物制成的拉杆的绝缘电阻不应低于表 5—5 中所列数值。一般在交接或维修时进行有机物制成的拉杆绝缘电阻的测定。

表 5—5　　断路器绝缘拉杆绝缘电阻规定值　　MΩ

额定电压（kV）	<24	24～40.5	72.5～252	363
大修后	1 000	2 500	5 000	10 000
运行中	300	1 000	3 000	5 000

对于空气断路器，只测量支持瓷套的绝缘电阻，测量时使用2 500 V兆欧表，其量程为10 000 MΩ，测得的绝缘电阻值应大于5 000 MΩ。

二、介质损耗角正切测量

介质损耗角正切测量仅对多油断路器进行，对少油断路器和SF_6断路器不做此项试验。测量35 kV及以上非纯瓷套管多油断路器的介质损耗角正切，主要是检查套管的绝缘状况，同时也检查其他绝缘部件，如灭弧室、绝缘拉杆、油箱绝缘围屏、绝缘油等的绝缘状况。

试验时，首先进行分闸状态下的试验。将被试断路器与外界引线脱离，并在分闸状态下对每支套管进行测量。若测量结果超出标准或与以前比较有显著增大时，必须落下油箱，进行分解试验，逐次缩小缺陷的可疑范围，直到找出缺陷部位。

对断路器的分解试验应按步骤分步进行。

（1）落下油箱（对于结构上不能落下油箱者可放去绝缘油）使灭弧室及套管下部露出油面进行测试。若$\tan\delta$值明显下降（降低3%～5%以上），则可以认为是油箱绝缘（油及绝缘围屏）不良。

（2）如落下油箱或放油后，$\tan\delta$值仍无明显变化，则应将油箱内的套管表面擦净，并采取措施消除灭弧室的影响（可在灭弧室外加一金属屏蔽罩或包铝箔接于电桥的屏蔽回路，或者拆掉灭弧室）后再进行测试。如$\tan\delta$值明显下降（降低2.5%以上时）则说明灭弧室受潮，否则说明套管绝缘不良。

少油断路器和空气断路器一般不做此项试验，因其绝缘结构主要是瓷绝缘和环氧玻璃纤维布类绝缘，不存在套管受潮问题。在少油断路器的瓷套中，虽然充有绝缘油，但由于断路器本身电容量很小，再加上接线、仪表、温度和周围电场等因素的影响，测量数据往往分散性很大，难以判断其规律性，因此$\tan\delta$值测量难于有效地发现其绝缘缺陷。

（3）泄漏电流测量。由于少油断路器和空气断路器的$\tan\delta$值测量不能有效地发现绝缘缺陷，所以测量泄漏电流是35 kV以上少油断路器和压缩空气断路器的重要试验项目之一。它能比较灵敏地发现断路器外表带有的危及绝缘强度的严重污秽、拉杆或绝缘油受潮、少油断路器灭弧室受潮劣化和碳化物过多等缺陷，以及空气断路器中因压缩空气湿度增高带进潮气而在管内壁和导气管壁凝露等缺陷。

当泄漏电流数值超过标称值时，可进行分解试验，检查各部件绝缘是否符合标准。多油断路器解体时，可对其拉杆进行上述试验。

少油断路器、压缩空气断路器的试验电压标准见表5—6。

表5—6　少油断路器和压缩空气断路器直流泄漏电流试验电压　kV

额定电压	≤40.5	72.5～252	≥363
直流试验电压	20	40	60

泄漏电流测量负值是指在测量110 kV及以上少油断路器和空气断路器直流泄漏电流时，空载泄漏电流比在同样电压下测得的少油断路器和空气断路器的泄漏电流还要大。产生这种

现象的主要原因是高压试验引线的影响，并受到升压速度快慢和稳压电容充放电时间长短的影响。

消除泄漏电流测量负值的方法主要有：对引线端头采取均压措施，减少电晕的影响；高压侧采用屏蔽、清洁设备、增加引线线径，以减小空载电流；保持升压速度，对稳压电容器要充分放电；尽可能使试验设备、引线远离电磁场源。

对 35 kV 及以上的少油断路器和空气断路器，其泄漏电流应小于 10 μA；对 220 kV 及以上的少油断路器和空气断路器及拉杆（包括支持瓷套）的泄漏电流应小于 5 μA。

（4）交流耐压试验。交流耐压试验是鉴定断路器绝缘强度最有效和最直接的试验项目。交流耐压试验应在合闸状态下导电部分对地之间和分闸状态下断口间进行。

110 kV 及以上油断路器若因试验设备的限制可以不做整体交流耐压试验。35 kV 油断路器在新安装和大修后应做交流耐压试验，必要时在预防性试验中也应进行交流耐压试验。35 kV以下的断路器交接、大修、预防性试验中都应进行交流耐压试验。其试验电压见表5—7。

表 5—7　　交流耐压值　　kV

额定电压	3	6	10	35	60	110	220	500
交接、大修后、运行中	22	18	38	85	140	225	425	产品规定试验电压 80%

对交流耐压试验电压测量的要求不是很严格，可以直接从低压侧读数后换算。交流耐压试验前、后绝缘电阻不下降 30% 为合格。

对于过滤油和新加油的断路器，必须等油中气泡全部逸出后才能进行试验，一般需静止 3 h 左右，以免油中气泡引起放电。

在断路器的交流耐压试验过程中，应注意观察和分析异常现象。试验时，油箱出现时断时续的轻微放电声，应放下油箱进行检查，必要时应将油重新处理；若出现沉重击穿声或冒烟，则为不合格，必须重新处理。如有机绝缘材料烧坏就应更换，并查明原因，以免造成损失。

（5）载流回路试验

1）导电回路电阻测量。由于导电回路接触好坏是保证断路器安全运行的一个重要条件，所以在预防性试验中需要测量其直流电阻。

目前，电力系统中测量导电回路电阻主要采用电压降法。其工作原理是：当在被测回路中通以直流电流时，在回路接触电阻上将产生电压降，测量出通过回路的电流及被测回路上的电压降，即可根据欧姆定律计算出接触的直流电阻值。

测量时，回路通以 100 A 的直流电流，电流用分流器及毫伏表 1 进行测量，回路接触电阻的电压降用毫伏表 2 进行测量，毫伏表 2 应接在电流接线端侧，以防止电流端头的电压降引起测量误差。流过电流的导线一般采用截面积为 16 mm^2 的铜线。

《规程》中对多油和少油断路器每相导电回路的电阻未做规定，但规定在运行中空气断路器导电回路的电阻可比制造厂规定值提高 1 倍。

一种便携式测量导电回路电阻的微欧表是采用变频方式，将工频电流变换成 15 kHz 的高频电流，再经过变压、整流为直流测量电源，解决了现场测量电源的问题。

2）灭弧室并联电阻测量。高压断路器加装并联电阻是为了限制操作过电压。并联电阻有两类，一类是分、合闸共用并联电阻；另一类是合闸并联电阻。500 kV 及以上空气断路器的并联电阻通常为 1 000 ~ 1 200 Ω 的陶瓷电阻；500 kV 的 SF_6 断路器的并联电阻通常是 400 Ω 的线性陶瓷电阻；330 kV 空气断路器采用 3 000 Ω 金属丝电阻。

在断路器外部测量断路器的分、合闸电阻或合闸电阻，需使断路器处于合闸过程中。

实测并联电阻值应与出厂或交接时相符，如发现异常应查出原因。

对于金属丝电阻，一般只要不断开，电阻值不会发生太大的变化。对于陶瓷电阻，由于老化、击穿等原因可能造成电阻值变化。

（6）高压断路绝缘油试验。油断路器中的绝缘油，除了具有绝缘作用外，还具有灭弧作用，使断路器能迅速可靠地切断电弧。绝缘油应具有较小的黏度、较低的凝固点、较高的闪点和耐压强度，并应具有较好的稳定性。

在运行中，绝缘油由于受到氧气、高温、高湿度、强电场和杂质的作用，性能会逐渐劣化，致使不能充分发挥绝缘作用，必须定期进行预防性试验。运行中的断路器绝缘油的预防性试验只进行击穿电压试验。

击穿电压试验操作的第一步是取油样。正确的取样技术和样品保存方法，对试验的准确性相当重要。油断路器的油样应从下部阀门处取样，取样前应先用干净的棉纱或布将油阀门擦净，再放油将阀门和管路冲洗干净。第二步是试油必须在不破坏原有储装密封状态下，在实验室内放置一段时间，待油温和室温相近后方可揭盖。揭盖前，将试油轻轻摇动，使内部杂质混合均匀，但不得产生气泡。第三步是试验前，用试油将油杯洗涤 2 ~ 3 次。试油注入油杯应徐徐沿油杯内壁流下，以减少气泡。在操作中，不允许用手触及电极、油杯内部和试油。油杯盛满后必须静置 10 ~ 15 min，方可进行试验。

该试验采用专用油杯和专用电极。对于 220 kV 以下的断路器油采用平板电极系统，对于 220 kV 断路器油采用球盖形电极系统。油杯和电极需保持清洁。

该试验在室温 15 ~ 35℃、湿度低于 75% 的条件下进行，试验进行 6 次，取 6 次击穿电压的算术平均值作为平均击穿电压，每次试验间隔 5 min。断路器油平均击穿电压应不低于表 5—8 中所列的数值。

表 5—8　　断路器油击穿电压　　kV

项目	110 kV 以下	110 kV 以上
投运前、大修后	35	40
运行中	30	35

第六章

整 流 器

第一节 工作原理及构造

一、二极管基本知识

1．二极管结构

P 型半导体和 N 型半导体结合在一起组成的 PN 结具有单向导电的特性，大功率平板型二极管就是把一个面积较大的 PN 结两边用铜块压接，并以陶瓷外壳作为两极之间绝缘而封装起来的。二极管是两端器件，P 型半导体的一端为阳极，用字母 A 表示；N 型半导体的一端为阴极，用字母 K 表示。当 A 端加上正向电压时，整流管表现为一个很小的电阻，流过较大的正向电流，称为正向导通；当 K 端加上正电压时，整流管表现为一个很大的电阻，几乎没有电流通过，称为反向截止。当反向电压增加过大时，可使整流管失去反向截止能力而导致 PN 结反向击穿。

2．二极管参数

二极管参数可分为额定值和特性值。额定值是在规定的工作温度范围内均应满足的极限值，当超过这一极限值时，可导致二极管的失效。特性值则不然，当使用中超过其特性值规定范围时，允许性能指标下降，并不直接导致二极管的失效。对于特性值，一般给出典型值或允许范围。

（1）额定值

1）正向平均电流 I_{FAV}。I_{FAV}是在单相半波电阻性负载条件下，不超过二极管的最高结温 T_{jm}或规定壳温 T_c时，允许通过的正向电流在一个周期内的平均值。特别指出，电流在这里具有结温额定和壳温额定两种表示方法。现在国家标准给出半导体器件的 I_{FAV}是采用壳温额定。壳温额定电流一般是指不带散热器的，并非工作时真能用到这么大的电流。在实际使用中的壳温额定电流取决于冷却条件（散热器的大小、冷却方式）、环境温度等。

2）反向重复峰值电压 U_{RRM}。U_{RRM}是二极管能重复施加的反向最高峰值电压，通常是其雪崩击穿电压的2/3。通常所说半导体的额定电压，对二极管而言就是反向重复峰值电压 U_{RRM}。

3）浪涌电流 I_{FSM}。I_{FSM}是二极管能承受的最大的连续一个或几个工频周期的过电流。一般样本给出为一个周波（10 ms）的数值，随着过载时间增加，浪涌电流呈指数曲线下降。该值用于校验变流装置的短路过载能力。

4）电流平方时间积 I^2t。电流平方时间积 I^2t 是二极管承受正向不重复最大电流的能力。它是用来选择保护半导体器件的快速熔断器的参数，要求快速熔断器的 I^2t 小于半导体器件的 I^2t。

5）内部等效结温 T_j。二极管结温是指 PN 结的平均温度，最高允许结温 T_{jm}是指在 PN 结不致损坏前提下所能承受的平均温度。

（2）特性值

1）二极管的正向峰值电压 U_{FM}。结温在 25℃，通以 3 倍通态平均电流或正向平均电流的峰值电流时，在二极管两端测出的峰值电压，通常又叫管压降。在更换器件、调节均流时使用。

2）反向重复峰值电流 I_{RRM}。反向重复峰值电流 I_{RRM}是对应于整流二极管施加反向重复峰值电压 U_{RRM}时的反向峰值漏电流。I_{RRM}还和测量温度有关，一般半导体器件的样本给出的是对应于最高工作结温 T_{mj}的数值，而常温测出的数值要小得多，这是因为半导体材料具有负阻特性，在温度升高时内阻会减小。I_{RRM}可作为判断半导体器件电压降级的依据，当超过规定值时，U_{RRM}必须降级使用。

二、常用大功率整流装置

整流装置是一种把交流电源电压转换成所需的直流电压的装置。根据不同的生产实践需求，有各种特色的整流装置。对于轨道交通的直流牵引系统而言，纹波系数是衡量电能质量的一个重要标准。在整流电路中，脉波数是指一个周期内整流电压 U_d所包含的波头数，比如单相半波的脉波数为 1，单相桥式的脉波数为 2，三相桥式的脉波数为 6。脉波数越多，输出直流电压纹波系数越小，电压更趋近平整。以三相桥式全波整流电路为例，如图 6—1 所示，为了分析方便，把一个周期等分为 6 段，每段相隔 60°。

在第（1）段期间，U 相电位最高，因而共阴极组的 VD1 被触发导通，V 相电位最低，所以共阳极组的 VD6 也被触发导通。这时电流由 U 相经 VD1 流向负载，再经 VD6 流入 V 相。变压器 U、V 两相工作，共阴极组的 U 相电压为正，共阳极的 V 相电压为负，加在负载上的整流电压为：$U_d = U_U - U_V = U_{UV}$。

经过 60°后进入第（2）段，这时 U 相电位仍然最高，VD1 继续导通，但 W 相电位却变成最低，当经过自然换相点时触发 W 相 VD2 导通，电流即从 V 相换到 W 相，VD6 承受反向电压而关断。这时电流由 U 相流出，经 VD1、负载、VD2 流回电源 W 相。变压器 U、W 两相工作。这时 U 相电压为正，W 相电压为负，在负载上的电压为：$U_d = U_U - U_W = U_{UW}$。

再经过 60°进入第（3）段，这时 V 相电位最高，共阴极组在经过自然换相点时，VD3 导通，电流从 U 相换到 V 相，W 相 VD2 因电位仍然最低而继续导通。此时变压器 V、W 两相工作，在负载上的电压为：$U_d = U_V - U_W = U_{VW}$。

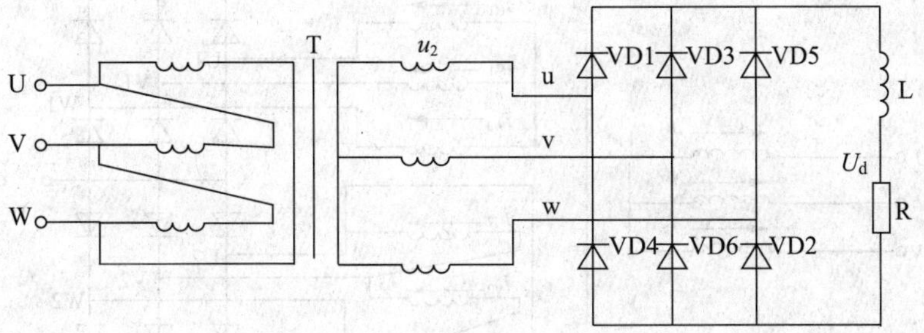

a)

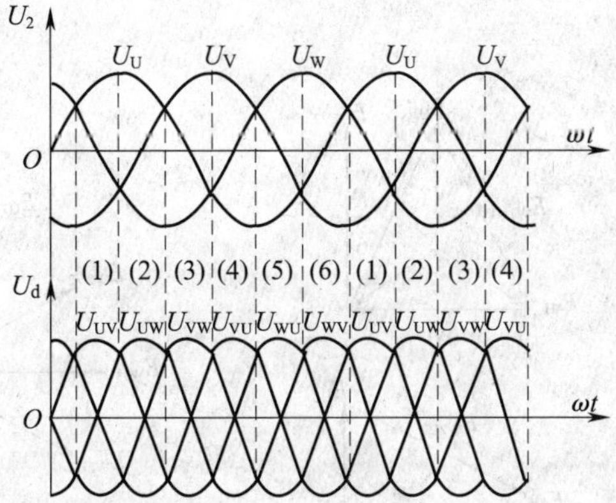

b)

图 6—1　三相桥式全波整流电路

a）电路图　b）波形图

依此类推，在第（4）段期间，VD3、VD4 导通，变压器 V、U 两相工作。在第（5）段期间，VD5、VD4 导通，变压器 W、U 两相工作。在第（6）段时期，VD5、VD6 导通，变压器 W、V 两相工作。以后重复上述过程。

三、整流机组构成原理

一套 12 脉波整流机组包括一台整流变压器、一台整流器以及完整的辅助、控制回路和必要的配件等。两套 12 脉波整流机组经匹配构成一套 AC33 kV/DC1 500 V 等效 24 脉波整流机组。

1. 12 脉波整流电路

单机组 12 脉波整流电路由两个三相全波整流桥并联组成。每台整流变压器的二次绕组有一个星形绕组和一个三角形绕组，分别向两个三相整流桥供电。因为整流变压器二次星形绕组和三角形绕组相对应的线电压相位错开 π/6，因此，可以得到两个三相整流桥并联组成的 12 脉波整流电路，如图 6—2 所示。12 脉波整流器典型主电路图如图 6—3 所示。

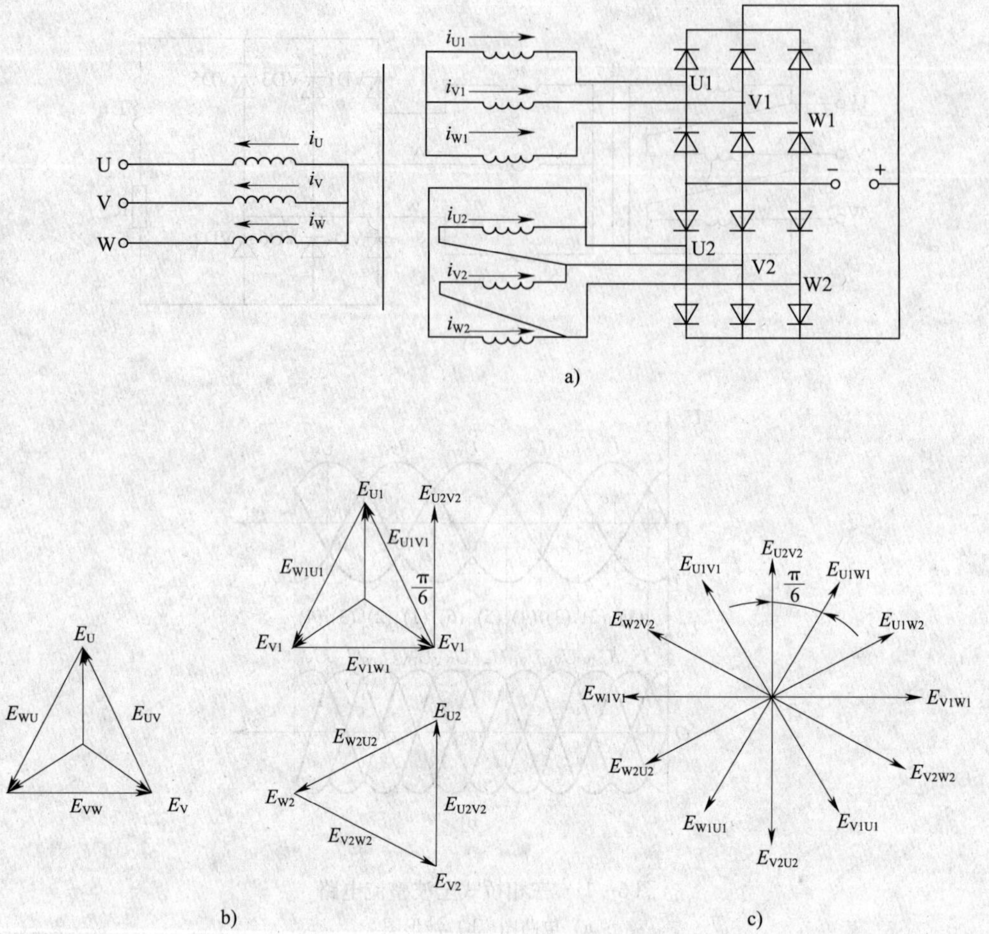

图 6—2　12 脉波整流电路及矢量图

a）12 脉波整流电路原理图　b）变压器一次、二次绕组电压矢量图　c）整流换相图

12 脉波整流电路的特点如下：

（1）顺序换相互不干扰，当不考虑重叠角时，各桥臂整流管的导电时间为 2π/3，输出直流电流为两个并联桥整流电流之和。

（2）各绕组线电压相位错开 π/6，直流输出电压波峰在时间上重合，也错开 π/6，因此，总的直流输出电压便有 12 相脉波。

2．24 脉波整流电路

轴向双分裂 12 相 24 脉波地铁牵引整流变压器，其网侧为一个不分裂的绕组，分成上下两个支路，两支路并联连接。两组阀侧绕组沿轴向布置于同一铁心柱上，其本身并没有串联或并联，而是将其头尾各自采用星形联结和三角形联结分别引出，分裂成两个支路。这种阀侧绕组分裂为两个支路，布置在同一铁心柱上的轴向双分裂结构的变压器绕组，可以使阀侧两个支路并联运行，同时向负载供电，即同时各向一组三相桥式整流器供电。阀侧绕组一组采用星形联结，另一组采用三角形联结，使它们的线电压有效值接近。变压器阀侧绕组同名

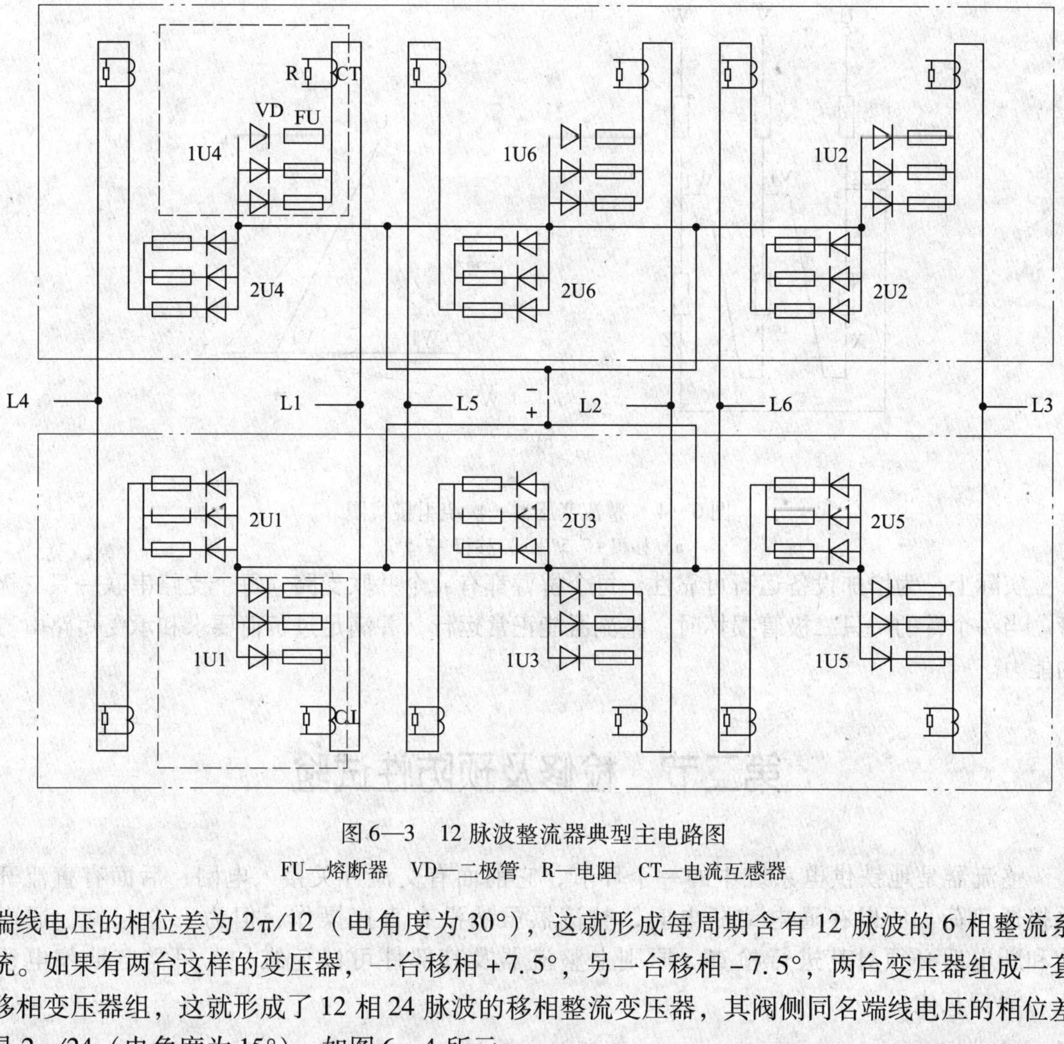

图 6—3　12 脉波整流器典型主电路图

FU—熔断器　VD—二极管　R—电阻　CT—电流互感器

端线电压的相位差为 2π/12（电角度为 30°），这就形成每周期含有 12 脉波的 6 相整流系统。如果有两台这样的变压器，一台移相 +7.5°，另一台移相 −7.5°，两台变压器组成一套移相变压器组，这就形成了 12 相 24 脉波的移相整流变压器，其阀侧同名端线电压的相位差是 2π/24（电角度为 15°），如图 6—4 所示。

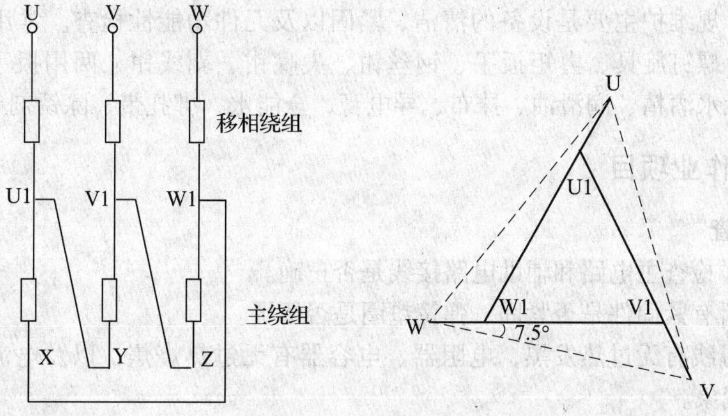

a)

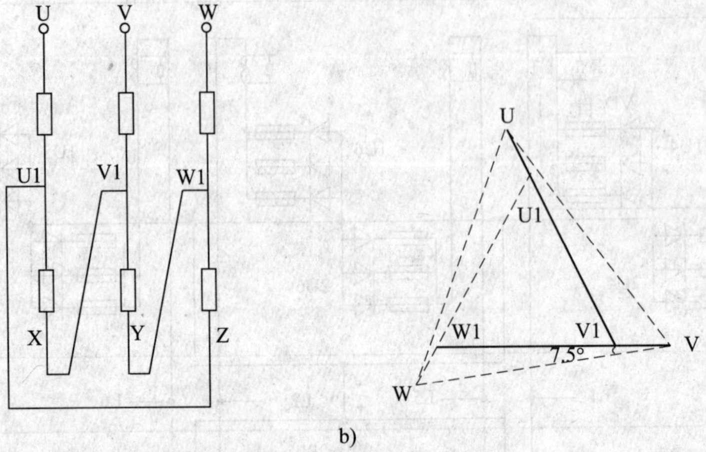

图 6—4　整流变压器一次绕组接线图

a）移相 +7.5°　b）移相 -7.5°

实际上，为增加设备运行可靠性，每个桥臂都有 n 个并联支路，每个支路串联一只二极管。当一个臂的一只二极管损坏时，整流器能正常运行，并满足过负荷要求和承受短路电流的能力。

第二节　检修及预防性试验

整流器是地铁供电系统中的一个环节，它前面有交流开关接入电网，后面有直流开关接通负荷。所以在通电或断电时，整流器虽然没有直接操作，但为安全起见，通电前和断电后必须对其进行检查。原则上整流器及其部件可以免维护，只需定期停电检查、清扫灰尘。

一、常规维护

整流器的常规维护主要是设备的清洁、紧固以及元件功能性检查。常用工器具及材料有：活动扳手、螺钉旋具、力矩扳手、钢丝钳、尖嘴钳、剥线钳、两用扳手、毛刷、万用表、兆欧表、无水酒精、润滑油、抹布、导电膏、全能水、绑扎带、除锈剂等。

二、检修作业项目

1．外观检查

（1）按图样检查主电路和辅助电路接线是否正确。

（2）检查所有紧固件是否紧固、弹簧垫圈是否压平。

（3）检查母线有无过热发黑，电阻器、电容器有无过热烧焦，以及电流互感器绝缘包有无过热变色现象。

（4）清扫屏柜通风网孔灰尘。

（5）用毛刷或吸尘器清扫绝缘子、二极管、熔断器、电容器表面的灰尘。

2. 二极管检查

用万用表电阻挡检查各二极管的正、反向电阻值有无异常现象。

在实际电路中，二极管的周边电阻一般都比较大，大都在几百或几千欧以上，这样就可以用万用表的的 R×10 Ω 或 R×1 Ω 挡来测量 PN 结的好坏。测量时，用 R×10 Ω 挡测 PN 结应有较明显的正反向特性（如果正反向电阻相差不太明显，可改用 R×1 Ω 挡来测量），一般正向电阻在 R×10 Ω 挡测量时表针应指示在上百欧，在 R×1 Ω 挡测量时表针应指示在几十欧（根据不同表型，可能略有出入）。如果测量结果正向阻值太大或反向阻值太小，都说明这个 PN 结有问题，这只二极管也就有问题了。实际判定还要参考二极管的型号、参数。

用阻容电表或万用表检查保护电阻、电容参数有无异常、是否接入电路。

3. 保护装置检查

（1）检查控制电源是否工作，柜内照明是否正常。

（2）采用拆线、短接、外接电路等方式定性检查整流器保护装置动作情况。

如图 6—3 所示整流器，在每只二极管支路均串有快速熔断器进行保护。当发生内部短路时，熔断器熔断，给出信号用于报警或跳闸，并且熔断器上具有明显熔断标志——红色报警牌。检查时可以人工抠出一个熔断器的红色报警牌，使辅助触点闭合，观察显示屏有无相应桥臂报警信号显示；抠出两个报警牌，观察显示屏有无跳闸信号显示。

三、大修项目

1. 工作准备

（1）技术准备。技术准备主要是对参检人员进行技术强化，对待修设备进行技术摸底，包含三方面的内容。首先是参加检修人员要全面掌握设备的工作原理、构造，熟读图样资料，对检修工艺加以强化，在技术水平上保证检修的顺利进行；其次要充分了解设备运行情况，如声音、发热等，有无故障记录；第三是收集整流器投运以来的试验报告、检修记录，进行系统的分析，同时可对比其他整流器的情况，尤其注意是否有遗漏的问题等，作为本次检修的关注项目。

（2）人员配置。综合检修包括维护、试验、保护校验三个方面，各方面人员都要配备充足，适当考虑预留人员，但不宜过多。各部分人员尽量不交叉分配，作业时要划清范围。

（3）工具材料准备。除常用工器具外，还应准备测试用工具物料，并按设备的具体型号准备备品、备件，一般应准备整流管、绝缘子、散热器、保护模块等。

2. 典型大修项目

整流器大修时要对其解体，清扫灰尘，对主要部件性能进行测量，并进行相关试验。

（1）主要部件清洁、紧固。整流堆主要由二极管、散热器及其附件组成。检修时要进行外观检查、清洁、压装力检查和元件测试。清扫或清洗整流堆散热器片间、绝缘套管、二极管瓷环表面的灰尘；检查紧固件的压装状态，例如，垫圈有无裂纹；绝缘套管、绝缘垫块有无放电痕迹；对照安装说明书用力矩扳手逐个检查压装力；用反向测试仪对每个二极管施加反向重复峰值电压，其反向峰值电流应在使用限度之内。

（2）电容电阻状态检测。用阻容表测量电容值、电阻值。测量压敏电阻的压敏电压 U_{1mA}（所谓压敏电压，即击穿电压或阈值电压，是指在规定电流下的电压值，大多数情况下用 1mA 直流电流通入压敏电阻时测得的电压值）。测量值与标准值进行对比，不符合要求需及时更换。

（3）保护显示动作检查及校验。整流器的保护校验主要针对电量和非电量保护。电量保护一般指过流和逆流保护，非电量保护一般指温度保护。

1）过流保护。指二极管支路串有快速熔断器进行保护。当发生内部短路时，熔断器熔断，给出信号用于报警或跳闸，并且熔断器上具有明显熔断标志。

当一个桥臂内有一个熔断器熔断或不同桥臂同时各有一个熔断器熔断时，发出报警信号。当一个桥臂内同时有两个熔断器熔断时，发出跳闸信号。

校验时人工抠出一个熔断器的红色报警牌，观察显示屏有无相应桥臂报警信号显示；抠出两个报警牌，观察显示屏有无跳闸信号显示，并做好校验记录。

2）逆流保护。整流器逆流保护作为二极管内部故障的后备保护，虽然关于其设置的必要性仍有讨论，但目前一般还会设置此保护，即在每个整流桥臂上串联一个电流互感器。当二极管击穿、快速熔断器失效不动作时，检测桥臂逆流，并给出跳闸信号。

校验时，卸开每个桥臂的电流互感器二次端子，从二次端子加入直流电压（交直流均可，数值参考具体型号），观察显示屏有无逆流跳闸信号。

3）温度保护。在整流器预测温度最高的元件的散热器上设置温度继电器，用于监视元件散热器的温度。当整流器测试点的温度超过报警设定值时，发出报警信号。

4）注意事项。无论定量检验还是定性校验，都要准确全面地收集信号，包括整流器柜保护装置显示、动作情况，站内 SCADA 监控系统情况，设置中央监控系统的信号情况。生产中整流器的桥臂和二极管数量都比较多，作业要有一定次序，不要多做和漏做。对于需要拆线或短接完成的校验项目，作业后需确认恢复接线，不要遗漏。

（4）组装后试验。整流器型式试验主要包括以下内容：均流试验、轻载（功能）试验、绝缘强度试验。

1）均流试验。试验目的在于检验整流器在额定电流下的均流系数。一般采用低压电流试验。方法如下：

①将整流器输出端子（L+）和（L-）用分流器短接，或接一低阻值电阻负载。两个三相整流桥的输入端 L1～L6 通过调压器和大电流变压器接至电源。

②用调压器调节外施电压来逐渐增加输出电流值，观察屏面电流表的电流是否与输入阀侧电压按比例增加，使输出电流达到额定电流 I_{dN} 的修正值（试验电源波形与实际工作波形不同，故需修正）。当整流器达到额定电流后检查各部分工作是否正常。

③用标准导线从分流器引到外接 0.5 级毫伏表，校验屏柜电流表。

④在整流器施加额定电流及 150% 额定电流，待各部分温度稳定后进行均流测量。用交直流钳表测量桥臂各支路的电流，计算均流系数 K_i 为：

$$K_i = \frac{\sum I}{nI_m}$$

式中 K_i——桥臂均流系数；

$\sum I$——桥臂各并联二极管的电流之和，A；

n——桥臂并联二极管数；

I_m——桥臂并联二极管中的最大电流，A。

测量结果要求在额定电流和1.5倍过载电流下，各桥臂均流系数 $K_i \geqslant 0.9$。

2）轻载（功能）试验。轻载试验的目的是检验电路的各个环节与主电路各元件是否相互协调，正常工作。

①试验时直流输出端开路，负载电阻作为负载；调整输入三相电压，观察屏面电压表是否与输入阀侧电压按比例增加，使输入阀侧电压为额定电压（±5%），测量输出空载电压应小于整流器最高输出电压。

②通电时间不小于45 min。用点温计或红外测温仪测量稳定电阻、RC保护电阻表面温度，要求电阻发热不影响周围器件的工作，并且其表面温度 T_R 应满足下式：

$$T_R \leqslant 250 + (40 - T_A)$$

式中 T_A——试验时的环境温度，$^{\circ}$C。

③在直流输出端外接0.5级直流电压表，校验屏柜电压表。

3）绝缘强度试验。绝缘强度试验包括耐压试验和绝缘电阻测量，前者目的在于检查整流器的绝缘状况；后者目的在于防止不必要的高电压破坏。

①试验前，将主电路的各交流母排短接，直流输出端短接，交流与直流母排短接，过电压保护电容器、压敏电阻器两极间短接，电流表、电压表测量线短接。

②将逆流护板插头、故障显示盒插头、通信板插头拔除。

③将各辅助电路导线、快速熔断器的熔断指示器引出线、温度继电器引出线、电流互感器二次侧引出线全部短接在一起。

④用2 500 V兆欧表测量主电路对机壳的绝缘电阻，要求不小于5 MΩ。用500 V兆欧表测量辅助电路对机壳的绝缘电阻，要求不小于2 MΩ。绝缘电阻仅为耐压试验的参考。

⑤将辅助电路短接后接机壳，在主电路与机壳之间施加工频交流电压5 kV，1 min应无击穿和闪络现象。

⑥在辅助电路与机壳之间施加工频交流电压2 kV，1 min应无击穿和闪络现象。

第三节 故 障 处 理

一、常见故障处理

以图6—3所示12脉波整流器为例，常见故障现象、原因及处理方法见表6—1。

表 6—1　　整流器常见故障现象、原因及处理方法

故障现象	故障原因	处 理 方 法	备注
温度过高	（1）通风网孔堵塞 （2）环境温度过高	（1）清扫通风网孔 （2）打开室内排气扇	照常运行
控制电源断电	控制电源失电	检查控制电源	照常运行
一个快速熔断器断开	（1）桥臂一只二极管损坏 （2）不同桥臂各有一只二极管损坏	记录二极管损坏位置，并在停运时更换	照常运行
同一桥臂两个快速熔断器断开	同一桥臂有两只二极管损坏	更换损坏的二极管，同时要对通过正向短路电流的二极管进行检查，看有无损坏	停运
桥臂有一只二极管损坏	快速熔断器不能正常开断，逆流保护动作跳闸	更换不能正常开断的快速熔断器和损坏的二极管	停运
超过设定跳闸温度	二极管超过允许工作温度或屏柜通风网孔堵塞	检查过热原因，清扫通风网孔	停运

二、二极管更换

以 ZQA—1467/1500（2 200 kW）型整流器为例，介绍二极管更换的基本方法。

1. 工具

M16 套筒扳手 1 套，M16 ~ 18 扳手 2 件，导电脂 1 盒，分析纯酒精、药用纱布若干。

2. 二极管备品

从整流器出厂履历本查看损坏二极管的峰值电压 U_{FM} 或压降分级，并从备品中找出与其相同等级的二极管，将该二极管在反向测试仪上施加反向重复峰值电压 4 400 V，其反向重复峰值电流 I_{RRM} 不大于出厂值的 2 倍即可使用。

3. 更换步骤

（1）拆下装在块状散热器前的快速熔断器和与母排的连接线。

（2）进行二极管压装，图 6—5 所示为 ZQA—1467/1500（2 200 kW）型整流器的二极管压装图。

1）从块状散热器 11 端用 M16 套筒扳手松开螺母。

2）退出螺母、弹簧垫圈、平垫圈和压板 14。

3）用左手托住中间的二极管元件 16，并夹紧两个双头螺杆 9。

4）用右手把块状散热器 11、绝缘垫块 1、导柱 12 和蝶形垫圈 13 向外移出一定距离，使损坏的二极管刚好能取出，新的二极管能放入。

注意：外移块状散热器时，双头螺杆不能向左移动，否则置于条状散热器后的钢珠、垫块等可能掉落。

5）用纱布蘸酒精将块状散热器和条状散热器与二极管接触的台面擦干净并晾干。

注意：勿将棉纱遗留在台面。同样，用酒精把要换上的二极管两边台面擦干净，擦干净后手指不能再触及台面。

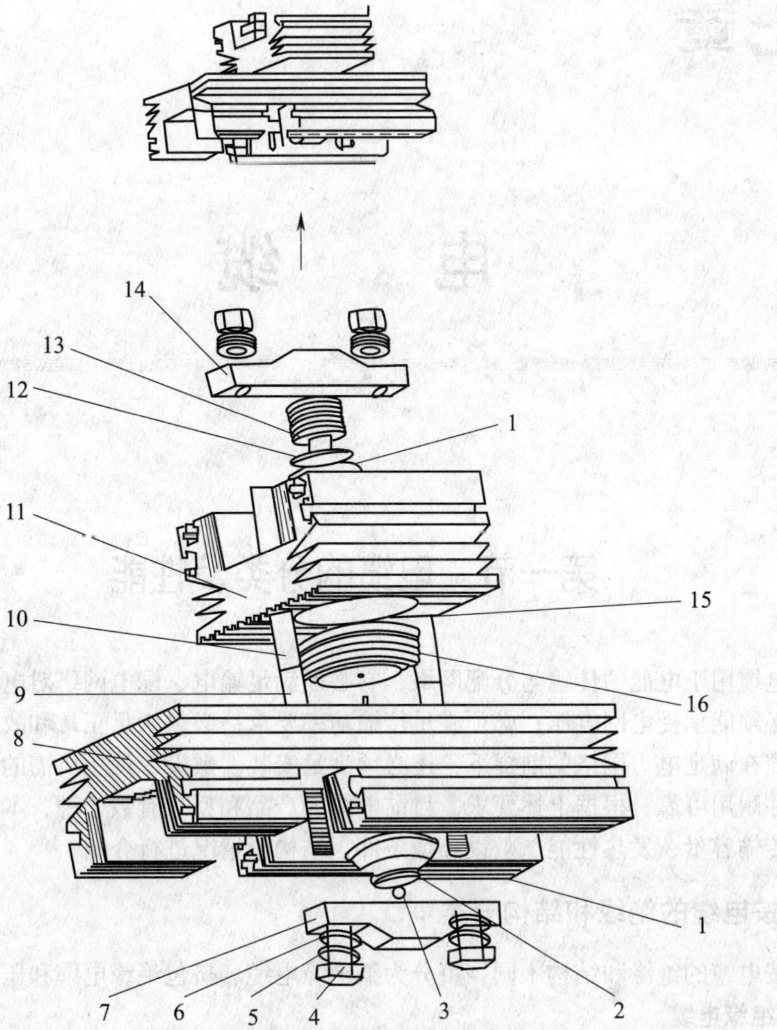

图6—5 ZQA—1467/1500（2 200 kW）型整流器二极管压装示意图

1—绝缘垫块 2—垫块 3—钢珠 4—紧固螺母 5—弹簧垫圈 6—垫圈 7—压板1
8—条形散热器 9—双头螺杆 10—绝缘套管 11—块状散热器 12—导柱 13—蝶形垫圈
14—压板2 15—定位销 16—二极管

6）把备品二极管按原来的极性方向放入散热器之间，注意检查二极管极性，大裙边是负极，小边是正极。极性千万不能放错，否则通电就会发生短路。

7）将各附件按原来顺序逐个放入，并使用 M16 套筒扳手拧紧螺母。拧紧时，要注套筒扳手加压到一定程度后，改用力矩扳手施压，每个螺母压力保持在 23 ~25 kN。

（3）把快速熔断器和与母排的连接线装上，恢复原位。

第七章

电　缆

第一节　电缆的分类及性能

电力电缆用于电能的传输与分配网络，它必须满足输电、配电网络对电力电缆的如下各项要求：必须能承受电网电压；必须满足传输功率要求；必须满足正常和故障下的电流通过要求。电缆在满足电力网络的前提下，还必须满足安装、敷设、使用所需的力学强度和弯曲度要求，并耐用可靠。根据上述要求，目前电缆的产品和型号有数千种，本章就经常使用的电缆按照传输容量、发热性能、敷设环境条件、结构等情况进行介绍。

一、按电缆的绝缘和结构分类

通常按电缆的绝缘和结构不同，可分为纸绝缘电缆、挤包绝缘电缆和压力电缆三大类。

1. 纸绝缘电缆

纸绝缘电缆是绕包绝缘纸带后浸渍绝缘剂（油类）作为绝缘的电缆。它具有使用寿命长、价格便宜、热稳定性可靠等优点；缺点是制造和安装工艺比较复杂。

根据浸渍剂不同，纸绝缘电缆可以分为两个系列，即黏性浸渍纸绝缘电缆和不滴流浸渍纸绝缘电缆。按不同的绝缘结构，纸绝缘电缆主要可分为统包绝缘电缆、分相屏蔽电缆和分相铅套电缆三种。

2. 挤包绝缘电缆

挤包绝缘电缆又称固体挤压聚合电缆，它是以热塑性或热固性材料挤包形成绝缘的电缆。图7—1所示为35 kV交联聚乙烯电缆的结构示意图，它属于挤包绝缘电缆。

目前，挤包绝缘电缆有聚氯乙烯（PVC）电缆、聚乙烯（PE）电缆、交联聚乙烯（XLPE）电缆和乙丙橡胶（EP）电缆等。这些电缆用于不同电压等级，聚氯乙烯电缆用于1 ~6 kV；聚乙烯电缆用于1 ~400 kV；交联聚乙烯电缆用于1 ~500 kV；乙丙橡胶电缆用于1 ~35 kV。

3. **压力电缆**

压力电缆是在电缆中充以能够流动并具有一定压力的绝缘油或气体的电缆。在制造和运行中，油浸纸绝缘电缆的纸层间会不可避免地产生气隙。气隙在电场强度较高时，会出现游离放电，最终导致绝缘层击穿。压力电缆的绝缘处在一定压力状态下（油压或气压），抑制了绝缘层中形成气隙，使电缆绝缘工作场强明显提高，可用于63 kV及以上电压等级的电缆线路。

为了抑制气隙，用带压力的油或气填充或压缩气体，这是压力电缆的结构特点。按填充或压缩气体的措施不同，可分为自容式充油电缆、充气电缆、钢管充油电缆和钢管压气电缆等。

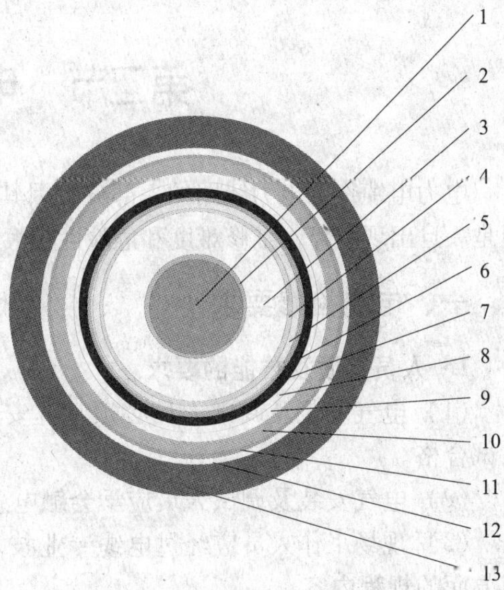

图7—1 35 kV交联聚乙烯电缆结构示意图

1—导体 2—导体屏蔽 3—XLPE绝缘

4—绝缘屏蔽 5—半导电阻水带

6—钢丝屏蔽 7—铜带疏绕屏蔽

8、12—低烟无卤阻燃带 9—铝塑复合带

10—高阻燃隔氧层内护套 11—铜带铠装

13—低烟无卤阻燃聚烯烃护套

二、按特殊要求分类

按对电缆的特殊要求，主要分为输送大容量电能的电缆、阻燃电缆和光纤复合电缆等品种。

1. **输送大容量电能的电缆**

（1）管道充气电缆。管道充气电缆（GIC）是以压缩的SF_6气体作为绝缘的电缆，也称SF_6电缆。这种电缆适用于电压等级在400 kV及以上的超高压、传送容量1×10^6 kV·A以上的大容量电能传输，比较适用于高落差和防火要求较高的场所。

（2）低温有阻电缆。低温有阻电缆是采用高纯度的铜或铝作为导体材料，使其处于液氮温度（77 K）或者液氢温度（20.4 K）状态下的电缆。

（3）超导电缆。超导电缆以超导金属或超导合金为导体材料，将其处于临界温度、临界磁场强度和临界电流密度条件下工作的电缆。在超导状态下，导体的直流电阻几乎为零，因此，可大大提高电缆的输送容量。

2. **阻燃电缆**

（1）阻燃电缆。阻燃电缆是以材料氧指数不小于28的聚烯烃作为外护套，具有阻滞延缓火焰沿着其外表蔓延，使火灾不扩大的电缆，其型号冠以“ZR—”。

（2）高阻燃电缆。高阻燃电缆是具有特殊结构的阻燃电缆，用于防火要求特别高的场所。其结构特点是在绝缘芯和外护套之间挤填了一层无机金属化合物，如AL。

3. **光纤复合电力电缆**

将光纤组合在电力电缆的结构层中，使其同时具有电力传输和光纤通信功能的电缆称为光纤复合电力电缆。光纤复合电力电缆集两方面功能于一体，降低了工程建设投资和运行维护总费用，具有明显的技术、经济意义。

第二节　电缆故障及检修

电力电缆作为电力线路的一部分，因其故障率低、安全可靠、出线灵活而得到广泛应用。但是一旦出现故障，维修难度和危险性较大，因此，日常巡视和检修试验显得特别重要。

一、电缆检修要求

1. 人员素质及技能的要求

(1) 电气安装及调试人员必须掌握安全规程知识，并经过年度《电业安全工作规程》考试合格。

(2) 电气安装及调试人员应学会触电急救法和人工呼吸法等紧急救护法。

(3) 现场工作人员应经过电缆专业技术培训并取得合格证书，熟悉有关电缆检修、施工方面的规程内容。

(4) 掌握有关施工工具、机具的正确操作、使用和保管方法，并熟练掌握作业指导书中的各项技能。

(5) 能正确理解施工图样、资料的内容。

2. 电缆附件安装的基本要求

(1) 电缆附件安装不应在风、雨、雾天进行。必须在这类环境中进行时，应搭设专用帐篷。安装过程中应防止尘埃、杂物落入绝缘内。

(2) 制作电缆终端和接头前，应熟悉安装工艺资料，检查材料工器具是否符合下列要求：

1) 电缆绝缘状况良好，不受潮，电缆内不得进水。

2) 附件规格应与电缆一致，结构尺寸符合要求；零部件应齐全无损伤；绝缘材料不得受潮；密封材料不得失效。

3) 电缆线芯连接时应采用符合标准的连接管和接线端子，其内径应与电缆线芯紧密配合，间隙不应过大；截面积宜为线芯截面积的1.2~1.5倍。采用压接时，压接钳和模具应符合规格要求。

4) 施工用机具齐全，便于操作，状况良好，消耗材料齐备。

(3) 制作电缆终端与接头时，从剥切电缆开始，应连续操作直至完成，尽量缩短绝缘暴露的时间。剥切电缆时，不应损伤线芯和保留的绝缘层。

(4) 电缆接头两侧的金属屏蔽层（或金属套）、铠装层应分别连接良好，不得中断。

(5) 电缆终端处的金属护层必须接地良好，每相铜屏蔽和钢铠应连接接地线。电缆通过零序电流互感器时，接地线须与零序电流互感器保持一定距离。零序电流互感器位于铠装层外时，接地线不可以穿过零序电流互感器，应直接和接地网相连接；零序电流互感器位于铠装层内时，接地线必须穿过零序电流互感器后，再和接地网连接。

(6) 电缆终端上应有明显的相色标志，且应与系统的相位一致。

（7）电缆终端与电气装置的连接，应符合现行国家标准《电气装置安装工程母线装置施工及验收规范》（GBJ 149—1990）的有关规定。

（8）检修工作结束后，应按照电力电缆预防性试验定期检修有关管理规定的相关要求进行试验。

二、电缆检修的安全注意事项

（1）电力电缆停电工作应填用第一种工作票，不需停电的工作应填用第二种工作票。工作前应详细查阅有关的路径图、排列图及隐蔽工程的图样资料，必须详细核对电缆名称标示牌是否与工作票所写相符，在安全措施正确可靠后方可开始工作。

（2）敷设电缆时，应有专人统一指挥。挪动电缆时，严禁用手搬动滑轮，以防压伤。移动电缆接头时一般应停电。

（3）锯断电缆前，必须证实确是需要切断的电缆且该电缆无电，然后用接地的带木柄（或环氧树脂柄）的铁钎钉入电缆芯后，方可工作。扶木柄的人应戴绝缘手套并站在绝缘垫上，并应特别注意保证铁钎接地良好。

（4）在进入电缆沟（井）工作前，应进行通风，以排除沟内的有毒或可燃气体。在电缆沟内工作应戴安全帽，并做好防火措施。电缆井口应有专人看守。

三、电缆线路检修项目

（1）做好电缆终端维护检修准备工作。

（2）清扫电缆沟并检查电缆，排除电缆沟内积水，采取堵漏措施。

（3）清扫电缆终端，检查有无电晕放电痕迹。

（4）检查终端接点接触是否良好。

（5）核对线路铭牌、相位颜色。

（6）检查支架及电缆铠装。

（7）检查接地线。

（8）测量电缆护层绝缘。

第三节 电缆中间接头与终端头制作

一、安装制作要求

电力电缆线路各种形式的电缆附件是整个线路安装的重要组成部分，也是整个电缆线路的薄弱环节。因此，在电缆线路的施工过程中，选择适合本地安装条件的电缆附件和安装工艺，确保电缆附件的安装质量，对电缆线路的长期安全运行意义重大。安装各种附件的基本要求，大致可以归纳为以下几点：

1. 导体连接良好

对于电缆终端头，要求电缆线芯和出线接梗及出线鼻子有良好的连接；对于中间接头，则要求电缆线芯与连接管之间有良好的连接。良好的连接主要是指接触电阻要小而稳定，即运行中的接头电阻不大于电缆线芯本身（同截面、同长度）电阻的1.2倍。

2. 绝缘可靠

要有满足电缆线路在各种状态下长期安全运行的绝缘结构，并有一定的裕度。

3. 密封良好

可靠的绝缘要由可靠的密封来保证。一方面要保证环境中的水分及导电介质不侵入绝缘；另一方面要使电缆和接头内的绝缘剂不流失，这就要求有良好的密封。

4. 足够的力学强度

电缆要适应各种运行条件的要求。电缆与电缆或与其他电气设备连接时，连接处的抗拉强度不得低于导体本身抗拉强度的50%，并应具有一定的耐振动性能。

5. 防腐蚀性

在安装电缆附件时，要使用焊剂、清洁剂、填充物和绝缘胶等类的材料，这些材料必须是无腐蚀性的，并且在接头部位的表面采取防腐蚀措施，以防止周围环境对接头产生腐蚀作用。

二、电缆中间头与终端头制作

以下简单介绍33kV电缆中间头与终端头及其附件的安装工艺和基本要求，以说明不同附件制作的工艺要求和技术要领。

1. 交联电缆热缩终端头的安装

（1）确定终端位置及电缆引至设备的接线长度，留有200~300 mm余量，并锯掉多余电缆。

（2）确定分芯长度，然后剖塑、锯钢铠、焊接地线。具体要求按附件厂家提供的图纸剥切。

（3）将护层端口、三叉口焊接地线位置用密封胶或相应带材填充，然后套入分支手套并热缩，将三芯变成单芯。

（4）剥除铜屏蔽带、外半导电层，剥切芯线绝缘，处理绝缘表面，压接接线端子。

（5）清洁绝缘表面，在铜带端口处包绕少许应力控制胶，搭外半导电层5 mm、搭绝缘5 mm，分别套上应力控制管、绝缘管热缩。

（6）套入防雨裙加热收缩。户外终端需再套入密封热缩管加热收缩。

2. 交联电缆预制式户内终端头的安装

预制终端具有安装工艺简单、安装时间短等优点。户内和户外终端安装工艺基本一致，主要区别是户外终端的增爬距离比户内长，因此尺寸大些，另外终端的接线端子采用特殊的密封结构。其安装工艺如下：

（1）确定终端位置及电缆引至设备接线处的长度，留有200~300 mm余量，并锯掉多余电缆。

（2）按附件厂家提供的安装图纸，确定电缆分芯长度，然后剖塑、锯钢铠、焊接地线，缩上分支手套、热缩套管，将三芯变成单芯。热缩前，接地线应用焊锡焊出一道20 mm长的防潮段。

（3）按尺寸要求剥去铜带，切削外半导电层、绝缘层，并将绝缘表面用砂纸打磨光滑。

（4）用 PVC 胶带将线芯导体端口包绕两层，用清洁剂清洁绝缘表面，在绝缘表面及预制终端内口涂抹少许硅脂，插入预制终端，然后压接接线端子。

3. 交联电缆预制式中间接头的安装

（1）确定接头中心位置，按电缆附件生产厂家提供的剥切尺寸和安装要求剥切电缆，将外保护热缩管套入电缆。将电缆三相线芯分开，按接头中心锯齐电缆。

（2）内护套前留 370 mm 铜屏蔽带，其余剥除。从接头中心开始剥去 20 mm 外半导电层，用砂纸打磨紧接绝缘层的半导电层，使其与绝缘光滑过渡。

（3）按连接管的 1/2 长度 +5 mm 剥切电缆绝缘，将连接管套入剥切较长的缆芯上，用压接钳压两道，压痕错开。

（4）用锉刀或砂纸打磨掉连接管上的毛刺、尖角，用专用清洁剂清洁连接管和电缆绝缘。

（5）分别在接头预制件内部、电缆绝缘层及半导电层上均匀涂一层硅脂，然后用力一次性将接头预制体推入剥切较长的电缆上，直到电缆绝缘从另一端露出为止。用干净的纸擦去多余的硅脂。

（6）将剥得较短的一端电缆线芯插入连接管，用压钳压接两次，用锉刀或砂纸打去毛刺，然后用清洁剂清洁连接管和电缆绝缘，用相色带做好标记。同样处理其余两相。

（7）在三相电缆的绝缘层上均匀地涂一层硅脂，将三个预制件用力拉过连接管及电缆绝缘直到最终位置，与相色带做的标记相接。用干净的纸擦去多余的硅脂。

（8）在接头两端面用半导电带绕出与接头相同外径的厚度，然后以半重叠的方式在接头外部绕一层半导电带。从一端电缆的内护套前部开始，以半重叠的方式绕一层铜编织网至另一端电缆的内护套前端，将铜编织网的两端拉紧，分别焊在电缆的铜屏蔽上。同样处理其他两相。在两内护套端部分别包绕一圈约 20 mm 宽的密封泥，然后将三相并拢，用密封泥填满三相的间隙。

（9）将两根 $\phi200$ 的热缩管拉至接头中间，其端部分别与内护套搭盖，从直通接头中间部位开始向两端均匀加热收缩，直至两端有少许热熔胶溢出。将一根 25 mm 的铜编织带焊在两端铠装上，然后加热收缩另三根热缩管。这三根热缩管分别与两端电缆的外护套搭接 100 mm 左右，中间相互搭接。中间接头安装完毕。

第四节 电缆预防性试验

一、电缆预防性试验一般规定

（1）对电缆的主绝缘做直流耐压试验或测量绝缘电阻时，应分别在每一相上进行。对一相进行试验或测量时，其他两相导体、金属屏蔽或金属套和铠装层一起接地。

（2）新敷设的电缆线路投入运行 3 ~ 12 个月时，一般应做一次直流耐压试验，以后再按正常周期试验。

（3）试验结果异常，但根据综合判断允许在监视条件下继续运行的电缆线路，其试验周期应缩短，如在不少于6个月时间内，经连续三次以上试验，试验结果不变坏，则以后可以按正常周期试验。

（4）对金属屏蔽或金属套一端接地、另一端装有护层过电压保护器的单芯电缆主绝缘做直流耐压试验时，必须将护层过电压保护器短接，使这一端的电缆金属屏蔽或金属套临时接地。

（5）耐压试验后，使导体放电时，必须通过限流电阻反复几次放电直至无电火花后，才允许直接接地放电。

（6）做直流耐压试验时，应在试验电压升至规定值后 1 min 以及加压时间达到规定时测量泄漏电流。泄漏电流值和不平衡系数（最大值与最小值之比）只作为判断绝缘状况的参考，不作为是否能投入运行的判据。但如发现泄漏电流与上次试验值相比有很大变化，或泄漏电流不稳定，随试验电压的升高或加压时间的增加而急剧上升时，应查明原因。如系终端头表面泄漏电流或对地杂散电流等因素的影响，应加以消除；如怀疑电缆线路绝缘不良，可提高试验电压（以不超过产品标准规定的出厂试验直流电压为宜）或延长试验时间，以确定能否继续运行。

（7）运行部门根据电缆线路的运行情况、以往的经验和试验结果，可以适当延长试验周期。

二、33 kV 电缆试验项目及周期要求

33 kV 电缆试验项目及周期要求见表 7—1。

表 7—1　　33 kV 电缆试验项目及周期要求

序号	项目	周期	要求	说明
1	电缆主绝缘绝缘电阻	3 年	自行规定	使用 2 500 V 或 5 000 V 绝缘电阻表
2	电缆外护套绝缘电阻	3 年	每千米绝缘电阻值不应低于 0.5 MΩ	本项试验只适用于三芯电缆的外护套
3	电缆内衬层绝缘电阻	3 年	每千米绝缘电阻值不应低于 0.5 MΩ	采用 500 V 绝缘电阻表，当绝缘电阻低于 0.5 MΩ 时，应判断内衬是否进水
4	铜屏蔽层电阻和导体电阻比	（1）投运前 （2）重做终端或接头后 （3）内衬层破损进水后	对照投运前出厂数据自行规定	
5	电缆主绝缘直流耐压试验	（1）投运前 （2）重做终端或接头后 （3）内衬层破损进水后	（1）65 kV/30 min （2）90 kV/5 min （3）或按厂家规定	

三、电缆常用试验项目试验方法步骤

1. 绝缘电阻和吸收比试验

绝缘电阻和吸收比试验是电气设备绝缘预防性试验中最简便、最常用的试验方法。

（1）试验步骤

1）选择绝缘电阻表。通常绝缘电阻表按其额定电压分为 500 V、1 000 V、2 500 V、5 000 V 几种，应根据被测试设备的额定电压来选择绝缘电阻表，如 33 kV 电缆可使用 2 500 V 电阻表。

2）检查绝缘电阻表。使用前，应检查绝缘电阻表是否完好。检查方法是先将绝缘电阻表的接线端子间开路，按绝缘电阻表额定转速（120 r/min）摇动绝缘电阻表手柄，绝缘电阻表指针应该指“∞”；然后将线路和地端子短路，摇动手柄，指针应该指“0”。

3）对被测试设备断电和放电。对运行中的设备进行试验前，应确认该设备已断电，而后还应对地充分放电。对于电容量较大的被测试设备（如发电机、电缆、大中型变电器、电容器等），放电时间不少于 2 min。

4）接线。接线时，由绝缘电阻表到被测试物体的连接线应尽量短，线路与地端子的连线之间应相互绝缘良好。

5）摇测绝缘电阻和吸收比。保持绝缘电阻表为额定转速，均匀摇转其手柄，观察绝缘电阻表指针的指示，同时记录时间，分别读取摇转 15 s 和 60 s 时的绝缘电阻 R_{15} 和 R_{60}，R_{60}/R_{15} 的比值即为被测试物体的吸收比。通常以 R_{60} 作为被测试物体的绝缘电阻值。

6）对被测试物体放电。测量结束后，被测试物体对地还应充分放电。对电容量较大的被测试设备，其放电时间同样不应少于 2 min。

7）记录。记录的内容包括被测试设备的名称、编号、运行位置、试验现场的相对湿度以及测试所得的绝缘电阻值和吸收比值等。

（2）对试验结果的判断。对 33 kV 电缆所测得的绝缘电阻和吸收比，应按其值的大小，通过比较进行分析判断。

1）绝缘电阻和吸收比的数值。所测得的绝缘电阻和吸收比应不小于一般允许值。若低于一般允许值，应进一步分析，查明原因。

2）试验数值的相互比较。将所测得的绝缘电阻和吸收比数值与该设备历次试验的相应数值进行比较，与其他同类设备比较，其数值都不应有较大的差别。

2. 交流耐压试验

（1）试验步骤及要点

1）将与试品电缆相连接的电气设备全部断开，将试验设备和试品电缆的接地极全部采用裸铜线可靠接地，并记录试验环境条件。

2）采用兆欧表对试品电缆各相分别进行绝缘电阻试验，记录试验值。

3）试品电缆的电容量在试验设备负载电容能力范围内时，可以将试品电缆三相线芯并联后，同时对地进行耐压试验。

4）用柔性连接电缆将试验设备与试品电缆相连接，合上电源，开始升压试验。升压过程中应密切监视高压回路，监听试品电缆是否有异常响声。升至试验电压时，即开始记录试验时间并读取试验电压值。

5）试验时间到后，先将电压降至零位，然后切断电源，连接接地线。试验中若无破坏性放电发生，则认为通过耐压试验。

6）在升压和耐压过程中，如发现电压表指针摆动较大，电流表指示急剧增加，调压器继续升压时电压基本不变甚至呈下降趋势，而电流增加幅度较大，试品电缆发出异味、产生烟雾或异常响声或闪络等现象，应立即停止升压。降压停电后，查明原因。如查明这些现象是试品电缆绝缘部分薄弱引起的，则认为耐压试验不合格；如确定是试品电缆由于空气湿度或表面脏污等原因所致，应将试品电缆做清洁干燥处理后，再进行试验。

7）试验过程中，如果遇非试品电缆绝缘缺陷而失去电源，使试验中断，在查明原因恢复电源后，应重新进行全时间连续耐压试验，不得仅进行补足时间试验。

（2）注意事项

1）容升效应和电压谐振。由于试品电缆为容性负载，在超低频（0.1 Hz）耐压试验时，容性电流在电压发生器绕组上产生频抗压降，造成实际作用在试品电缆上的电压值较高，超过按变比计算的高压侧所输出的电压值，产生容升效应，试品电缆电容量及电压发生器的阻抗越大，则容升效应越明显。因此，要求在试品电缆端进行试验电压值测量，以免试品电缆承受过高的电压作用而损伤。

2）测量仪器。现场使用较多的电压表所测得试验电压值是电压有效值，应改用峰值电压表进行超低频（0.1 Hz）耐压试验电压值的测量。

3）低压保护回路。为保护测量仪表和控制回路元件，可在测量仪器的输出端并联适当电压的放电管或氧化锌压敏电阻器、浪涌吸收器等；控制电源和测量仪器用电源应采取良好的隔离措施和接电措施，防止试品电缆闪络或击穿时，在被接地线上产生较高的暂态低电位，将仪器和控制回路元件反击损坏。

4）人体将会触及所有操作，均应在接地线经确认连接良好后方可操作。

第八章

一次侧设备附件

第一节　电容器、电抗器和消弧线圈的作用与结构

一、电力电容器

1. 电力电容器的作用

电容器在电力系统中起功率补偿和过电压保护等作用。电力电容器按其用途，可分为高压并联电容器、串联电容器、耦合电容器、脉冲电容器、直流电容器、断路器均压并联电容器、滤波电容器、防护电容器和标准电容器等类型。另外，还有一些以电力电容器为基础发展而成的成套装置，如电容式电压互感器、并联补偿装置、串联补偿装置、冲击电压和冲击电流发生装置。并联电容器又称为移相电容器，是用途最广、生产量最大的电力电容器，它广泛用于提高电力设备或系统的功率因数；均压并联电容器主要用于断路器断口的均压及增加断流容量；耦合电容器主要用于电力系统载波通信、高频保护、电气测量、抽取电能装置部件等。并联电容器和耦合电容器直接接在高压输电线与地之间，长期承受工频电压，并且必须能承受高压线路上发生的过电压作用。

电容器在系统的无功电源中占有相当比重，并联电容器与供电设备（如变压器）或负荷并联，则供电设备或负荷所需要的无功功率可以全部或部分由并联电容器供给，即并联电容器发出的容性无功功率可以补偿负荷所消耗的感性无功功率，以满足系统无功电力要求，维持电压稳定，提高电压质量。并联电容器无功补偿的同时，还可以降低线路损耗，产生经济效益。近年来，各地都积极装设电容器，但主要是装设并联电容器，装设串联电容器者较少。目前，并联电容器无功补偿技术广泛应用于谐波滤波装置、动态无功补偿设备和电气化铁道无功补偿装置之中。

2. 电力电容器的结构

电力电容器主要由电容器极板、介质材料和外壳三部分组成。电容器极板是导电性能良好的金属材料，电容器的外壳有金属外壳和绝缘外壳两种，绝缘外壳最常见的是电瓷外壳。

电力电容器极板之间的介质材料同时起着储存能量和绝缘的双重作用，所以要求单位体积（或单位质量）所储存的能量要大，并且要求损耗小、使用寿命长、工艺性能好。常用的介质材料有以下三类：

（1）固体介质。固体介质是电容器的主要介质材料，用于电容器的固体介质要求耐电强度高、介电常数大、介质损耗小，且易于加工成厚度均匀的薄膜，易卷绕、浸渍性能好，目前常用的固体介质主要是电容器纸和塑料薄膜。电容器纸在常温下化学稳定性很好，但温度在120℃以上会明显氧化，温度达到150～160℃时即很快分解。塑料薄膜的特点是机械强度、耐电强度和绝缘电阻都很高，中性和弱极性薄膜的 $\tan\delta$ 几乎与频率无关，电容器塑料薄膜的耐热性往往比电容器纸高；但其主要缺点是难以浸渍。

（2）液体介质。液体介质在电力电容器中作为浸渍剂，以填充固体介质中的空隙，从而提高介质的耐电强度，改善局部放电特性和散热条件等。常用的液体介质有电容器油、烷基苯、二芳基乙烷、酯类浸渍剂等。电容器油是最常用的液体介质，环烷烃和烷烃类电容器油的化学稳定性和热老化性能较好；芳香烃类电容器油的电老化性能较好。但总体上电容器油的耐热性和电老化性能都较差，工作温度不超过80℃，特别是在高电场及过电压作用下容易分解并析出气体，当电容器击穿时可能引起爆炸和燃烧。

（3）金属化纸和金属化薄膜。它们是在纸或薄膜表面蒸镀一层30～50 nm的金属层作为电极，其特点是具有自愈性，即当金属化纸或金属化薄膜的某处击穿时，极板之间产生短路电流，使击穿部位周围的金属层熔化并蒸发，从而恢复极板间介质的绝缘性能，从而使电容器具有较高的可靠性。在电力电容器设计中常采用组合介质结构，如浸渍纸、浸渍薄膜、浸渍纸与薄膜的复合介质。组合介质的电气性能受介质材料的成分、工作温度、电场强度、频率、压力、制造工艺等的影响。

对于平板电容器，忽略边缘效应时，其电容量为：

$$C=\varepsilon_0\varepsilon_r\frac{A}{d}$$

式中 ε_0——真空的介电常数，$\varepsilon_0=8.85\times10^{-12}$ F/m；

ε_r——极间介质的介电常数；

A——极板面积，m²；

C——电容量，F；

d——极间介质厚度，m。

当电容器的几何尺寸一定时，电容 C 与介质的介电常数 ε_r 成正比。因此，为了使电容器做到容量大而尺寸小、质量轻，应采用高介电常数的介质。

二、电力电抗器

1. 电力电抗器的作用

电力系统中所采用的电抗器，常见的有串联电抗器和并联电抗器。串联电抗器主要用来限制短路电流，也有的在滤波器中与电容器串联或并联，用来限制电网中的高次谐波。

220 kV、110 kV、35 kV、10 kV电网中的电抗器是用来吸收电缆线路的充电容性无功功率的，可以通过调整并联电抗器的数量来调整运行电压。

超高压并联电抗器有改善电力系统无功功率有关运行状况的多种功能，主要包括：

（1）空载或轻负荷线路上的电容效应，以降低工频暂态过电压。

（2）改善长输电线路上的电压分布。

（3）使轻负荷时线路中的无功功率尽可能就地平衡，防止无功功率不合理流动，同时也减轻了线路上的功率损失。

（4）在大机组与系统并列时降低高压母线上的工频稳态电压，便于发电机同期并列。

（5）防止发电机带长线路可能出现的自励磁谐振现象。

（6）当采用电抗器中性点经小电抗接地装置时，还可用小电抗器补偿线路相间及相地电容，以加速潜供电流自动熄灭，这种电抗器也称为消弧线圈。

在电容器回路安装阻尼电抗器（即串联电抗器），电容器回路投入时起抑制涌流的作用；同时与电容器组一起组成谐波回路，起各次谐波的滤波作用。例如在500 kV变电所35 kV无功补偿装置的电容器回路中，为了限制投入电容器时的涌流和抑制电力系统的高次谐波，在35 kV电容器回路中必须安装阻尼电抗器。抑制三次谐波时，采用额定电压35 kV、额定电感量26.2 mH、额定电流350 A干式空心单相户外型阻尼电抗器，它与2.52 Mvar电容器对三次谐波形成谐振回路，即三次谐波滤波回路。同样，为了抑制五次及以上高次谐波，采用了额定电压35 kV、额定电感量9.2 mH、额定电流382 A单相户外型阻尼电抗器，它与2.52 Mvar电容器对五次及以上高次谐波形成谐振回路。

并联电抗器主要应用在无功补偿装置中，大电网均要求大中型变电站必须安装电抗器来补偿电容性的无功功率，做到就地补偿、就地平衡，以保证电力系统的安全运行。电抗器是无功补偿装置的重要组成部分之一，并联电抗器用来提供感抗值以消耗电力系统过剩的电容性无功功率，这在电力系统初期输送功率较小的时候以及电力系统后期在每日深夜轻负荷的时候都是十分必要的。因为在上述两种情况下，输电线路的无功功率损耗小，由于电容效应，输电线路产生的无功功率大于输电线路消耗的无功功率，在整个电力系统中存在剩余的无功功率（电容性），必须安装并联电抗器来消耗这部分剩余的无功功率，以满足电力系统无功平衡的需要，维持电力系统的电压水平。否则电力系统的电压过高，无法安全运行。

2. 电力电抗器的结构

电抗器也叫电感器，一个导体通电时就会在其所占据的一定空间范围内产生磁场，所以所有能载流的电导体都有一般意义上的感性。然而通电长直导体的电感较小，所产生的磁场不强，因此实际的电抗器是将导线绕成螺线管形式，称空心电抗器，实质上是一个无导磁材料的空心线圈。它可以根据需要，布置为垂直、水平和品字形三种装配形式；有时为了让这只螺线管具有更大的电感，便在螺线管中插入铁心，称铁心电抗器，这种电抗器就是一个无二次绕组的干式变压器，铁心电抗器由底座、垫块、绕组、心柱、上下铁轭、进线端子、绝缘子、夹件、吊环、连接

图8—1　电力电抗器外形

杆组成。电力电抗器外形如图 8—1 所示。

三、消弧线圈

1. 消弧线圈的作用

随着配电网的发展以及电力电缆线路的增多，原不接地系统由于电容电流的急剧增大，严重地威胁着安全生产。为此，1997 年原电力部颁发了 DL/T 620—1997 行业标准，其中规定 3 ~ 10 kV 不直接连续发电机的系统和 35 kV、66 kV 系统，当单相接地故障电容电流不超过下列数值时，应采用不接地方式；当超过下列数值而且又需要在接地故障条件下运行时，应采用消弧线圈接地方式。

（1）3 ~ 10 kV 钢筋混凝土或金属杆塔的架空线路构成的系统和所有 35 kV、66 kV 系统的接地故障电流为 10 A。

（2）3 ~ 10 kV 电缆构成系统的接地故障电流为 30 A。

消弧线圈的主要作用是在电网发生单相接地时产生电感电流，以补偿电网的对地电容电流，使故障点残流变小，达到自行熄弧、消除故障的目的。新型消弧线圈的使用，对抑制间歇型电弧过电压，消除电磁式压变饱和引起的铁磁谐振过电压，降低故障跳闸率方面起到明显的效果。消弧线圈可以看做是一种可调节电抗的中性点接地电抗器，当三相线路一相接地时，消弧线圈产生电感电流，补偿线路单相接地产生的电容电流，使故障点的电弧迅速熄灭，避免故障范围的扩大，可提高供电系统的安全和可靠性。消弧线圈的电抗或电流是通过有载（无载）分接开关调节的。电力消弧线圈的外形如图 8—2 所示。

2. 消弧线圈的结构

消弧线圈就是一个单相的可调电抗器，结构与电抗器基本类似。消弧线圈补偿一般做成成套补偿装置，分为调匝式消弧线圈跟踪补偿装置和调容式消弧线圈跟踪补偿装置。

（1）调匝式消弧线圈补偿装置。它是在消弧线圈上置有多个分接头，用有载开关来控制分接头的分接。电网运行时，计算机系统实时监测电网的电容电流变化，通过有载开关来控制消弧线圈的分接头，从而调节消弧线圈的电感电流，使消弧线圈处于最佳的补偿状态，满足电网中性点电压偏移不超过规程规定的 15%。为避免电网出现谐振，在零序回路中串有阻尼电阻。该装置由接地变压器、调匝式消弧线圈、计算机控制器、阻尼电阻箱等构成，如图 8—3 所示。

图 8—2　电力消弧线圈外形

（2）调容式消弧线圈补偿装置。调容式消弧线圈装置是在原有消弧线圈的基础上增设消弧线圈二次电容负荷绕组，即在该消弧线圈的二次绕组上并联若干组（一般为四至五组）低压电容器，通过控制器控制真空开关或反并联晶闸管的通断组合来控制二次电容器投入的数量，来调节消弧线圈二次容抗的大小，从而改变消弧线圈一次侧电感电流的大小，补偿系统感性电流各种需求，达到消弧效果。

调容式消弧线圈装置由接地变压器、调容式消弧线圈、电容调节柜、计算机控制器、阻尼电阻箱等构成。

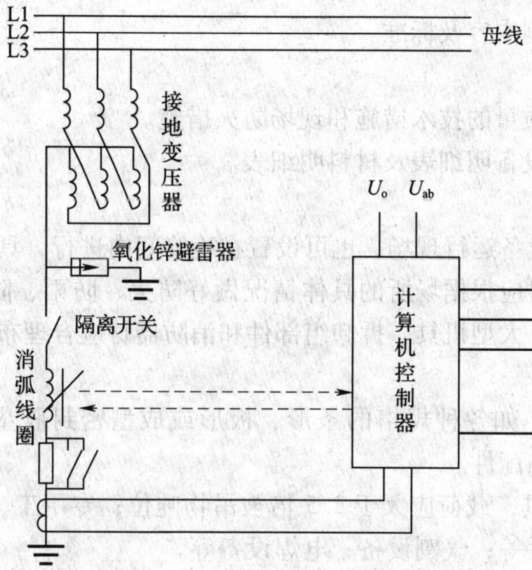

图 8—3 调匝式消弧线圈装置的构成

第二节 电容器的检修、预防性试验和故障抢修

对电力电容器进行检修，使其运行状态良好具有重要意义。本节内容适用于 6 ~ 66 kV 并联电容器的检修工作。

一、检修前的准备

1. 技术准备

经过检查与试验并结合运行情况，判定存在内部故障或本体严重渗漏油时，或制造厂对检修周期有明确要求时，应进行检修。

对由于制造质量原因造成故障频发的同类型电容器，可进行检修。

结合定期预防性试验进行相应的检查、缺陷处理、校验、调整等检查工作。

了解电容器的结构特点、技术性能参数、运行年限；例行检查、定期检查、历年检修记录；曾发生的缺陷和异常（事故）情况并做技术经济比较，确定是否需要检修。

现场检修时，对消除电容器存在缺陷的可能性进行评估。

如果确定进行检修，应结合现场条件和检修目的，确定检修内容、项目和范围。

检修前，应编制完善的检修方案，包括检修的组织措施、安全措施和技术措施。其主要内容如下：

（1）人员组织及分工。检修人员分工负责以下任务：安全、技术、试验、工具保管、质量检验等。

（2）施工项目及进度表。

（3）特殊项目的施工方案。

（4）检查项目和质量标准。

(5) 关键工序质量控制内容及标准。

(6) 试验项目及标准。

(7) 确保施工安全、质量的技术措施和现场防火措施。

(8) 主要施工工具、设备明细表及材料明细表。

(9) 必要的施工图。

检修场地可以设置在设备运行现场，也可设置在检修间内进行，具体应视检修项目及其实施的可行性来确定，同时应根据场所的具体情况做好防火、防雨、防潮、防尘、防摔落、防触电等措施。储油容器、大型机具、拆卸组部件和消防器材应合理布置。

2. 工器具、材料准备

(1) 材料。密封材料，如各种规格的条形、板形或成型密封胶垫；油漆，如绝缘漆、底漆和面漆等；必要的备品配件。

(2) 工器具。专用吊具，载荷应大于2.5倍被吊物吨位；专用工、器具，如力矩扳手、液压设备、各种规格的扳手等；气割设备、电焊设备等。

(3) 电源。根据真空滤油机、真空机组、干燥空气发生器等设备的电源功率选择合适的电源。

(4) 常用工器具准备见表8—1。

表8—1　　常用工器具

序号	工器具名称		数量	序号	工器具名称		数量
1	活扳手			4	螺钉旋具	(把)	2
	10 in	(把)	3	5	锯弓	(把)	1
	12 in	(把)	3	6	铁锤	(把)	1
2	梅花扳手			7	管钳	(把)	1
	12 ~ 14 in	(件)	2	8	剪刀	(把)	1
	17 ~ 19 in	(件)	4	9	钢直尺50 cm	(支)	1
3	锉刀			10	钢丝刷	(把)	2
	平锉	(把)	1	11	安全带	(条)	4
	圆锉	(把)	1	12	U形环		4
	什锦锉	(套)	1				

(5) 主要消耗材料的准备见表8—2。

表8—2　　主要消耗材料

序号	名称		数量	序号	名称		数量
1	黑胶布	(盘)	1	8	洗涤剂	(桶)	10
2	锯条	(根)	10	9	电缆刀片	(个)	3
3	毛刷	(把)	5	10	螺钉	(套)	10
4	砂纸	(张)	10	11	熔丝		
5	导电膏	(罐)	1				
6	松动剂	(瓶)	1				
7	棉纱	(kg)	5				

3. 人员准备

检修人员应熟悉电力生产的基本过程和电容器的工作原理及结构，掌握电力电容器的检修技能，并通过年度《电业安全工作规程》考试。

工作负责人应取得电容器检修专业中级工以上职业资格，工作班成员应取得变电检修工或电气试验专业中、初级工以上职业资格。电焊工应持证上岗。

检修工作一般应配备以下人员：工作负责人，安全监察负责人，试验负责人，工具保管人，质量检验负责人，足够的熟练操作人员。必要时，应邀请制造厂专业人员参加。

二、电容器检修工作

1. 日常巡视检查

在正常运行中，应按表8—3的内容及要求进行日常巡视检查，掌握电容器运行情况。

表8—3　　电容器日常例行检查与处理

检查项目	检查内容及方法
连接电容器金具检查	金具应使用铜螺母，且无烧伤损坏，连接紧固
固定金具检查	使用铝制金具，无裂纹，尺寸合适
电容器本体的检修	套管应完好，本体无膨胀、渗漏油
外观检查	引出线端连接用的螺母、垫圈应齐全，外壳无显著变形
瓷件检查	瓷件应完好无破损
导电杆检查	无弯曲变形
电容器接地检查	接地应可靠，接地螺钉应紧固
电容器编号检查	编号应向外
电容器铭牌检查	铭牌应完整
连接母线检查	母线应平整无弯曲
熔断器检修	熔断器无断裂、虚接，熔断器规格应符合设备要求
放电线圈检修	瓷套无破损，油位应正常，无渗漏现象，二次接线应紧固
干式电抗器检查	外观检查完好，绝缘层无破损；支持瓷柱应无破裂；接线板螺钉紧固，无发热现象
装置校验	按照装置校验检修工艺标准对所用装置进行校验

2. 小修项目

电容器小修项目见表8—4。

表8—4　　电容器小修项目

检查项目	检查内容及方法
操作回路检查	（1）手分手合回路 （2）开关防跳回路 （3）开关压力试验

续表

检查项目	检查内容及方法
传动试验	（1）模拟故障查看保护动作、断路器动作是否正确 （2）模拟故障查看就地信号是否正确 （3）模拟故障查后台机、远方监控系统显示情况及光字牌显示是否正确
核对定值	打印定值单与最新保护定值通知单进行核对是否正确
极对壳绝缘电阻	不低于 2 000 MΩ
电容值	（1）电容值偏差不超出额定值的 -5% ~10% 范围 （2）电容值不应小于出厂值的 95%
并联电阻值测量	电阻值与出厂值的偏差应在 ±10% 范围内
渗漏油检查	渗漏时停止使用

3. 大修项目

电容器大修项目见表 8—5。

表 8—5　　电容器大修项目

集合式电容器			
周期	项目	要求	标准与方法
1 ~5 年吊芯修理后	相间和极对壳绝缘电阻	自行规定	采用 2 500 V 兆欧表 仅对有六个套管的三相电容器测量相间绝缘电阻
投运后 1 年内 1 ~5年吊芯修理后	电容值	（1）每相电容值偏差应在额定值的 -5% ~10% 范围内，且电容值不小于出厂值的 96%，三相中每两相线路端子间测得的电容值的最大值与最小值之比不大于 1.06 （2）每相用三个套管引出的电容器组，应测量每两个套管之间的电容量，其值与出厂值相差在 ±5% 范围内	
必要时吊芯修理后	相间和极对壳交流耐压试验	试验电压为出厂试验值的 75%	仅对有六个套管的三相电容器进行相间耐压试验
1 ~5 年吊芯修理后	绝缘油击穿电压（kV）	运行中油 15 kV 以下为大于等于 25 15 ~35 kV 为大于等于 30 66 ~220 kV 为大于等于 35 330 kV 为大于等于 45 500 kV 为大于等于 50	按 GB /T 507 和 DL/T 429. 9 方法进行试验
1 年	渗漏油检查	漏油应修复	观察法

三、电容器检修的典型项目

1. 电容器的安装

安装电容器时，每台电容器的接线最好采用单独的软线与母线相连，不要采用硬线连接，以防止装配应力造成电容器套管损坏，破坏密封而引起漏油。

电容器回路中的任何不良接触，均可能引起高频振荡电弧，使电容器的工作电场强度增大和发热而早期损坏。因此，安装时或大修后，对连接处要紧固。

电容器搬运时，应尽量采用滑槽移动，以减小对电容器的冲击。

起吊电容器时，钢丝绳的夹角应不大于60°，否则应采用专用吊具或调整钢丝绳套。

2. 电容器清洁维护

（1）先用刷子清扫电容器外壳、绝缘子及支架等表面的积灰，再用酒精抹布清洁。

（2）检查修理放电装置时，对放电电阻或放电线圈进行检测，检测放电电阻可使用万用表。

（3）检查和使用力矩扳手紧固各电气连接点螺栓，必须仔细地注意接有电容器组的电气线路上所有接触处的汇流排、接地线、断路器、熔断器、开关等的可靠性。因为在线路上一个接触处出了故障，甚至螺母旋得不紧，都可能使电容器早期损坏或使整个设备发生故障。所用力矩应按照厂家的标准，如无要求可参考国家标准。

（4）检查各熔断器（如有）的熔丝是否熔断，清理熔断器触点的接触部分，用砂纸打磨。

（5）用电容测试仪测量电容器的电容量，根据厂家的规定决定是否需要更换，如某国外厂家要求如果一台电容器的电容量降低超过5%，则电容器必须更换。厂家无规定的，则遵守以下规定：

1）电容值偏差不超出额定值的－5%～10%范围。

2）电容值应不小于出厂值的95%。

（6）电容器箱体补焊。电容器箱体出现渗漏需补焊时，应带油补焊。短时点焊，可直接在箱壁上进行；若补焊面积较大或时间较长，应同时实施真空补焊工艺。箱壳上面的漏油，可用锡铅焊料修补；套管焊缝处漏油，可用锡铅焊料修补，但应注意烙铁不能过热，以免表层脱焊。

3. 电容器补漆

补漆应采用颜色、牌号、生产厂家与原油漆相同的油漆。补漆时，先清理、打磨受损表面，然后根据受损情况补底漆、中漆、面漆，或其中的一部分。

对因焊接造成的漆面损伤，应首先去除焊渣，再清理、打磨、补漆。

四、高压试验项目及方法

1. 交流耐压试验

并联电容器的交流耐压试验，应符合表8—6的规定。

表 8—6　　并联电容器电极对外壳交流耐压试验的电压值　　kV

额定电压	<1	1	3	6	10	15	20	35
出厂试验电压	3	5	18	25	35	45	55	85
交接试验电压	2.2	3.8	14	19	26	34	41	63

注：当产品出厂试验电压值不符合表中的规定时，交接试验电压应按产品出厂试验电压值的 75% 进行。

2. 绝缘电阻测试

测量电容器极间绝缘电阻和低压端对地绝缘电阻。

极间绝缘电阻测量使用 2 500 V 绝缘电阻表，绝缘电阻值一般不低于 5 000 MΩ；低压端对地绝缘电阻测量使用 1 000 V 绝缘电阻表，绝缘电阻不低于 100 MΩ；

测量前、后均应对电容器充分放电。

测量时，应考虑空气湿度、套管表面脏污等对绝缘电阻的影响，并记录测量时的温度、湿度。

3. 测量电容值

采用电桥正接线法测量。

每节电容偏差不超过额定值的 $-5\% \sim 10\%$ 范围。电容值大于出厂值的 102% 时，应缩短试验周期。

一相中任两节实测电容值相差应不超过 5%。

当测量结果异常时，应采取有效措施，排除干扰因素的影响。

4. 测量 $\tan\delta$ 值

采用正接线法测量。

10 kV 以下的 $\tan\delta$ 值，油纸绝缘的应不大于 0.005，膜纸复合绝缘的应不大于 0.002。

5. 电容器检修的相关安全注意事项

进行检修前，应进行相关的检查和试验，以便确定检修范围和内容，同时可进行检修前、后的试验对比。在材料、备品备件、检修工艺和试验装备上要有充分的准备。拆卸各组件及零件时应做好定位标色，以便按原位装复。

检查时，切勿将金属物遗留在器身内，不得破坏或随意改变绝缘状态。所有紧固件都应用力矩扳手或液压设备进行定量紧固控制。对所有的组件、部件，均要进行检查和测试，只有达到技术标准要求后才能装配。对不合格的组件、部件，如经检修仍不能达到技术标准要求时，要更换成合格品。

电容器检修或事故后进行处理时，应先断开电源，对每台电容器逐台放电，装在绝缘支架上的电容器外壳亦应对地放电。放电时先将接地端固定好，再用接地棒多次对电容器极间和极对地放电，直至无火花及放电声为止，然后才能进行工作。

有故障的电容器，由于故障电容器可能发生引线接触不良、内部断线或熔丝熔断等，因此有部分电荷可能未释放出来，所以检修人员在接触故障电容器以前，还应戴上绝缘手套，用短路线将故障电容器两极短线，然后方可动手拆卸。

任何额定电压的电容器组，禁止带电荷合闸，每次断开后再重新合闸，须在短路 3 min 后（即经过放电后少许时间）方可进行。

6. 人员要求

人员分工明确，职责清晰；工作任务清楚，不误进带电间隔、误登带电设备；专用工具应由专人保管，完工后须清点。

7. 试验要求

定时对绝缘电阻进行检测，绝缘电阻如有下降趋势，应及时查找原因，采取措施或暂停检修。应进行检修前、后相关的电气绝缘试验，以便检验检修质量。加强与运行人员的联系，试验电源应由运行人员连接与拆卸。

8. 环境要求

检修场地周围应无可燃或爆炸性气体、液体，无引燃火种，否则应采取有效的防范措施和组织措施。

在现场进行电容器检修工作时，需做好防雨、防潮、防尘和消防措施，同时应注意与带电设备保持足够的安全距离，准备充足的施工电源及照明，以及大型机具、拆卸组部件的放置地点和消防器材的合理布置等。为防止绝缘件受潮，解体时应选择在晴天，平均空气湿度应小于60%，并做好防护应急工作。在试验现场装设临时围栏，向外悬挂“止步、高压危险!”的标示牌。

五、故障处理

（1）当电容器喷油、爆炸着火时，应立即断开电源，并用沙子或干式灭火器灭火。此类事故多是由于系统内、外过电压，电容器内部严重故障所引起的。为了防止此类事故发生，要求单台熔断器熔丝规格必须匹配，熔丝熔断后要认真查找原因；电容器组不得使用重合闸，跳闸后不得强送电，以免造成损坏更大的事故。

（2）电容器的断路器跳闸，而分路熔断器熔丝未熔断。对此应对电容器放电 3 min 后，再检查断路器、电流互感器、电力电缆及电容器外部等情况。若未发现异常，则可能是由于外部故障或母线电压波动所致，经检查正常后，可以试投运，否则应进一步对保护做全面的通电试验。

通过以上的检查、试验，若仍找不出原因，则应拆开电容器组，并逐台进行检查试验。但在未查明原因之前，不得试投运。

（3）当电容器的熔断器熔丝熔断时，应向值班调度员汇报，待取得同意后，再断开电容器的断路器。在切断电源并对电容器放电后，先进行外部检查，如套管的外部有无闪络痕迹、外壳是否变形、漏油及接地装置有无短路等，然后用绝缘摇表摇测极间及极对地的绝缘电阻值。如未发现故障迹象，可换好熔丝后继续投入运行。如送电后熔丝仍熔断，则应退出故障电容器，并恢复对其余部分的送电运行。

第三节　电抗器的检修、预防性试验和故障抢修

本节内容适合电网系统的 10 ~ 66 kV 干式电抗器的检修工作。

一、检修前的准备工作

1. 检修评估和技术准备

（1）检修前查阅相关档案，了解干式电抗器的结构特点、性能参数、运行年限，例行检查、定期检查、历年检修记录，曾发生的缺陷和异常（事故）情况，以及同类产品的问题或事故情况。

（2）评估现场检修对消除干式电抗器缺陷的可能性。

（3）检修前，应编制完善的检修作业指导书，其中包括检修的组织措施、安全措施和技术措施，主要内容如下：

1）准备工作安排，包括停电申请、工作票等。

2）人员要求及分工。

3）作业流程图，应体现施工项目及进度。

4）消缺项目、检修项目和质量标准。

5）特殊项目的施工方案。

6）试验项目及标准。

7）危险点分析、安全措施及注意事项。

8）施工工具明细表、备品备件明细表、材料明细表。

9）图样资料，包括设备的主要技术参数。

10）各种记录表格。

2. 工器具、材料准备

现场检修应具备充足的合格材料、完备的工艺装备和测试设备，开工前3天应按作业指导书上的明细表进行清理准备，可参考以下内容：

（1）备品备件。螺栓、螺钉。

（2）材料

1）生产用汽油、砂布、白布、尼龙刷、酒精等。

2）导电脂、焊接材料、环氧树脂胶。

3）若需要涂喷，应提前准备相应的喷涂材料。

（3）工器具

1）专用工、器具，如力矩扳手、各种规格的扳手等。

2）气割、气焊设备，电焊设备，空压机，冲洗设备等。

3）安全带、梯子、接地线、水平尺。

（4）测试设备。直流电阻测试仪、绝缘电阻表、工频试验耐压设备等。

3. 人员准备

（1）检修人员应熟悉电力生产的基本过程以及干式电抗器的工作原理及结构，掌握干式电抗器的检修技能，并通过年度《电业安全工作规程》考试。

（2）工作负责人应取得变电检修专业高级工及以上职业资格，工作班成员应取得变电检修专业中级及以上职业资格。

（3）现场起重工、电焊工应持证上岗。

（4）对参加检修工作的人员应合理分工，一般要求工作负责人1人，工作班成员3~4人。

二、检修工作

1. 日常巡视

巡视时，必须与带电部位保证足够的安全距离。干式电抗器的巡视检查项目和方法见表8—7。

表8—7　　干式电抗器巡视检查项目

序号	检查项目	检查方法
1	检查表面脏污情况及有无异物	目测
2	检查表面是否明显变色	目测
3	声音是否正常	听
4	各部件有无过热现象	红外测温

2. 小修项目

干式电抗器小修项目及质量要求见表8—8。

表8—8　　干式电抗器小修项目及质量要求

序号	小修项目	质量要求
1	检查电抗器上下汇流排是否有变形、裂纹现象	汇流排应无变形和裂纹
2	检查电抗器线圈至汇流排引线是否存在断裂、松焊现象	引线无断裂、松焊现象
3	检查电抗器包封与支架间的紧固带是否有松动、断裂现象	紧固带无松动、断裂现象
4	检查接线桩头应接触良好，无烧伤痕迹。必要时进行打磨处理。装配时，应涂抹适量导电脂	无烧伤痕迹，接触良好
5	检查紧固件有无松动现象	紧固无松动
6	检查器身及金属件有无过热现象	无变色、过热现象
7	检查防护罩及防雨隔栅有无松动和破损	完好、紧固、无破损
8	检查支座绝缘及支座是否紧固并受力均匀	支座绝缘良好，支座紧固且受力均匀
9	检查通风道及器身的洁净状况，必要时用内窥镜检查	通风道无堵塞，器身洁净无尘土、脏物，无流胶、裂纹现象
10	检查电抗器包封间导风撑条是否完好牢固	完好牢固
11	检查表面涂层无龟裂、脱落、变色，必要时进行喷涂处理	涂层完好，无龟裂、脱落、变色
12	检查表面憎水性能	无浸润现象
13	检查铁心有无松动及是否有过热现象	铁心应紧固无松动、无过热现象
14	检查、清扫瓷绝缘子	瓷绝缘子干净、无异常

3. 典型维修项目

停电时，干式电抗器的检查主要项目和方法见表8—9。

表8—9　　停电时干式电抗器的检查主要项目和方法

序号	检 查 项 目	检 查 方 法
1	检查电抗器上、下汇流排是否有变形、裂纹现象	目测检查
2	检查电抗器线圈至汇流排的引线是否存在断裂、松焊现象	目测检查
3	检查电抗器包封与支架间的紧固带是否有松动、断裂现象	目测检查和手动检查
4	检查接线桩头接触是否良好，有无烧伤痕迹	目测检查和测量接触电阻
5	检查紧固件有无松动现象	用扳手手动检查
6	检查器身及金属件有无过热现象	目测检查和触摸
7	检查防护罩及防雨隔栅有无松动和破损	目测检查和手动检查
8	检查支座绝缘及支座是否紧固并受力均匀	测量绝缘电阻，用手动工具检查是否紧固和受力均匀
9	检查通风道及器身的洁净状况	目测检查，必要时用内窥镜检查
10	检查电抗器包封间导风撑条是否完好牢固	手动检查
11	检查表面涂层有无龟裂、脱落、变色	目测检查
12	检查包封表面憎水性能	目测检查浸润现象
13	检查铁心有无松动及是否有过热现象	用手动工具检查及用手触摸
14	检查导电回路接触是否良好	测直流电阻
15	检查绝缘性能是否良好	绝缘试验，必要时可测量径向绝缘电阻
16	检查瓷绝缘子是否完好和清洁	目测

4. 干式电抗器表面涂层处理

涂层处理采用喷涂方法，喷涂技术要求及施工步骤如下：

（1）喷涂前准备工作

1）用粗砂布或尼龙丝刷由上而下将电抗器内、外包封表面打磨一遍，清除已粉化的涂层，然后用高压风吹净。

2）使用除漆剂清除表面残余防紫外线油漆（或RTV胶），用蘸无水乙醇的白布将线圈内外擦干净。

3）检查电抗器表面是否有树枝状爬电现象，若有则用工具将树枝状爬电条纹缝内的碳化物清除干净，然后用环氧树脂胶注入线圈表面裂痕内并抹平。

4）在喷涂前，再次将线圈内、外表面擦抹干净，准备喷涂。

（2）喷涂步骤。喷涂的气象条件是不下雨。

1）在电抗器表面及通风道内喷涂一层专用底漆，晾一天。

2）在电抗器表面喷涂一层专用耦联剂进行表面活化处理，并晾干。

3）喷涂 RTV 涂料，应喷涂三遍，喷涂第一遍后，相隔 2 h 以上再喷涂第二遍；涂第二遍后，相隔 3 h 以上再喷涂第三遍。涂料喷涂应均匀，无流痕、垂珠现象。

三、电抗器的预防性实验

干式电抗器预防性试验项目及要求见表 8—10。

表 8—10　　干式电抗器预防性试验项目及要求

序号	试验项目	要求
1	直流电阻测量	换算至同一温度下与出厂值相比，串联电抗器不大于2%，并联电抗器不大于1%；三相之间的差别不大于三相平均值的2%
2	绝缘电阻测量（并联电抗器的径向必要时进行）	同一温度下与历年数据比较无明显变化
3	外施交流耐压试验	无闪络、击穿
4	阻抗（或电感）测量（必要时）	与出厂值比无明显变化；符合运行要求
5	瓷绝缘子探伤	无判废的情况

四、一般故障处理

电抗器在户外的大气条件下运行一段时间后，其表面会有污物沉积，同时表面喷涂的绝缘材料也会出现粉化现象，形成污层。在大雾或雨天，表面污层会受潮，导致表面泄漏电流增大，产生热量，这使得表面电场集中区域的水分蒸发较快，造成表面部分区域出现干区，引起局部表面电阻改变。表面泄漏电流在该中断处形成很小的局部电弧，随着时间的增长，电弧将发展并发生合并，在表面造成树枝状放电，形成树枝状放电烧痕。由于绝大多数树枝状放电产生于电抗器端部表面与星状板相接触的区域，而匝间短路是树枝状放电的进一步发展，即短路线匝中电流剧增，温度升高到使线匝绝缘损坏并在高温下导线熔化而形成。

为了确保户外电抗器不发生树枝状放电和匝间短路故障，应正确选用绝缘材料，改善工艺条件，提高工艺水平，改善工艺环境；保证电抗器的端部绝缘、包封绝缘的整体性；绝缘胶应保证与导线具有良好的亲和性，在运行条件和运行环境下，确保不产生裂纹和开裂现象；涂刷憎水性涂料可大幅度抑制表面放电，端部预埋环形均流电极的结构改进，可克服下端表面泄漏电流集中现象，即使不喷涂憎水性涂层或憎水性涂层完全消失，也能防止电极附近干区电弧的出现。采用顶戴防雨帽和外加防雨层，可在一定程度上抑制表面泄漏电流。此外，在污染程度较严重的地区，应增加清理电抗器表面和绝缘子表面的次数。

电抗器事故一般都是由于运行中热点温度高，使聚酯薄膜老化，当引入线或环氧树脂开裂处雨水渗入后加速了老化，丧失了力学强度，不能裹紧导线；当雨水多次渗入时，易造成匝间短路，并引起着火燃烧。

上述故障的处理措施如下：

（1）选择合理的耐热等级绝缘材料，设计运行温度更合理的干式电抗器，从根本上解决电抗器户外运行安全性较低的问题，以增加其使用寿命。

（2）开展有效的防紫外线老化包封的防护漆的选型和研制，从根本上杜绝树枝状放电的出现。

（3）改善电抗器上部引线与线圈的密封，采用戴防雨帽防止日晒或雨淋，或是搭大棚，以改善通风条件，改善电抗器运行的环境温度。

（4）改善工艺条件，提高工艺水平，改善工艺环境，减少人为因素的影响。

第四节　电压、电流互感器的作用与结构

一、互感器的作用

互感器分为电压互感器和电流互感器两类，主要作用是：

（1）将一次侧电压、电流信息准确传递到二次侧相关设备。

（2）将一次侧系统的高电压、大电流变换为二次侧的低电压（标称值 100 V，57.736 7 V）、小电流（标称值 5 A、1 A），使测量、计量仪表和继电器等装置标准化、小型化，同时降低对二次侧设备的绝缘要求。

（3）将二次侧设备以及二次侧系统与一次侧系统高压设备在电气方面很好地隔离，从而保证二次侧设备和人身安全。

二、互感器分类

1. 电压互感器分类

（1）按用途分类，可分为测量用电压互感器、保护用电压互感器。

（2）按绝缘介质分类，可分为干式电压互感器、浇注式电压互感器、油浸式电压互感器、气体绝缘电压互感器。

（3）按相数分类，可分为单相电压互感器、三相电压互感器。

（4）按电压变换原理分类，可分为电磁式电压互感器、阻抗分压式电压互感器、电容分压式电压互感器、电阻分压式电压互感器、光电式电压互感器。

（5）按使用条件分类，可分为户内型电压互感器、户外型电压互感器。

（6）按磁路结构分类，可分为单级式电压互感器、串级式电压互感器。

2. 电流互感器分类

（1）按用途分类，可分为测量用电流互感器、保护用电流互感器。

（2）按绝缘介质分类，可分为干式电流互感器、浇注式电流互感器、油浸式电流互感器、气体绝缘电流互感器。

（3）按电流变换原理分类，可分为电磁式电流互感器、光电式电流互感器。

（4）按安装方式分类，可分为贯穿式电流互感器、支柱式电流互感器、套管式电流互感器、母线式电流互感器。

（5）按一次绕组匝数分类，可分为单匝式电流互感器、多匝式电流互感器。

（6）按二次绕组所在位置分类，可分为正立式电流互感器、倒立式电流互感器。

（7）按电流比变换分类，可分为单电流比电流互感器、多电流比电流互感器、多个铁心电流互感器。

3. 组合式互感器

电压和电流互感器组合并形成一体的互感器称为组合式互感器。

三、各种互感器的工作原理

1. 电磁式电压互感器的工作原理

电磁式电压互感器是一种特殊变压器，工作原理和变压器相同。电压互感器一次绕组并联到高电压电网上，二次绕组外部并接测量仪表和继电保护装置等负荷，仪表和继电器的阻抗很大，二次侧负荷电流小且恒定。电压互感器的容量很小，接近于变压器空载运行情况，运行中电压互感器的一次侧电压不会受二次侧负荷的影响，二次侧电压在正常使用条件下实质上与一次侧电压成正比。

2. 电容式电压互感器的工作原理

电容式电压互感器主要是由电容分压器、中压变压器、补偿电抗器、阻尼器等部分组成，后三部分总称为电磁单元。电容式电压互感器电路如图 8—4 所示。

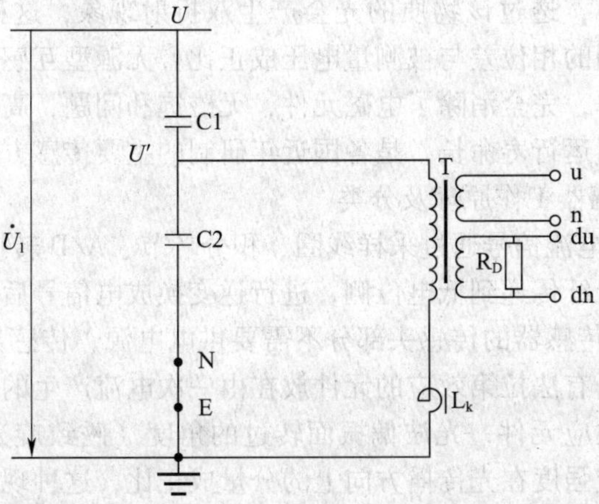

图 8—4　电容式电压互感器电路图

C1、C2—高压电容和中压电容　L_K—补偿电抗器　T—中压变压器

R_D—阻尼器　u、n、du、dn—二次绕阻端子及剩余电压绕组端子

当施加电压于 C1 和 C2 组成的电容分压器时，如中压电容器未接电磁单元等并联阻抗，从 U' 向系统看进去，则为一个有源二端网络，应用戴维南定理，可以用一个等效电压和一个等效阻抗来代替。

等效电压为：

$$U_{U'} = U_1 \frac{C_1}{C_1 + C_2} = \frac{U_1}{K}$$

分压比为：

$$K=(C_1+C_2)/C_1$$

等效阻抗为：

$$X_C=\frac{1}{\omega(C_1+C_2)}$$

其中等效电压就是串联电容C2上的分压，它利用容抗来分压；而等效阻抗就是电容C1和C2的并联容抗，即等效电容 C_1+C_2 的电抗。

3. 光电式互感器

光电式互感器是电子式互感器的一种，是利用光电子技术和电光调制原理，用玻璃光纤来传递电流或电压信息的拳型互感器，与传统电磁式互感器采用电磁耦合原理、用金属导体来传递电流或电压信息的互感器完全不同，它具有如下优点：绝缘性能优良；无铁心；动态响应好；频率响应范围宽；抗电磁干扰性能好；体积小、质量轻、造价低；适应断电保护数字化、计算机化、自动化发展；是无油化产品。

(1) 光电式电压互感器工作原理及分类

1) 有源型。高压侧的电压信号通过采样后，将电压信号传递到发光二极管变成光信号，由光纤传递到低电位侧，进行逆变换成电信号后放大输出。由于二极管的发光强度与施加电压成比例，因此信号输出也与施加电压成比例。

2) 无源型。某些半导体具有光电效应，在没有外电场作用下，其各向同性，光电体为一圆球体；在电场作用下，透过该物质的光会产生双折射现象，这种现象称为泡克尔斯效应。其双折射快慢轴之间的相位差与被测量电压成正比。无源型互感器的传感器头部分不需要供电电源，结构较简单，完全消除了电磁元件，无磁饱和问题，高电压侧无电子器件，无温度稳定性问题，互感器运行寿命长，是各国近年研制的主要传感方式。

(2) 光电式电流互感器工作原理及分类

1) 有源型。高压侧电流信号通过采样线圈、积分环节、A/D转换和E/D转换，将信号变成光信号，光信号由光纤传递到低电位侧，进行逆变换成电信号后放大输出。

2) 无源型。无源型传感器的传感头部分不需要供电电源，传感部分一般用法拉第磁光效应原理制成，将某种具有法拉第效应的元件放在由一次电流产生的磁场中，用直线偏振光沿磁场方向入射法拉第效应元件，光波偏振面转过的角度（磁致旋光角）与光在介质中通过的长度及介质中磁感应强度在光传播方向上的分量成正比，这种现象称为法拉第效应。输出光强正比于磁场强度（即电流大小），因而只要测得光强即可得出一次电流值。

3) 全光纤型。全光纤电流互感器实际上也是无源型，但结构比前述无源型还简单，其传感头是由光纤本身制成，在被测电流的导体上用光纤绕几圈，即构成传感器，其他部分则与无源型完全一样。这种结构比前述无源型易于制造，精度易满足要求，可靠性也比较高；但是这种结构的光纤需采用特殊的光纤——零双折射的具有保偏性能的光纤，它制造比较困难，质量难以保证，价格昂贵，目前已有少数国家在研制。

四、互感器的结构

1. 电磁式电压互感器的结构

(1) 铁心。电磁式电压互感器最常采用的铁心材料为冷轧硅钢片，常用的结构形式是叠片式铁心。近年来，卷铁心在低电压等级电压互感器上得到广泛应用。叠片式铁心由冲剪成条形的铁心片叠积而成，铁心的磁通方向应与冷轧硅钢板的辗轧方向一致。根据互感器铁心柱的数目，叠片铁心可分为单相双柱式、单相三柱式、三相三柱式、三相五柱式。铁心结构如图 8—5 所示。

卷铁心外形如图 8—5e、f 所示，矩形卷铁心是用带状硅钢片在矩形胎具上连续绕制而成，在铁心长轴上绕制互感器绕组；C 形铁心是将矩形铁心（经浸渍处理后）在长轴上切开，可在长轴上套装绕组。

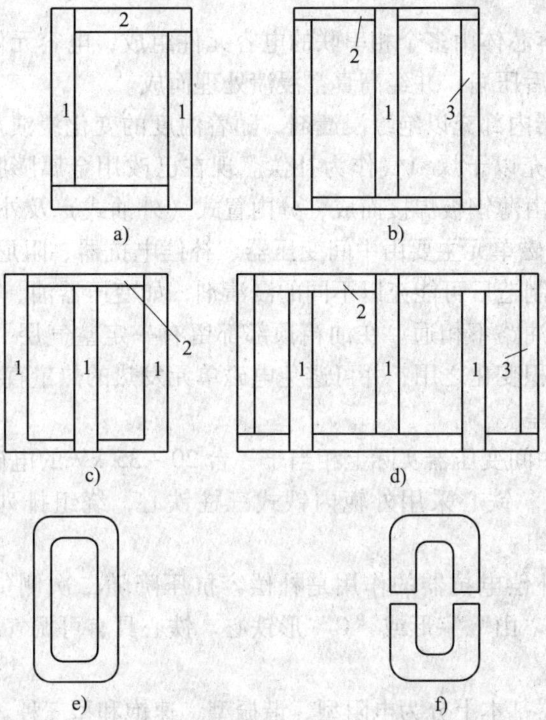

图 8—5　电压互感器的铁心结构

a）单相双柱式　b）单相三柱式　c）三相三柱式　d）三相五柱式　e）矩形卷铁心　f）C 形铁心

1—铁心柱　2—主铁轭　3—旁铁轭

叠片铁心的心柱截面一般由内接于圆的多级矩形组成，原则是：铁心柱填充系数（即芯柱截面积与外接圆面积之比）要高，铁心结构要合理、加工安装容易，铁心柱夹紧时防止局部变形超出外接圆。叠片铁心叠完后，一般采用夹板和穿心螺杆加以固定；对于低电压及低磁密的互感器铁心，亦可用绑扎固定。铁轭与夹件及穿心螺杆间须有绝缘，绝缘可采用绝缘纸筒或其他绝缘材料。

（2）绕组。电压互感器的绕组可根据结构设计，二次绕组可布置在一次绕组的外侧，也可布置在一次绕组的内侧，一、二次绕组的绕向应相反，一次绕组和二次绕组的结构形式大多采用同心圆筒式，少数低压互感器如干式和浇注式互感器也常采用同心矩形筒式。绕组采用的导线类型根据互感器采用的绝缘介质而有所不同，需考虑互感器的绝缘介质对导线本身绝缘的相容性。对于油浸电压互感器，一般采用 Z 型纸包线，QQ 型缩醛漆包线，SQQ 型单丝包漆包线；对于浇注式及干式互感器，一般采用 QZ 型聚酯漆包线；对于 SF_6 互感器，一般采用聚酯漆包线或塑料薄膜导线。

2. 电容式电压互感器

电容式电压互感器（TVC）总体上可分为电容分压器和电磁单元两大部分：

（1）电容分压器。电容分压器由高压电容 C1 及中压电容 C2 组成，都装在瓷套内，从外形上看是一个单节或多节带瓷套的耦合电容器，耦合电容器则主要由电容芯体和金属膨胀器（或称扩张器）组成。由电容分压器从电网高电压取出一个中间电压，送入中间变压器。

1）电容芯体。电容芯体由多个相串联的电容元件组成，电容元件由铝箔电极和放在其间的数层电容介质卷绕后压扁，并经高真空浸渍处理而成。

2）膨胀器。电容器内部充以绝缘浸渍剂，随着温度的变化浸渍剂体积会发生变化，早期在每节瓷套内部上端充以干燥氮气作为补偿。现在已改用金属膨胀器，保持内部微正压（约 0.1 MPa），膨胀器由薄钢板焊接而成，分内置式（外油式）及外置式（内油式）两种。

（2）电磁单元。电磁单元主要由中间变压器、补偿电抗器、阻尼器及限压装置等组成。电磁单元铁壳油箱内各制造厂可能充以不同的浸渍剂，如变压器油、电容器油、十二烷基苯等，但都与电容分压器油路不相通。在油箱顶部都留有一定空气层（或充以氮气）作为补偿绝缘油因温度造成体积变化之用，并可避免电磁单元发热的热量直接传至电容器单元，引起高、中压电容形成温差。

1）中间变压器。中间变压器实际上相当于一台 20～35 kV 的电磁式电压互感器，将中间电压变为二次侧电压。铁心采用外轭内铁式三柱铁心，绕组排列顺序为芯柱→辅助绕组→二次绕组→高压绕组。

2）补偿电抗器。补偿电抗器的作用是补偿容抗压降随二次侧负荷变化对准确级的影响，补偿电抗器常采用“山”字形或“C”形铁心。铁心具有可调气隙，在误差调完后，再用纸板填满固定。

3）阻尼器。阻尼器基本上分为电阻型、谐振型、速饱和型三种。

4）过电压保护元件

①补偿电抗器两端的限压器。当二次侧发生短路和开断过程中，补偿电抗器两端电压将出现过电压，必须加以限制才能保证安全。限压元件除了降低电抗器两端电压外，还能对阻尼铁磁谐振起良好的作用。常见的限压元件有间隙加电阻、氧化锌阀片加电阻或不加电阻、补偿电抗器设二次绕组并接入间隙和电阻等几种，大部分产品均将限压器安装在电磁单元油箱内，保护间隙用绝缘管作为外壳，内装电极和云母片，也有部分产品将限压器安装在油箱外的二次侧出线板上。

②中压端限压元件。常见的中压端限压元件有氧化锌避雷器和放电间隙两种，一般均装在电磁单元油箱内，当电容电压互感器为分体式时，放电间隙也可装在空气中接于中压端与地之间，其放电压取中间电压的 4 倍。

3. 电磁式电流互感器

（1）铁心。电流互感器常用铁心形式有叠片式铁心、卷铁心、开口铁心等。其铁心形式如图 8—6 所示。

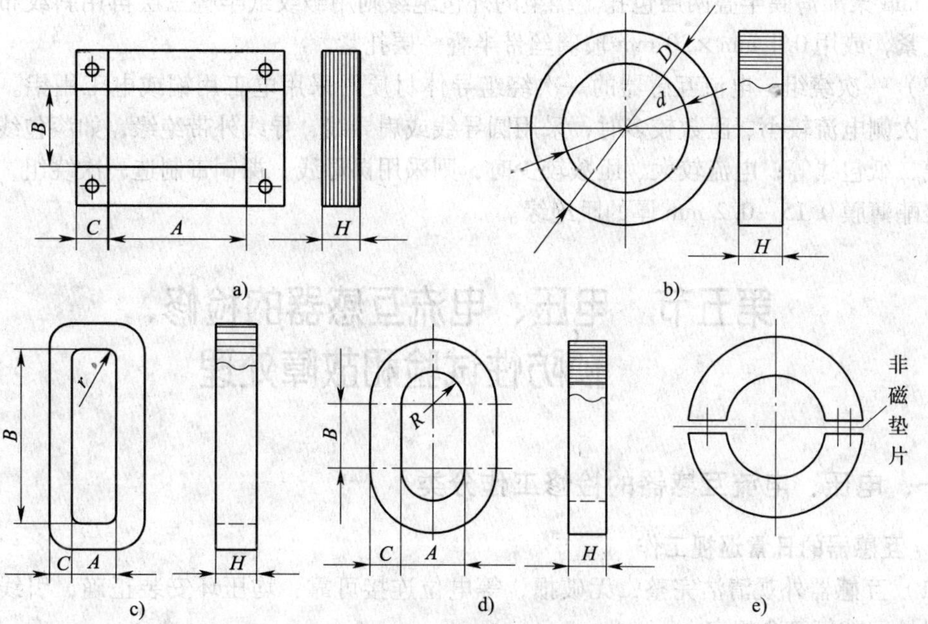

图 8—6 电流互感器铁心形式

a）叠片式铁心 b）圆环形卷铁心 c）矩形卷铁心 d）扁圆形卷铁心 e）开口形卷铁心

（2）二次绕组。二次绕组分矩形绕组和环形绕组两种，矩形绕组用于叠片式铁心，环形绕组用于卷铁心。环行二次绕组的结构如图 8—7 所示。

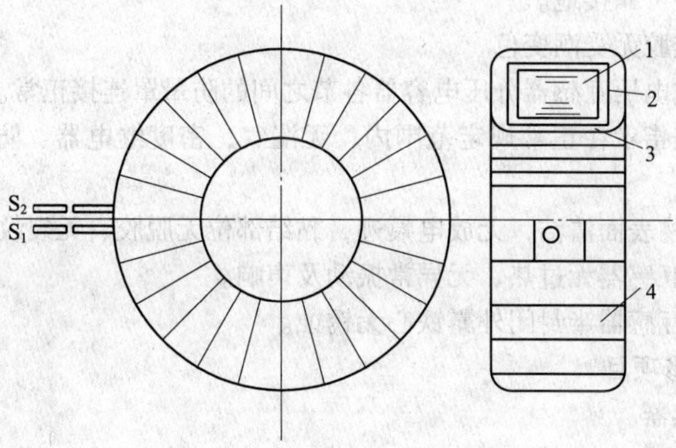

图 8—7 环行二次绕组的结构

1—卷铁心 2—铁心绝缘 3—绕组 4—外包绝缘

矩形绕组导线绕在预制的骨架上，骨架分有端板和无端板两种，骨架材料为酚醛塑料或工程塑料。

环形绕组导线直接绕在包有铁心绝缘的卷铁心上，绕线时干净导线一般沿圆周均匀排列，有时为了保证误差，也可人为地绕成不均匀排列，一层不能绕完时可绕多层。层间绝缘对油浸式互感器一般以 0.05 mm 皱纹纸带半叠两层；对干式或环氧树脂浇注互感器，则宜用0. 1 mm 聚酯薄膜半叠两层包扎。绕组的外包绝缘则用皱纹纸半叠三层再用斜纹布带半叠一层扎紧，或用0. 1 mm ×20 mm 玻璃丝带半叠一层扎紧。

（3）一次绕组。电流互感器的一次绕组导体材质常采用电工用铜或电工用铝。浇注互感器一次侧电流较小、匝数较多时，采用圆导线或扁导线，导线外带绝缘，如漆包线、玻璃丝包线、纸包线等；电流较大、匝数较少时，则采用裸母线、裸铜带制造一次绕组，成型后再包聚酯薄膜0. 15 ~0. 2 mm 厚的匝绝缘。

第五节　电压、电流互感器的检修、预防性试验和故障处理

一、电压、电流互感器的检修工作分类

1. 互感器的日常巡视工作

（1）互感器外观清洁完整，无破损，等电位连接可靠，均压环安装正确，引线对地距离、保护间隙等符合规定。

（2）油浸式、电容式互感器无渗油，油位指示正常，三相基本一致。

（3）SF_6互感器无漏气，压力与厂家规定相符，三相基本一致。

（4）各金属部件油漆完好，三相相序标志正确，接线端子清晰，运行编号完整。

（5）一、二次侧引线连接可靠，极性关系正确，电流比位置符合运行要求。

（6）各接地部件可靠接地。

（7）吸湿器的硅胶无受潮变色。

（8）检查电容式电压互感器分压电容器各节之间的防晕罩连接正常。

（9）检查压力表指示在正常规定范围内，无漏气，密度继电器、防爆片、补气信号器的位置正常。

（10）检查绝缘物表面清洁，无放电痕迹，黏结部位无脱胶、无裂纹等老化现象。

（11）环氧树脂互感器无过热、无异常振动及声响。

（12）环氧树脂互感器半封闭外露铁心无锈蚀。

2. 互感器的小修项目

（1）油浸式互感器

1）外部检查及清扫。

2）检查维修膨胀器、储油柜、呼吸器。

3）检查并紧固一、二次侧引线连接件。

4）渗漏油处理。

5）检查电容屏型电流互感器及油箱式电压互感器末屏接地点、电压互感器 N（X）端接地点。

6）必要时进行零部件的修理及更换。

7）必要时调整油位。

8）必要时补漆。
9）必要时加装金属膨胀器。
10）必要时进行绝缘脱气处理。
（2）固体绝缘互感器
1）外部检查及清扫。
2）检查并紧固一、二次侧引线连接件。
3）检查铁心及夹件。
4）必要时补漆。
（3）SF_6气体绝缘互感器
1）外部检查及清扫。
2）检查气体压力表、阀门、密度继电器。
3）必要时检漏或补气。
4）必要时进行气体脱气处理。
5）检查并紧固一、二次侧引线连接件。
6）必要时补漆。
（4）电容式电压互感器
1）外部检查及清扫。
2）检查并紧固一、二次侧引线及电容器连接件。
3）电磁单元渗漏油处理，必要时补油。
4）必要时补漆。

3. 互感器的大修项目

（1）油浸式互感器
1）外部检查及修前试验。
2）检查金属膨胀器。
3）排放绝缘油。
4）一、二次侧引线接线柱、瓷套分解检修。
5）吊起瓷套或吊起器身，检查瓷套及器身。
6）更换全部密封胶垫。
7）油箱清扫和除锈。
8）压力释放装置的检修与试验。
9）绝缘油处理或更换。
10）呼吸器检修，更换干燥剂。
11）必要时，进行器身干燥处理。
12）总装配。
13）真空注油。
14）密封试验。
15）绝缘油试验及电气试验。
16）喷漆。

（2）SF_6气体绝缘互感器

1）外部检查及修前试验。

2）一、二次侧引线连接紧固件检查。

3）回收处理SF_6气体。

4）必要时，更换防爆片及其密封圈。

5）必要时，更换二次侧端子板及其密封圈。

6）更换吸附剂。

7）必要时，更换压力表、阀门、密度继电器。

8）补充SF_6气体。

9）电气试验。

10）金属表面喷漆。

（3）电容式电压互感器

1）外部检查及修前试验。

2）检查电容器套管，测量电容值及介质损耗因数。

3）检查电磁单元。

4）必要时，进行电磁单元干燥。

5）电磁单元绝缘油处理。

6）更换密封胶垫。

7）电磁单元装配。

8）电磁单元注油或充氮。

9）电气试验。

10）喷漆。

二、互感器典型检修工作方法

1. 电压电流互感器的拆除及安装

（1）技术准备

1）核对检修互感器的名称及编号。

2）检查检修互感器现场，消防安全设施齐全，并符合要求。

3）检修互感器所在的供电系统、互感器所在的现场设备，均已做好供电安全措施。

4）检修互感器所涉及的保护、计量、测量、重合闸等功能已退出。

5）检修互感器所对应的二次回路、出线端已做好安全防护措施。

6）检查并记录检修互感器的铭牌参数。

（2）工器具、材料准备

1）材料

①常用消耗材料。对应型号的螺栓、螺母、螺钉、垫片、弹簧垫圈，酒精、凡士林，绝缘漆等。

②绝缘介质。油料或SF_6。

③密封材料。对应型号的密封圈。

④绝缘材料。热缩、冷缩套管，各类绝缘包扎带。

2）工器具。吊芯检修用的主要工器具见表 8—11。

表 8—11　　吊芯检修用的工器具

序号	名称	规格	数量	备注
1	起重机	5 t	1 台	
2	真空滤油机	1 t/h	1 台	
3	压力滤油机	120 L/min	1 台	
4	油耐压试验器	50 kV	1 台	
5	电热烘箱	5 ~ 250℃	1 个	
6	油罐	2 m^3	2 个	
7	方油箱	1 m^3	1 个	
8	油盆	ϕ800 mm × 300 mm	3 个	
9	油管	内 ϕ50 mm	1 套	
10	灭火器	1211 型 8 kg	2 个	
11	人字梯	适合高度	2 个	
12	配电箱	按容量选择	1 个	含电缆
13	钢丝绳套	3t	3 个	
14	绳索		1 捆	
15	喷灯		1 个	
16	管钳		2 个	

（3）人员准备。人员的准备视检修的项目和内容不同而异。互感器的小修一般 3 人；在进行吊芯检修或互感器拆除、安装时，需要 5 ~ 8 人。

（4）油浸式互感器的拆除方法

1）拆除互感器一、二次侧外引线。

2）拆除储油柜上的安全气道和吸湿器。

3）放油。

4）拆除储油柜及一次线圈内引线。

5）拆除瓷套上部固定件。

6）拆除瓷套下部固定件。

7）吊起瓷套，将其拆除。

（5）油浸式互感器的安装。安装瓷套；安装瓷套下部固定件；安装瓷套上部固定件；安装储油柜及一次线圈引线；注油；安装储油柜盖板、安全气道及吸湿器。

2. 互感器主要部件的检修方法

（1）电压互感器铁心的检修。经过运行的电压互感器，由于电动力等的影响会造成穿心螺杆的松动，导致铁心局部松散，或穿心螺杆的绝缘损坏。

1）检查穿心螺杆绝缘时，用2 500 V兆欧表测量绝缘电阻应不小于10 MΩ。

2）当穿心螺杆绝缘损坏时，取下绝缘管，用干燥处理过的酚醛纸管更换；绝缘无损坏的，进行干燥处理。

3）检查接地片连接完好，接触部位无烧伤痕迹，接地片插入铁轭的深度为60～80 mm，有烧灼的应进行打磨、搪锡，并重新紧固连接处。检查平衡线圈和一次线圈与铁心连接处有无烧伤痕迹，有烧灼的应进行打磨、搪锡，并重新紧固连接处。

4）因局部放电造成部分铁心烧坏，必须查出原因并进行处理。

①更换烧坏的硅钢片。

②硅钢片烧伤不严重的，对烧痕部位清理后重新涂硅钢片漆。将有烧痕的部分硅钢片错开安装。

③铁心整体更换

◆ 重新计算铁心各参数。

◆ 在工艺处理中，注意裁片、叠片和穿心螺杆绝缘管的安装，裁片断面不能有毛刺，对接部位要密贴。

◆ 叠片时，避免错格、划伤绝缘，并使铁心硅钢片平整。

◆ 在穿心螺杆及绝缘管装配过程中，应先在孔内穿一根直径与绝缘管相同的钢管，在与铁轭平齐后取出钢管，再装配绝缘酚醛纸管和穿心螺杆。

5）铁心上游离炭等杂物、油垢清理。

①用塑料泡沫（不能用棉纱）浸干燥的绝缘油擦拭。

②用木块或竹片做成木刀，刮掉较厚的油垢。

③被破坏的铁心绝缘漆应用醇酸清漆刷涂，用热风进行干燥。

（2）电压互感器线圈的检修。检查线圈结构有无变形及松弛，变形及松弛现象一般在干燥时会出现，对松弛部位可以适当加固，但注意不能损伤线圈的绝缘物。检查一、二次线圈的引线接触部分是否牢固，引线有无折断现象。

（3）电流互感器铁心的检修

1）正常情况下铁心漆膜完好，表面有光泽，装配紧密无变形，铁心无剩磁。

2）铁心穿心螺杆如绝缘损坏，处理方法同电压互感器。

3）电流互感器铁心硅钢片若有损伤，一般情况下应进行局部更换或全部更换。更换铁心要正确选择硅钢片的饱和磁通密度，铁心的裁片、叠片、装配工艺对电流互感器的检修质量有重要影响。铁心原是冷轧硅钢片的不能用热轧硅钢片取代，硅钢片的剪切面在组装时剩余毛刺应在0.1 mm以下。叠片接缝间隙应尽量小，最好不能超过0.5 mm，以减少磁阻。在部分或全部更换硅钢片时，其厚度应和原硅钢片厚度一致，外形尺寸不能超过原铁心。对铁心及其紧固件应检查有无松弛，并将紧固螺栓紧固，避免铁心接缝处气隙增大而引起电流互感器的误差。

4）对铁心进行退磁。电流互感器在大电流下切断电源、运行中二次侧开路、线圈内流过较大的非周期分量电流时，在铁心中留下剩磁，铁心中的剩磁作用使得误差尤其是角差增大，因此需对电流互感器铁心进行退磁处理。

（4）电流互感器线圈检修。一般维修以线圈的绝缘为主要工作，油浸式电流互感器的一次线圈检修方法同电压互感器，二次线圈的检修考虑它对电流互感器引起的误差，必要时适当减少二次线圈的匝数，用匝数补偿的办法减小误差。线圈的修理一般做法是原样恢复，如需重新制作线圈时，不能改变原设计的额定匝数，且导线的有效截面积应与原设计相同。一次线圈应满足 150 ~ 160 A/mm^2（铜线）的电流密度要求；二次线圈应满足1.5 ~ 2 A/mm^2（铜线）的电流密度要求。

三、预防性试验

1. 电磁式电压互感器

（1）测量绕组绝缘电阻。在测量绕组绝缘电阻时，非被试绕组必须接地。一次绕组用 2 500 V 绝缘电阻表测量，二次绕组用 1 000 V 或 2 500 V 绝缘电阻表测量。测量时，应考虑空气湿度、套管表面脏污等对绕组绝缘电阻的影响，必要时将套管表面屏蔽，以消除表面泄漏电流的影响。温度的变化对绝缘电阻影响很大，测量时应准确测量绕组温度，以便比较。为减少温度的影响，最好在绕组温度稳定后进行测试。

由于电压互感器的绝缘电阻值在《规程》中没有统一的标准，因此可根据具体情况自行规定。但应和同型号、同电压等级、同类型设计结构产品及上一次测量结果相比较，在相同的温度下，绝缘电阻值应无显著的差别。

（2）测量绕组介质损失角正切 tanδ 值。对于全绝缘电压互感器，测量时一次绕组首尾端短接后加电压，其余绕组首尾端短接后接地。对于串级式（铁心不接地）电压互感器，由于其结构特点，正确反映本体内各部分绝缘状况比较困难，推荐采用末端屏蔽法。其常用测量方法如下：

1）常规法。常规法有反接线和正接线两种，其测量接线如图 8—8 和图 8—9 所示。

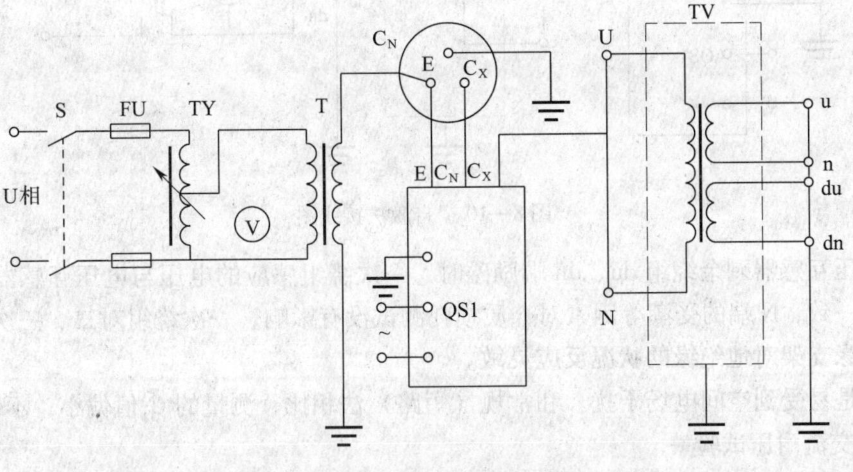

图 8—8　常规法反接线图

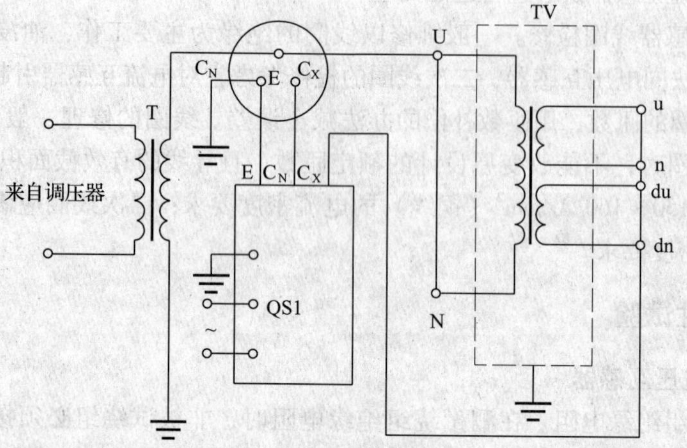

图 8—9　常规法正接线图

常规法的特点如下：主要反映一次绕组静电屏对二、三次绕组间的绝缘状况，难以反映一次绕组对二、三次绕组端部的绝缘及绝缘支架对地的绝缘状况。试验电压低，一般只能加压 2 000 ~ 3 000 V，电桥灵敏度受到一定影响，测试误差较大。一次绕组接地端 "N" 引出板及小瓷套的脏污对测量影响很大，容易产生大的误差。

2）自激法。自激法测量的接线如图 8—10 所示。

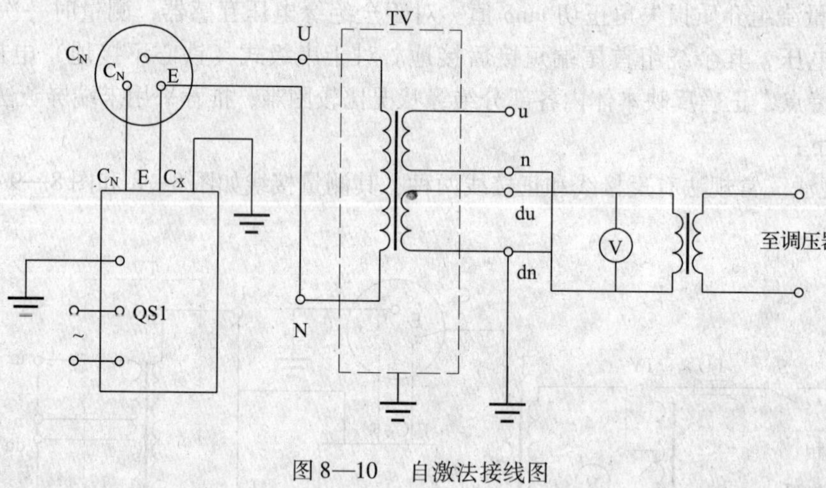

图 8—10　自激法接线图

在电压互感器剩余绕组 du、dn 端励磁时，一次绕组感应的电压与电压互感器运行时的电压分布一致，N 端的受潮等因素对介质损耗测试没有影响，一次绕组对二、三次绕组端绝缘以及绝缘支架对地绝缘的状况反应灵敏。

缺点是易受到空间电场干扰。和常规（短路）法相比，测量的 C_x 值偏小，不便于比较。

（3）交流耐压试验

1）外施高压试验。对全绝缘的电压互感器，可直接采用外施工频交流电压进行测试，外施工频高压试验用于考核主绝缘的工频耐电强度。对于分级绝缘的电压互感器，由于其一次绕组各部位的绝缘水平不一样，只能用倍频感应耐压试验来测试。

2）感应高压试验。感应高压试验采用感应耐压法进行测试，感应耐压法接线如图 8—11 所示。

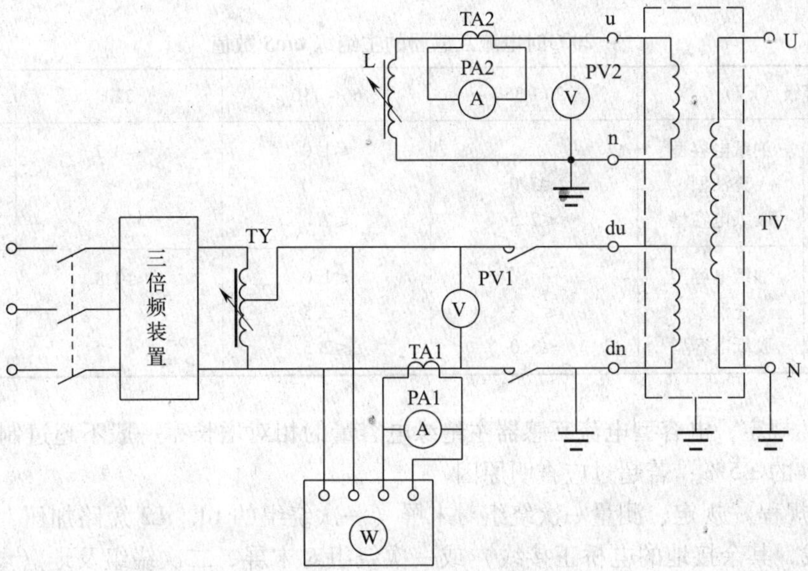

图 8—11　感应耐压法接线图

倍频感应高压试验对主绝缘和纵绝缘（匝间绝缘）同时进行了考核。倍频感应耐压试验必须有一套倍频装置，目前一般采用三倍频电源发生器，它是由 3 台单相变压器组装而成，一次侧接成星形，二次侧接成开口三角形。当变压器铁磁饱和时，从开口三角可抽出三倍频输出电压。试验时，因为频率升高，互感器一次绕组的线端电压会出现容升现象。因此，一般应直接在高压线端测量试验电压，如利用施加的二次侧电压来计算试验电压，必须考虑到互感器的容升。根据经验，各电压等级互感器的容升数据，35 kV 的容升电压为 3%，66 kV 的容升电压为 4%，110 kV 的容升电压为 5%，220 kV 的容升电压为 8%。

2. 电流互感器预防性试验

（1）测量绕组的绝缘电阻。测量目的与方法和电压互感器相同，只是判断标准有差异。《规程》对绝缘电阻值未作规定，根据有关资料介绍，我国生产的电流互感器绕组的绝缘电阻不应低于表 8—12 所列的数据。

表 8—12　　20℃时各电压等级电流互感器的绝缘电阻极限值

电压等级（kV）	绝缘电阻（MΩ）
0.5	120
3～10	450
20～35	600
60～220	1 200

注：对于末屏的绝缘电阻，《规程》规定一般不小于 1 000 MΩ。

（2）测量绕组的介质损失角正切及电容值。测量一次绕组连同套管的介质损失角正切 $\tan\delta$（20℃）值，应不大于表 8—13 所列数值。测量时，二次绕组及油箱接地。$\tan\delta$ 值与历年数据比较有显著变化或超过表 8—13 数值时，可判断为电流互感器进水受潮。试验电压为 10 kV。

表 8—13　　20℃时电流互感器的主绝缘 $\tan\delta$ 数值　　%

电压等级（kV）		20～35	66～110	220	330～500
大修后	油纸电容型		≤1.0	≤0.7	≤0.6
	充油型	≤3.0	≤2.0		
	胶纸电容型	≤2.5	≤2.0		
运行中	油纸电容型		≤1.0	≤0.8	≤0.7
	充油型	≤3.5	≤2.5		
	胶纸电容型	≤3.0	≤2.5		

《规程》规定，电容型电流互感器主绝缘电容量的相对增长率一般不超过制造厂实测值（或初始值）的 ±5%；若超过应查明原因。

根据《规程》规定，测量一次绕组对末屏（一次绕组的 L1、L2 短路加压，末屏接 QS1 型电桥 C_x 线，其余接地的电桥正接线）或一次绕组对末屏、二次绕组及地（电桥反接线）的 $\tan\delta$ 值仅能发现一次绕组电容层间受潮，而不容易发现运行中电流互感器底部进水受潮的缺陷。

110 kV 及以上电压等级的高压电流互感器的末屏对二次绕组及地的介质损耗测量，简称为末屏介质损失测量。它是近几年来发展的一个新的绝缘测试项目，主要反映电流互感器底部和电容芯子表面的绝缘状况。电流互感器的主绝缘电容芯子干燥不彻底或因密封不良而进水受潮的水分往往残留在底部，引起末屏的介质损失升高。因此，这一试验项目对监测绝缘是否受潮是有很大意义的。

（3）交流耐压试验。对一次绕组连同套管一起对油箱进行交流耐压试验，试验时二次绕组接地，一次绕组试验电压按出厂的 85% 进行。出厂值不明者，其试验电压标准见表 8—14。

表 8—14　　电流互感器的交流耐压试验标准　　kV

额定电压	3	6	10	35	60
交接、大修及预防性试验电压	15	21	30	72	120

四、故障处理

1. 互感器进水受潮

（1）主要表现。绕组绝缘电阻下降，介质损耗超标或绝缘油指标不合格。

（2）原因分析。产品密封不良，使绝缘受潮，多伴有渗漏油或缺油现象。这种现象以老型互感器为多，通过全密封改造后已大为减少。

（3）处理办法。应对互感器进行器身干燥处理，如判断为轻度受潮，可采用热油循环干燥；如判断为严重受潮，则需进行真空干燥。对老型号非全密封结构互感器，应加装金属膨胀器，并改为全密封。

2. 绝缘油油质不良

（1）主要表现。绝缘油介损超标，含水量大，简化分析项目不合格，如酸值过高等。

（2）原因分析。制造厂对进货油样试验把关不严，劣质油进入系统，或运行维护中对互感器原油的产地、牌号不明，未做混油试验，盲目混油。

（3）处理办法。如系新产品质量问题，不论是否投运，一律返厂处理，通过有关试验确认。如仅污染器身表面，可进行换油处理，此时还应注意清除器身内部残油。如严重污染器身，则应更换器身全部绝缘，必要时更换一次绕组。如系老产品且投运多年，可视情况采用换油处理或进行油净化处理。

3. 局部放电量超标

这主要是由于产品制造工艺不良、绝缘处理不当等先天性缺陷引起的，也可能与运行中由于承受过电压、过电流造成绝缘受损有关，一般应进行解体检修，必要时返厂处理。如为注油工艺不良，油中存在大量气体，绝缘油中气泡在电场作用下发生局部放电，则可采用现场脱气处理。

4. 串级式电压互感器绝缘支架介损超标

老型号串级式电压互感器的绝缘支架材质差、介损高，当时制造厂出厂时对电压互感器介损没有要求，造成存在缺陷的产品不能及时发现，致使在产品投运后发生多台事故。处理办法是更换原支架为高性能、低介损的电木板或层压纸板支架。

5. 电容式电压互感器介损超标

当电容式电压互感器的电容分压器在 10 kV 下介损超标时，可提高至额定电压下复试。当试验值符合规程要求时，可继续投运，否则应退出运行。

6. 电流互感器的二次侧开路处理方法

（1）发现电流互感器二次侧开路，应先分清故障属哪一组电流回路、开路的相别，对保护有无影响。此时汇报调度接触可能误动的保护。

（2）尽量减少一次负荷电流，如电流互感器严重损伤，应转移负荷、停电检查处理（尽量采用倒运行方式，使用户不停电）。

（3）尽快设法在就近的实验端子上将电流互感器二次侧短路，再检查处理开路点。短接时，应用良好的短接线，并按图样进行。操作时穿绝缘鞋，戴绝缘手套。

（4）若短接时发现有火花，说明短接有效，可判断故障点在短接点以后的回路中，再进一步查找。

（5）如短接时没有火花，可能短接无效，可判断故障点可能在短接点以前的回路中，可以逐点向前变换短接点，缩小范围。为了减少电流互感器开路时间，最好先从电流互感器端子（如端子排）处短接。

（6）在故障范围内，重点检查容易发生故障的端子及元件，或检修工作时动过的部位。

检查出故障，对于能自行处理的问题，如接线端子等外部元件松动、接触不良等，可立即处理，然后投入所退出的保护。对于难以自行处理的问题，如开路故障点在互感器的本体接线端子，应及时汇报由检修人员处理。

第六节　避雷器的结构与维修

一、氧化锌避雷器、阀式避雷器的工作原理与构造

氧化锌（ZnO）避雷器是20世纪70年代发展起来的一种新型避雷器，它主要由氧化锌压敏电阻构成。每一块压敏电阻从制成时就有一定的开关电压（叫做压敏电压），在正常的工作电压下（即小于压敏电压）压敏电阻值很大，相当于绝缘状态；但在冲击电压作用下（大于压敏电压），压敏电阻呈低值被击穿，相当于短路状态。然而，压敏电阻被击穿状态是可以恢复的，当高于压敏电压的电压撤销后，它又恢复了高阻状态。因此，在电力线上如安装氧化锌避雷器后，当雷击时，雷电波的高电压使压敏电阻击穿，雷电流通过压敏电阻流入大地，使电源线上的电压控制在安全范围内，从而保护了电气设备的安全。

氧化锌避雷器的工作原理：在额定电压下，流过氧化锌避雷器阀片的电流仅为10～5 A以下，相当于绝缘体，因此它可以不用火花间隙来隔离工作电压与阀片。当作用在氧化锌避雷器上的电压超过定值（启动电压）时，阀片“导通”将大电流通过阀片泄入地中，此时其残压不会超过被保护设备的耐压，达到了保护目的。此后，当作用电压继续降到动作电压以下时，阀片自动终止“导通”状态，恢复绝缘状态，因此整个过程不存在电弧燃烧与熄灭的问题。

二、避雷器试验

运行中的阀型避雷器的试验项目包括绝缘电阻测量、泄漏（电导）电流测量和工频放电电压测试（对有并联电阻的避雷器，在解体检修后才做），对有并联电阻的避雷器，在解体检修后还应进行密封检查。对绝缘电阻、电导电流的测试值应规算到20℃。

1．测量绝缘电阻

阀型避雷器主要检查并联电阻通断和接触情况，绝缘电阻值与前一次或同一类型的测量数据进行比较不应有显著差异。

某些避雷器还要检查密封情况，是否由于密封不良而引起内部受潮。这些避雷器的绝缘电阻交接时应不小于2 500 MΩ，运行中应不小于2 000 MΩ。

对运行中的氧化锌避雷器，可以用2 500 V兆欧表测量，测量的绝缘电阻值应不低于1 000 MΩ；对35 kV以上的避雷器，用5 000 V兆欧表测量，测量的绝缘电阻值应不低于3 000 MΩ。避雷器的试验周期通常为一年，一般选在每年雷雨季节之前。

2．测量工频放电电压

测量避雷器的工频放电电压是检查避雷器的保护性能，其工频放电电压必须在规定的范围之内。测量直流1 mA时的避雷器临界动作电压 U_{1mA}，主要是检查其阀片是否受潮，确定其动作性能是否符合要求。

测量接线通常可采用单相半波整流电路，各元件的参数随被试避雷器电压等级不同而不

同。试验变压器的额定电压应略大于 U_{1mA}，硅堆的反峰电压应大于 2.5 U_{1mA}，滤波电容的电压等级应能满足临界动作电压最大值的要求，电容为 0.1 ~0.5 μF。根据规定，整流后的电压脉动系数应不大于 1.5%，经计算和实测证明，当 C = 0.1 mF 时，脉动系数小于 1%。

测量中应注意的问题是准确读取 U_{1mA}。因泄漏电流大于 200 mA 以后，随电压的升高，电流急剧增大，故应仔细地升压，当电流达到 1 mA 时，准确地读取相应的电压 U_{1mA}。测量时，应防止表面泄漏电流的影响，测量前应将瓷套表面擦拭干净；同时应考虑气温的影响，避雷器阀片的 U_{1mA} 的温度系数为 0.05% ~0.17%，即温度每增高 10℃，U_{1mA} 约降低 1%，必要时可进行换算。

对测量结果采用比较法进行判断，U_{1mA} 与初始值相比较，《规程》中规定变化应不大于 +5%。

测量 0.75 U_{1mA} 直流电压下的泄漏电流。由于 0.75 U_{1mA} 直流电压值一般比最大工作相电压（峰值）要高一些，测量此电压下的泄漏电流主要检查长期允许工作电流是否符合规定，因为这一电流与避雷器的寿命有直接关系（一般在同一温度下此泄漏电流与寿命成反比）。测量时应首先测出 U_{1mA}，然后再在 0.75 U_{1mA} 下读取相应的泄漏电流值。根据《规程》规定，0.75 U_{1mA} 下的泄漏电流值应不大于 50 μA。

三、故障处理分析

1. 泄漏电流表指示为零

可能引起该现象的原因有：

（1）表计指示失灵。处理方法是用手轻拍表计看是否卡死，无法恢复时，报告调度，安排检修人员进行修理或更换。

（2）屏蔽线将电流表短接。处理方法是用令克棒将屏蔽线与避雷器导电部分相碰之处挑开，即可恢复正常。

2. 泄漏电流表指示偏大

根据历史数据进行分析，如发现表计打满，应判断避雷器有问题，应立即汇报调度，将避雷器退出运行，由检修人员进行检查。

3. 避雷器瓷套管破裂放电

在工频情况下，避雷器的瓷套管用于保证避雷器必要的绝缘水平，如果瓷套管发生破裂放电，则将成为电力系统的事故隐患。遇此种情况，应及时停用、更换。

4. 避雷器内部有放电声

在工频情况下，避雷器内部是没有电流通过的，因此不应有任何声音。若运行中避雷器内有异常声音，则应认为避雷器损坏失去作用，而且可能会引发单相接地。这种情况，应立即汇报调度，将避雷器退出运行，予以更换。

四、阀型避雷器

1. 运行中的日常巡视与检查

（1）检查避雷器瓷套表面情况。在日常运行中，应检查避雷器瓷套表面的污秽状况，因为当瓷套表面受到严重污染时，将使电压分布很不均匀。在有并联分路电阻的避雷器中，当其中一个元件的电压分布增大时，通过其并联电阻中的电流将显著增大，则可能烧坏并联电阻而引起故障。此外，也可能影响阀型避雷器的灭弧功能，降低避雷器的保护特性。因此，当发现避雷器的瓷套表面有严重污秽时，必须及时安排清扫。

（2）检查避雷器的引线及接地引下线有无烧伤痕迹和断股现象以及放电记录器是否烧坏。通过检查，最容易发现避雷器的隐形缺陷。因为在正常情况下，避雷器动作以后，接地引下线和记录器中只通过雷电流和幅值很小（一般为 80 A 以下）、时间很短（约 0.015 s）的工频续流，所以除了使动作记录器的指示数字变动外，一般不会产生烧损的痕迹。当避雷器内部阀片存在缺陷或不能灭弧时，则通过的工频续流的幅值和时间都会增大，接地引下线的连接点上会产生烧伤的痕迹，或使放电记录器内部烧黑或烧坏。当发现上述情况时，应立即设法断开避雷器，进行详细的电气检查，以免发生事故。

（3）检查避雷器上端引线处密封是否良好。避雷器密封不良会进水受潮，易引起事故，因而应检查瓷套与法兰盘连接处的水泥接合缝是否严密。对 10 kV 阀型避雷器上引线处，可加装防水罩，以免雨水渗入。

（4）检查避雷器与被保护电气设备之间的电气距离是否符合要求。避雷器应尽量靠近被保护的电气设备。

（5）避雷器在雷雨后应检查记录器的动作情况，表面有无闪络放电痕迹，引线及接地引下线是否松动，避雷器本体是否有移动。

（6）检查泄漏电流、工频放电电压大于或小于标称值时，应进行检修和试验；放电记录器动作次数过多时，应进行检修；瓷套及水泥接合处有裂纹、法兰盘和橡胶垫有脱落时，应进行检修。

（7）避雷器的绝缘电阻应定期进行检查。测量时应用 2 500 V 绝缘摇表，测得数值与前一次的结果比较，无明显变化时可继续投入运行。绝缘电阻显著下降时，一般是由于密封不良而受潮或火花间隙短路所引起的；当低于合格值时，应做特性试验。绝缘电阻显著升高时，一般是由于内部并联电阻接触不良、断裂以及弹簧松弛和内部元件分离等造成的。

（8）为了能及时发现阀型避雷器内部的隐形缺陷，应在每年雷雨季节之前进行一次预防性试验。

2. 阀型避雷器异常现象与故障处理

阀型避雷器在运行中常发生异常现象和故障，应对异常现象进行分析判断，并及时采取措施进行故障处理。

（1）天气正常发现避雷器瓷套有裂纹，应立即停止运行，将故障相避雷器退出运行，并更换合格的避雷器。雷雨中发现瓷套有裂纹，应维持其运行，待雷雨过后再行处理；若因避雷器瓷套裂纹而造成闪络，但未引起系统接地者，在可能条件下应将故障相避雷器停用。

（2）避雷器内部异常或瓷套炸裂，这种现象可能会引起系统接地故障。处理时，人员不得靠近避雷器，可用断路器或人工接地转移的方法，断开故障避雷器。

（3）避雷器在运行中突然爆炸，在这种情况下，当尚未造成系统永久性接地时，可在雷雨过后拉开故障相的隔离开关，将避雷器停用，并及时更换合格的避雷器。若爆炸后已引起系统永久性接地，则禁止使用隔离开关来操作故障的避雷器。

（4）避雷器动作指示器内部烧黑或烧毁，接地引下线连接点烧断，避雷器阀片电阻失效，火花间隙灭弧特性变坏，工频续流增大等，以上这些异常现象，应及时对避雷器做电气试验或解体检查。

第七节　接地装置的结构与维修

一、接地体的工作原理与构造，工作接地、保护接地的工作原理与作用

在电气设备的任何部分与大地（土壤）之间做良好的电气连接称为接地。接地是确保电气设备正常工作和安全防护的重要措施。电气设备接地通过接地装置实施，接地装置由接地体和接地线组成。与土壤直接接触的金属体称为接地体；连接电气设备与接地体之间的导线（或导体）称为接地线。接地体又分为垂直接地体（又称接地极）和水平接地体（又称带状接地体）。

电力系统和电气设备的接地，按其作用不同分为工作接地、保护接地、重复接地等。此外，为了防止雷电过电压对人身和设备的危害而进行的接地，叫做防雷接地；为了防止静电对人身和设备的危害而进行的接地，叫做防静电接地；为了防止电气设备、电力监控设备等受电磁干扰而影响其工作或对其他设备造成电磁干扰的屏蔽设备的接地，统称屏蔽接地。本节主要介绍变电所里的工作接地和保护接地。

1. 接地和接地电阻的概念

大地是个导电体，当其中没有电流流过时是等电位的，通常认为大地具有零电位。如果接地引下线与大地牢固连接，在没有电流流过的情况下，接地引下线与大地之间没有电位差，该物体也就具有了大地的电位——零电位。

实际上，大地并不是理想导体，它具有一定的电阻率，如果有电流流过，则大地就不再保持等电位。被强制流进大地的电流是经过接地导体注入的，进入大地后的电流以电流场的形式向周围远处扩散。设土壤电阻率为ρ，地中某点电流密度为δ，则该点的电场强度为$E=\rho\delta$。离电流注入点越远，地中电流密度就越小，因此可以认为在无穷远处，地中电流密度δ已接近零，电场强度E也接近零，该处的电位为零电位。由此可见，当接地点有电流流入大地时，该点相对于远处的零电位来说，将具有确定的电位升高。

接地电阻的数值等于接地装置上电位的幅值与流过接地装置的电流的幅值的比值。当流过接地装置的电流为工频时求得的电阻，称为工频接地电阻R_e，它也等于接地装置上电位的有效值U与流过接地装置的电流的有效值I之比；当流过接地装置的电流为冲击电流时求得的电阻，称为冲击接地电阻R_i。更确切地说，接地电阻应定义为接地阻抗，接地电阻是大地阻抗效应的总和。当接地电流为定值时，接地电阻越小，接地点的电位越低；反之则越高，此时地面上的接地物体（如GIS开关柜）也具有较高的电位，不利于电气设备的绝缘和人身安全。这就是为什么力求降低接地电阻的原因。

最简单的接地装置就是埋入地中的单独的金属管、金属板或金属带。由于金属的电阻率远小于土壤电阻率，所以接地体本身的电阻在计算中可以忽略不计，接地电阻的数值与接地

装置的形状和尺寸有关，当然也和大地的电阻率有关。

2. 工作接地、保护接地和防雷接地

（1）工作接地。为了保证电气设备在正常和事故情况下可靠地工作而进行的接地叫做工作接地，如变压器中性点的直接接地或经消弧线圈的接地、防雷设备的接地等。各种工作接地点都有其接地的作用，例如，110 kV 电网中变压器的中性点直接接地可降低电网的绝缘水平及造价；变压器的中性点经消弧线圈接地，也能在单相接地时消除接地短路点的电弧，避免系统出现过电压。工作接地的接地电阻一般为 0.5 ~ 10 Ω。

（2）保护接地。为了防止电气设备的绝缘损坏造成人身电击事故，将电气设备的外露可接近导体部分接地，将其对地电压限制在安全电压内，保护人身安全而进行的接地，叫做保护接地。例如，室内、外配电装置的金属架构及靠近带电部分的金属栅栏和金属门；接线盒和终端盒的金属外壳、电缆的金属护层、电缆支架和穿线的钢管；变电所各种电气设备的底座和支架；手持式、移动式电气设备的外壳、底座等。

在正常情况下，接地点没有电流入地，金属外壳为零电位，但当设备发生故障而有接地电流流入大地时，与接地点相连的金属外壳和附近地面的电位都会升高，并形成一定的地表电位分布。当人站立于地表附近的地面上用手去触摸电气设备外壳时，人的手和脚将具有不同的电位，通常把地面上离设备水平距离为 0.8 m 处与设备外壳离地面高 1.8 m 处两点的电位差称为接触电位差。当人在接地极附近走动时，人的两脚将处于大地表面的不同电位点上，人两脚跨距（取跨距为 0.8 m）称为跨步电位差。接触电位差和跨步电位差都能使通过人体的电流超过危险值（一般规定为 10 mA），减小接地电阻或改进接地装置的形状可以降低接触电位差和跨步电位差。高压设备要求保护接地电阻为 1 ~ 10 Ω。

对于 1 kV 以下的低压电气设备，一般应将其金属外壳接在电源线的零（中性）线上，称为“接零保护”，这样，在设备绝缘损坏时，单相短路电流较大，易使熔断器、开关等保护装置动作，不至于使外壳长期带电，从而保证人身安全。

（3）防雷接地。防雷接地的目的是减少雷电流通过接地装置时的地电位升高。防雷接地与前两种接地有两点区别，一是雷电流的幅值大；二是雷电的电场强度（$E = \rho\delta$）在接地体附近尤为显著。若地中电场强度超过土壤击穿场强时，会发生局部火花放电，使土壤电导增大，结果是使接地装置的冲击电阻值小于工频电流下的数值，这种效应称为火花效应；雷电流的等效频率高，会使接地极本身出现明显的电感作用，阻碍电流向接地体远方流通，对于长度较大的接地体这种影响更为显著，结果使接地体得不到充分利用，冲击接地电阻大于工频接地电阻，这一现象称为电感效应。

冲击接地电阻和工频接地电阻的比值称为冲击系数 α，即

$$\alpha = \frac{R_i}{R_e}$$

冲击系数 α 与接地体的几何尺寸、雷电流幅值和波形以及土壤电阻率等因素有关，多靠试验确定，一般情况下火花效应大于电感效应，故 $\alpha < 1$；但对电感效应明显的情况，则可能 $\alpha \geqslant 1$。冲击接地电阻一般要求小于 10 Ω。

3. 工程中实用的接地装置

工程中实用的接地装置主要由扁钢、圆钢、角钢或钢管组成，埋于地表下 0.6 ~ 0.8 m

处。水平接地体多为扁钢，宽度为 20 ~ 40 mm，厚度不小于 4 mm；或者用直径不小于 $\phi6$ mm 的圆钢。垂直接地体一般为 20 mm × 20 mm × 3 mm ~ 50 mm × 50 mm × 5 mm 的角钢或直径不小于 6 mm 的圆钢，长度取 2.5 m 以上。

根据接地装置安装地点不同，可分为输电线路接地、发电厂接地和变电站接地等。

（1）输电线路的典型接地体

1）垂直接地体。接地体按接地体根数可分为单根接地体和多根接地体。当单根接地体的接地电阻 R_e 不能满足要求时，可用多根垂直接地体并联的方法来解决，但 n 根并联后的接地电阻并不等于$\frac{R_e}{n}$，而是要大一些，这是因为经它们流向大地的电流之间存在屏蔽影响的缘故。垂直接地体的结构如图 8—12 所示。

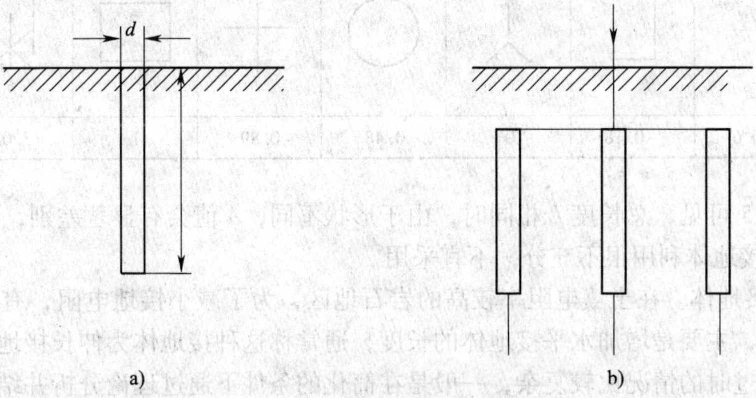

图 8—12 垂直接地体结构示意图

a）单根垂直接地体 b）多根垂直接地体

对于单根垂直接地体，当 $l \gg d$ 时则有：

$$R_e = \frac{\rho}{2\pi l}\left(\ln\frac{8l}{d} - 1\right)$$

式中 R_e——接地电阻，Ω；

ρ——土壤电阻率，Ω · m；

l——接地体的长度，m；

d——接地体的直径，m。

需要注意的是，当垂直接地体不是圆钢，而是其他形状钢材时，需要进行折算。若为等边角钢，$d = 0.84b$（b 为每边宽度）；若为扁钢，$d = 0.5b$（b 为扁钢宽度）。

对于多根垂直接地体，等效接地电阻为：

$$R'_e = \frac{R_e}{n\eta}$$

式中 R'_e——单根接地体的接地电阻，Ω；

η——利用系数，$\eta = 0.65 \sim 0.8$。

2）水平接地体。水平接地体的接地电阻为：

$$R_e = \frac{\rho}{2\pi l}\left(\ln\frac{l^2}{hd} + A\right)$$

式中 R_e——接地电阻，Ω；

l——水平接地体的总长度，m；

h——水平接地体的埋深，m；

d——接地体的直径，m；

A——形状系数，反映各水平接地体之间的屏蔽影响，其值见表 8—15。

表 8—15　　水平接地体的形状系数

序号	1	2	3	4	5	6	7	8
接地体形状	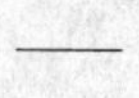							
形状系数	-0.6	-0.18	0	0.48	0.89	1	3.03	5.65

由表 8—15 可见，总长度 L 相同时，由于形状不同，A 值会有显著差别，如其中序号 7、8 两种形状，接地体利用很不充分，不宜采用。

3）伸长接地体。在土壤电阻率较高的岩石地区，为了减小接地电阻，有时候需要加大接地体的尺寸，主要是增加水平接地体的长度，通常称这种接地体为伸长接地体。伸长接地体在雷电流通过时的情况比较复杂，一般是在简化的条件下通过理论分析并结合试验得到工程应用的依据。

通常情况下，伸长接地体只是在 40 ~ 60 m 范围内有效，超过这一范围接地电阻阻抗基本不再变化。

4）输电线的防雷接地。高压输电线路在每根杆塔下一般都设有接地装置，并通过引下线与避雷器相连接，其目的是使雷击避雷线或塔顶时，雷电流通过较小的接地电阻而进入大地。

高压线路杆塔都有混凝土基础，它也起着散流的作用，具有一定的接地电阻，称为自然接地电阻。大多数情况下，单一依靠自然接地电阻是不能满足要求的，需要装设人工接地装置。

不同的土壤电阻率需要有不同的接地电阻，对于杆塔接地电阻的要求见表 8—16。表中采用工频接地电阻作为标准，是为了便于检查和测量。

表 8—16　　线路杆塔的工频接地电阻

土壤电阻率（Ω·m）	≤100	100 ~ 500	500 ~ 1 000	1 000 ~ 2 000	>2 000
接地电阻（Ω）	≤10	≤15	≤20	≤25	≤30

（2）发电厂和变电站的防雷接地。发电厂和变电站需要有良好的接地装置以满足工作接地、保护接地、防雷接地的需求。一般做法是根据工作接地和保护接地的需求敷设一个统

一的接地网，然后再在避雷针和避雷器与地网的连接点增加接地体，以满足防雷接地的需求。

接地网通常用 4 mm×40 mm 扁钢或 ϕ20 mm 圆钢水平敷设，排成长孔形或方孔形，埋入地下，深度应不小于 0.6 m，其面积大体与发电站和变电所的占地面积相同，如图 8—13 所示。两水平接地带的间距为 3 ~ 10 m，需按接触电位差和跨步电位差的要求确定。接地网结构示意如图 8—13 所示。

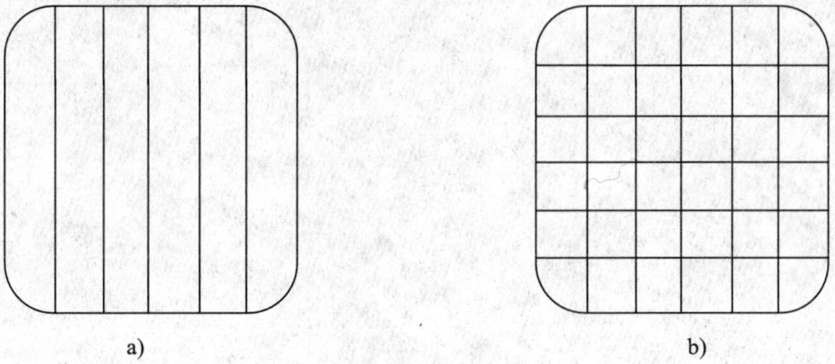

图 8—13　接地网结构示意图

a）长孔形接地网　b）方孔形接地网

接地网的总接地电阻 R_e 可估算为：

$$R_e = \frac{0.44\rho}{\sqrt{S}} + \frac{\rho}{L} \approx \frac{0.5\rho}{\sqrt{S}}$$

式中　R_e——接地电阻，Ω；

L——接地体（包括水平和垂直的）总长度，m；

S——接地网的面积，m^2；

ρ——土壤电阻率，Ω·m。

发电站厂和变电站的工频接地电阻值一般在 0.5 ~ 5 Ω 范围内，这主要是为了满足工作接地和保护接地的需要。

二、接地装置维护

在运行中，接地装置的接地线和接地体会因外力破坏或腐蚀而损伤或断裂，接地电阻也会随土壤条件变化而发生变化，因此必须对接地装置定期进行检查和试验。

1. 检查周期

（1）变（配）电所的接地装置一般每年检查一次。

（2）根据车间或建筑物的具体情况，对接地线的运行情况一般每年检查 1 ~ 2 次。

（3）各种防雷装置的接地装置每年在雷雨季节前检查一次。

（4）对有腐蚀性土壤的接地装置，应根据运行情况一般每 3 ~ 5 年对地面下接地体检查一次。

（5）手持式、移动式电气设备的接地线应在每次使用前进行检查。

（6）接地装置的接地电阻一般每 1 ~ 3 年测量一次。

2. 检查项目

（1）检查接地装置的各连接点的接触是否良好，有无损伤、折断和腐蚀现象。

（2）在土壤电阻率最大时（一般为雨季前）测量接地装置的接地电阻，并对测量结果进行分析比较。

（3）电气设备检修后，应检查接地线连接情况，是否牢固、可靠。

（4）检查电气设备与接地线连接、接地线与接地网连接、接地线与接地干线连接是否完好。

第九章

继 电 保 护

第一节　继电保护概述

继电保护是一种能在电力系统中电气元件发生短路故障或异常状态时，动作于跳闸或发出信号的自动装置。

一、继电保护的任务

（1）当电力系统被保护对象发生故障时，能自动地、有选择地、快速地通过断路器，将故障元件从电力系统中切除。

（2）当电力系统出现异常运行状态时，根据运行维护条件动作并发出信号，减负荷或跳闸。

二、继电保护的基本原理和组成

1. 继电保护基本原理

继电保护的基本原理是利用被保护线路或设备故障前、后某些变化的物理量为信息，当信息量达到一定值时，启动逻辑环节，发出相应的命令。

2. 继电保护装置组成

继电保护原理及组成框图如图 9—1 所示。

图 9—1　继电保护原理及组成框图

（1）测量部分。测量被保护对象的有关物理量，与给定量进行比较，给出“是”或“非”信号。

（2）逻辑部分。根据测量输出的大小、性质、输出逻辑状态，使保护按一定逻辑关系工作，然后确定跳闸或发信号。

（3）执行部分。根据逻辑部分传送的信号，最后完成保护装置所承担的任务。

三、继电保护的分类

每个电气元件一般都装设有主保护、后备保护，必要时增加辅助保护。

1．主保护

反映整个被保护对象的故障，并以最短的时延有选择地切除故障的保护。

2．后备保护

当主保护或断路器拒动时，用来切除故障的保护。

（1）近后备。主保护或断路器拒动时，由本保护对象的另一套保护实现后备。

（2）远后备。主保护或断路器拒动时，由相邻元件或线路的保护实现后备。

3．辅助保护

为补充主保护或后备保护的不足而增设的比较简单的保护。

四、继电保护的要求

继电保护必须满足可靠性、选择性、灵敏性、速动性的要求。

1．可靠性

在规定的保护区内发生故障时，它不应该拒动；区外发生故障时，不误动。

2．选择性

保护装置动作时仅将故障对象从电力系统中切除，使停电范围限制在最小的范围内。

3．灵敏性

在保护区内发生故障时，保护装置反应故障的能力通常用灵敏度来衡量。由于多数短路故障是非金属性短路，计算或测量参数有误差等，要求灵敏度要大于1。

4．速动性

应力求保护装置能迅速地切除故障。

保护的基本要求是互相联系而又互相制约的。继电保护是随着电力系统的发展，在不断解决保护装置应用中出现的对基本要求之间的矛盾，使之在一定条件下达到辩证统一的过程中发展起来的。继电保护的基本要求是分析研究各种继电保护装置的基础。

第二节　交流系统保护工作原理

按照保护的工作原理，可以将交流系统的保护分为电流型和电压型两种。

一、电流型保护的类型

在正常工作中，电气设备通过的电流一般不超过额定电流，若少量超过额定电流，在短时间内只要温升不超过允许值也是允许的，这也是各种电气设备应具有的过载能力。但当通过电气设备的电流过大，将因发热而使温升超过绝缘材料的承受能力，就会造成事故，甚至烧毁电气设备。在散热条件一定的情况下，温升决定于发热量，而发热量不仅决定于电流大小，而且还与通电时间密切相关。电流型保护就是基于这一原理构成的，它是通过传感元件检测过电流信号，经过信号变换、放大后，控制执行机构及被保护对象动作，切断故障电路。属于电流型保护的主要有短路保护、过电流保护、过载保护等。

1. 短路保护

当电气线路绝缘遭到损坏、负载短路、接线错误时，将产生短路现象。短路时产生的瞬时故障电流可达到额定电流的十几倍到几十倍，使电气设备或配电线路因过流产生电动力而损坏，甚至因电弧而引起火灾。短路保护要求具有瞬动特性，即要求在很短时间内切断电源。当电路发生短路时，短路电流引起电气设备绝缘损坏和产生强大的电动力，使电路中的各种电气设备产生机械性损坏。因此，当电路出现短路电流时，必须迅速、可靠地断开电源。短路保护的常用方法是采用熔断器、断路器或专门的短路保护装置，可以根据实际负荷去选用和整定动作值。

2. 过电流保护

过电流保护是区别于短路保护的一种电流型保护。所谓过电流是指供电线路或负荷超过其额定电流的运行状态，大负载的启动常常引起很大的过电流，由此引起的过电流一般比短路电流小，不超过6倍额定电流。在过电流情况下，电气设备并不是马上损坏，只要在达到最大允许温升之前电流值能恢复正常，还是允许的。较大的冲击负载，将使电路产生很大的冲击电流，以致损坏电气设备。过电流保护可以采用低压断路器、热继电器、电动机保护器、过电流继电器等。其中，过电流继电器是与接触器配合使用，即将过电流继电器线圈串联在被保护电路中，电路电流达到其整定值时，过电流继电器动作，其常闭触头串联在接触器控制回路中，由接触器去切断电源。这种控制方法，既可用于保护，也可达到一定的自动控制目的。

3. 过载保护

过载保护是过电流保护中的一种，也属于电流型保护。过载也是指负荷的运行电流大于其额定电流，但超过额定电流的倍数更小些，通常在1.5倍额定电流以内。引起过载的原因很多，如负载的突然增加、缺相运行以及电网电压降低等。若长期过载运行，电气设备的温升将超过允许值而使绝缘老化、损坏。过载保护应采用热继电器作为保护元件，热继电器具有反时限特性。但由于热惯性的关系，热继电器不会受短路电流的冲击而瞬时动作。由于过载保护特性与过电流保护不同，故不能采用过电流保护方法来进行过载保护，因为引起过载保护的原因往往是一种暂时因素。例如，由于负载的临时增加而引起过载，过一段时间又转入正常工作，对电气设备来说，只要过载时间内不超过允许温升是允许的。过载保护要求保护电气设备具有反时限特性，即根据电流过载倍数的不同，其动作时间是不同的，它随着电流的增加而减小。

二、电压型保护的类型

电气设备都是在一定的额定电压下才能正常工作，电压过高、过低或者工作过程中非人为因素的突然断电，都可能造成电气设备的损坏或人身事故。因此在电气线路设计中，应根据要求设置失压保护、欠电压保护及过电压保护。

1. 失压保护

对电网来说，许多负荷同时投入，会引起不允许的过电流和过大的电压降，而电热类电气设备则可能引起火灾。为防止电压恢复时电气设备自行投入工作而设置的保护，称为失压保护。采用接触器和按钮控制电气设备的分、合，就具有失压保护作用。因为如果在正常工作中电网电压消失，接触器就会自动释放而切断负荷电源；当电网恢复正常时，由于接触器自锁电路已断开，设备就不会自行启动。但如果不是采用按钮，而是用不能自动复位的手动开关、行程开关等控制接触器，就必须采用专门的零压继电器。对于多位开关，要采用零位保护来实现失压保护，即电路控制必须先接通零压继电器。工作过程中一旦失电，零压继电器释放，其自锁也释放，当电网恢复正常时，设备就不会自行投入工作。

2. 欠电压保护

电气设备在有些应用场合下，当电网电压降到额定电压以下，如60%～80%时，就要求能自动切除电源而停止工作，这种保护称为欠电压保护。因为低压设备如电动机在电网电压降低时，其转速、电磁转矩都将降低甚至堵转。在负载一定的情况下，电动机电流将增加而影响设备正常工作，使机械设备损坏，造成人身事故。另外，由于电网电压的降低，如降到额定电压的60%，控制线路中的各类交流接触器、继电器既不释放又不能可靠吸合，处于抖动状态并产生很大噪声，线圈电流增大，甚至过热造成电气元件和电动机的烧毁。除上述采用接触器及按钮控制方式时，利用接触器本身的欠电压保护作用外，还可以采用低压断路器或专门的电磁式电压继电器来进行欠电压保护，其方法是将电压继电器线圈跨接在电源上，其常开触头串接在接触器控制回路中。当电网电压低于整定值时，电压继电器动作，使接触器释放。

3. 过电压保护

电磁铁、电磁吸盘等大电感负载及直流电磁机构、直流继电器等，在通断时会产生较高的感应电动势，较高的感应电动势易使工作线圈绝缘击穿而损坏，因此必须采用适当的过电压保护措施。通常过电压保护的方法是在线圈两端并联一个电阻，电阻串电容或二极管串电阻等形式，以形成一个放电回路，从而实现过电压保护。

第三节　直流系统保护工作原理

直流系统的保护按照被保护设备分为整流机组保护、直流开关保护、直流柜框架保护和钢轨电位保护等。

一、整流机组逆流保护

在直流牵引供电系统中，整流机组把交流电经降压整流后转换成所需的直流电，经过直流进线断路器后送到直流母线上。正常运行时，电流只能从整流机组经过直流进线断路器流向直流母线，不会从直流母线反向流向整流机组，这点和交流供电机制不同。直流进线断路器的逆流保护，是为了防止故障发生时电流反向流动而设置的一种保护。正常运行时负荷电流只能从整流机组流向直流母线，因此，按正常的电流方向，在开关柜的分流器上产生的电压有一个方向（假设为“正”），假设整流机组与直流进线开关柜的连接电缆出现接地故障，则故障电流直流母线经过进线断路器流向接地点，该电流与正常运行的负荷电流方向相反，在分流器上产生了一个“负”方向电压，“负”电压经过电压变送器放大后送到保护单元进行判断处理，如果保护单元判断反向电流较大，设备存在故障，则发出分闸指令，使进线断路器跳闸，切断故障点。

二、直流开关保护

1. 大电流脱扣保护

大电流脱扣保护是高速直流断路器自带的一种保护类型，由开关生产厂家提供，它采用了电磁脱扣原理，主要用于快速切除近端金属性短路故障（此时故障电流非常大，一般超过 10 000 A）。如瑞士赛雪龙（Sécheron）公司的直流断路器，在其内设有一个跳闸装置（由一个钢片层压的固定引铁和一个可移动引铁组成），可移动引铁与一个弹簧微调螺钉相连接，用于调节跳闸动作值，另外还有一个动铁心用于触发跳闸。在过流（短路或过载）的情况下，主回路中的绕组在固定引铁内产生一个磁场，动铁心受这个磁场的作用，通过一个杠杆推动棘爪，从而释放动触头，使断路器跳闸。跳闸动作值可以通过改变磁路的位置，也就是空气气隙的大小而改变。

2. 电流上升率及电流增量保护

由于地铁列车运行的密度大，在一个供电区内往往会有几辆列车同时启动，此时流经馈线断路器的负荷电流很大，如果采用普通的过电流保护，往往会造成保护误动作，影响列车正常运行，因此现代地铁供电系统普遍采用电流上升率保护（$\mathrm{d}i/\mathrm{d}t$）及电流增量保护（ΔI）来解决这一问题。列车正常的启动电流与故障短路电流在电流变化量上有比较明显的区别，假设列车的最大工作电流为 4 000 A，列车启动时电流从零增长到最大电流值需要 8 s，那么一列列车正常的启动电流上升率仅为 500 A/s。而故障电流的上升率可达到多列列车启动电流的几十倍甚至上百倍。$\mathrm{d}i/\mathrm{d}t$ 和 ΔI 保护就是根据故障电流和正常工作电流在变化率这一特征上的不同来实现保护功能的。

在实际运用中，$\mathrm{d}i/\mathrm{d}t$ 和 ΔI 是通过相互配合来实现保护功能的，而且这两种保护的启动条件通常都是同一个预定的电流上升率值。在启动后，两种保护进入各自的延时阶段，互不影响，哪个保护先达到动作条件就由它来动作。一般情况下，$\mathrm{d}i/\mathrm{d}t$ 保护主要针对中远距离的非金属性短路故障，ΔI 主要针对中近距离的非金属性短路故障。

在直流牵引供电系统中，由于采用直流供电制，因此在交流供电制中采用的电流互感器、电压互感器等测量元件均不能采用，一般快速断路器与负荷之间设置了一个分流器，电流流过分流器时产生一个低电压，该电压经过隔离放大器的隔离、放大，转换成标准信号送给保护单元，由保护单元进行计算并发出跳闸信号。

（1）$\mathrm{d}i/\mathrm{d}t$ 电流上升率保护（以下简称 $\mathrm{d}i/\mathrm{d}t$ 保护）。在运行中，保护单元不断检测电流上升率，当电流上升率高于保护设定的电流上升率时，$\mathrm{d}i/\mathrm{d}t$ 保护启动，进入延时阶段。若在整个延时阶段，电流的上升率都高于保护设定值，那么保护动作；若在延时阶段，电流上升率回落到保护设定值之下，那么保护返回。

图 9—2 所示为一个电流波形在两种保护整定值下的动作情况，在图中分别用“①”和“②”来代表这两种情况。图中，在点 a 由于电流上升率高于 $\mathrm{d}i/\mathrm{d}t$ 保护整定值，保护启动。在 b 点，对于情况①来说保护延时达到 $\mathrm{d}i/\mathrm{d}t$ 保护延时整定值，且在 ab 间电流上升率始终高于 $\mathrm{d}i/\mathrm{d}t$ 保护整定值，保护动作。对于情况②，在 c 点，电流上升率回落到保护整定值以下，而此时保护延时整定值尚未达到，保护返回。

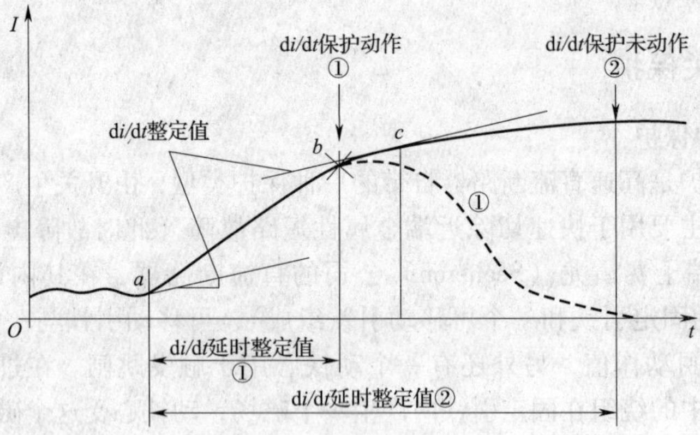

图 9—2　$\mathrm{d}i/\mathrm{d}t$ 保护典型动作特性

（2）ΔI 电流增量保护（以下简称 ΔI 保护）。在 $\mathrm{d}i/\mathrm{d}t$ 保护启动的同时，ΔI 保护也启动，并进入保护延时阶段，保护单元开始计算电流增量。若电流上升率一直维持在 $\mathrm{d}i/\mathrm{d}t$ 保护整定值之上，且电流增量在 ΔI 保护的延时后达到或超过保护整定值，则保护动作。

在计算电流增量的过程中，允许电流上升率在相对较短的时间内回落到 $\mathrm{d}i/\mathrm{d}t$ 保护整定值之下，只要这段时间不超过 $\mathrm{d}i/\mathrm{d}t$ 返回延时整定值，则保护不返回，反之保护返回。图 9—3 所示是 ΔI 保护针对几种典型电流曲线的动作情况。

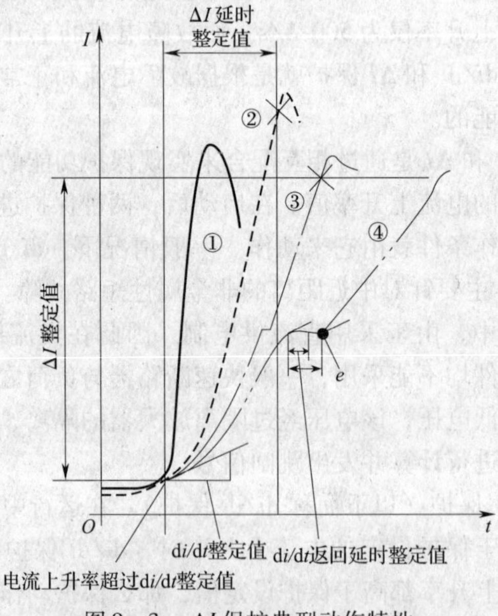

图 9—3　ΔI 保护典型动作特性

电流曲线①：表示保护未动作，电流增量虽然在延时时间段内超过 ΔI 整定值，但延时时间过后电流没有达到 ΔI 整定值。这种保护特性可以躲过列车经过接触网分段绝缘器时的冲击电流和接触网滤波器充电电流。

电流曲线②：表示保护动作，延时后电流增量超过 ΔI 整定值，且在延时时间段内电流上升率一直维持在 di/dt 保护整定值之上。

电流曲线③：表示保护动作，电流增量超过 ΔI 整定值。在电流上升的过程中，虽然电流上升率曾经回落到 di/dt 整定值以下，但未达到 di/dt 返回延时值，因此保护未返回。

电流曲线④：表示保护未动作，在电流上升的过程中，电流上升率回落到 di/dt 整定值以下，且超过 di/dt 返回延时值，因此保护返回。在 e 点保护重新启动，并以 e 点作为新基准点重新计算 ΔI 电流值。

（3）di/dt 和 ΔI 保护的整定原则。在采用双边供电方式的供电系统中，di/dt 和 ΔI 保护整定应遵循以下原则：

1）由于 di/dt、ΔI 主要用于切除中、远距离故障，因此整定值不要取得太大，以获得较大的保护范围。

2）di/dt 的延时整定应取较大值，以躲过保护区域之外发生故障时的故障电流，如越区故障。

3）ΔI 的整定值应足够大，以躲过列车启动电流、列车经过接触网分段绝缘器时的冲击电流和接触网滤波器充电电流，这点主要利用保护的延时实现。

4）供电系统设计时考虑的情况与实际情况往往有一定的差距，di/dt 及 ΔI 保护的整定值除了理论计算外，必须经过相应的现场短路试验来最终确定，并且在投入运行后不断总结修改。

3．接触网过负荷保护

若设备长期处在过负荷运行的情况下，将会导致直流馈出电缆，特别是架空接触网发热甚至瘫痪，发生此类故障时应切除过载运行的线路，待恢复冷却后再投入运行。其工作原理是保护单元连续测量馈线电流，同时根据接触网的电阻率、电阻率修正系数、长度、横截面积、电流，计算出接触网的发热量，从而再根据接触网和空气的比热等热负荷特性及通风量等环境条件，计算出接触网的温度。如果该温度超过设定值，保护单元发出跳闸信号、分开馈线断路器，待一段时间冷却后开关才能重新合闸。不过这种算法比较复杂，在实际应用中一般采用反时限过负荷保护的方式，即电流过载倍数越大，允许持续的时间越短。在保护单元内存储了许多不同大小的动作电流值，对应不同的电流值有不同的跳闸延时，许多值组成了一条跳闸特性曲线，该曲线实际上是一条反时限特性曲线，电流值越大，延时越短。

三、直流开关柜框架保护

1．电流型框架保护

为了防止直流牵引供电设备内部绝缘能力降低时造成人身危险，每个牵引降压变电所内设置了一套直流系统框架泄漏电流保护装置，该保护包含反映直流泄漏电流的过电流保护。变电所内直流牵引系统设备（包括直流开关柜、负极回流柜、整流器柜）的外壳不是直接接地，所有的外壳通过电缆接在一起（简称为框架），经过一个分流器再接到大地，对地有一定的电阻。当框架对地有泄漏电流时，电流经过分流器流向大地，这个电流再产生一个电压，通过电流变换器转换成电压信号输入到保护装置内进行判断，如达到保护装置的整定值则保护输出动作，从而保证人身与设备的安全。

2. 电压型框架保护

框架保护除了包含反映直流泄漏电流的过电流保护外，还有反映接触电压的过电压保护。同样，框架与负极（钢轨）间的电压信号，经过电压变换器转换成一个低电压信号输入保护装置，输入的电压信号经过保护装置内的程序判断，并与事先储存的反时限延时曲线比较，当保护单元检测到输入的电压比较高，对应的框架与负极（钢轨）之间的电压已经达到或超过整定值时，输出信号使短路器跳闸。

四、钢轨电位保护

在利用钢轨回流的直流牵引供电系统中（钢轨对地为绝缘安装），为了防止钢轨电压过高而对人身造成的伤害，在钢轨与保护地之间安装了钢轨电位限制装置。其功能是不断地检测钢轨与保护地之间的电位差，当出现危险电压时，则自动将钢轨与保护地进行短接。

钢轨电位限制装置一般由接触器、晶闸管回路、测量和操作回路、信号接口端子、保护装置、防凝露加热器、状态显示设备等组成。控制原理采用了闭环控制，即使在失去辅助电源的情况下，也可以保持将钢轨和大地短接，保证人身安全。一旦电源恢复，短路装置将恢复断开。

第四节　二次侧设备识读图方法

一、简图图册的识读

1. 识读电路图步骤

识读二次侧设备电路图（含 33 kV 及 1 500 V 分合闸原理）时，一般可分三个步骤：

（1）浏览。对二次侧电路图图册从封面到图页大概粗读一遍，了解图册的概况，明确图册的编制特点，以便进一步阅读。

（2）细读。对每张电路图上的所有内容一个不漏地识读，仔细读出每个图形符号所代表的元件及其功能，每根连接线的含义，每个代号的属性和所含信息，每个标记所指明的寻迹位置和每个注释的说明。

（3）综合识读。在细读基础上，以整张电路图或功能相关的几张电路图为整体，识读出所包含的综合信息。

2. 二次电路图图册的组成

二次电路图，不论是变压器控制柜的、继电保护屏的、发电机励磁系统的，还是断路器操作机构的，都是由多张电路图组成，纸质的装订成册，无纸化的以多页面形式刻录成光盘。

二次电路图图册一般由以下页面组成：

（1）封面。

（2）目录页。

（3）插页。包括提示说明、图例图、概略图、结构图、装配图等。

（4）正页。各种电路图。例如，加热和照明电路图、辅助电压分配电路图、输入电路图、控制电路图、保护电路图、测量电路图、信号电路图、跳闸出口电路图等。

（5）附录。

3. 二次电路图图册的浏览

如上所述，图册或光盘中很可能有很多张电路图，应先从封面到图页大概浏览一遍，步骤如下：

（1）浏览封面。了解图册的总名称和所隶属的工程项目，应该是自己所要阅读的图册。

（2）浏览目录页。了解图册的组成及张号（或页号），清点图样张数，应与总张数相符，以便及时发现缺失。

（3）浏览标题栏。翻阅每张图的标题栏，其中的编制公司代号（商标）、工程项目、主图名、主图号应与封面一致；阅读张号（Sheet No.）栏，检查同一图名下的每张图的张号和接续号是否边界不间断，不应有缺失现象；查看语言（Language）标记栏，明确采用何种语言注释说明。

（4）浏览插页。了解这些插页提供哪些方面的信息，如果是概略图，则应较仔细地浏览，明确本图册描述的项目或高层项目的概貌，并了解各主要功能件之间和（或）各主要部件之间的主要关系。

（5）电路图。浏览全部电路图，有两个要求：一个是了解分别属哪一类电路图，是有触点电路图，还是电子电路图，并了解其描述的技术范畴，以便准备必要的相关知识；另一个是了解电路图具有哪些布局和编制特点，从而可按照相应的规则识读电路图。

二、33 kV 及 1 500 V 分合闸的控制过程

现分别以 33 kV 及 1 500 V 分合闸的控制过程为例，介绍二次侧设备识读图的过程。

1. 33kV 分合闸工作原理

SIEMENS 8DA10 型 33 kV GIS 开关柜分合闸控制回路如图 9—4 和图 9—5 所示。33 kV 开关分合闸具体过程如下：

（1）合闸。发出合闸指令后，指令传输到开关柜控制小室内模拟输入口 IW42。

控制单元 SIMATIC 收到指令后，通过内部设定程序检测判断后，输出开关合闸指令，使合闸继电器 K02、K03 受电。K02、K03 的常开触点 13—14 因继电器受电闭合，并达到相关的闭锁条件，使合闸线圈 Y9 受电励磁，合闸机构带动电动机使断路器合闸。

（2）分闸。发出分闸指令后，指令传输到开关柜控制小室内模拟输入口 IW40。

控制单元收到指令后，通过内部设定程序检测判断后，输出开关分闸指令，使分闸继电器 K01 受电。K01 的常开触点 13—14 因继电器受电闭合，并达到相关的闭锁条件，经接地刀开关 Q1 的一组常闭接点 S5—41/42，使分闸线圈 Y1 受电励磁，分闸机构带动电动机使断路器分闸。

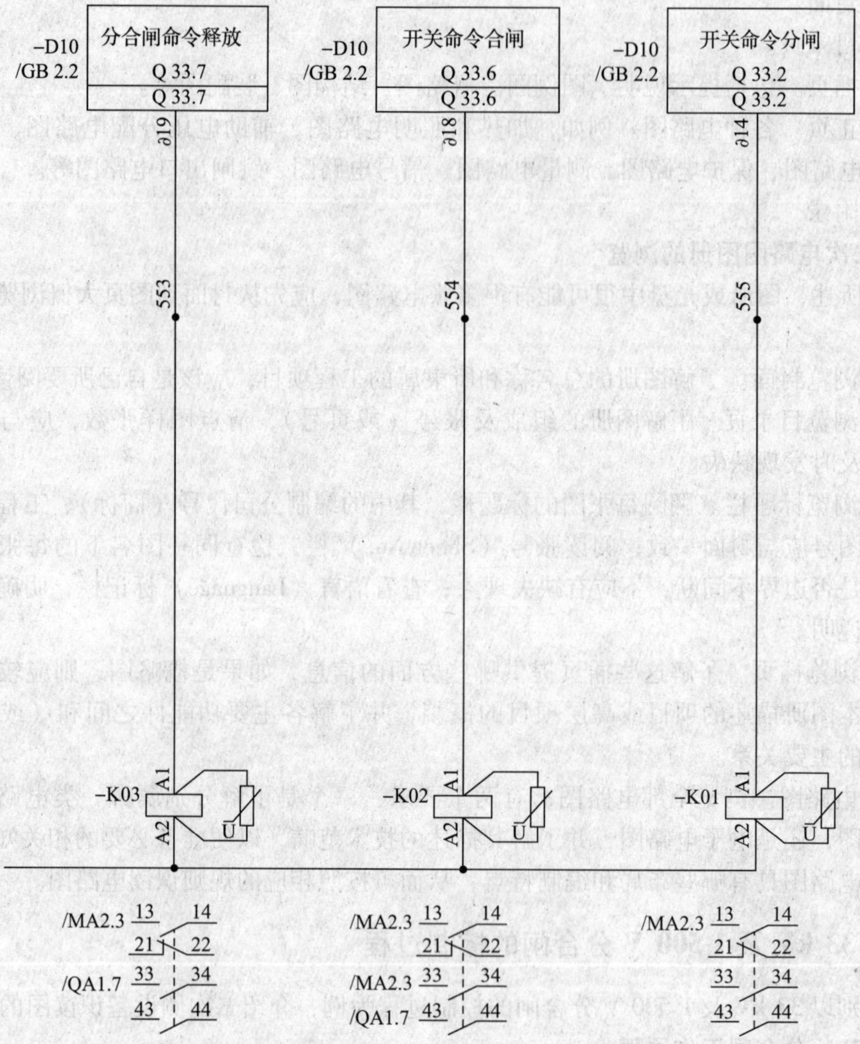

图 9—4　33 kV GIS 开关柜分合闸的控制回路 1

2. 1 500 V 分合闸工作原理

SIEMENS 1 500 V 直流开关柜分合闸控制回路如图 9—6 所示，其开关分合闸具体过程如下：

（1）合闸。发出合闸指令后，指令传输到开关柜控制小室内模拟输入口 IW42。

控制单元 SIMATIC 收到指令后，通过内部设定程序检测判断后，输出开关合闸指令，使合闸回路中继电器 K11、K10 受电。K11、K10 的常开触点 1—2 因继电器受电闭合，使合闸回路形成有效通路，电磁铁 E 受电产生磁场，使开关合闸。

合闸后，辅助继电器 K10 自动释放，转由旁路电阻 R10 接通形成自保持电路。

（2）分闸。发出分闸指令后，指令传输到开关柜控制小室内模拟输入口 IW40。

控制单元 SIMATIC 收到指令后，通过内部设定程序检测判断后，停止 24 V 电源输出，使继电器 K11 失压，其接点 1—2 由于继电器失压断开，合闸回路不能形成有效回路，电磁铁 E 失电不能产生磁场，使得开关分闸。

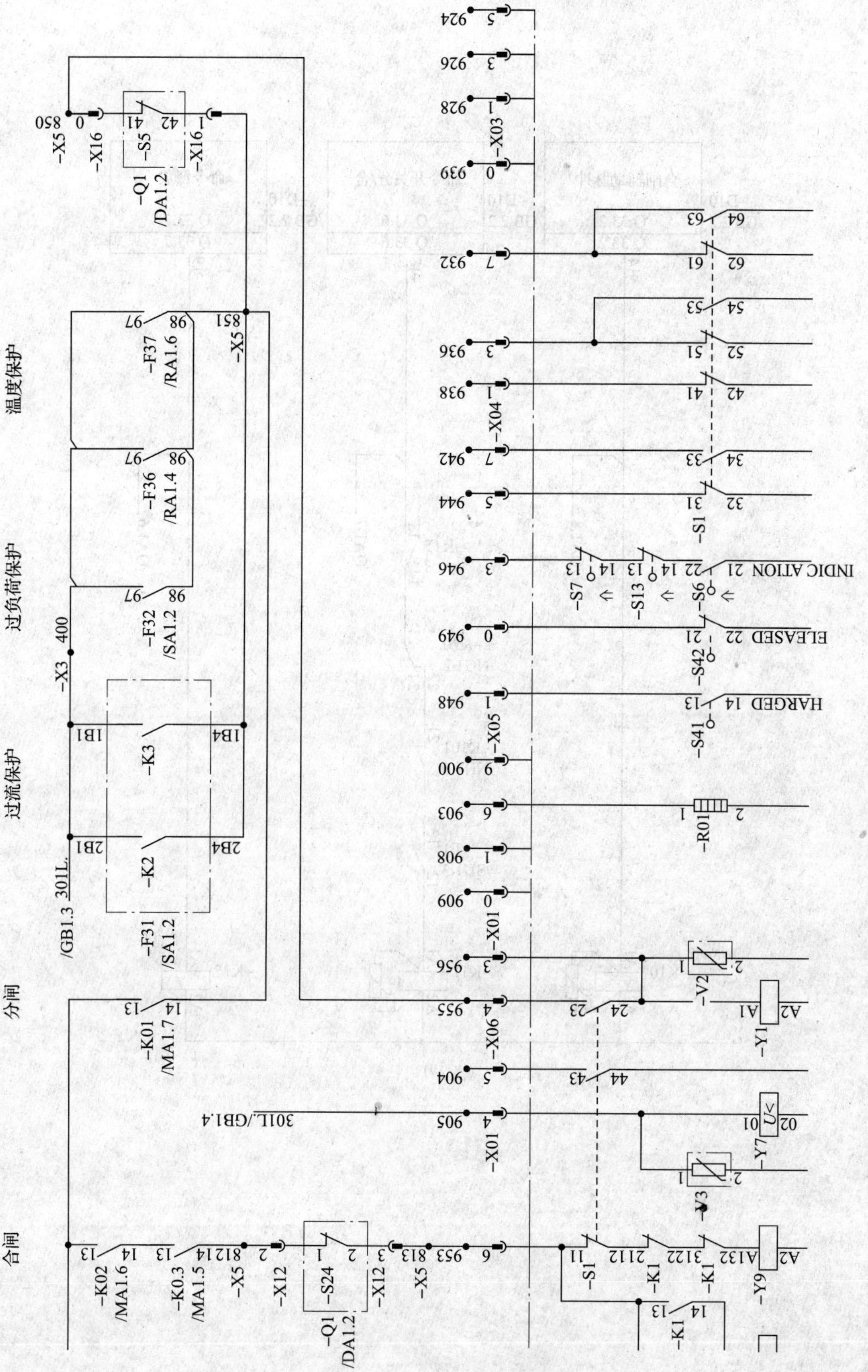

图 9—5 33 kV GIS 开关柜分合闸的控制回路 2

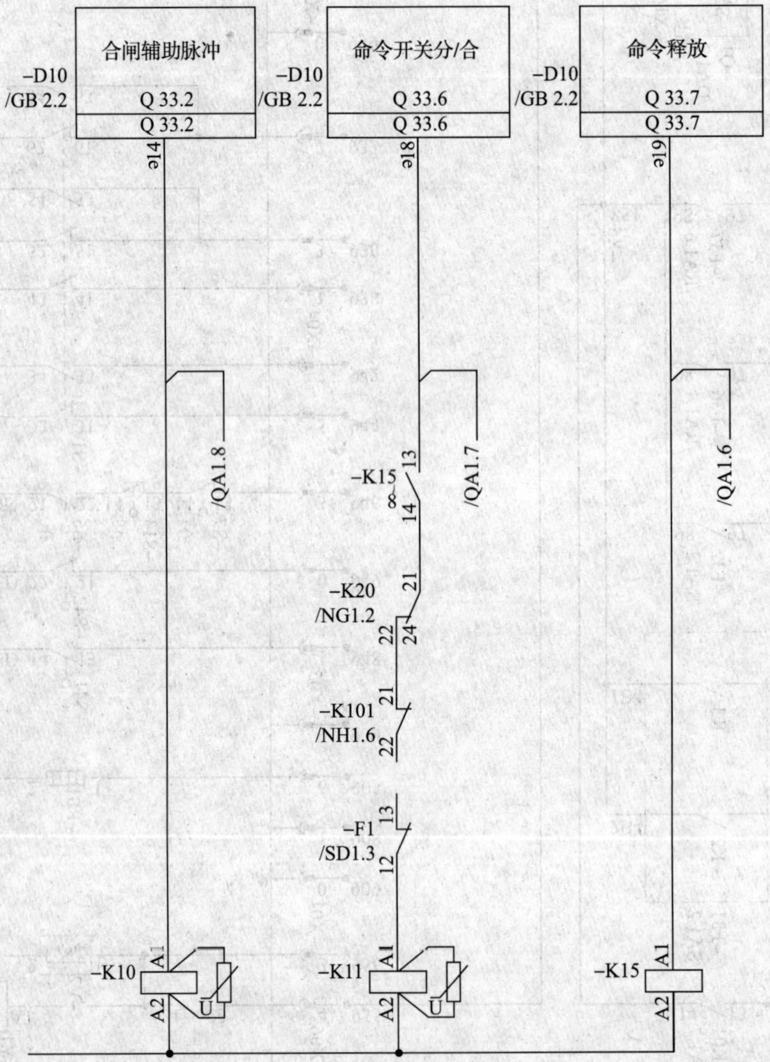
合闸辅助脉冲
–D10
/GB 2.2
Q 33.2
Q 33.2
命令开关分/合
–D10
/GB 2.2
Q 33.6
Q 33.6
命令释放
–D10
/GB 2.2
Q 33.7
Q 33.7
/QA1.8
/QA1.7
/QA1.6
–K15
13
14
–K20
/NG1.2
21
22
24
–K101
/NH1.6
21
22
–F1
/SD1.3
13
12
–K10
A1
A2
U
–K11
A1
A2
U
–K15
A1
A2

a)

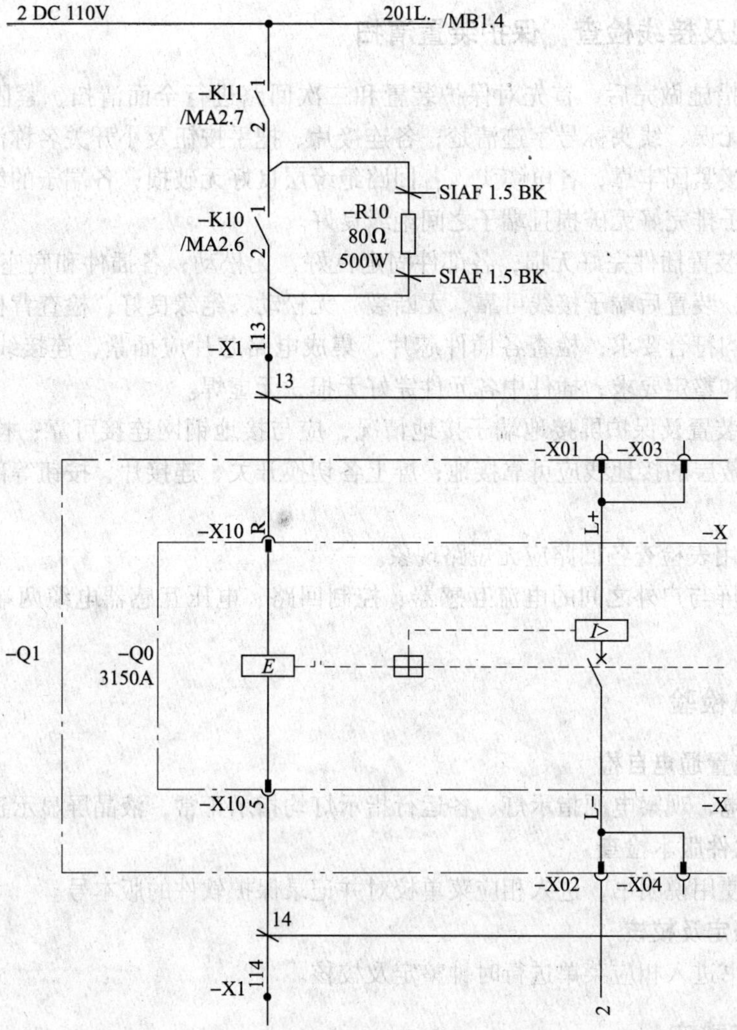

b)

图 9—6 SIEMENS 1500V 直流开关柜分合闸的控制回路

a) 分合闸控制回路 1 b) 分合闸控制回路 2

第五节 电流型保护校验

一、准备工作

工作前认真阅读图样、检验规程、上次校验记录，根据方案核对定值通知单，准备好标准作业程序文件与空白试验报告。

分析工作过程中的危险点。

准备需要用的试验设备、仪表、仪器，试验用线及工器具、消耗材料。

二、外观及接线检查，保护装置清扫

（1）安全措施做完后，首先对保护装置和二次回路进行全面清扫、紧固。核对设备接线与图样一致无误、线头标号字迹清楚；各连接片、把手按钮及小开关名称清楚整洁；二次回路各端子压接紧固牢靠；各电缆头、各回路绝缘层良好无破损；各端子的线头裸露部分不得过长；各端子排完好无破损且端子之间绝缘良好。

（2）检查装置插件完好无损，各部件固定良好，无松动；各插件和底座之间定位良好，插入深度合适；装置后端子接线可靠，无断裂，无松动，绝缘良好；检查背板上各元件的焊接、连线连接均符合要求；检查各插件芯片、集成电路芯片应插紧，连接线（连片）连接情况符合设计和整定要求，插件中各元件完好无损、无虚焊。

（3）检查装置及保护屏接地端子接地情况，应与接地铜网连接可靠；检查保护装置内所有电缆的屏蔽层的接地线应可靠接地；屏上各切换开关、连接片、按钮等部件应完好、操作灵活。

（4）用万用表检查各回路应无短路现象。

（5）保护屏与户外之间的电流互感器、控制回路、电压互感器电缆两端屏蔽层应可靠接地。

三、通电检验

1．保护装置通电自检

给装置通电，观察电源指示灯、各运行指示灯均指示正常，液晶屏显示正确。

2．保护软件版本检查

依照装置使用说明书，进入相应菜单校对并记录保护软件的版本号。

3．时钟整定及校核

依照说明书进入相应菜单进行时钟整定及校核。

四、定值整定

1．定值修改闭锁功能校验

保护装置送电按装置使用说明书进行，进行修改定值不输入密码或输入错误时，应不允许修改。整定后的定值报告应与修改操作前相同。密码输入正确时，应等显示屏反映可以修改后方能修改定值。定值修改后，应将定值及时保存，整定后的定值应是修改的定值。

2．整定值输入

依照装置说明书将定值整定通知单上的整定值输入保护装置，然后再将整定后的定值与定值单进行核对，确认定值整定无误。

五、电气量保护定值与功能核验

按照最新有效定值单，对保护功能进行逐条试验。要求保护出口指示灯亮，显示保护动作报告均正确。

电气量只能从端子排处加入，采用电压、电流突然变化的方法使保护动作。

要求保护出口指示灯显示出正确的保护动作指示，中央信号或监控计算机保护动作报文（对综合自动化变电站）均应正确。断路器可以用专用模拟断路器来代替，以减少断路器分合次数。

六、电流型保护校验实例

某直流馈线开关柜的保护和控制单元使用的是西门子 SITRAS DPU96® 型数字式保护和控制装置。该装置以微处理器为基础研究开发，用于避免直流开关设备和接触网设备出现过负荷和短路情况，并根据电流的变化在达到最大短路电流之前检测出短路的发生，启动相应保护来跳开开关，切除故障回路，保护供电设备的安全。

对于馈线保护的日常校验是做定性试验，通过增加适度的电压量来模拟实际情况，检测保护控制单元是否正常，且增加量值由 DPU96 的屏幕读数确定。

1．校验测试工作原理

（1）测试采用的设备有 DPU96 备品（型号相同），Tektronix AFG320 信号发生器 1 台，Tektronix TDS2000 四通道示波器 1 台。

（2）保护功能的实现原理如图 9—7 所示。

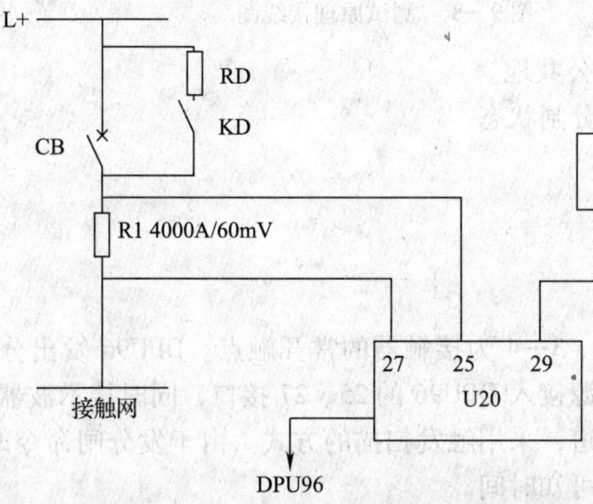

图 9—7 校验测试工作原理框图

直流馈线电流经过分流器 R1，其上压降通过变送器 U20 隔离、放大，转换成标准信号后，由光纤输入保护控制单元。直流接触器 KD、限流电阻 R1 和电阻分压器 A22 构成线路检测回路，在断路器合闸前，由该回路检测供电线路是否正常。A22 的检测信号也输入变送器 U20 中，经光纤传给 DPU96，只有检测合格，断路器才能合闸（直接合闸除外）。

由于用备品试验，故测量时加入一个接触器以模拟开关状态。校验测量接线如图 9—8 所示。

2．DPU96 简介

DPU96 的端子说明如下：

1、2：工作电源（DC110V）。

3：接地端。

25、27：输出电源给隔离放大器。

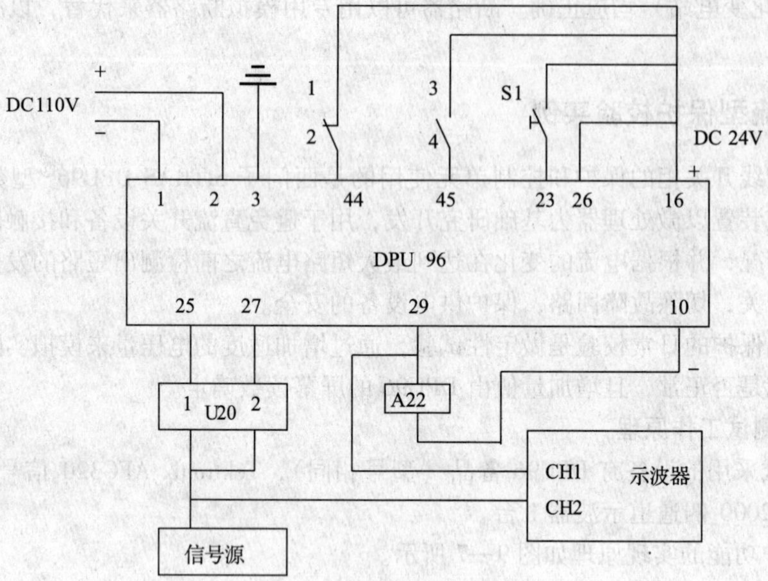

图 9—8　测试原理接线图

16、10：公用 24V 电源及公共地。

44：状态量输入，断路器分闸状态。

45：断路器合闸状态。

26：小车不在试验位。

29：分闸命令输出。

26：直接合闸命令。

1—2 为接触器的常闭触点，3—4 为接触器的常开触点。DPU96 发出分闸命令时，接触器线圈失电。测量时，将信号源接入 DPU96 的 25、27 接口，同时接示波器，将分闸命令脉冲出口 3 接入示波器的另一通道，采用触发扫描的方式。由于发分闸命令时电平由高变低，故比较示波器所显示的两图，可知时间。

所用 DPU96 的保护设定值见表 9—1。

表 9—1　　直流馈线 DPU96 的保护设定值表

电流上升率 d*i*/d*t*	d*i*/d*t* trip（跳闸）	40 A/ms
	duration（保持时间）	30 ms
增量 Δ*I*	Δ*I*trip（跳闸）	4 500 A
	Δ*I*delay（延时）	1 ms
	Δ*I*d*i*/d*t*（增量上升率）	40 A/ms
	Δ*I*d*i*/d*t* duration（保持时间）	1 ms

选用锯齿波信号，由于信源步幅 5 mV，最小幅值 50 mV，故理论上选择动作的临界值 40 A/ms。电流经分流器变比为 4 000 A/60 mV，故输入隔离变送器的实际值为 0.06 mV/ms。锯齿波峰峰值 120 mV，频率 5 Hz。

第六节　电压型保护校验

一、准备工作

工作前认真阅读图样、检验规程、上次校验记录，根据方案核对定值通知单，准备好标准作业程序与空白试验报告。

分析工作过程中的危险点。

准备需要用的试验设备、仪表、仪器，试验用线及工器具、消耗材料。

二、外观及接线检查，保护装置清扫

（1）安全措施做完后，首先对保护装置和二次回路进行全面清扫、紧固。核对设备接线与图样一致无误、线头标号字迹清楚；各连接片、把手按钮及小开关名称清楚整洁；二次回路各端子压接紧固牢靠；各电缆头、各回路绝缘层良好无破损；各端子的线头裸露部分不得过长；各端子排完好无破损且端子之间绝缘良好。

（2）检查装置插件完好无损，各部件固定良好、无松动；各插件和底座之间定位良好，插入深度合适；后板配线、装置后端子接线可靠，无断裂，无松动，绝缘良好；检查背板上各元件的焊接、连线连接均符合要求；检查各插件芯片、集成电路芯片应插紧，连接线（连片）连接情况符合设计和整定要求，插件中各元件完好无损、无虚焊。

（3）检查装置及保护屏接地端子接地情况，应与接地铜网连接可靠；检查保护装置内所有电缆的屏蔽层的接地线应可靠接地；屏上各切换开关、连接片、按钮等部件应完好、操作灵活。

（4）用万用表检查各回路应无短路现象。

（5）保护屏与户外之间的电流互感器、控制回路、电压互感器电缆两端屏蔽层应可靠接地。

三、定值校核

依照装置说明书将定值整定通知单上的整定值输入保护装置，然后再将整定后的定值与定值单进行核对，确认定值整定无误。

四、轨电位的电压保护实例

以轨电位的电压保护为例说明其工作原理。图 9—9 所示为轨电位的电压保护电路图。

正常运行时，轨电位限制装置检测轨道和大地之间的电压，该电压经过 V11 模块整流后施加给 R10（R80）；而人工施加的试验电压是通过 S24 旋钮把交流 220 V 电压经过 V12 整流模块整流后施加给 R10（R80）。F21、F22 继电器分别检测 R10（R80）上的电压，当该电压上升到一定值（由用户整定）时，经过一定的延时（用户整定），F21 继电器动作，发出合闸命令；当电压上升到另一较高值时（用户整定），不需要延时，F22 继电器直接动作，发出合闸命令。由 F21 继电器动作使断路器合闸的方式称为“一段动作（$U>$）”，由 F22 继电器动作使断路器合闸的方式称为“二段动作”（$U\gg$）。

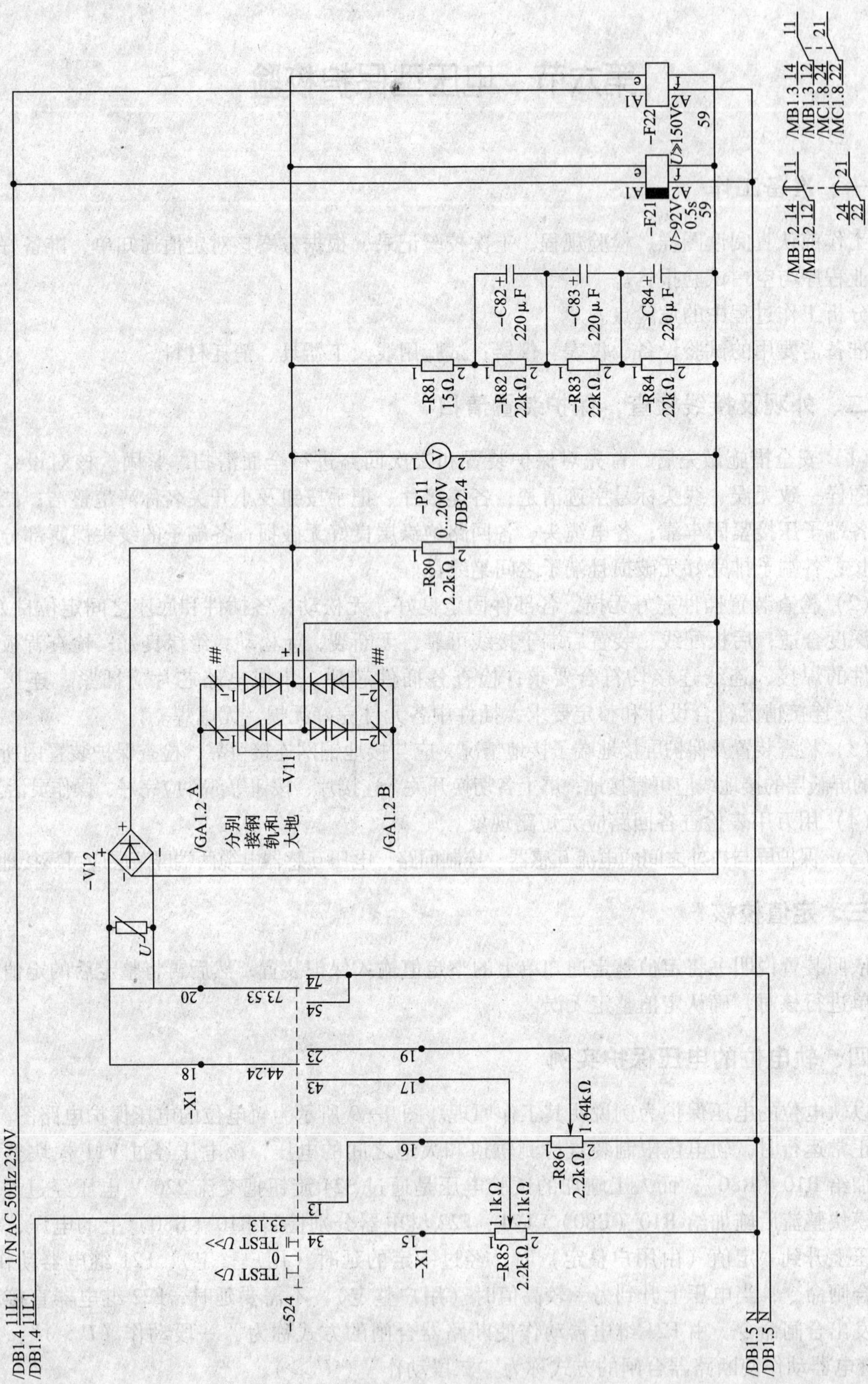

图 9—9 轨电位的电压保护电路图

五、采用 ZDKJ660 型继保装置测试过电压继电器、欠电压继电器的实例

将被试继电器的输入端断开，将继保装置的电压出口接入电压继电器的输入端；打开装置电源，采用“交流试验”程序，当继电器额定电压小于 75 V 时，可用单相电压值为变量进行测试。选定电压步长和电压初始值，采用自动或手动方式来增加电压，直到继电器动作，可测出动作电压和动作时间值。ZDKJ660 型每相电压最大值为 125 V，当被试继电器的额定电压大于 75 V 时，可采用两相电压来进行测试。例如，当 $U_U = 75$ V，$U_V = 75$ V，U_U与 U_V相位差为 180°时，线电压 $U_{UV} = 150$ V。因此，当两相电压相位差为 180°时，其线电压等于两相电压之和。选择两相电压可变化，采用自动或手动试验来测试。

欠电压继电器又叫低电压继电器，通常只有常闭触点，常闭触点打开表示继电器动作。可选择一个比较高的电压值，然后按一定步长降低电压，直到继电器动作。选用“交流程序”，采用手动方式进行试验，先输出一个电压值，由于是常闭触点，屏幕上会显示动作时间，此时电压并未切除。采用手动移动鼠标，降低电压直到屏幕上的动作时间值发生变化，此时表示继电器常闭触点已打开，相当于继电器返回。此时屏幕显示的电压值就是低电压继电器的动作电压值。

第七节　低压系统设置保护

在正常工作中，低压电气设备通过的电流一般不超过额定电流，若少量超过额定电流，在短时间内只要温升不超过允许值也是允许的。而低压断路器保护装置的基本功能是在出现大于额定电流（即故障电流）情况下，使脱扣机构跳闸而分断电路，避免由于电气设备或元件的电流过大造成事故，甚至烧毁电气设备。

一、低压保护的类型

1. 短路保护

在电气设备发生短路故障时，由于短路电流的热效应和电动力效应，往往造成电气设备或电气线路的致命损坏，还有可能严重到使系统的稳定运行遭到破坏。因此，当系统中出现短路电流时，必须迅速、可靠地切除电源。在低压系统中，短路保护常用的方法是采用熔断器、断路器或专用的短路保护装置。不同的低压系统，其保护类型和动作定值可以根据实际负荷去选用。

在对主电路采用三相四线制或对变压器采用中性点接地的三相三线制的供电电路中，必须采用三相短路保护。若主电路容量较小，其电路中的熔断器可同时作为控制电路的短路保护；若主电路容量较大，则控制电路一定要单独设置短路保护熔断器。

短路保护的特点是整定电流大、瞬时动作。电磁式电流脱扣器（或继电器）、熔断器常用做短路保护元件。

2. 过电流保护

过电流保护是反映故障时电流值增加的保护装置。在本章第二节中，已经对过电流保护做了详细的说明，此处不再做过多讨论。

过流保护分为定时限过流保护和反时限过流保护。继电保护的动作时间固定不变，与短路电流的大小无关，成为定时限过流继电保护。定时限过流继电保护的时间是由时间继电器设定的，时间继电器在一定的范围内连续可调，使用时可根据给定时间进行整定。

继电保护的动作时间与短路电流的大小成反比，称为反时限过流继电保护。短路电流越大，这种保护动作的时间越短；短路电流越小，保护动作的时间越长。

3. 过载保护

发生过载的主要原因有：导线截面选择不当，实际负载已超过了导线的安全电流以及"小马拉大车"现象，即在线路中接入了过多的大功率设备，超过了配电线路的负载能力。线路的过载保护宜采用自动开关。运行时，自动开关长延时动作整定电流不应大于线路长期允许负载电流。如采用熔断器作过载保护时，熔断器熔体额定电流应不大于线路长期负载电流。过载保护的特点是整定电流较小、反时限动作。热继电器、延时型电磁式电流继电器常用做过载保护元件。

二、低压断路器保护装置的保护特性

低压断路器保护装置的基本功能是在出现大于额定电流（即故障电流）情况下，使脱扣机构跳闸而分断电路，但究竟流过多大的电流或者流过过电流多长时间才应该使其动作，必须要明确。因为有些过电流，如电动机的启动电流或高压照明灯点亮瞬时的冲击电流，是正常工作必然出现的电流，此时断路器不应当动作。这就要求要有延时特性；相反，在负载短路情况下出现的过电流，则应当瞬时切断电路。

断路器的负载电流大小与其保护动作（分断）时间早晚有关，这种关系称为其保护特性。现以图 9—10 所示的保护特性各段曲线来加以说明，曲线上被几个特殊的转折点分成几段，其中 *ah* 段的特点是电流越大，动作时间越短，具有反时限特性；*df* 段近似水平线，时间很短，具有瞬时动作特性；与 *df* 段近似平行的 *ce* 段，时间稍长，但基本不变；具有短延时特性的 *gh* 段属于定时限的，即在电流达到某一值后经过一定的短时间才动作。如果比 *ce* 段时间更长（其近似水平线比 *ce* 更高，图中未画出），则为长延时定时限特性。

低压保护的对象，如发电机、变压器、电灯、电动机等负载设备，以及连接电缆导线等都具有所谓的允许发热特性，即多大电流允许在多长时间内必须切断其电路。它们也必须与断路器的特性相配合，且在所有情况下均应使前者位于后者之上。如图 9—11 所示中被保护电器的特性曲线 *C* 应位于断路器特性曲线 *A* 或 *B* 之上，这样才能保证断路器在达到负载设备极限允许电流之前断开电路。但是选择不同的断路器，其动作时就会有所不同。同样能启动保护作用，曲线 *A* 比曲线 *B* 更能充分利用保护与被保护电器的能力，曲线 *B* 会过早地将电路切断。此外，从另外一方面考虑，如果是保护电动机以及路灯等带电感、电容或反电动势冲击作用的负载，其启动和正常运行的电流—时间曲线可能如图 9—11 所示中虚线 *D* 所示。若选用具有特性 B 的断路器，在 ab 段就可能会使断路器动作，影响这些负载的正常启动，工作时也可能会引起振荡。因此，要求断路器一方面要保障在出现故障产生过电流情况下尽快断开；另一方面又要保证负载启动和正常工作情况下不致误动作。

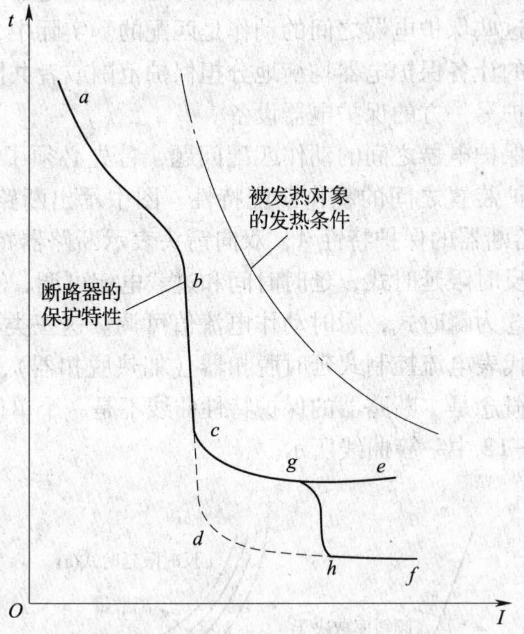

图 9—10　两段和三段保护特性曲线

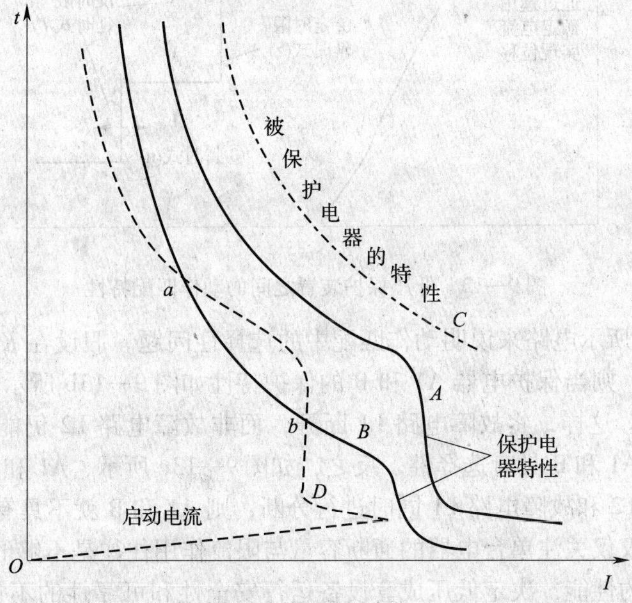

图 9—11　保护电器与被保护设备之间特性的配合

三、低压保护装置之间的动作匹配特性

在通往电气设备的电力传输线路上不只有一个保护电器，在系统内某点产生过载或短路时，如果对应于该故障点及该故障电流值而装设的特定的保护电器动作跳闸，而其他保护电器不动作跳闸，则可称这些保护电器之间的动作是匹配的。实际中，可采用不同的设计方法来确保这种匹配，如有的让各保护电器均衡地分担保护范围或者共同进行保护，而有的则是以一方的保护电器来保护另一方的保护电器设备。

为了较详细地了解保护电器之间的动作匹配问题，首先必须了解保护电器的保护特性，图 9—12 所示为低压保护装置之间的动作匹配特性。图中示出断路器的三段保护特性曲线 *B*，作为比较也示出了熔断器的保护特性 *A*，双向箭头表示断路器特性可整定（可调）的变化方向。其中曲线①为反时限延时式，延时时间和过载电流可调；②为定时限延时式，延时时间和过载电流可调；③为瞬时式，瞬时动作电流值可调。这三类曲线可分别称为 a、z、n 曲线，在断路器中分别代表电流控制式延时脱扣器（如热脱扣器）、延时脱扣器和瞬动脱扣器的特性。另一个重要概念是，断路器的保护特性曲线不是一个单值曲线，而是一个有一定偏差的离散带，如图 9—12 中一簇曲线所示。

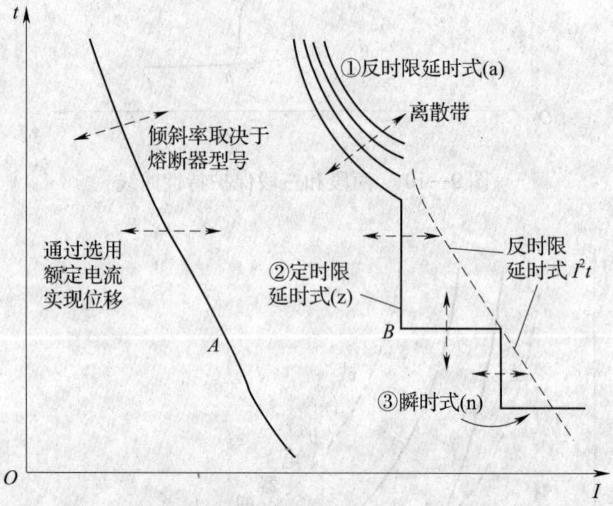

图 9—12　低压保护装置之间的动作匹配特性

现以图 9—13a 所示电路来说明动作匹配中的选择性问题。假设在 *K* 点处产生短路故障而有短路电流 I_k时，则当保护电器 A1 和 B 的保护特性如图 9—13b 所示时，仅保护电器 A1 动作，而 B 不动作。这样，将故障电路 L1 断开，而非故障电路 L2 仍能继续保持供电，这时可以说保护电器 A1 和 B 具有选择性。反之，如图 9—13c 所示，A1 和 B 曲线在 I_k处重合，结果把非故障电路 L2 和故障电路 L1 同时进行分断，则 A1 和 B 就不具有选择性。

因此实际中，仅仅关注单台电器的通断容量与限流作用往往是不够的。近年来，人们越来越重视整套设备的性能，决定低压成套设备运行安全性和可靠性的不仅仅是某一个元件，而是全部元件的协同配合。在这里，每个分支、每台设备、每台装置都应尽可能受到过载和短路保护，通过通断动作来保护沿着供电方向的其他设备不致受到任何影响。

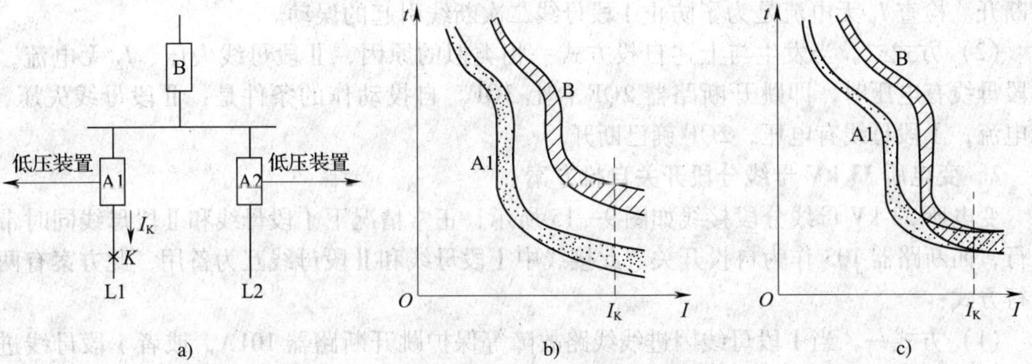

图 9—13 低压保护装置之间动作匹配的选择性

a）装置之间接线 b）具有选择性 c）不具有选择性

第八节 备用电源自投装置

备用电源和备用设备自动投入装置，是当工作电源因故障被断开后，能自动且迅速地将备用电源或备用设备投入工作的一种自动装置，简称备自投装置。

在电力系统中，采用备用电源自投装置可以大大提高供电的可靠性，简化继电保护配置，节省电力建设投资。目前，普遍采用的计算机型备用电源自投装置不但体积小、质量轻、接线简单、可靠性高，而且使用智能化，即能够根据设定的运行方式自动识别当前的运行方式，选择自投方式。

一、备用电源自投的一次接线方案

备用电源自投装置主要用于 110 kV 及以下的电网中，其一次接线方案主要有以下几种，每一种接线方案又有几种自投方式。

1. 主变 33 kV 母线分段开关自投方案

主变 33 kV 母线及分段开关的主接线如图 9—14 所示。由图可以看出，当 1 号主变压器、2 号主变压器同时运行，两台主变压器各带一段母线，而断路器 3QF 断开作为自投开关。此接线中，1 号主变压器和 2 号主变压器互为备用电源。此方案有两种运行方式：

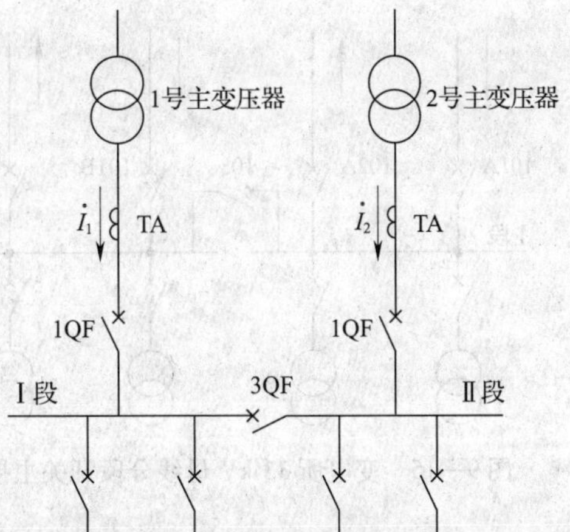

图 9—14 主变 33 kV 母线及分段开关主接线

（1）方式一。当 1 号主变压器故障保护跳开断路器 1QF，或者 1 号主变压器高压侧失压，均引起 33 kV 母线Ⅰ段失压，同时 I_1 无电流，而母线Ⅱ段有电压，即跳开 1QF 合上 3QF，保证了对Ⅰ段母线的连续供电。自投动作的条件是：Ⅰ段母线失压，I_1 无电流，Ⅱ段母线有电压，1QF 确已断开。检查 I_1 无电流是为了防止Ⅰ段母线二次断线引起的误动。

（2）方式二。当发生与上述自投方式一相类似的原因，Ⅱ段母线失压、I_2 无电流，而Ⅰ段母线有电压时，即跳开断路器 2QF 合上 3QF。自投动作的条件是：Ⅱ段母线失压，I_2 无电流，Ⅰ段母线有电压，2QF 确已断开。

2. 变电所 33 kV 母线分段开关自投方案

变电所 33 kV 母线分段接线如图 9—15 所示，正常情况下Ⅰ段母线和Ⅱ段母线同时带电运行，而断路器 103 作为自投开关。此接线中Ⅰ段母线和Ⅱ段母线互为备用，此方案有两种运行方式：

（1）方式一。当Ⅰ段母线因进线线路故障等保护跳开断路器 101A，或者Ⅰ段母线进线失压，均引起Ⅰ段母线失压，而低压母线Ⅱ段有电压，即合上 103，保证了对Ⅰ段母线的连续供电。自投动作的条件是：Ⅰ段母线失压，Ⅱ段母线有电压，101A 确已断开。

（2）方式二。当发生与上述自投方式一相类似的原因，Ⅱ段母线失压且Ⅰ段母线有电压时，即跳开断路器 101 B，合上 103。自投动作的条件是：Ⅱ段母线失压，Ⅰ段母线有电压，101B 确已断开。

3. 变电所 400 V 低压开关自投方案

变电所 400 V 低压开关主接线图如图 9—16 所示，正常情况下 1 号动力变压器 1ST、2 号动力变压器 2ST 同时运行，两台变压器各带一段低压母线，而断路器 3QF 断开作为自投开关。此接线中 1 号动力变压器和 2 号动力变压器互为备用电源，此方案有两种运行方式：

（1）方式一。当 1 号动力变压器故障保护跳开断路器 1QF，或者 1 号动力变压器高压侧失压，均引起 400 V 母线Ⅰ段失压，而 400 V 母线Ⅱ段有电压，即跳开 1QF 合上 3QF，保证了对Ⅰ段母线的连续供电。自投动作的条件是：Ⅰ段母线失压，Ⅱ段母线有电压，1QF 确已断开。

（2）方式二。当发生与上述自投方式一相类似的原因，Ⅱ段母线失压且Ⅰ段母线有电压时，即跳开断路器 2QF 合上 3QF。自投动作的条件是：Ⅱ段母线失压，Ⅰ段母线有电压、2QF 确已断开。

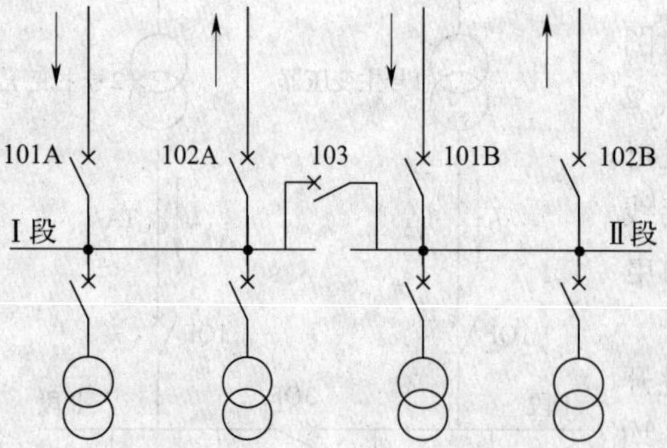

图 9—15 变电所 33 kV 母线分段开关主接线

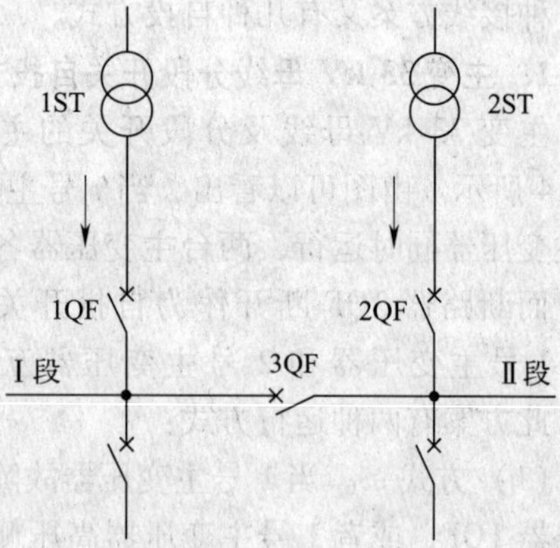

图 9—16 变电所 400 V 低压母线主接线

二、对备用电源自投装置的基本要求

备用电源自投有多种方案及多种运行方式，但对它们的基本要求是相同的。

（1）要求工作电源确实断开后，备用电源才允许投入。工作电源失压后，无论其进线断路器是否跳开，即使测量其进线电流为零，但还是要先跳开该断路器，并确认是跳开后，才能投入备用电源。这是为了防止备用电源投入到故障元件上，扩大事故，加重设备损坏程度。例如，当工作电源故障保护拒动，被上一级后备保护切除，备自投装置动作后合于故障的工作电源。

（2）工作电源失压时，还必须检查工作电源无电流，才允许启动备自投装置，以防止电压互感器二次回路断线造成的电压引起的备自投装置误动。

（3）当工作母线和备用母线同时失去电压时，即备用电源不满足有压条件时，备自投装置不应动作。

（4）工作电源或工作设备，无论任何原因造成电压消失，包括由于运行人员的误操作造成的失压，备自投装置均应动作，使备用电源投入工作，以保证不间断的供电。

（5）应具有闭锁备自投装置的功能。每套备用电源自投装置，均应设置闭锁备用电源自投的逻辑回路，以防止备用电源投到故障的元件上，造成事故扩大的严重后果。例如，在图9—14中。当1号主变压器的后备保护动作跳开1QF时，可能是Ⅰ段母线发生故障造成Ⅰ段母线失压，此时不应经3QF合闸再次冲击故障点，应当由1号主变压器后备保护动作后输出的开关量去闭锁备自投装置动作。

（6）备自投装置的动作时间，应以使负荷的停电时间尽可能短为原则。从工作母线失去电压到备用电源自动投入为止，中间有一段停电时间。毫无疑问，停电时间短对用户电动机自启动是有利的；但是停电时间过短，电动机残压可能较高，当备自投装置动作时，可能会产生过大的冲击电流和冲击转矩，导致对电动机的损伤。运行实践证明，备自投装置的动作时间以1～1.5 s为宜。

（7）备自投装置只允许动作一次。当工作电源失压，备自投装置动作后，若继电保护装置再次动作，又将备用电源断开，这说明可能存在永久性故障。因此，不允许再次投入备用电源，以免多次投入到故障元件上，对系统造成不必要的冲击。计算机机型备用电源自投装置通过逻辑判断来实现只动作一次的要求。

三、备用电源自投装置的二次回路接线

现以变电所400 V低压开关自投方案为例，说明其二次回路接线。低压开关失压继电器接线图如图9—17所示，如图9—18和图9—19所示分别为低压开关1QF和低压开关2QF、3QF控制回路接线图。

当Ⅰ段母线进线失压，失压继电器1KV1、1KV2、1KV3（见图9—17，1var、2var、3var测量无功功率，1Wh、2Wh、3Wh测量有功功率，电压表PV通过转换开关测量相电压）失压，其常闭触点因其失压闭合，使得中间继电器1KA1得电，其常开触点1KA1闭合使时间继电器1KT受电，进入4 s延时。此时Ⅱ母线带电，触点2KA1闭合；1QF辅助触点113—109因1QF在合位而在闭合的状态。延时结束后进线仍然无压，其常开触点1KT闭合，接通了开关分闸回路，使开关1QF分闸。

1QF分闸后，Ⅰ段400 V低压母线失压，而Ⅱ段母线带电，自投开关3QF必须合闸保持Ⅰ段400 V母线有压。

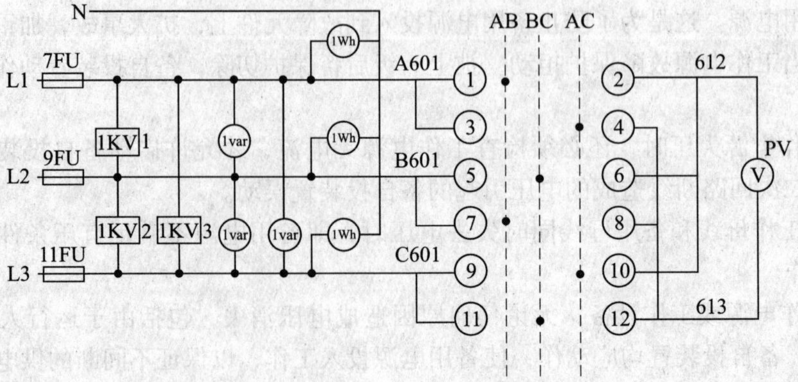

图 9—17　低压开关失压继电器接线图

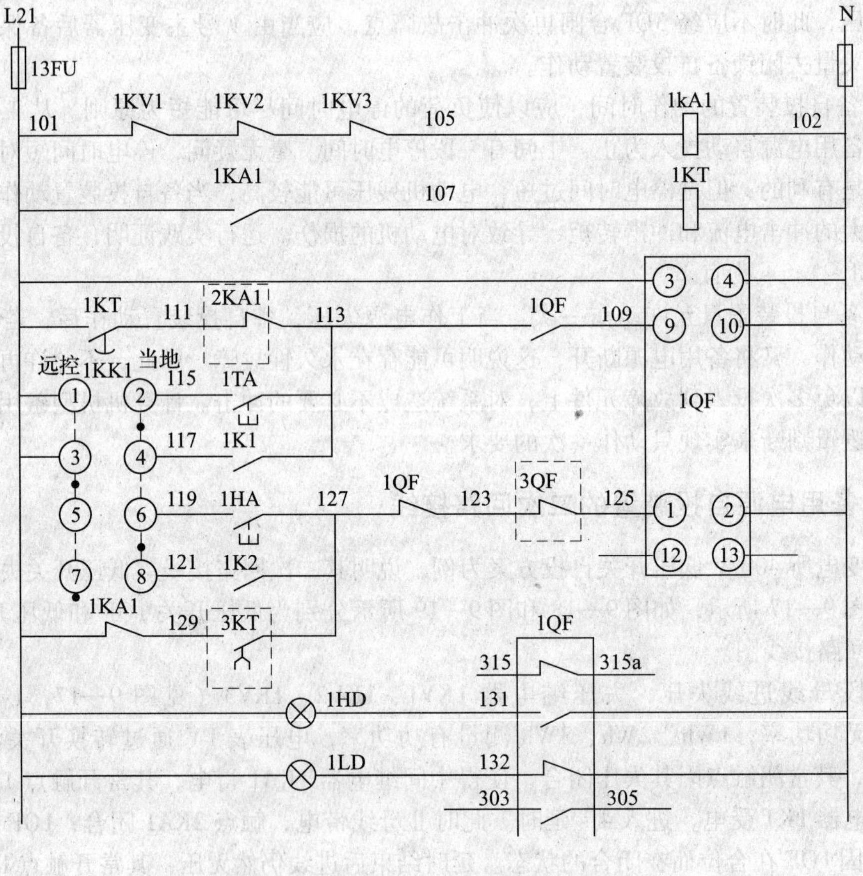

图 9—18　低压开关 1QF 控制回路接线图

在 1QF 分闸、3QF 合闸控制回路中，开关 1QF 的辅助触点 1QF 由于开关分闸而闭合，而回路中的常开触点 1KT 由于其对应的时间继电器得电闭合，从而导通了开关

3QF 的合闸回路，开关 3QF 合闸。此时由Ⅱ段母线进线带起Ⅰ段母线及其负荷，开关自投成功。

随着电力系统的不断发展，大容量机组、高电压设备的陆续投入运行，电力设备继电保护体系越来越庞大了。例如，一台 600 MW 的发电机变压器组保护有 60 余种，一条 500 kV 线路的保护屏设置 4 面，继电保护的原理结构也越来越复杂。虽然继电保护发展的趋势是使保护的管理工作更加规范，保护功能的配置更加完善，保护动作的行为更加可靠。但是，继电保护的故障依然存在，继电保护的故障的种类也不尽相同，再加之辅助的故障录波、信号指示并不一定正确、清晰，因而给保护的事故分析处理增加了难度。

提高现场的事故处理水平是电力系统面临的一个重大难题，这一课题的研究对新参加继电保护工作的人员更为重要。

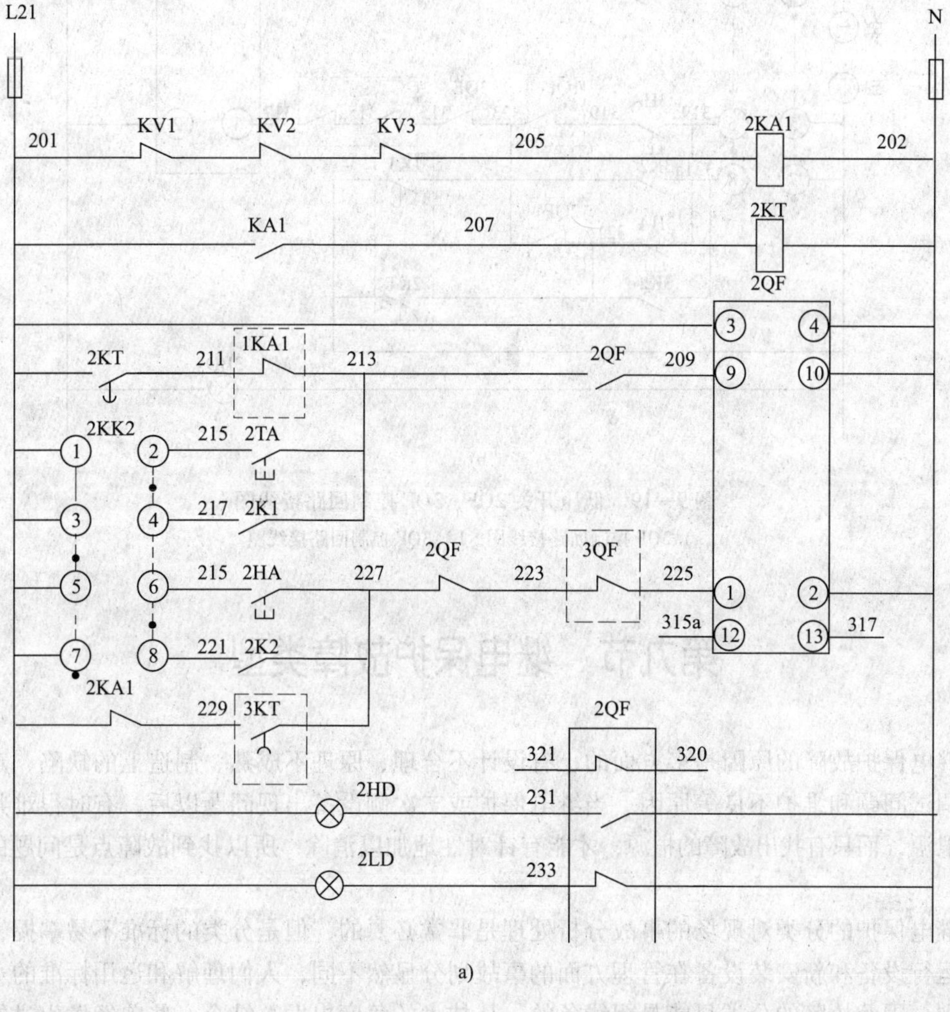

a)

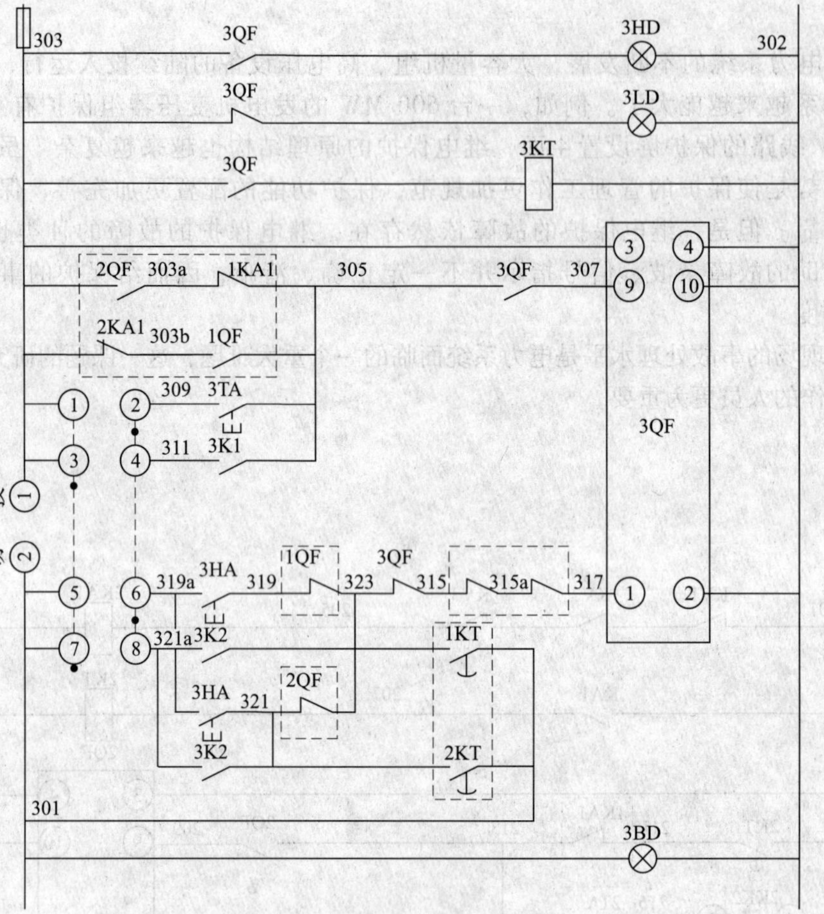

b）

图 9—19　低压开关 2QF、3QF 控制回路接线图

a）2QF 控制回路接线图　b）3QF 控制回路接线图

第九节　继电保护故障类型

继电保护故障的原因是多方面的，有设计不合理、原理不成熟、制造上的缺陷、定值问题、调试问题和维护不良等原因。当继电保护或二次侧设备出现问题以后，有时很难判断故障的根源，而只有找出故障的根源，才能有针对性地加以消除，所以找到故障点是问题的第一步。

继电保护的分类对现场的事故分析处理是非常必要的，但是分类的标准不易掌握，因为对于运行设备和新安装设备在管理方面的事故划分显然不同，人们理解和运用标准的水平也有差别，因此故障的分类只能是粗线条的。从技术的角度出发，结合一些曾经发生过的继电保护事故的实例，将现场的事故归纳为以下 10 种。

一、定值的问题

1. 整定计算的错误

在设备特性尚未被人们掌握透彻的情况下，继电保护的定值不容易定准，主要原因是由于电力系统的参数或元件的参数的标称值与实际值有出入，有时两者的差别比较大，则以标称值算出的定值就不准确。

例如，电动机的启动电流达到了额定电流的 6 ~ 7 倍，此时电流互感器 TA 出现了饱和，电动机的零序保护因不平衡电流过高而启动跳闸，接线如图 9—20 所示。在这种情况下，如果不能更换 TA 或加装零序 TA 时，只有用提高定值的方法来躲过不平衡电流，这样电动机单相接地故障的灵敏度会受到影响，甚至会失去灵敏度，两者不易兼顾，定值也难以确定。

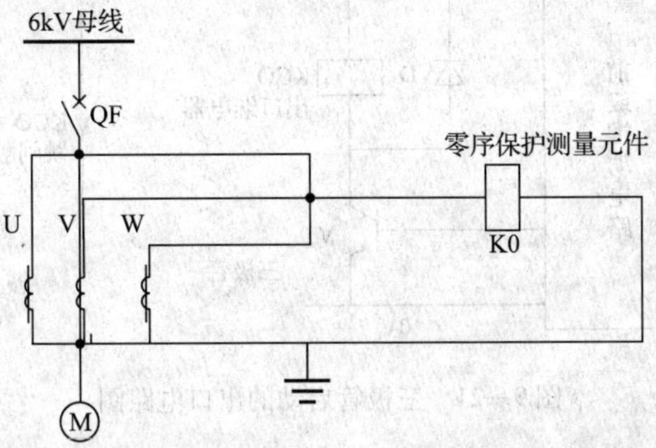

图 9—20　电动机零序保护接线图

2. 设备整定的错误

人为的误整定与整定计算方面的错误类同，有看错数值、看错位置等现象发生过，总结其原因主要有工作不仔细、检查手段落后等，才会造成事故的发生。因此，在现场的继电保护的整定必须认真操作、仔细核对，尤其是把好通电校验定值关，才能避免错误的出现。

另外，在设备送电前再次进行装置定值的校对，也是防止误整定的行之有效的措施。

3. 定值的自动漂移

引起继电保护定值自动漂移的主要原因有以下几方面：

（1）温度的影响。电子元件的特性易受温度的影响，影响比较明显的需要将运行环境的温度控制在允许的范围内。

（2）电源的影响。电子保护设备工作电源电压的变化直接影响到给定电位的变化，所以要选择性能稳定的电源作为保护设备的电源，保证保护的特性不受电源电压变化的影响。

（3）电子元件老化的影响。元件的老化有一个过程，积累的结果必然引起元件特性的变化，同时影响到保护的定值。

（4）元件损坏的影响。元件的损坏对继电保护定值的影响最直接，而且是不可逆转的。

如果定值的漂移不太严重，则不会影响保护的性质。定值的偏差不大于 5%，则可忽略其影响；但是当定值的偏差大于5%时，应查明原因，处理后才能将保护投入使用。

例如，ZB无人值守自动化变电站的一条10 kV线路1天内误动20次，原因是采样值漂移超过整定值，更换采样值保持元件后恢复正常。

二、装置元件的损坏

在半导体管、集成电路保护中的元件损坏，可能会导致逻辑错误或出口跳闸。在计算机保护中的元件损坏会使CPU自动关机，迫使保护退出。现介绍出口电路三极管损坏的实例。

1. 三极管击穿导致保护出口动作

由三极管构成的出口跳闸电路如图9—21所示。系统正常时，三极管的击穿导通会使出口继电器KCO动作跳闸。

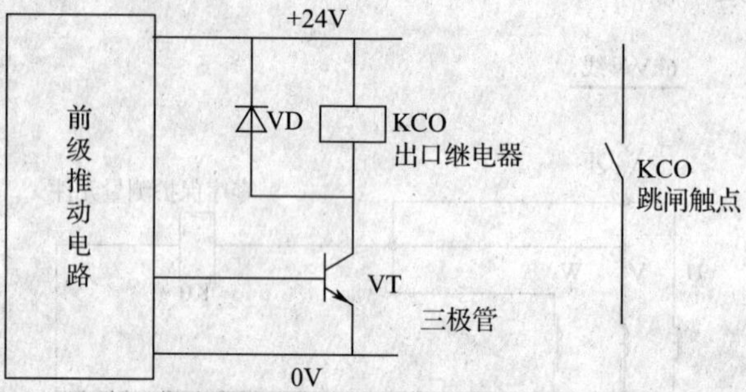

图9—21　三极管启动的出口电路图

2. 三极管漏电流过大导致误发信号

由三极管构成的出口信号电路如图9—22所示。系统正常时，三极管VT处于截止状态，信号继电器及发光二极管中无电流流过，但是当三极管的漏电流过大时，会使发光二极管VL变亮，发出指示信号；漏电流进一步加大，则会启动信号使继电器KS发出触点信号。发光二极管的正常工作电流一般在10 mA左右，当其电流接近1 mA时发暗亮。信号继电器KS的动作电压为十几伏，动作电流有的小于10 mA，三极管VT的漏电流过大，不一定导致保护发出触点信号，但有可能使其误发灯光信号。

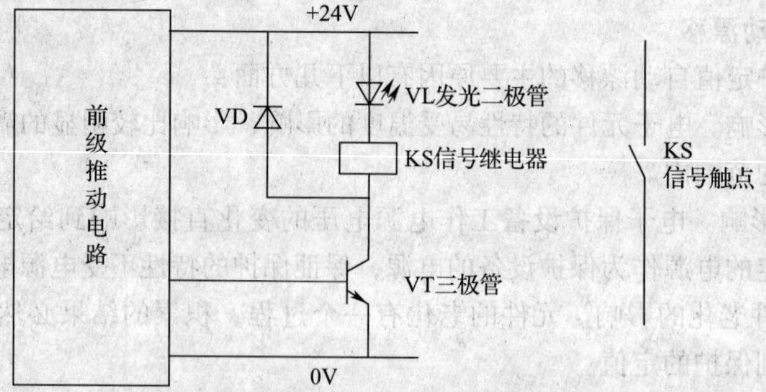

图9—22　三极管启动的信号电路图

三、回路绝缘的损坏

二次回路的电缆在发电厂、变电站用途较广，部分设备的环境条件较差，容易引起绝缘的损坏。运行中因二次回路绝缘破坏而造成的继电保护事故较多，举例如下。

1. “33”跳闸回路接地引起的开关跳闸

“33”跳闸回路接地使开关跳闸的电路如图9—23所示。“33”跳闸回路接地之前，绝缘检查回路上的两电容电压对称，均为110 V，但“33”接地后C1继续充电，C2放电。在跳闸线圈LT的动作电压小于110 V时，由于回路“33”的接地，使LT动作跳闸。在引进的国外设备中，LT的动作电压都偏低，有的甚至不大于60 V，虽然分析要求应将其提高，但因条件限制却难以办到。

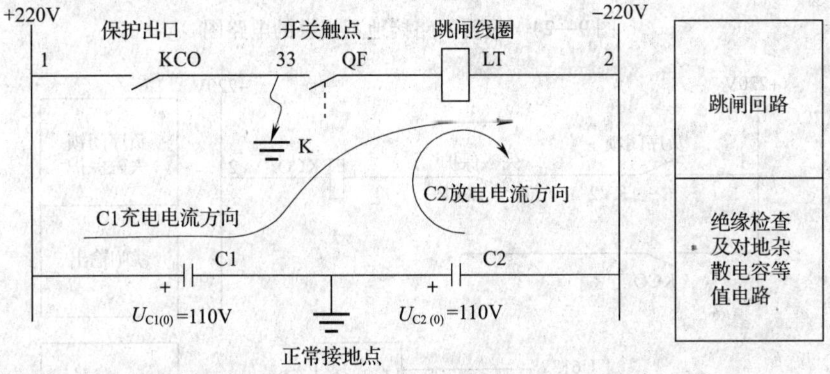

图9—23　跳闸回路接地导致LT跳闸的电路图

2. 绝缘击穿造成的跳闸

有一套运行的发电机保护，机箱后部跳闸插件板的背板接线相距很近，在跳闸触点出线处相距只有2 mm。由于带电导体的静电作用，将灰尘吸到了接线焊点的周围，因天气潮湿使两焊点之间形成了导电通道，绝缘击穿，造成发电机跳闸停机的事故。

3. 不易检查的接地点

在二次回路中，光字牌的灯座接地比较常见，此处的接地点不容易被发现，其原因在于光字牌电阻800 Ω。报警回路接地不报警的电路如图9—24所示，原始的接地检查装置的灵敏度不够，保护不能动作。新型的接地检查装置受工作原理的限制，发电厂或变电站直流系统的对地电容大于一定值时，保护装置不能正确反应。在这种情况下，虽然没有信号发出，信号回路的绝缘却已损坏，隐患已经存在。

四、接线错误

新建的发电厂、变电站或是更新改造的项目中，接线错误的现象相当普遍，由此留下的隐患随时都可能暴露出来，举例如下。

1. 接线错误导致的保护拒动

RS发电厂4号机发电机失磁，但失磁保护拒绝动作，3 s后发电机振动，1 min 13 s后发电机对称过电流保护动作跳闸。经检查发现发电机失磁保护出口闭锁回路插件内部接线错误，将负序电压继电器的常闭触点接成了常开触点，发电机失磁后，负序电压继电器不能动作，常开触点不能闭合，所以失磁保护无法出口跳闸。其正确接线如图 9—25 所示。

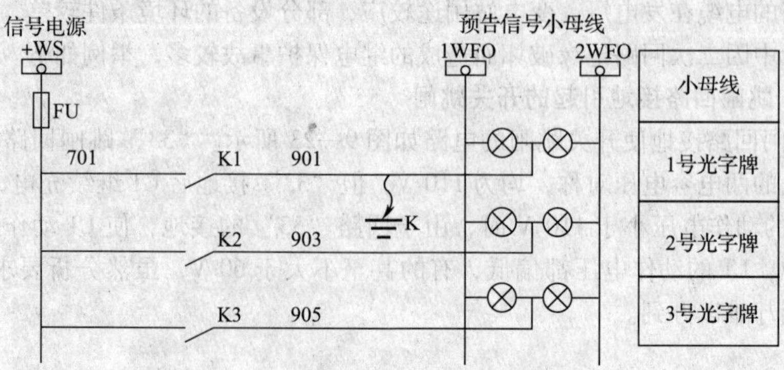

图 9—24　报警回路接地不报警的电路图

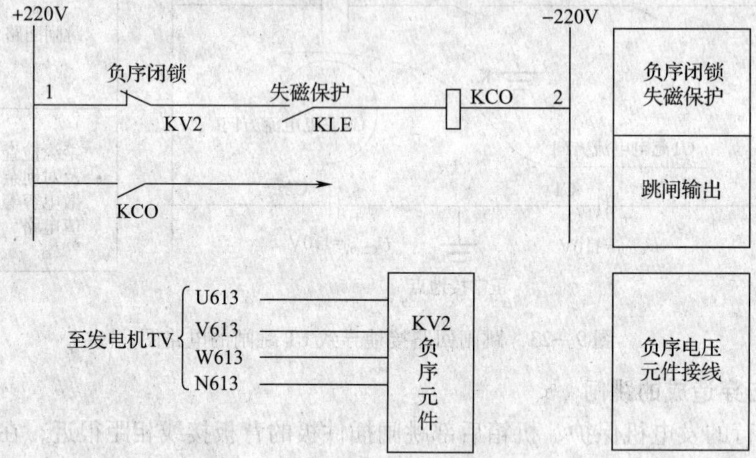

图 9—25　失磁保护出口回路接线图

2．接线错误导致的保护误动作

ST 发电厂 3 号机主变压器差动保护，因高压厂用变压器高压侧电流互感器极性接反，给水泵启动时导致保护误动跳闸，机组全停。其正确的接线如图 9—26 所示，主变压器差动回路中，应以发电机侧电流为基准，主变压器高压侧电流以及高压厂用变压器电流的极性与之相反，即相位相差 180°。

五、抗干扰性能差

运行经验表明，半导体管保护、集成电路保护以及计算机保护的抗干扰性能与电磁型、整流型的保护相比较差，其中集成电路保护的抗干扰问题最为突出。若对讲机在保护屏附近使用，可能导致一些逻辑元件误动作，甚至使出口动作跳闸。

发电厂或变电站的电子设备运行期间禁止使用无线电通信工具，原因是防止无线电电磁干扰电子设备的正常工作。其实，如果无线电通信工具只接收信号，不发射信号时，不会影响电子设备的正常工作。

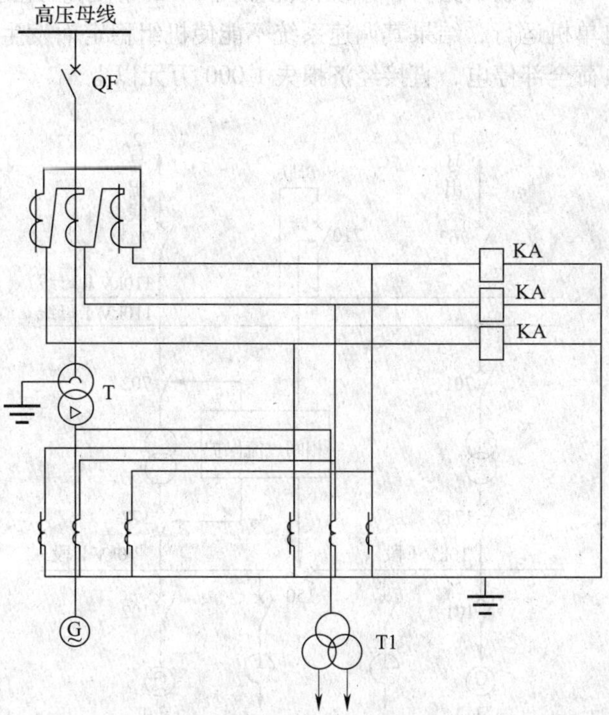

图 9—26 变压器差动接线

变压器的计算机保护有干扰误动的记录。HS 发电厂主变压器温度信号触点采入保护屏后经光耦隔离直接送到出口元件，由于外部存在的操作干扰信号，两次使保护误动跳闸停机。最后采取了抗干扰措施，使问题得到解决。

现场电焊机的干扰问题不容忽视。例如，SB 发电厂 1 号机在运行中的给水泵附近的管子进行氩弧焊焊接时，高频信号感应到保护电缆上，使保护动作跳闸。

总之，在电力系统运行中，诸如操作干扰、冲击负荷干扰、变压器励磁涌流干扰、直流回路接地干扰、系统或设备故障干扰等非常普遍，为解决这些问题必须采取行之有效的办法。

六、误碰与误操作的问题

继电保护工作人员以及运行管理人员担负着生产、基建、更改、分析等一系列的工作，支撑着庞大的电力系统，工作任务艰巨而繁重。尽管大家都有做好工作的愿望，但是在现场由于工作措施的不得力，对设备的了解程度不够，以及违章行为的存在，误碰问题并没有彻底杜绝。误碰的后果是非常严重的，现举两例。

1. 带电拔插件导致的全厂停电

YH 热电厂当时有 2 台发电机和 2 台主变压器并联运行，发电机、变压器的保护均为半导体管型，其中有一台变压器保护的逻辑插件上的指示灯发出暗光，继电保护维护人员到现场后将其拔出，结果使保护装置的逻辑混乱，造成出口动作，跳开 2 号主变压器两侧断路器，110 kV 母联、10 kV 母联断路器，系统情况如图 9—27 所示。此时出线 1 对端停电，1 号机解列后带厂用电单机运行，结果其调速系统不能使机组稳定而发生振动，被迫停机。发电机直供的 10 kV 负荷全部停电，直接经济损失 1 000 万元以上。

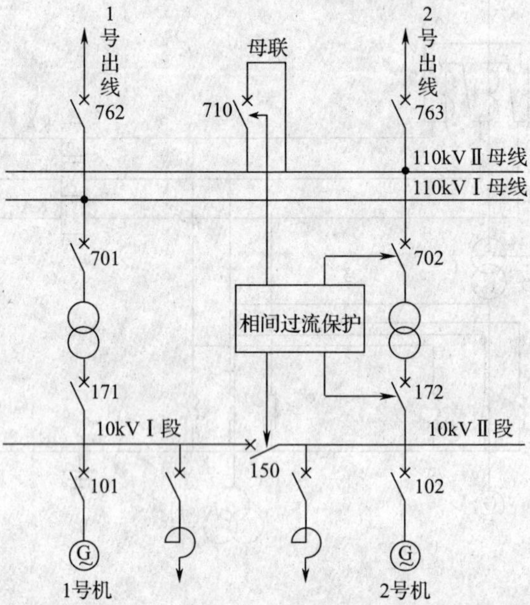

图 9—27　相间过流保护动作跳开 4 只开关接线图

从这一事件的性质上分析，操作者第一没开工作票，第二没有人监护，第三没做任何工作措施，完全属于违章性误碰。

2．带电事故处理将电源烧坏

YH 热电厂 4 号机厂用变压器保护有故障报警发出，工作人员在电源插件板没有停电的情况下，拔除插件进行更换，将电源的 MV 误碰短路，使电源插件烧毁。

总之，在不停电的二次回路上工作而造成运行开关掉闸，或者误碰短路将直流熔丝熔断，或者将电压互感器 TV 的二次回路短路等装置性违章现象经常出现，根据运行规程的要求，必须杜绝此类事故的发生。

七、工作电源的问题

保护及二次侧设备的工作电源对其工作的可靠性以及正确性有着直接影响，根据电源的不同种类做如下分析。

1．逆变稳压电源

目前，运行设备的工作电源采用逆变稳压电源的很多，逆变稳压电源的基本构成框图如图 9—28 所示。逆变稳压电源的工作原理是将输入的 220 V 或 110 V 直流电源经开关电路后变成交流方波，再经逆

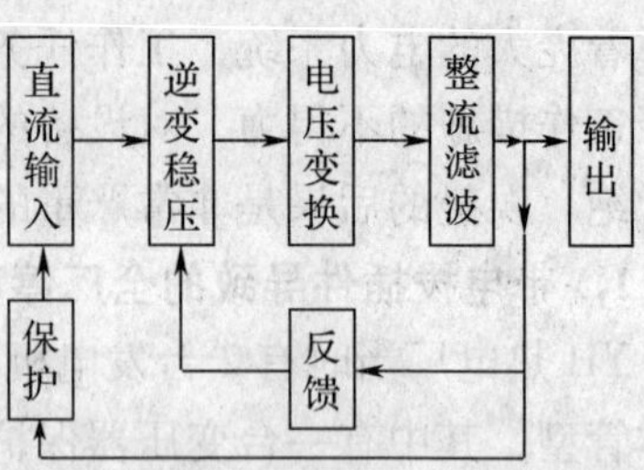

图 9—28　逆变稳压电源的基本构成框图

变器变成需要的 +5 V、±12 V、+24 V，或 -1.5 V、±15 V、+18 V 电压。

(1) 逆变稳压电源的优点。逆变稳压电源之所以得到广泛的应用，是因为它有着以下明显的优点。

1) 输入电源稳定。逆变稳压电源的电源输入是直流，直流电源不受停电的影响，可以由蓄电池保证在电力系统事故时供电的连续性。

2) 稳压性能好。逆变稳压电源的输出电压一般在 24 V 以下，输入电压是 220 V 或 110 V，所以可调节的范围比较大，容易满足稳压的要求。

3) 功耗低。对开关电源来说，出于原理上的考虑，使得输入电流时通、时断，降低了消耗。

(2) 逆变稳压电源存在的问题。在半导体管设备、集成电路设备以及计算机保护中对电源的性能指标要求较高，但运行中的逆变稳压电源却经常发生故障。

逆变稳压电源有几个环节容易出错，即功率部分、调整部分、稳压部分。现将有关问题分析如下：

1) 纹波系数过高。纹波系数是指输出的交流电压值与直流电压值的比值，交流成分属于高频的范围，高频信号幅值过高会影响设备的寿命，还可能造成逻辑上的错误，导致保护的误动作。调试时，应按要求将纹波系数控制在规定的范围以内。

2) 输出功率不足。电源的输出功率不足会造成输出电压的下降，如果下降幅度过大，会导致比较电路基准值的变化、充电电路时间变短等一系列问题，影响到逻辑配合，甚至逻辑判断功能错误。尤其是在保护动作时有的出口继电器、信号继电器相继动作，因此，要求电源的输出有足够的容量。

3) 稳压性能差。稳压问题有两方面，电压过高或电压过低。电压过高、过低都会对保护性能有影响，如同 2) 中分析，会造成保护误动作等问题。

4) 保护问题。电压降低或是电流过大时，将快速退出保护并发出报警，这样可以避免将电源损坏。

逆变稳压电源的保护动作会将电源退出，虽然能起到保护电源的作用，但是电源退出后装置便失去了作用，如果供电回路中确有故障存在，则电源退出是正确的。实际上，电源的保护误动作时有发生，这种误动作后果是严重的，对无人值守的变电站危害就更大了。

2. 电池浮充供电的直流电源

发电厂和变电站的直流供电系统正常供电时大都运行于“浮充”方式下，此时浮充充电器一方面提供蓄电池泄漏的能量损失，另一方面向负荷提供电能，其供电系统框图如图 9—29 所示。由于充电设备滤波稳压性能较差，所以保护电源很难保证波形的稳定性，即纹波系数严重超标。

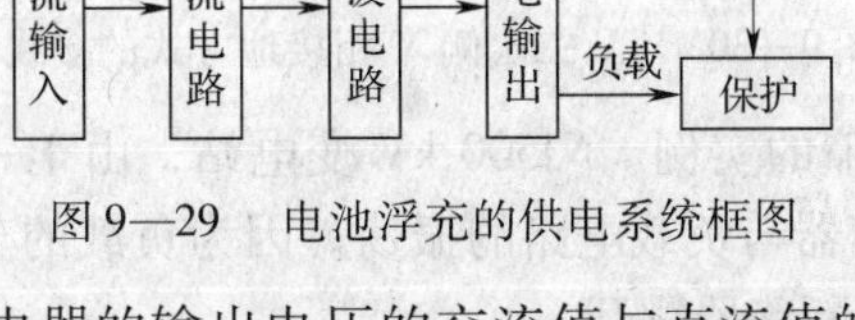

图 9—29 电池浮充的供电系统框图

SDZ 变电站测得浮充充电器的输出电压的交流值与直流值的比值大于 1/10，电子保护设备在此电源下发出很大的震动噪声，对设备寿命和可靠工作的影响是不可忽视的。

3．UPS供电的电源

不间断供电电源（UPS）供电的直流系统也有与浮充充电器一样的问题，在设备的选型与维护时必须注意。在分析对保护的影响时，也应考虑其交流成分、电压稳压能力、带负荷能力等问题。

4．直流熔丝的配置问题

现场的直流系统的熔丝是按照从负荷到电源一级比一级熔断电流大的原则设置的，以便保证直流电路上短路或过载时熔丝的选择性。但是，有些5 A、6 A、10 A熔丝的底座没有区别，型号非常混乱，其后果是回路上过流时熔丝越级熔断。对这一问题，设计者最好能加以区分，将不同容量的熔丝选择不同的形式。对已运行的现场设备也应加以重视，尤其是对重要的保护及二次侧设备更应仔细检查，避免此类事情的发生。

保护的工作电源是一个重要的环节，也是经常被忽视的环节。据统计，在以往的设备运行中因为电源的故障而发生了许多事故，在现场的事故分析中应特别注意电源正常的工作参数。

八、TV、TA及二次回路的问题

作为继电保护测量设备的起始点，电压互感器TV、电流互感器TA对二次侧系统的正常运行非常重要。运行中，TV、TA及其二次回路上的故障并不少见，主要问题是短路与开路，由于二次侧电压、电流回路上的故障而导致的严重后果是保护误动或拒动等。涉及TV、TA特性的参数是比差与角差，当比差与角差不满足规定的要求时，将会影响到保护有关的指标，因此在进行继电保护的动作行为分析时，应该做全面的考虑。

1．TV的问题

（1）二次侧熔断器短路故障的实例。RLS发电厂300 MW发电机保护TV的V相熔丝熔断，运行人员几次修复送电后又再熔断。后来检查发现V相熔丝熔断是由于TV中性点击穿熔断器损坏，构成V相短路通道，其接线如图9—30所示。图中F为中性点击穿熔丝。

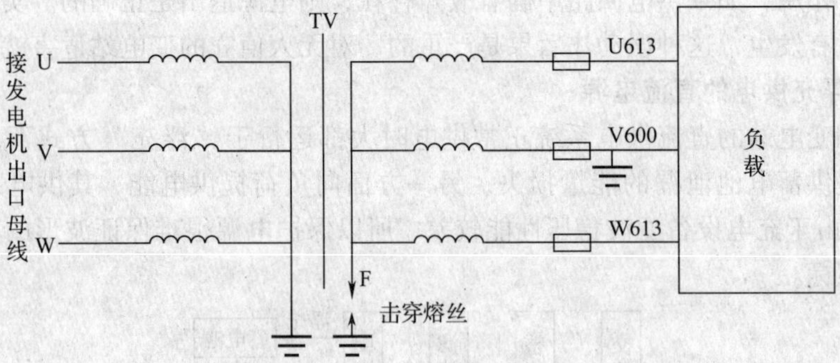

图9—30　TV二次侧V相接地方式的接线图

（2）TV二次侧开路故障的实例。NJ500 kV变电站，由于三相式空气开关QAG运行中自行跳开，导致了U相电容器与负载电路的振荡。因为负载的分压值达到了保护的整定值，使其过电压保护动作将线路断路器跳开。

2. TA 的问题

保护用电流互感器 TA 的问题很多，如 10% 的误差特性曲线不满足要求、二次侧接线错误等造成保护误动的情况在前面已做过分析，在此不再赘述。下面只分析两例。

(1) TA 二次侧的问题使母线保护不平衡电流超标。HY 热电厂采用了脉宽调制（PLM）型母线保护，规程要求其二次侧不平衡电流应小于 50 mA，在一条新线路 TA 二次线接入保护后检查其不平衡电流超过 200 mA，原因是就地母线 TA 端子箱螺钉松动。

(2) TA 二次侧开路造成的保护死机。ZH 变电站在投产以前对 TA 二次侧通电时，将保护屏电流回路端子排的连接片断开，TA 的二次侧通电结束后却忘记了恢复，结果对变压器送电。通电过程中，TA 的二次侧开路电压击毁了电路中最薄弱的元件——光电耦合器，同时使三面保护屏的计算机保护死机，故障录波器死机，从而使设备的修复工作花费了很长时间。

九、保护性能的问题

保护的性能问题包括两方面的内容，一是性能方面的问题，即装置的功能存在缺陷；二是特性方面的问题，即装置的特性存在缺陷。

1. 保护性能问题的实例

(1) 变压器差动保护躲不过励磁涌流。励磁涌流是变压器送电冲击时所特有的现象，涌流的大小、出现的相别与合闸角有关。励磁涌流的最高值可达到额定电流的 7 倍。作为变压器的主要保护——差动保护，从性能上躲过励磁涌流的影响是最基本的要求，但是在现场进行的变压器冲击试验时，的确有差动保护动作跳闸的事故发生。其中有定值的因素，在整定定值时为了提高灵敏度而降低整定值，使之容易误动；而提高整定值又降低了灵敏度。从原理上讲，在保证内部短路可靠跳闸的条件下，可以适当提高整定值。

(2) 转子接地保护的误动与拒动。以往的转子接地保护采用注入电流法来监视转子的绝缘，在转子回路对地绝缘下降时发出报警。发电机正常运行时，只投转子一点接地保护，如果转子一点接地，则应立即投入两点接地保护。

对于转子水冷的发电机的接地保护也有灵敏度的问题，转子一点的电阻定值不可取得过高，如果定值取得过高，由于水质不合格时会误发信号；阻值太低又不太容易发现运行中转子线圈对地绝缘的下降。因此，只能根据装置的工作原理与运行经验选取合适的定值，以弥补保护性能上的不足。

转子两点接地保护的动作存在死区问题，若一点接地后再发生第二点接地，则其第二接地点距离越远动作越灵敏；距离越近动作越不灵敏，到一定程度就失去了工作量而成为死区。

(3) 保护跳闸出口继电器的接点不能开断跳闸电流。当保护动作跳闸命令发出后，断路器拒分或断路器辅助触点故障时，将烧毁跳闸继电器的触点，这种故障在多数保护中没有得到有效的解决。

另外，有的保护装置在投入直流电源时出现误动现象，高频闭锁保护当存在频拍现象时将会误动作，诸如此类的故障都是保护性能的问题。

2. 保护特性变坏的实例

方向距离保护的特性曲线如图 9—31 所示，图 9—31a 为无记忆（偏移）特性圆，图

9—31b 为带记忆特性圆。

在图 9—31 中，Z_{set} 为整定阻抗，测量阻抗 $Z_J = R + jX$，φ 为阻抗角。

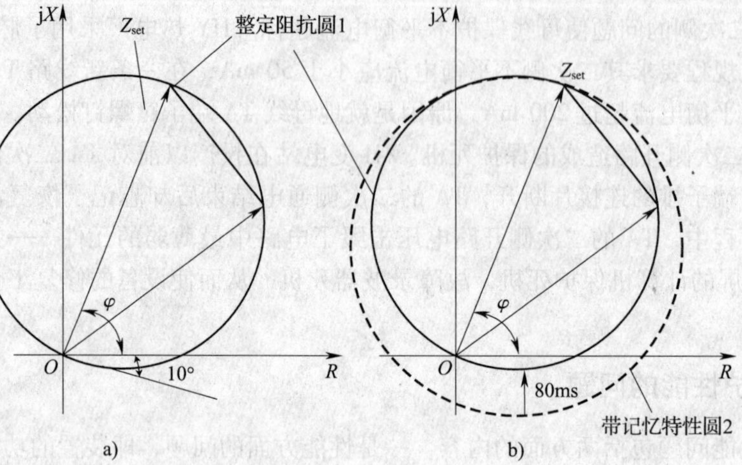

图 9—31　方向距离保护的特性曲线

a）无记忆特性圆　b）带记忆特性圆

由于制造的原因或是参数的变化，或是元件特性的变化，可能出现方向偏移的问题，如图 9—31a 所示，整个特性曲线沿逆时针方向偏 10°，则出口短路时就会失去反应弧光电阻的能力。图 9—31b 中，由于元件的损坏可能会出现失去记忆功能的问题。一般要求记忆时间 80 ms，以满足出口金属性短路故障的可靠切除。记忆功能的消失或记忆时间的变短都是不允许的，必须及时加以解决。

有的继电保护的动态特性偏离静态特性很远，也会导致动作结果的错误，因此在故障分析时应充分考虑动态特性与静态特性的偏差。

十、设计的问题

从备用电源自投装置 AAT 的实例说明设计中存在的问题。

在发电厂中厂用系统经常出现厂用母线设备故障，厂用分支（或厂用变压器）跳开，AAT 自动启动投备用变压器的问题。大量的统计资料表明，凡是厂用母线设备出现的故障，大都是永久性的故障，此时的备用电源自投 AAT 动作合闸，也就不可能成功。这种设计思想的弊端已经被人们所认识，有的机组已经做了改动，要提高 AAT 自动投入的成功率，必须改变 AAT 启动的判据。

原始的备用电源自投的启动条件比较简单，即工作电源进线跳开，在备用电源电压正常的情况下实现自投。在此应考虑以下的改进措施。

（1）增加工作电源过电流闭锁 AAT 环节。只要 6 kV 工作分支过电流动作，则视为母线的永久性故障，应禁止 AAT 动作，以防止备用变压器投到故障母线上，烧坏设备。

（2）增加发电机变压器组主保护启动 AAT 的环节。发电机变压器组主保护动作后，一方面跳开出口开关、高压厂用分支开关；另一方面启动 AAT，实现快速自投。此方案能实现快速自投，不存在过流启动的问题。

（3）同时采用以上两种方案，既能实现备用电源的快速自投，又能解决自投到故障母线的缺陷，是比较理想的。

改进后的备用电源自投的启动条件逻辑电路如图 9—32 所示。

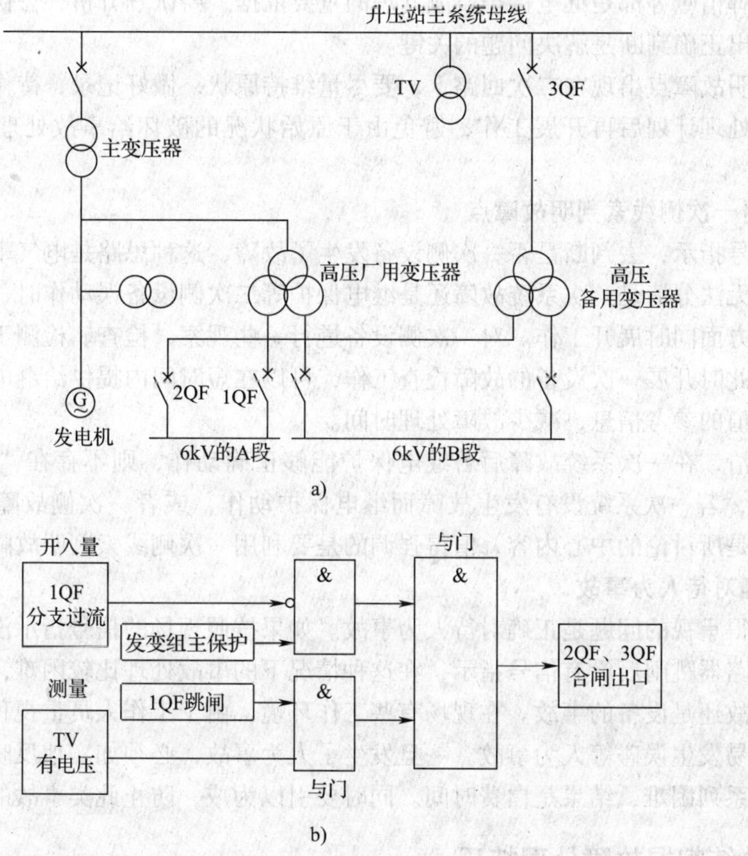

图 9—32 改进后的备用电源自投的电路图及逻辑框图

a）电路图 b）逻辑框图

第十节 继电保护事故处理的基本思路

第九节介绍了继电保护事故的类型，给现场的继电保护事故处理提供了参考的依据。在实际工作中，根据不同的事故种类应采取不同的思路，找到故障的根源，最终确定事故处理的办法。另一方面，根据继电保护事故的现象，就可以进一步确定事故的种类，从而求得问题的解决。现介绍最基本的事故处理的思路。

一、正确利用故障信息

要想顺利地查明事故的原因，可以借鉴以往的经验，对于经常出现的简单故障是容易排除的。但是对于少见的复杂故障，仅凭经验并不能解决问题，遇到这种情况时，应根据正确的方法和步骤进行工作。

1．利用信号判明故障点

在现场的光字牌信号、计算机事件记录、故障录波器的录波图形、装置的灯光显示信号、保护掉牌信号等都是继电保护事故处理的重要依据，要认真分析，去伪存真，再根据有用的信息作出正确判断是解决问题的关键。

一旦判明故障点出现在二次回路上，要尽量维持原状，做好记录，待作出必要的分析并制定出事故处理计划后再开展工作，避免由于原始状况的破坏给事故处理带来不必要的麻烦。

2．利用一次侧线索判明故障点

根据信号指示，去判断是否一次侧设备发生了故障，这种思路是电气事故分析的基本思维方法。在无法分清是一次系统故障还是继电保护等二次侧设备误动作时，最简单的办法是一次、二次方面同时展开工作。对一次侧设备进行一些观察、检查、检测工作，可以很快得出结论，在此时开展一次设备的故障检查工作，可以在短时间内提供给继电保护工作人员一些极为有价值的参考信息，减少故障处理时间。

应该分清，在一次系统故障后若继电保护能够正确动作，则不存在“继电保护事故处理”的问题，若一次系统没有发生故障而继电保护动作，或者一次侧故障与二次侧故障同时存在，才是所讨论的中心内容，值得强调的是要利用一次侧线索判明故障点。

3．正确对待人为事故

一个值得重视的问题是正确对待人为事故。如果按照现场的信号指示没有找到故障的原因，或者断路器跳闸后没有信号指示，在这种情况下的事故处理比较困难，必须首先弄清楚是人为的事故还是设备的事故。在现场有些工作环境，由于工作人员重视程度不够，或措施不得力，容易发生误碰等人为事故。一旦发生了人为事故，必须如实地反映，否则会引起事故分析的一系列困难，结果是白费时间。同时要引以为戒，防止此类事故的再次发生。

二、熟练掌握故障处理技巧

在保护及自动装置故障处理中，以往的经验是宝贵的，它能帮助工作人员快速排除重复发生的故障。但与经验相比，技能更为重要。要想不断提高保护及自动装置故障处理的水平，必须掌握一些技巧，总结如下：

1．采用电阻测量判别法

利用万用表测量电路电阻值和元件电阻值，确定或判断故障的部位及故障的元件。一般采用回路电阻测量法，即不脱焊电路的元件，直接在印制板上测量，然后判断其好坏。

2．采用电流测量判断法

利用万用表测量半导体管或集成电路的工作电流、稳压电路的负载电流，可确定该电路工作状态是否正常、元件是否完好。常用的回路电流测量方法有直接测量、间接测量和取样测量三种。

对于小电流（微安级）的测量，可将万用表直接串在电路中进行测量；对于毫安级以上的较大电流，可采用间接测量法，即测量回路中某已知电阻上的电压而求得电流。如果在电路中找不到合适的电阻，可采用取样测量法，具体的做法是找一个适当功率的小量值电阻串在回路中，测量该电阻上的压降，计算出电阻中的电流，即为该回路电流。

3．采用电压测量判断法

对所有可能出现故障的电路的各参考点进行电压测量，将测量结果与已知的数值或经验值相比较，通过逻辑判断确定故障的部位及损坏的元件。

4．采用替代、对比、模拟检查法

替代法是用规格相同、性能良好的插件或元件替代保护或自动装置上被怀疑而不便测量的插件或元件。对比检查法是将故障装置的各种参数与正常装置的参数或以前的检验报告进行比较，差别较大的部位就是故障点。模拟检查法是在良好的装置上根据电路原理，对其进行脱焊、开路或改变相应元件的数值，观察装置有无相同的故障现象出现。若有相同的故障现象出现，故障部位及损坏的元件即被确认。

保护及自动装置的事故处理除了技能的因素之外，培养高度的责任心是十分重要的，工作人员只要有良好的技能和认真的态度就能够快速排除一切故障。

三、掌握事故处理的特点

作为电气运行人员或继电保护工作者，要全面掌握事故处理的技巧，除了具备牢固的继电保护的基础知识，全面的二次回路知识，熟练的一次系统知识以及相当的运行知识以外，还应熟悉继电保护检验规程、继电保护检验条例以及继电保护的调试方法，还要清楚各类保护的事故处理的特点。现将多年的继电保护故障现象及事故处理的情况总结如下。

1．分立元件事故处理的特点

分立元件与集成电路或计算机保护相比，最明显的特点是直观，元件参数及原理电路都能一目了然，工作原理容易理解。在由分立元件所构成的保护装置中，各元件的工作特性、工作状况都可以用试验的方法进行检查，因此分立元件的保护出现故障后，现场的工作人员能够直接找出故障元件并进行更换，使问题得以解决。

2．计算机保护事故处理的特点

与分立元件相比，计算机保护的缺点是原理复杂，难以掌握，主要原因是计算机知识的缺乏。计算机保护与其他一般的保护有着共同的一面，装置的测量、判别和输出等环节的工作过程是一致的，保护装置的逻辑框图也基本相同；两者也有不同的一面，即工作方式的不同，计算机保护是用执行逻辑计算程序的方式完成其工作的。问题是能弄清如何将程序输入计算机，计算机又怎样执行程序并进行工作，掌握了这些专业知识，保护的原理也就理解了。最终是固化程序与执行程序，程序的固化必须借助于开发产品的开发系统，利用开发系统把根据保护逻辑编制的程序“写入”程序存储器，然后计算机自动地按照程序的步骤进行工作。

计算机保护在现场的事故处理比较简单。目前运行单位在现场对计算机保护装置的事故处理时，能够进行的工作是更换插件或更换芯片。计算机保护常出现的故障及处理方法举例如下：

（1）显示功能不正常。检查判别推动显示器的芯片是否损坏，确认损坏后更换。

（2）输入信号数值不正确。检查测量通道元件是否损坏，确认损坏后更换。

(3) 温度特性不能满足。当环境温度升高，保护性能变换时，应更换温度性能好的芯片或采取限温措施。

3. 新安装保护设备事故处理的特点

新投产的设备在设计、安装、调试、试运行方面有许多的特点区别于运行设备。随着电力系统的不断发展，大量的关于电力基本建设工作的规定、条例等文件相继实施，在基建过程中发挥了应有的作用，使各项工作步入正轨。但在实际工作中，并没有避免事故的发生，原因分析如下：

(1) 涉及的新设备多。根据基建工程中新安装的继电保护设备的情况可知，保护设备的新产品一般会首先应用于基建项目中。继电保护发展的规律是，半导体管型的保护代替了整流型的，计算机型的代替了集成电路型的。设备不断地更新换代，要求继电保护工作者不断地学习，不断地掌握新的知识，跟上时代发展的需要。

但是从整体上分析，设备的水平很不一致，尤其是在低压设备中，电磁型的保护依然具有一定的市场，给基建管理工作带来了麻烦。

(2) 出现的问题集中。基建工程涉及的新设备多，暴露出的缺陷也多。其中有设计方面的、制造方面的、安装方面的以及现场调试方面的问题等，应引起相关人员的高度重视。

(3) 管理中的漏洞多。继电保护的管理工作被列为电力系统的监督项目，目的是将这一责任重大、专业性强、涉及面广的专业管理工作纳入正规。发电厂、变电站基建项目的管理也被列为继电保护工作的重点，并对设备到货、开箱验收、安装调试、交接验收等各阶段的监督都作出了规定。但是，根据以往的情况，管理中的漏洞仍然存在。在基建过程中，继电保护的调试工作是最关键的环节，如果调试人员能全面负责、严格把关，对保护的每一种功能、每一种特性、每一个回路都理解得非常清楚，并认真地组织调试，则会减少管理中的漏洞。如果只靠验收过程进行把关，则难以检查出设备的所有隐患，因为验收人员不可能一直介入现场的所有工作，交接验收时又不可能把已完成的调试内容重新演示一遍，再加上调试者的水平及经验的限制，致使有的设备带着缺陷投入了运行，很久以后才暴露出来。

(4) 人员配合不够。新建发电厂或变电站是以基建公司为主，而设备的业主是发电厂或电业局。由于基建项目的工期较短、任务繁重，各单位的人员配合也不尽相同，若干的工程需要加班才能完成任务，难免在某些环节上出现差错。

统计资料表明，由于基建期间遗留的问题导致的事故中，有不少是因为忽视或省略了某些项目的检查、试验而造成的。

(5) 产品质量差，元件特性不稳定。在新装的保护设备中，有的存在原理上的缺陷，有的存在设计上的问题，还有的选用的元件质量不过关。具体表现在试运行期间抗干扰性能差，技术数据与设计指标差别较大，元件温度特性不满足要求，严重时会导致保护误动作。有些产品的质量问题在调试时能够被发现，而有的则要到运行期间才能得到解决。元件的不稳定期一般在一年左右，这期间容易出现元件损坏的故障。

4. 保护事故处理的新特点

随着电网的发展，继电保护的事故处理的环境变得宽松了许多，现将实际工作中的事故处理特点总结如下：

由于系统内投入一批新的发电机组、新的变电站、新的高压输电线路，系统内的备用容量比较充足，容易解决电力负荷的调配问题。鉴于这种状况，继电保护的事故处理时，一次系统的运行方式变得灵活了许多。过去事故处理的规程规定，小电流接地系统发生接地以后，可维持运行 2 h 以上，发电机转子一点接地也可以继续运行，如此在运行中寻找故障点，并在运行中进行故障处理。如果在规定的时间内找不到故障点时，才允许安排停机检查，这种带故障运行的实例在二次侧设备异常的处理中也是常见的。

目前，由于系统中有充足的备用容量，可根据事故的具体状况在无法确定是一次系统故障，还是二次侧设备故障的情况下，将相关的一次侧设备退出运行，以便于故障点的进一步查找，也不会使故障的范围扩大，这种观点正在为更多的人员所接受。

四、注意事项

在现场的检查过程中，如果发现特性参数与标准值相差很远时，应仔细检查试验接线、试验电源、电流及电压的极性、试验仪器、试验方法等是否存在问题。确认这些方面正确无误后，再考虑被试元件的问题。

1．对试验电源的要求

在进行保护检验时，要求用单独的供电电源作为试验电源。若条件不允许，则应核实所用电源能否满足三相为正序对称的电压，并检查其正弦波是否良好、中性线连接是否可靠、容量是否足够。

2．对仪器、仪表的要求

诸如万用表、电压表、示波器一类取电压信号的仪器，必须选用具有高输入阻抗者，以免影响测试的结果。移相器、三相调压器应注意其性能稳定性及对称性。毫秒计的精度要高。另外，可以选用经过鉴定的综合试验仪器，以简化接线。

第十章

电力监控系统

第一节 概 述

电力监控系统（以下简称SCADA系统）实现在控制中心（OCC）对供电系统进行集中管理和调度、实时控制和数据采集。除利用“四遥”（遥控、遥信、遥测、遥调）功能监控供电系统设备的运行情况，及时掌握和处理供电系统的各种事故、报警事件功能外，利用该系统的后台工作站还可以对系统进行数据归档和统计报表功能，以更好地管理供电系统。

随着计算机和通信技术的发展，自20世纪90年代末开始，以计算机为基础的变电所综合自动化技术为供电系统的运行管理带来了一次变革。它包含计算机保护、调度自动化和当地基础自动化，可实现电网安全监控、电量及非电量监测、参数自动调整、中央信号、当地电压无功综合控制、电能自动分时统计、事故跳闸过程自动记录、事件按时排序、事故处理提示、快速处理事故、计算机控制免维护蓄电池和计算机远动一体化功能。它为推行变电所无人值班提供了强大的技术支持。

一、基本组成

电力监控系统由设置在控制中心的中央级监控系统、设置在各种变电所内的变电所级系统以及联系两者的通信通道构成。随着计算机技术的不断发展，在地铁实际应用中，逐渐引入了主控系统的概念，主控系统集成了地铁各行业中央控制的所有功能；电力监控系统的中央级控制功能也集成到了主控系统中。

电力监控系统中央级监控设备应确定中央级的位置，中央级系统设备配置方案，各种设备的功能、形式和要求，以及系统容量、远动信息记录格式和人机界面形式要求等。电力监控系统变电所级监控设备应确定变电所级设备的位置、类型、容量、功能、形式和要求。电力监控系统通道应包括通道的结构形式、主和（或）备通道的配置方式、远动信息传输通道的接口形式和通道的性能要求等。电力监控系统的结构宜采用1对N的集中监控方式，即 1 个中央级监控 N 个变电所级的方式。系统的硬件、软件一般要求充分考虑可靠性、可维护性和可扩性，并具备故障诊断、在线修改功能，同时遵循模块化和冗余的原则。远动数据通道宜采用通信系统提供的数据通道。一般采用带宽较大的光纤介质作为联系各变电所与控制中心的通信通道。电力监控系统结构示意图如图 10—1 所示。

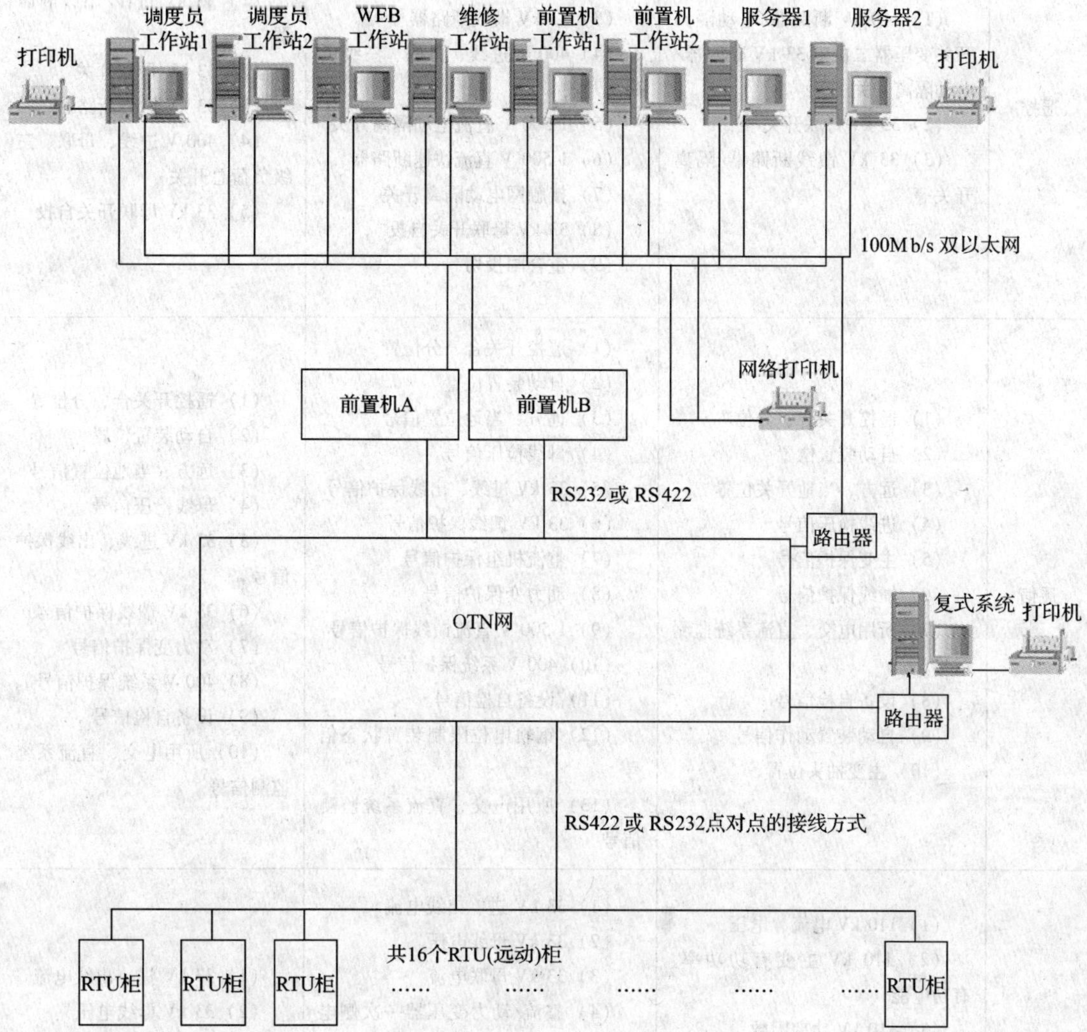

图 10—1　电力监控系统结构示意图

二、监控的基本内容

电力监控对象是地铁各变电所低压 0.4 kV 主开关以上所有设备，包括主变电所、牵引降压混合变电所、降压变电所设备，实现“四遥”功能。每个变电所的电力监控设备只能监控本所的电力设备，控制中心的电力监控设备则实现对全线各变电所有关设备进行监控。电力监控范围见表 10—1。

表 10—1　　电力监控范围表

四遥功能	主变电所	牵引降压混合变电所	降压变电所
遥控	（1）110 kV 断路器/电动隔离开关变压器二次侧 33 kV 断路器/电动隔离开关 （2）33 kV 母联开关 （3）33 kV 馈线断路器/隔离开关等	（1）33 kV 进线/出线断路器 （2）33 kV 母联开关 （3）33 kV 馈线断路器 （4）400 V 进线、母联、三级负荷总开关 （5）1 500 V 直流电动隔离开关 （6）1 500 V 直流快速断路器 （7）接触网电动隔离开关 （8）33 kV 母联开关自投 （9）重合闸投切	（1）33 kV 进线/出线断路器 （2）33 kV 母联开关 （3）33 kV 馈线断路器 （4）400 V 进线、母联、三级负荷总开关 （5）33 kV 母联开关自投
遥信	（1）遥控开关合、分位置 （2）自动装置位置 （3）远方、当地开关位置 （4）进线检压信号 （5）主变保护信号 （6）馈线保护信号 （7）所用电交、直流系统监测信号 （8）设备自检信号 （9）自动装置动作信号 （10）主变抽头位置	（1）遥控开关合、分位置 （2）自动装置位置 （3）远方、当地位置信号 （4）母线检压信号 （5）33 kV 进线、出线保护信号 （6）33 kV 馈线保护信号 （7）整流机组保护信号 （8）动力变保护信号 （9）1 500 V 直流馈线保护信号 （10）400 V 系统保护信号 （11）设备自检信号 （12）钢轨电位限制装置状态信号 （13）所用电交、直流系统监测信号	（1）遥控开关合、分位置 （2）自动装置位置 （3）远方、当地位置信号 （4）母线检压信号 （5）33 kV 进线、出线保护信号 （6）33 kV 馈线保护信号 （7）动力变保护信号 （8）400 V 系统保护信号 （9）设备自检信号 （10）所用电交、直流系统监测信号
遥测	（1）110 kV 电流、电压 （2）110 kV 主变有功功率、有功电能 （3）110 kV 功率因数 （4）110 kV 主变无功功率、无功电度 （5）主变二次侧电流 （6）33 kV 母线电压 （7）33 kV 馈线电流 （交、直流系统有关电量）	（1）33 kV 进、出线电流 （2）33 kV 母线电压 （3）33 kV 母联电流 （4）整流/动力变压器一次侧电流、有功功率、有功电能 （5）整流机组输出电流 （6）1 500 V 直流母线电压 （7）1 500 V 馈线电流 （8）回流线电流 （9）400 V 进线电流/电压 （交、直流系统有关电量）	（1）33 kV 进、出线电流 （2）33 kV 母线电压 （3）33 kV 母联电流 （4）动力变压器一次侧电流、有功功率、有功电能 （5）400 V 进线电流、电压 （交、直流系统有关电量）
遥调	主变压器有载调压		

第二节 中央级电力监控设备

一、中央级监控系统的主要功能

(1) 实现对遥控对象的遥控。遥控种类分单控和程控；程控实现方式比较灵活，可以按要求实行多种组合。程控对象可以是一个站，也可以是一条线的有关设备。

(2) 实现对供电系统设备运行状态的实时监视和故障报警。

(3) 实现对供电系统中主要运行参数的遥测。

(4) 实现汉化的屏幕画面显示、模拟盘显示或其他方式显示，以及运行和故障记录信息的打印。

(5) 实现电能统计等的日报、月报制表打印。

(6) 实现系统自检功能。

(7) 以友好的人机界面实现系统维护功能。

(8) 实现主/备通道的切换功能。

二、中央级监控系统各主要设备及其功能

中央级监控系统由局域网络、主备服务器、主备操作员计算机、维护计算机、数据文档计算机、信号系统用行调计算机、前置通信机、打印机、模拟盘等设备构成。中央级监控系统网络结构、电力监控系统结构如图 10—1 所示。其主要功能及配置简述如下：

1. 局域网络

控制中心中央级网络访问方式可采用客户机、服务器访问方式，局域网络结构采用双以太网构成，相互备用。正常情况下，两个以太网络同时工作，平衡网络信息流量。

网络切换采取基于网络口切换的策略，每台服务器和客户机保持同时监视两个网段上与其他通信节点的连通状况。当服务器或客户机某一个网络口（如网卡）故障时，只改变本机器与其他节点的通信路径，不会影响到其他节点间的通信，不进行全网切换。当两个网段的其中之一全网故障时，网络通信管理程序会根据网络口的连通状况，自动在另一个网段上形成通信链路。

网络通信协议宜采用协议开放的 TCP/IP 协议，网络传输媒介为光纤，通信速率为 100 Mb/s 或以上。系统网络具有良好的扩展性，可方便地增加客户机而不影响网络性能。

2. 服务器

控制中心中央级配置两套功能等价、性能相同的计算机用于整个系统的网络管理、数据处理，并作为网络内其他计算机的共享资源。系统正常工作时，主、备服务器中，一台主用，另一台备用。控制命令仅通过主服务器发出。主、备服务器均能接收来自被控站的各种上传数据。当主服务器故障时，系统自动切换到备用服务器上，故障信息在打印机上打印，并在另一台服务器系统的故障画面上显示故障信息。

3. 工作站计算机

工作站计算机用于正确同步反映服务器上的所有数据（包括图像、警报、遥测量等），提供给调度员和维护员各一个工作窗口，进行维护系统软件、定义系统运行参数、定义系统数据库及编辑、修改、增扩人机界面画面等工作。

4. 前置通信机

系统配置两套功能等价的前置通信机，通过通信系统提供的通信通道实现与被控站设备的远方通信，两套前置通信机实现相互之间的热备用。配置监视两前置通信机工作运行状态的“看门狗”软件。

正常时，两套前置通信机同时接收来自被控站的信息，但只有一个前置通信机与系统进行信息交换，当主用前置通信机发生故障时，系统自动切换到备用前置通信机，故障信息记录在系统报警报表中。

前置通信机与各被控站采用点对点的通信方式，两个串口对应一个被控站，其中一个串口做备用。通信前置机至通信设备室的每个变电所的通信电缆采用单独回路。前置通信机采用经验成熟、性能先进、质量稳定的产品，通信接口为串行 RS422，通信传输速率不低于 9 600 b/s。

5. 时钟子系统

时钟子系统接收来自通信专业 GPS 时钟系统提供的时钟信息，与通信专业时钟保持同步，向控制中心电力监控设备及各变电所电子设备提供统一的时间信息。

本系统中央级定时与各变电所综合自动化系统定时同步对时，每 10 ~ 15 min 同步一次，同步间隔时间可调。

6. 模拟盘

为全面、系统、直观掌握供电系统的运行情况，在控制中心设置模拟盘。模拟盘显示系统以彩色灯光（红、绿）形式模拟供电设备的运行状态，以光带方式监视接触网线路的带电状态。

模拟盘应具有暗盘和亮盘两种运行方式，其控制命令由操作员控制台发出。在暗盘运行时，当被控站发生故障，模拟盘相应站名灯、事故灯及相关开关灯闪烁，按闪光复归键后停闪。模拟屏有马赛克型和背投型两种。广州地铁一号线采用马赛克型模拟屏，这种形式模拟屏视线较好，但扩展、管理等相对较麻烦，不灵活；广州地铁从二号线开始一直使用背投型的模拟屏，这种形式模拟屏在管理、扩展等方面较灵活，但电力调度普遍反映视线不如马赛克型模拟屏好。

三、中央级监控系统的管理功能

主控站系统的管理功能主要由 5 个部分组成：数据库管理子系统，网络管理子系统，图形管理子系统，报表管理子系统和安全管理子系统。各子系统的功能介绍如下。

1. 数据库管理系统

（1）为各种应用功能模块提供共享的数据平台。

（2）提供开放式的数据库接口，实现数据库的定义、创建、录入、检索和访问。

（3）提供数据断面的管理机制，实现历史数据的存储、复制和再利用。

（4）数据库的控制功能可完成对数据库的安全性控制、完整性控制和数据共享时并发控制。

（5）具有故障恢复功能、安全保护功能以及网络通信功能等。

（6）可采用商用数据库管理系统保存历史数据。

2. 图形管理系统

（1）具有风格统一、友好方便的操作界面。

（2）可完成图元编辑、引用、画面生成、调用、操作、管理等功能。

（3）允许用户自定义图元。

（4）可生成多种类型画面，有接线图、地理图、工况图、棒图、饼图、曲线、仪表和其他。

（5）可在画面上完成各种操作，有图形缩放、应用切换、调度操作、任务启动等。

（6）画面显示具有网络动态着色功能。

（7）画面打印可任选行式打印、彩色打印或激光打印。

（8）具有以下技术特点：全图形显示，可漫游变焦、自动分层、随意移动、多窗口技术、快速直接鼠标控制和多屏幕技术。

3. 报表生成系统

（1）操作员可在 CRT 上以交互式定义报表格式或报表数据等。

（2）可制定任意形式的数据表格。

（3）表格可显示实时及历史数据内容。

（4）表格在窗口中提供翻滚棒操作。

（5）表格内各数据具有计算功能，用户可在表格内自动加以计算；考虑通道质量等因素，系统提供报表数据编辑修改功能。

（6）报表操作可完全在线进行，不影响系统运行。

（7）报表打印分成正常打印和异常打印，启动方式为定时启动、事件启动和召唤启动。

（8）全图形为全汉化的人机界面。

4. 网络管理系统

（1）基于国际标准传输层协议（TCP/IP），实现网上工作站之间实时信息传输及这个网络系统的信息共享。

（2）所有工作站之间的信息交换、功能实现，在网络环境下均能实现完全映像信息。任一工作站的实时更新或操作定义，其他各站实时同步变化；任一工作站的实时画面可实时在任一监视器上显示；任一工作站故障或退出既不丢失信息，也不影响系统功能。

（3）可以支持双以太网结构。

（4）可以通过网桥和管理网进行信息交换，实现信息共享。

支持 X2.5 协议的远程分组交换网间通信，实现和远方机器的网间连接。

5. 安全管理系统

采用多级安全管理策略，在用户一级采用口令和权限管理机制，给每个用户分配一个用户名和口令，并且每个用户都赋予一定的操作权限，比如电调只有对图形的读取、遥控、置数等权限，而没有修改的权限；还可定义该口令的有效时间，防止用户忘记退出时被别人误用；在系统一级，采用防火墙技术，防止黑客进入监控软件系统。

四、不间断电源系统

中央级电力监控系统设备的电源采用不间断电源（UPS）系统方式。其输入电源一般为两路，一路为 AC380 V 经整流、逆变后供电力；另一路为 AC220 V 供电。在整流、逆变电路中间有 380 V 的蓄电池组作为后备电源，负载端为交流 220 V 输出。UPS 工作原理框图如图 10—2 所示。

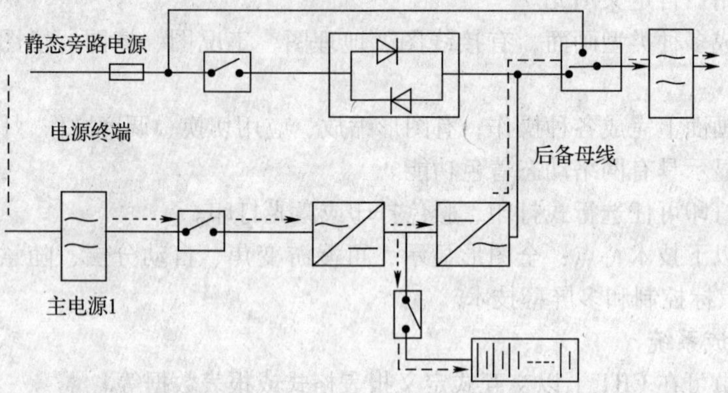

a)

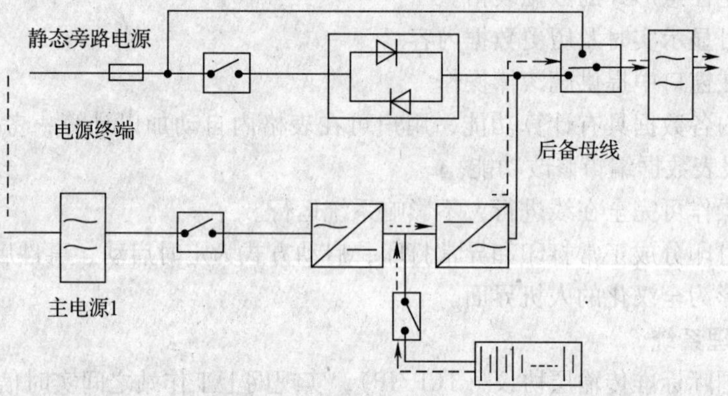

b)

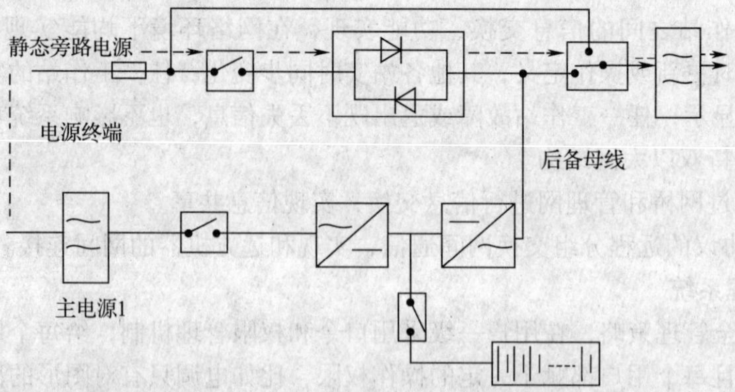

c)

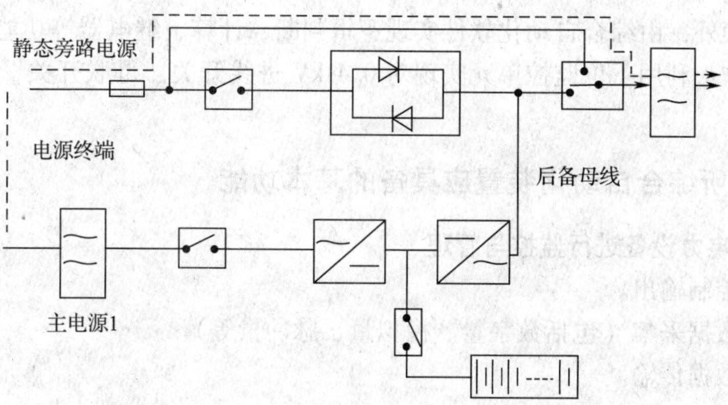

d)

图 10—2 UPS 工作原理框图

a）主电源供电模式 b）蓄电池供电模式 c）静态旁路供电（SBS）模式 d）检修时静态旁路供电（SBS）模式

按地铁行业标准，OCC 监控设备的 UPS 系统一般要具备图 10—2 所示的 4 种供电运行模式。

1. 主电源供电模式

主电源 1 供电模式（如图 10—2a 虚线所示）即 OCC 电力监控系统正常供电模式。

正常供电模式时，整流器把主电源 1 三相主电源转换为直流电源；然后经过逆变器的逆变，又把直流电源转换为单相电压。这样主电压和频率的波动受到缓解，并使输出给负载的电压和频率稳定，保证了负载有稳定的电流和频率；同时还向蓄电池组进行浮充电。

2. 蓄电池供电模式

当主电源 1 供电失败时，蓄电池从充电状态变为供电状态（如图 10—2b 虚线所示），对负载供电。当主电源 1 恢复供电时，整流器会自动启动，继续对逆变器供电；同时，蓄电池停止供电，又恢复到充电状态。

3. 静态旁路供电模式

只有逆变器等部件故障或者蓄电池和主电源 1 三相主电源同时不能工作时，才自动切换到电源终端供电的静态旁路模式（如图 10—2c 虚线所示）。

4. 检修旁路供电模式

当整个 UPS 系统故障或因检修需要而完全退出运行时，可以手动切换到检修时静态旁路供电模式（如图 10—2d 虚线所示）。这时 UPS 各设备完全被旁路掉，相当于直接由 AC 220 V 市电供电。

第三节 变电所级电力监控设备

变电所综合自动化实现变电所各种设备的控制、保护、监视、联动、联锁、闭锁，电流、电压、功率、电能量的采集等功能。变电所间开关联跳等功能通过综合自动化主控单元与控制中心监控中央级的信息传递、交换来共同实现。重要设备之间除考虑二次回路硬线联动、联锁、闭锁外，由综合自动化软件实现逻辑判断、计算、继电器等功能，并通过下位监控单元执行操作。利用下位监控单元实现对 0.4 kV 进线开关、母联开关、三级负荷总开关的控制。

一、变电所综合自动化装置应具备的基本功能

1. 对所外电力设备进行监控与管理

（1）远动控制输出。

（2）现场数据采集（包括数字量、模拟量、脉冲量等）。

（3）远动数据传输。

（4）可脱离中央级独立运行。

2. 对本所电力设备进行监控和管理

（1）保护、控制、信号、测量。

（2）电源自动转接。

（3）必要的安全联锁。

3. 装置程序操作

（1）装置故障自检。

（2）开放的通信接口。

当采用变电所中央信号屏单元对各变电所综合自动化装置进行管理时，除提供多种形式的现场网络接口外，变电所间断路器联跳等功能通过综合自动化主控单元与控制中心监控中央级的信息传递、交换来共同实现。重要设备之间除考虑二次回路硬线联动、联锁、闭锁外，由综合自动化软件实现逻辑判断、计算、继电器等功能，并通过下位监控单元执行操作。

二、现场网络接口

如图 10—3 所示为变电站综合自动化系统典型的应用方案示意图。由于变电所的二次监控单元和保护单元采用不同厂商的设备，造成了下层智能设备使用不同的通信协议，因此采用了具有多个支持多种介质网络的通信接口（RS232、RS422、RS485、CAN、LONWORKS、以太网、MODBUS、PROFIBUS、LON 等）的主控单元对所有网络进行管理，通过现场监控网络对各开关柜内监控单元和保护单元的运行状态进行监视。

主控单元与 0.4 kV 下位监控单元及公共部分 I/O 单元采用 CANBUS 现场总线互连，网络拓扑为总线；主控单元与 110 kV 交流、35（33）kV 交流、1 500 V 直流设备、所内交直流装置、变压器温控器上的智能设备的连接采用 RS485、LONWORKS、MODBUS、PROFIBUS、LONBUS、LON 等接口实现，传输介质采用光纤或双绞线。主控单元采用多 CPU，不同设备或传输介质采用不同的接口模块，所有网络接口模块在主控单元内采用 CANBUS 通信。

除设置主控单元外，还设有 I/O 模块单元，直接控制监视不宜装设下位监控单元的开关设备，如接触网上网电动隔离开关、所用电交流电源的投切自动装置等。

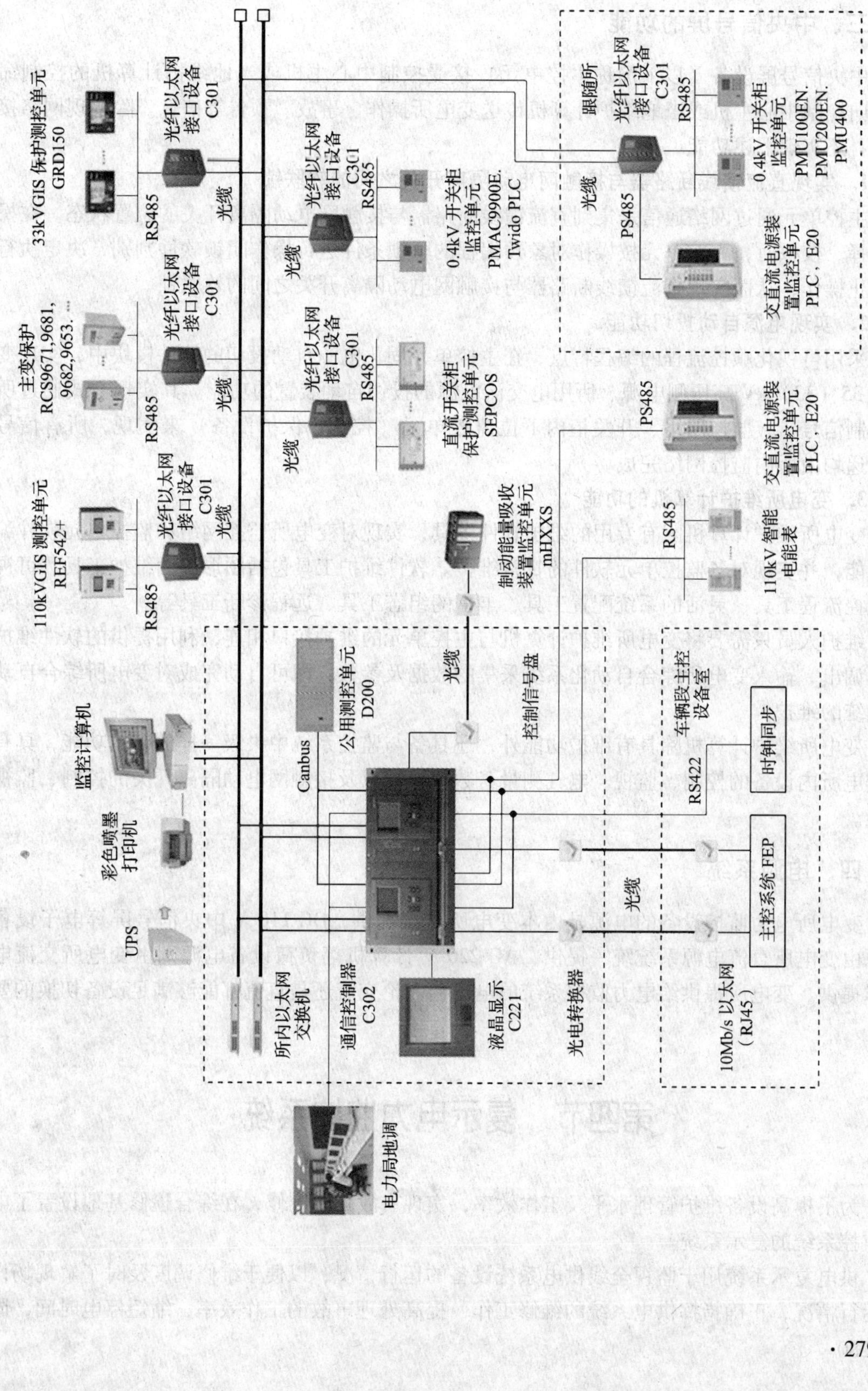

图10—3 变电站综合自动化系统典型的应用方案示意图

三、中央信号屏的功能

中央信号屏设备（以下简称主控单元）接受控制中心主机或当地维护计算机的控制命令，向控制中心主机或当地维护计算机传送变电所操作、事故、预告等信息。除实现网络接口外，还实现下述功能。

1．实现直流馈线断路器与接触网电动隔离开关之间的软联锁

主控单元通过网络通信采集到直流馈线断路器与接触网电动隔离开关的位置状态。在操作选择、校核时，主控单元按操作对象预编程的联锁条件进行操作闭锁软件判别，决定执行或终止操作，从而实现直流馈线断路器与接触网电动隔离开关之间的软联锁。

2．实现电源自动投切功能

采用可视化顺控流程的编程特点，在主控单元固化电源自动投切的软件模块中，实现变电所35（33）kV高压侧电源、所用电交流电源的投切自动装置的功能。其实现方式通过所内控制信号盘、监控网络、开关柜内下位监控单元（控制、保护设备）来实现，所有信号的传递均由所内监控网络完成。

3．变电所维护计算机的功能

变电所维护计算机配有专用的维护软件工具，实现对变电所监控网络和监控单元软件编程功能，并实现对各监控单元软件的日常维护。软件维护工具包括图形界面维护工具、可视化顺控流程工具、灵活的系统配置工具、丰富的组态工具、远程诊断工具等。

维护人员只需要将变电所维护计算机与主控单元的维护接口相连，利用提供的软件维护工具调出、输入变电所综合自动化系统采集的数据及参数，即可自动完成对变电所综合自动化系统的维护。

变电所维护计算机除具有维护功能外，还具备与监控系统中央级一样的基本功能，具有对变电所内设备的控制、监视、电气测量、数据统计以及接触网电动隔离开关的控制、监视功能。

四、电源系统

变电所电力监控设备的电源是由本变电所直接提供，DC 110 V中央信号屏等电子设备电源由变电所直流电源系统统一提供，AC 220 V计算机等负荷设备电源则由变电所交流电源屏提供。变电所提供给电力监控系统的电源，无论交流还是直流都能够满足设备切换的要求。

第四节　复示电力监控系统

为了提高设备维护管理水平及工作效率，实现有故障时维修，在综合检修基地设置了电力监控系统的复示系统。

供电复示系统用于监视全线供电系统设备的运行情况，以便于维修调度及时了解现场设备运行情况，正确指挥供电系统的维修工作，提高处理事故的工作效率，缩短停电时间，同时建立设备台账，用于存储供电设备运行参数及检修记录，针对现场设备的运行状态制订科学的检修计划。杂散电流监测系统与复示系统联网，实现对全线杂散电流的实时监视。复示系统主要设备配置如下：

一台电力监控系统复示工作站；

一台实时打印机；

一台 UPS；

一套通信接口设备；

一套网络接口设备；

电力监控系统通信通道。

控制指挥中心电力调度子系统与所有变电所被控站之间采用主控制系统提供的以太网。以太网接口采用主备配置，可以实现主备用接口自动及手动切换。

控制指挥中心调度系统与供电车间调度室供电复示系统之间采用主控制系统提供的以太网。

第五节　系统软件

一、操作系统软件

操作系统是计算机的资源管理系统，它实现对计算机资源的分配、控制、调度及回收。在操作系统平台的选择上主要应考虑的性能特点有可靠性、安全性、可移植性、实时响应性、柔软性、技术支持性、多任务并发处理能力、网络管理能力等。

目前，电力监控系统采用的操作系统主要有 UNIX、Windows NT 等。这些操作系统具有实时、多任务、多用户等特点。Windows NT 是面向 PC 机及工作站级计算机的操作系统，而 64 位 UNIX 操作系统不仅面向工作站级计算机，而且面向服务器级计算机的操作系统。考虑到 UNIX 在网络安全方面更优于 Windows NT，因此在网络操作系统的选择上，优先推荐以 UNIX 作为网络服务器操作系统。Windows NT 因具有强大的图形化功能，丰富的配套办公软件包，便捷的操作，有效的安全保证，也在中、低规模监控系统中得到广泛应用，可以结合 UNIX 应用在系统工作站上。UNIX 操作系统目前通过图形界面的标准化，也实现了灵活的窗口化显示方式。就目前电力监控系统开发厂家来说，控制中心大多采用 UNIX 操作系统，变电所大多采用 Windows NT 操作系统。

二、数据库软件

目前，电力监控系统配置分布式面向对象的数据库管理系统，数据库软件分为实时数据库和历史数据库。系统配置大型商用数据库，如 Sybase、Oracle 等，用于系统历史数据存储。实时数据库采用本节点机驻留式数据库，避免大量的网上数据传输。系统应具有保证数据库一致性的措施，以保证系统的安全性。数据的访问采用 SQL 语言，支持 ODBC。

三、支持软件及应用软件

系统支持标准化开发工具软件、中华人民共和国一级汉字库［GB 2312—1980（6763 个汉字)］等标准软件。

系统配置完善的模块化设计的应用软件包及系统调试软件包。为了提高系统的可靠性，应采用目前国际先进的“1 + N”冗错软件包。主要应用的软件包括人机接口模块、数据采集模块、数据处理模块、通信处理模块、网络管理模块、模拟培训软件及系统维护软件等软件包。

第六节　综合监控系统

综合监控系统（主控系统）实现的功能很多，主要包括：电力、消防、环控、广播、CCTV 系统的监控功能；屏蔽门、防淹门、信号、AFC 等系统的监视功能；中央大屏显示功能；系统自身具备系统设备故障冗余切换功能；软件测试平台（STP)、网络管理系统(NMS）等功能；同时，系统还提供了联动控制及决策支持等高端管理功能。

一、系统组成

城市轨道交通是由许多独立的子系统构成的一个复杂而庞大的综合系统，原先的城市轨道系统中各子系统之间独自运作，信息不能有效共享，操作界面不统一，自动化程度较低。随着当代计算机及网络技术的高速发展，利用先进计算机及网络技术将多个独立子系统通过集成和互联组成一个大型计算机集成系统（综合监控系统），成为城市轨道交通未来发展的趋势。目前，国内如北京、香港、广州、深圳、成都、上海等城市新建成或在建的城市轨道交通系统都应用了该技术。

综合监控系统集成和互联多个系统，如电力监控系统（PSCADA)、消防报警系统(FAS)、机电设备监控系统（EMCS)、屏蔽门、防淹门、时钟系统、信号、广播、CCTV、AFC 等。通过对各系统的信息整合，可以轻松地实现各种跨系统的联动功能，提高城市轨道交通各个系统的信息共享及整体的自动化水平，并为本地（车站级）与中央级管理人员提供一个统一、友好、完整的人机界面，具有自动化程度高、集中管理、方便维护的优点。另外，由于采用车站级接入和骨干网技术，中央级设备不受地域的限制，一旦中央控制室被破坏，系统可以迅速地在异地重建中央级，极大地提高了城市轨道交通的安全等级。

广州地铁三号线的综合监控系统物理结构示意图如图 10—4 所示。

二、主要设备及作用

综合监控系统主要设备有中央级实时服务器、历史服务器、中央大屏显示系统、工作站、交换机，本地（车站级）实时服务器、工作站、交换机、前端处理器（FEP）和骨干网等。

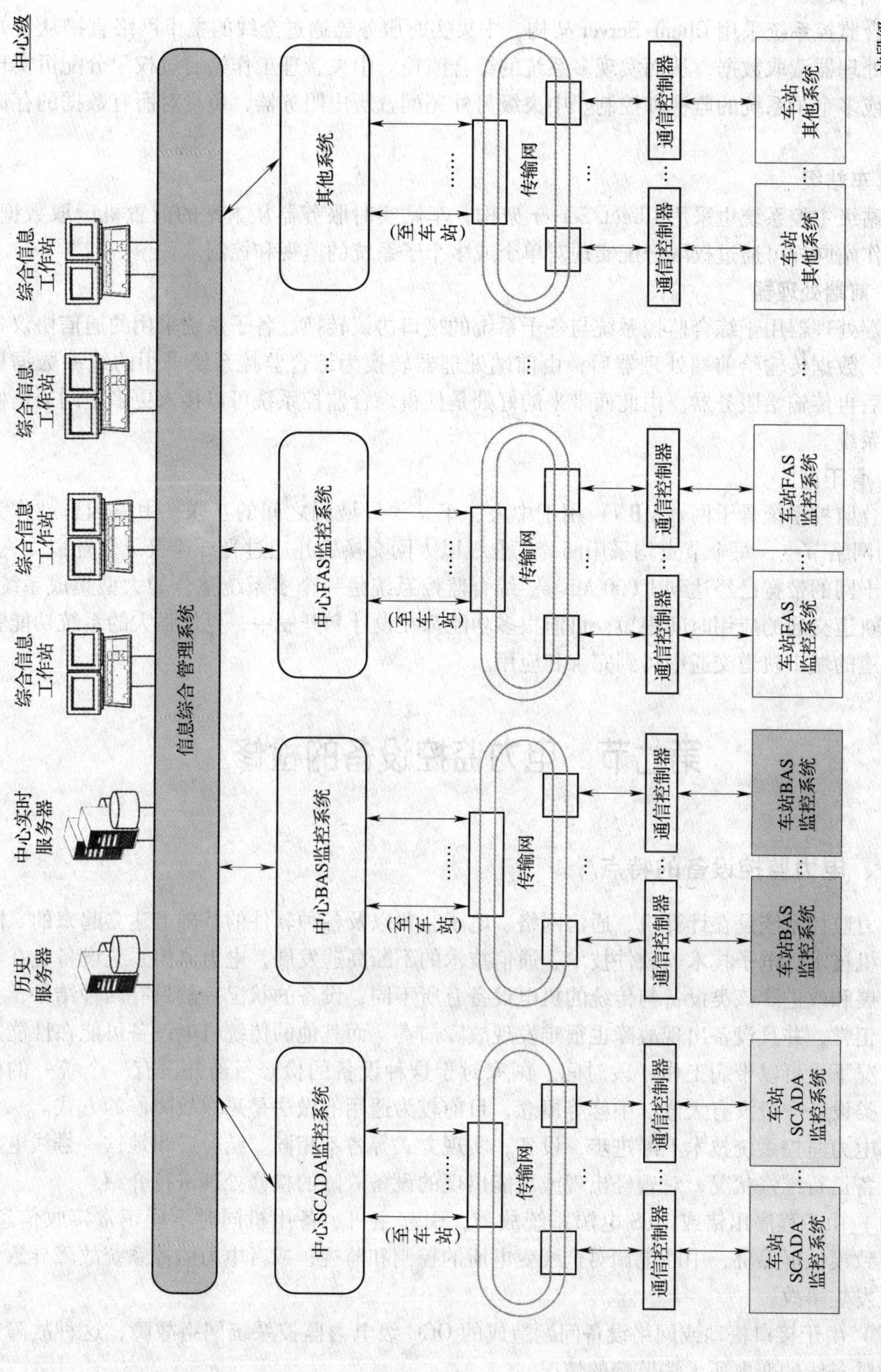

图10—4　综合监控系统物理结构示意图

1．中央级

综合监控系统采用 Client/Server 架构，中央实时服务器通过全线的主干网络直接从各站的前端处理器读取数据，从而实现多系统的综合监控。中央管理工作站通过权限分配可实现对单个或多个子系统的监视和控制。中央级另外还配置历史服务器，负责对所有数据的存储及管理。

2．车站级

车站级主控系统也采用 Client/Server 架构，车站实时服务器从本站的前置机读取数据，本地工作站同样可通过权限分配实现对单个或多个子系统的监视和控制。

3．前端处理器

前端处理器用于综合监控系统与各子系统的接口协议转换。各子系统采用的通信协议各不相同，数据传输给前端处理器后，由前端处理器转换为综合监控系统采用的统一数据格式，然后再传输给服务器。由此而带来的好处是使得综合监控系统可以接入更多不同通信协议的子系统。

4．骨干网

综合监控系统骨干网（MBN）用于中央、车站等局域网之间的互联，中央和车站作为 MBN 的网络节点，每个节点均采用两套工业级以太网交换机并通过光纤连接成双环以太网，目前骨干网的带宽已经达到 1 000 Mb/s。综合监控系统是一个多系统整合的大型集成系统，在城市轨道交通的应用时间很短，目前很多功能都在设计和开发中，更加强大的系统功能将会在新建的城市轨道交通中得到完善和应用。

第七节　电力监控设备的检修

一、电力监控设备的特点

电力监控系统是在计算机、通信网络、电子装置以及各种软件的基础上建立起来的。随着计算机技术、电子技术、软件技术、通信技术的不断高速发展，电力监控系统设备也在不断地发展和改进。该类设备与传统的机电设备有所不同，设备的状况一般只有两种结果，正常和不正常，并且设备出现故障也很难发现故障前奏，而其他的传统机电设备可能在性能下降的情况下也可以带病工作一段时间。国家对于这种设备的检修目前并没有一个统一的标准，这类设备一般没有大修、中修等概念，目前较为通用的做法是采取故障修的方式。

因电力监控系统技术不断进步，设备、实现方式等各不相同。结合广州地铁一号线电力监控设备运行维修状况，对曾经出现或可能出现的设备故障的检修处理进行介绍。

（1）由于程序出错或 UPS 电源系统故障，引起主机、备用机同时不能正常接收信息，从而导致模拟屏黑屏，中断电调对全线变电所的控制和监视；或者电力监控系统故障导致供电系统发生事故。

（2）由于接口松动或网络设备问题造成的 OCC 级电力监控系统网络故障，这种故障会造成对整条线的变电所无法监控的情况。

（3）由于某些通道故障或主控制盘（RTU）故障（包括主控制盘柜输入电源引起的故障），引起3个以上（包括3个）变电所的通信中断，造成控制中心对这些变电所的监视和控制中断；或者电力监控系统故障导致供电系统发生事故。

（4）主控制盘局部故障（包括主控制盘柜输入电源引起的故障），造成控制中心对这一变电所的监视和控制中断。

（5）由于某一变电所站控计算机故障，引起某个变电所站控级功能失效；或者由主控制盘柜输入电源引起的电力监控系统故障，但并不影响OCC级功能实现。

一般情况下，在故障、事故处理过程中，如果发现有故障部件、元件，在现场只进行替换性维修，把有故障的元件都带回维修基地统一处理。

二、各种设备故障的检修处理

1. 主控制盘柜故障分析与处理

（1）FSP软件故障。FSP软件故障的现象、分析原因及处理步骤见表10—2，重写FSP模块系统安装对应表见表10—3。

表10—2　　**FSP软件故障现象、原因及处理**

故障现象	分析原因	处理步骤
OCC不能监控某站数据，该站主控制盘（RTU）柜FSP模块的8085的LED1或80376的LED7红灯亮，重新复位FSP模块后，故障依然存在	可能是FSP模块的系统参数出错，需要重写FSP模块系统参数	（1）DOS环境下，启动SINPDC应用程序 （2）SINPDC程序启动中，分别选用“Parameterization”、“Parameter in general” （3）程序运行后，选择命令\ FSP status，显示FSP模块的运行数的状态 （4）选择命令\ FSP Restart，接着选择\ Offline，重写参数前，若要清除FSP模块中的运行参数，可以选择\ Clear – Offline （5）选择\ Load/Save Hexfile以及\ Load FSP （6）在Mask位置后键入所要安装文件的路径 （7）单击箭头处“HEXoble File Name”出现所要安装的文件 （8）参数文件安装完后，用命令\ FSP status，检查FSP模块的运行数的状态是否完全正确 （9）选择\ Save shadow RAM，运行参数从RAM上复制到EPROM上 （10）选择\ FSP Restart以及\ Cold start，参数安装完毕 （11）重新启动主控制盘

表10—3　　**重写FSP模块系统参数安装对应表**

序号	元件或模块名	程序名	参数名
1	8085	6AA5. HEX	MEAAWF. HEX
2	80376	7BB3. HEX	MHSAWF. HEX
3	KMA – 0	7AA5. HEX	
4	KMA – 1	8AA1. HEX	
5	KMA – 2	L2. HEX	
6	KMA – 3	0000	

(2) FSP 模块硬件故障。FSP 模块硬件故障的故障现象、分析原因及处理步骤见表 10—4。

表 10—4　　FSP 模块硬件故障、原因及处理

故障现象	分析原因	处理步骤
OCC 不能监控某站数据，该站主控制盘柜 FSP 模块的 8085 的 LED1 或 80376 的 LED7 红灯亮，重新复位 FSP 模块后，故障依然存在。并且在重写参数后故障未消除	可能是 FSP 模块硬件故障，需要更换 FSP 模块	(1) 关掉主控制盘的电源 (2) 小心拆除故障 FSP 模块 (3) 拿故障 FSP 模块与新的 FSP 模块对比，确保新旧模块的跳线设置完全一样 (4) 再按 FSP 软件故障所述步骤正确写入 FSP 的程序和参数

(3) 主控制盘和站控计算机通信中断。主控制盘和 PG740 通信中断的故障现象、分析原因及处理步骤见表 10—5。

表 10—5　　主控制盘和站控计算机通信中断故障现象、原因及处理

故障现象	分析	原因	处理步骤
主控制盘柜运行正常的情况下，站控计算机运行程序 P500 后，本站设备图形颜色成蓝色状态（未定义状态），但复位主控制盘柜设备图形颜色不变	设备图形颜色成蓝色（未定义状态），说明站控计算机和主控制盘的通信中断	主控制盘柜号码设置错误，没有安装 Sorcus 卡，或安装方法不正确	主控制盘号码 = 本变电所 主控制盘号码 + 10 (1) 打开 \Start \ Windows NT Diagnostics \ Resources \ Devices，检查是否有 MLXDRV (2) 把 C:\P500LOCAL\SORCUS\DLL\ *. DLL (2 files)复制到 C:\P500LOCAL (3) 运行 C:\P500LOCAL\SORCUS\WIN32\ INSTDRV. EXE (4) 选择“Install”，设置“Board 0” (5) 设置“Modular 4/486”，Base Address = 380，“IRQ = 10” (5) “安装”并重启动 Windows NT，安装结束
		P500 参数设定错误	P500 参数设定错误时，会出现某些提示说明，如在 P500 参数设置中，若主控制盘的通信规约不是 Sorcus 3964R，或 PAK1 的通信规约不是 NetBios 时会出现提示“cannot open network connection FWA11” 当出现提示“project file *. p5m not found in the data directory”说明 LZSDATEN 数据库出错，可直接把 P500EDIT. EXE 所用的数据库下的文件复制至 LZSDATEN 下

（4）主控制盘与 S5 通道故障。主控制盘与 S5 通道故障的故障现象、分析原因及处理步骤见表 10—6。

表 10—6　　主控制盘与 S5 通道故障现象、原因及处理

故障现象	分析原因	处理步骤
CP5430 模块的 CP fault 灯亮，Stop 灯亮。OCC 主、备操作站及站控计算机上的该变电所的设备图形颜色成蓝色（未定义状态），遥测、遥信、遥控功能都无法实现	在 LIAN 应用程序中发现 1016 地址信息的第 26 位为 1，则说明 L2 有故障	使用逐级排除的方法。首先更换 CP5430 模块，接好线后，再运行主控制盘。如故障仍然存在，可考虑更换 RS485 RS485 接线图如下图所示。 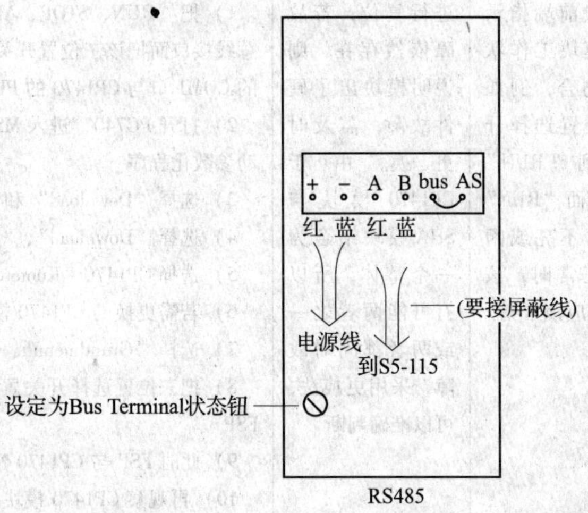

（5）可编程逻辑控制器（PLC）故障等原因导致的遥控开关失效。PLC 故障等原因导致的遥控开关失效的故障现象、分析原因及处理步骤见表 10—7。

表 10—7　　PLC 故障等原因导致的遥控开关失效现象、原因及处理

故障现象	分析	原因	处理步骤
当计算机发一个分合信号到所在的开关，但开关没有执行，记录显示为超时	先看设备图的显示颜色，如开关颜色为蓝色	说明控制回路可能有问题	检查控制回路
	确定主控制盘正常运行的前提下，无法正常进行开关的合、分操作，这时可观察 PLC 柜，通过电调发该开关的分、合命令时，观察 PLC 柜的 OUTPUT 指示灯是否闪烁	如 OUTPUT 灯闪烁，说明控制命令可从 OCC 发送到 PLC，所以问题可能出在逻辑编程或开关柜的电动执行机构	检查 PLC 和其他控制回路

2. 前置机（TCI）柜故障分析与处理

（1）CP1470 模块故障。CP1470 模块故障的故障现象、分析原因及处理步骤见表 10—8。

表 10—8　　CP1470 模块故障现象、原因及处理

故障现象	分析原因	处理步骤
模块前端指示灯与模块工作状态不吻合，例如模块位置选择开关拨到“RUN”位置，而“RUN”指示灯不亮或闪烁（正常时，该指示灯应该常亮）	当发现上述故障时，可通过按“RESET”对模块进行复位；若故障依然存在，则说明模块出了硬件故障，需及时更换。由于CP1470模块与SHA模块结合为一个整体，所以有可能两者之一或两者都同时故障，采用更换法，可以准确判断	（1）首先把有故障的 CP1470 模块所在的 PAK 关掉电源，然后拧开 PAK 框架螺钉，小心从插槽取出模块，然后换上新的模块，再拧紧框架螺钉，合上 PAK 电源。注意，整个更换过程，要使用防静电工具，保证模块不受静电损坏 （2）新模块更换完毕，要对它进行参数化才可以使用。CP1470 模块参数化步骤如下： 1）把“RUN、STOP、AMD”三位置开关置于“STOP”位置，或拔出 H1 总线接口而把该三位置开关置于“RUN”位置，用参数化专用电缆把 PG740 的 COM1 口与 CP1470 的 PROG 口连接起来 2）打开 PG740，进入 MS - DOS 状态，正确进入 NML 目录，输入 NML 启动参数化程序 3）选择“Download”和“TTY→interface”，进行下载参数化程序 4）选择“Download”、“either LED” 5）选择 CP1470 - Knoten 6）若需更换的 CP1470 模块在 PAK1 里，则选择 PAK1；否则，选择 PAK2 7）选择“Grundmenu”，即完成参数化工作，退出该参数化程序 8）把三位置选择开关置于“RUN”位置，或把 H1 接口接上，重新启动 FSP 9）此时 FSP 与 CP1470 建立起了同步关系，可以进行相互通信 10）再观察 CP1470 模块指示灯是否正常，计算机和 TCI 机通信是否正常，若正常，则表示模块更换成功

（2）视频收发器（VES）故障。VES 故障的故障现象、分析原因及处理步骤见表 10—9。

表 10—9　　VES 故障现象、原因及处理

故障现象	分析原因	处理步骤
VES 系统指示灯闪烁不正常，或用 LIAN 软件接收监视方向的信息报文时，收到地址为 1016 的信息，其报文的第 12 位置 1	当出现上述故障现象时，一般都是 VES 模块硬件故障，应该马上关掉该模块所在的 PAK 的电源，然后更换新的 VES 模块	在更换新的 VES 模块前，首先要对其进行 DIP 开关设置，其设置情况如下图所示： 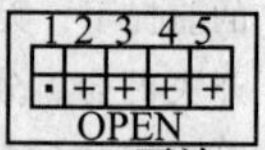 DIP开关 模块更换完毕后，重新打开电源。此时，若指示灯闪烁正常，再运行 LIAN 软件，看看信号是否正常接收，若正常接收，则表示模块连接成功

（3）通用功能模块（GTS）故障。通用功能模块故障现象、分析原因及处理步骤见表 10—10。

表 10—10　　通用功能模块 GTS 故障现象、原因及处理

故障现象	分析原因	处理步骤
模块指示灯显示不正常，例如某个主控制盘与 OCC 之间的通道故障时 VES 模块中的故障红灯亮，而“AN4”指示灯不亮。按一下“GA”按钮，然后通过 LIAN 软件观察是否接收到地址为 521 的信息，若无，可以确定模块故障	当出现上述故障现象时，一般都是 GTS 模块硬件故障，应该马上关掉该模块所在的 PAK 的电源，然后更换新的 GTS 模块	（1）关断该 GTS 模块所在的 PAK 的电源，小心拆下已坏的模块 （2）对新模块进行 DIP 开关的设置，设置时以坏模块的设置为准 （3）装上新的 GTS 模块，并合上相关的 PAK 电源

3．通道、软件及其他故障

为方便电力监控系统故障抢修，特制定抢修卡片供参考。

（1）TCI 柜 VES 红灯亮或主控制盘柜的 RS422 红灯亮。电力监控系统故障抢修卡片 1 见表 10—11。

表 10—11　　电力监控系统故障抢修卡片 1

事故描述	TCI 柜 VES 红灯亮或主控制盘（RTU）柜的 RS422 红灯亮
安全防护措施	在 MDF 架上作业时，通知通信专业人员配合，注意保护其他专业 OTN 接线
抢修用工器具、备品备件	特殊接头指针万用表 1 个，普通数字万用表 1 个，连接硬电线 2 根及个人常用工器具
人员配备件	至少 2 人，均熟悉万用表使用方法及传输网工作原理、电力监控系统信号传输过程
维修步骤	（1）首先由电调在第一时间通知供电分部就近巡检人员，赶去事故地点，做好人工监视工作 （2）SCADA 专业人员在 OCC 通信设备房检测传输网（如为 OTN）信道有无问题。具体方法是：用专用指针式万用表，设在直流电压 10 V 挡位置，用专用接头断开 MDF 架下方连接主控制盘的收、发两条线，这时正常应测到 OTN 送来的 4 V 电压信号，5 s 后，指针微摆一次，否则说明 OTN 信道故障，马上通知 OTN 网值班人员 （3）若 OTN 网正常，通过电力监控系统维护软件 LIAN 观察该所参数，MSC 是否为 31，若 MSC 等于 31，说明车站发向 OCC 这条线是好的，而 OCC 发向车站主控制盘的测试报文主控制盘收不到，主控制盘没有返回信号给 TCI （4）在 TCI 柜短接故障信道接收端或发送端回路，在 OCC MDF 架上用万用表测这两条线间的阻值，正常电阻应接近零，若阻值很大，说明这一段线故障，需更换备用线 （5）若上述测量电阻接近零，这时需测车站通信设备房到车站主控制盘之间的线路是否正常，方法同上
现场恢复及最终检查	在 MDF 架上相应位置插好防雷器，检查 OCC 主机及模拟屏相应站画面是否正常并通知电调确认，方可离开现场

（2）应用软件运行中突然中断，计算机屏幕变黑。电力监控系统故障抢修卡片 2 见表 10—12。

表 10—12　　电力监控系统故障抢修卡片 2

事故描述	SCADA 应用软件运行中突然中断，计算机屏幕变黑，并显示： The System has Hardware Malfunction NMI：Parity check/Memory Parity Error Verifying Kiobyte
安全防护措施	当一超级用户身份登录后，注意不能对画面中任何设备进行操作
抢修用工器具、备品备件	无需特殊工器具
人员配备	1 名技术人员，必须熟悉计算机原理、Windows NT4. 0 及电力监控系统应用软件
维修步骤	（1）按 CTRL + ALT + DEL 键，重新启动计算机 （2）计算机会自动启动 Windows NT4. 0 及 P500 软件 （3）在 P500 菜单中，选择第一个菜单项，用户登录项后以超级用户身份登录 （4）由 Administrator（管理员账户）中进入资源管理器 （5）在资源管理器中进入 C：\P500\Lzsdaten，找出 Measvals. Tmp 和 Metervals. Tmp 文件 （6）删除上述两个 TMP 文件 （7）关闭资源管理器，返回 P500 窗口 （8）退出超级用户
现场恢复及最终检查	检查开关状态是否正确，并等待一个信号送到计算机，在记录中确认收到方可离开现场

（3）电调在执行程控时发现程控步骤有误，或需增加新的程控。电力监控系统故障抢修卡片 3 见表 10—13。

表 10—13　　电力监控系统故障抢修卡片 3

事故描述	电调在执行程控时发现程控步骤有误，或需增加新的程控
安全防护措施	对任何程控的修改或增加，均需供电专业负责人书面的意见
抢修用工器具、备品备件	无需特殊的工器具
人员配备	技术人员 1 名
维修步骤	（1）在归档机上运行 SFOED. EXE，修改则打开需修改的程控名，新建则需选择新建命令 （2）在英文状态下，首先将 BEGIN 拖入，再拖入 STOP，其次根据电调写的程控卡片，将设备顺序拖入 COMMAND 内 （3）双击每个设备名，选择 SWITCH ON 或 SWITCH OFF （4）经过确认和电调写的程控一致，存盘，关闭 SFOED （5）运行 P500EDIT. EXE，将修改过的数据传到运行系统，目录为 Lzsdaten （6）将修改后的 Lzsdaten 复制至主机
现场恢及机最终检查	重新启动 P500 软件，通知电调确认正常，方可离开现场

（4）主机、备机模拟盘均不能正常工作。电力监控系统故障抢修卡片 4 见表 10—14。

表 10—14　　电力监控系统故障抢修卡片 4

事故描述	主机、备机模拟盘均不能正常工作
安全防护措施	通知供电专业来人做好各变电所人工监视工作
抢修用工器具、备品备件	无需特殊工器具
人员配备	至少 2 人，均需熟悉 SCADA 应用软件和系统软件
维修步骤	（1）以超级用户身份登录，看是否能拆除 P500 应用程序，若不能，按 CTRL + ALT + DEL 键以 ADMINISTRATOR 登录，PASSWORD 为小写 P500。在增加新任务中增加 REGEDIT32，运行后查找 WINLOGON，找到 SHELL：“P50032．EXE”，将其改为“EXPLORER．EXE”，退出重新运行，进入资源管理器状态 （2）如果屏幕提示数据库已被破坏，这时先删除主机 D：\P500MAIN\LZDTEN\ *．*，再从文档机的 D：\ P500ARCHIVE \ LZEATEN 下复制数据到主机。若无数据库被破坏的提示，则可省去这一步 （3）重新启动 P500SHELL，安装 P50032．EXE，启动 P500 软件 （4）主机正常启动后，模拟屏恢复正常，之后再启动备用机
现场恢复及最终检查	通知电调确认主机、备机、模拟屏均工作正常。填写好故障处理记录，作业完成

（5）某所 OCC 级功能正常但站控级功能不正常。电力监控系统故障抢修卡片 5 见表 10—15。

表 10—15　　电力监控系统故障抢修卡片 5

事故描述	某所 OCC 级功能正常但站控级功能不正常
安全防护措施	将站控级功能控制闭锁
抢修用工器具、备品备件	万用表 1 块及常用个人工器具 1 套
人员配备	至少 2 人，均具有上岗证
维修步骤	（1）对主控制盘进行复位操作，若站控机仍然不能接收到正常信息，拆除 P500 重新安装，启动 P500。启动 P500 时，应选择正确站号 （2）重新启动 P500 接收信息还不正确，此时需通知工班长，派 1 名熟练技工去现场指导，维修步骤如下： 1）重新安装 P500 软件，若正确安装后仍不能排除故障则进行下一步 2）更换 SORCUS 卡，并重新运行 SORCUS 卡安装程序，若 SORCUS 卡安装后故障仍然没有排除，则进行下一步 3）更换 KMA2 板，若故障仍然没有排除，则进行下一步 4）更换 KMA2 到计算机之间的连接通信线，直至故障消失 5）整理好更换下的元件，留待回车间测试修理 6）通知变电所值班人员确认站控机信号接收正常。填写好故障记录，作业完成
现场恢复及最终检查	检查 OCC 主机及模拟屏相应站画面是否正常，并通知电调确认，方可离开现场

（6）变电所主控制盘柜不断自复位，并伴有通道故障。电力监控系统故障抢修卡片 6 见表 10—16。

表 10—16　　电力监控系统故障抢修卡片 6

事故描述	在雷雨天气情况下，变电所主控制盘柜不断自复位，并伴有通道故障
安全防护措施	在 SCADA 抢修人员到达前，通知变电所值班人员监视好本所设备，注意知会 SCADA 专业人员
抢修用工器具、备品备件	万用表 1 块及常用个人工器具 1 套
人员配备	原则上按照设备负责人制度执行
维修步骤	（1）电调在第一时间通知变电所就近巡检人员赶去事故地点，做好人工监视工作，并知会责任工班 （2）专业人员在第一时间赶到现场，视具体情况进行抢修。若主控制盘设备仍然不断自复位，则可暂时关闭主控制盘电源，避过雷雨，再恢复主控制盘运行，并知会电调 （3）检查站控机，确保与主控制盘联系正常和正常接收信息，并记录所发生的现象及处理过程
现场恢复及最终检查	检查 OCC 模拟盘相应站画面是否正常，并通知电调确认，方可离开现场

4. 监控计算机软件安装步骤

（1）安装操作系统。Windows NT4. 0 WorkStation。

（2）安装 Windows NT 补丁。安装盘→Pwinnt4. 0（中文版）→SP6→SP6I386。

（3）安装硬件驱动程序（主板、显卡等）。

（4）安装 P500 软件。P5003415（变电所）、P5003. 4. 16（OCC）。

（5）将 P500 根目录下数据库（LZSDaten）中内容替换为 SCADA 软件盘中最新 LZSDaten。

（6）修改 P500 根目录下 P50032. ini 配置文件：

Function = Master – 1（监控主机）；

Function = Master – 2（监控备机）；

Function = Terminal – 1（信号机）；

Function = Terminal – 3（维护机）；

Function = Master – （RTU + 10）（站控机）。

（7）安装看门狗程序。P500 根目录→Dongle→SETUPx86→Funtions→Install→Install Sentinel Driver。

（8）站控机安装 Sorcus 卡驱动程序。将 SCADA 软件盘中 P500. 3. 4. 12 中 Sorcus 文件夹复制到 P500 根目录下进行安装，Sorcus→WIN32→INSTDRV→Install→Board0→MDDRLAR – 4/486→Base address（hex）[380] Interrupt channel（dec）[10] →Install。

（9）OCC 计算机安装 WINNT 自带网卡驱动程序。网卡协议：NETBEUI 通信协议，WINNT 系统盘→WKS→I386，端口：5，中断：0x340。

（10）OCC 计算机安装 H1 网通信卡 CP1413 驱动程序。

（11）为用户设置权限密码。运行 P500 根目录下 Usercfg（用户编辑器）程序，超级用户（Supervisor），初始密码：chef。

（12）设置 P5shell 程序

1）建立新用户 P500。设置权限→策略→用户权限→更改系统时间、关闭系统。

2）运行 regedt32 程序进入注册表编辑器，修改注册表。

3）HKEY→LOCAL→MACHINE→SOFTWARE→Siemens→P500 Shell→安全→权限→添加 P500 设置→属性“完全控制”。

4）HKEY→LOCAL→MACHINE→SOFTWARE→Microsoft→Windows NT→CurrentVersion→Winlogon→安全→权限→属性“完全控制”。

第十一章

编制施工方案及验收组织管理

地铁变电所设备运行到一定年限以后，由于设计、施工安装不合理，或受环境、负荷变化，客流量变化以及科学技术的发展等各种因素的影响，需对变电所进行设备更新、改造、变压器容量扩大等一系列大修工作。大修与新建地铁供电系统项目相比，有很多施工方法和内容是相同的，但大修改造又有不同之处，首先大修项目是在运营的地铁线路上进行的，必须确保地铁运营正常供电不受影响，其次大修项目受运营的限制，每次施工作业时间较短，同时施工完成后还必须在每天运营开始前送电行车，其施工难度和技术难度均较高，制订好每天的大修计划并按计划严格实施尤为重要。一般地讲，大修改造可以由本单位进行，也可委外进行，若由运营单位自修时要制定详细的施工方案；若委外维修时，也要审查大修方案并协助施工。因此，做好大修改造施工方案的编制极为重要。

第一节　编制施工方案

一、编制施工方案的依据

（1）供电项目的大修周期根据国家、行业有关标准和出厂说明书制定企业标准。地铁变电所设备按《供电系统检修周期与工作内容》有关大修项目规定的大修周期进行。

（2）总体概述。介绍工程的地点、数量、工程项目的费用预算等。

（3）地铁列车时间表，地铁《施工行车通告》及现场调查报告。

（4）供电系统大修改造施工安装工程承包合同。依照合同规定，确定施工工程开工、完工、移交时间策划表，工期计划一览表。

（5）施工组织部署。项目部管理架构设项目经理、项目工程师、材料管理员、各专业工作组。当大修与委外工程同时进行时，还需编定委外工程单位的人员组织架构。

二、施工机械、仪器配置

施工机械、仪器配置是施工单位实力和施工能否顺利完成的重要依据，也是施工成本的重要组成部分，若机械、仪器配置不够需组织进行租赁，否则施工工程无法保障。部分施工机械配备表见表11—1，部分重要施工工具及仪器配置见表11—2。

表11—1　施工机械配备表

序号	设备名称	数量	主要工作作用	备注
1	轨道牵引车	2辆	用于变压器等大型设备运输	
2	轨道平板车	3辆	用于变压器等大型设备运输	
3	小客车	1辆	人员运输	
4	载重汽车	1辆	用于大型设备运输	
5	汽车起重机	1台	用于大型设备安装	

表11—2　部分重要施工工具及仪器配备表

序号	设备名称	数量	主要工作作用	备注
（1）施工工具				
1	油压千斤顶	10台	用于变压器、开关柜安装	16t
2	油压起道器	6个	用于变压器、开关柜安装	
3	机械千斤顶	5台	用于变压器、开关柜安装	3t
4	液压搬运小车	8辆	用于变压器、开关柜所内运输	
5	重物运行架	4个	用于变压器、开关柜所内运输	
6	搬运转向架	4个	用于变压器、开关柜安装	
7	手扳葫芦	6套	用于变压器、有载调压、开关柜安装	5t
8	电焊机	6台	接地线及设备焊接	
9	直流光焊机	2台	接地线及设备焊接	
10	冲击钻	2个	设备安装打孔	
11	电钻	2个	设备安装打孔	
12	33 kV电缆头工具	2套	用于电缆头制作	
（2）仪器配置				
1	继电保护测试仪	2台	用于继电保护测试、校验	
2	四线示波器	1台	用于继电保护测试、校验	
3	交流大电流试验装置	1台	电流互感器及开关设备测试	
4	变频谐振高压试验装置	1台	大修后进行高压试验	
5	精密高压测量仪	1台	大修后进行高压试验	
6	智能介损测量仪	1台	大修后进行高压试验	
7	露点测试仪	1台	GIS设行备的SF_6气体检测	
8	SF_6气体检漏仪	1台	GIS设行备的SF_6气体检测	
9	高压开关动特性测试仪	1台	测试高压开关	

续表

(2) 仪器配置				
序号	设备名称	数量	主要工作作用	备注
10	回路电阻测试仪	2台	用于接触电阻测试	
11	直流高压试验器	1台	大修后进行高压试验	
12	电阻快速测量仪	1台	测量回路电阻	
13	直流电阻测试仪	1台	JD2505B	
14	自动变比测量仪	1台	测试变压电特性	
15	变压器变比测量仪	1台	测试变压电特性	
16	避雷器全自动测试仪	1台	避雷器测试	
17	全功能互感器校验仪	1台	测量互感器校验	
18	大电流发生器	1台	保护校验用	
19	高压绝缘测试仪	1台	测量绝缘电阻	
20	兆欧表	1块	测量绝缘电阻	
21	接地电阻表	2块	测量接地电阻	
22	高精度数字万用表	1块	测量电参量	
23	高精度数字表	1块	测量电参量	
24	交直流钳形表	2块	测量电流	
25	相序表	1块	校验接线	
26	高频对讲机	4套	接线对线，送电通话	

三、审图、设计交底

（1）清点检查施工图样是否齐全，缺少部分报请监理工程师联系解决。特别是一些基础安装设备改造图，在施工前一定要具备，防止无法按图施工。

（2）在总工程师的主持下对施工图样进行审核，并把发现的问题分类汇总后报监理工程师联系解决，或由设计专业工程师解决。

（3）变电所工程审图的重点

1）设备平面布置图与所内电缆联系图设备布置是否一致。

2）接地设计是否齐全，接至同一方向的接地电缆在不同变电所是否一致。

3）设备周围的操作通道、检修通道是否满足规范要求。

4）电流互感器变比与变压器容量是否一致。

5）33 kV 高压开关柜和变压器的安装螺栓孔是否与预留螺栓孔尺寸一致。

6）安装图中各种设备、零部件安装是否满足车辆限界和电气绝缘距离的要求。

7）平面图中定位点、侧面限界、隔离开关、膨胀接头、接地扁铜线、上网电缆接口等布置是否合理，是否与现场条件相符合。

8）与变电所及轨道施工的接口是否与现场预留条件相符合。

9）材料型号是否满足安装形式要求。

（4）内部技术交底培训

1）设计技术交底的主要内容：

①设计思想、设计特点和主要技术条件。

②关键工序和关键部位的施工处理方法。

③答复图样会审中提出的问题，并在会议纪要中明确设计单位提请施工单位注意的事项及相关部位的允许安装误差。

2）施工技术交底。工程开工前，由技术人员向作业人员下发作业指导书并进行施工技术交底。

①供电系统。系统构成、特点及供电分区划分；变电所种类、形式、数量及位置；预埋件安装、各个设备基础预埋件的形式、材质、防腐措施及平直度要求；安装工序、安装方法、验收标准。

②设备运输。设备运输时，应有相关各种设备的外形尺寸和数量及运输计划；若运输的设备是变压器、开关柜，当用轨道车运输时，需有进入变电所的运输通道，并防止其他设备阻挡；当用汽车运输时，要有从地面运输的入口和通道。运输过程中，要注意设备的装、卸车顺序，设备的安装位置和方向以及安全运输注意事项。

③变电所设备安装交底。各设备安装方法、安装材料、注意事项、技术要求、验收标准；电缆桥支架安装工序、安装方法、接地要求、验收标准；电缆运输、展放、绑扎等技术要求，不同等级的电缆间距要求、电缆敷设验收标准；高压电缆头的制作方法，二次侧配线技术要求及验收标准；所内接地装置的安装方法，验收标准等。

④设计技术交底。由运营组织、驻地监理工程师主持，设计单位向施工单位进行设计技术交底。交底主要内容：设计思想、设计特点、主要技术条件等需向施工单位交底的内容，关键部位的设计特点，施工处理方法，答复图样会审中提出的问题，并在会议纪要中明确设计单位应向施工单位交代的注意事项。

⑤施工技术交底。阶段性技术交底在开工前，对参加施工的全体人员进行一次全面的技术交底。内容包括：工程特点、工作内容、施工方法、质量标准、施工进度和安全措施等内容。技术交底由技术人员组织进行，根据工程进度，由技术人员下发工序作业指导书并交底。主要内容包括：介绍安装图：各类结构件的安装位置，相互间安装时应达到的技术要求；说明安装标准：要求的技术标准，包括安装高度、安装距离的偏差要求；工具的使用：注意各种紧固件的机械受力、电气机具正确操作等；安装过程中的资料形成及编制要求；统计工程数量和物资用量，提供给计划、物资等相关部门。

若为委外施工时，需设临时驻地管理。它包括项目部管理人员办公需要，驻地监理人员的办公需要，项目部管理人员、监理人员及作业人员的住宿、饮食、洗浴的需要，施工车辆停放的需要，施工物资的存放及保管需要，加工预配的需要。

（5）制定施工、停电重要日程安排。工期要编制好每一项目的节点工程时间，例如设备基础预埋件安装完成日期，设备运输完成日期，环网支架安装完成日期，环网电缆敷设完成日期，变电所设备安装完成日期，变电所设备调试完成日期，初验完成日期，变电所送电完成日期。编写好施工进度计划横道图、供电系统安装工程施工进度横道图，确定施工进度计划，以利于施工过程管理。

1）工期保证措施

①组建强有力的项目管理队伍。选用有高度责任心、技术全面的复合型人才作为项目经理部管理人员；集中技术骨干，组织素质过硬的施工队伍。

②全面推行方针目标管理。按照系统工程管理方法，运用网络技术，强化组织协调，对整个工程进行动态管理，及时制定、调整优化施工方案。严格控制关键工期的施工进度，使人、机、料、法、环五大要素在施工生产上达到最佳组合，各道工序严密配合，以最大限度缩短工期。

③大型机械设备根据工程的需要先后进场。协调与施工有关的部门和作业组之间的关系，合理调配人力、机械及物资供应等资源。加强机械设备的日常维修和保养，保证完好率，合理调配机械配置。如大修由运营部门进行时，要做好大型设备的租赁工作。

④施工中全面推广新技术、新工艺。采取质量预控措施，提高安装“一次到位率”，从根本上消除因操作不当而造成返工、停工，影响工程进展的现象。

⑤制定施工过程质量检查计划。做到质量检查与施工相接合，出现的质量问题及时整改。到工程验收阶段使工程缺陷减少到最低程度，缩短验收整改时间。

⑥在物资管理过程中，随时对物资供应和消耗进行同步跟踪，掌握物资供应和消耗的最新状态数据，采取相应的措施保证物资供应能够满足现场施工生产的需求。实行物资管理月计划安排实时监控核实制度，根据施工进度和存货情况，保证工程用料的及时发运。

2）停电重要日程安排。大修改造需要设备停电时，要做好停电计划的安排，并做好申报和通报工作，将每日计划落实好。同时做计划要有裕度，防止影响列车的正常运营，若当天停电时间内确实不能完成要有应急措施。

某变电所改造施工的交叉连接改造方案日程安排举例如下：

由于某站跟随式降压变电所施工时，变压器安装、电缆敷设及终端制作和低压柜安装、电缆敷设及终端制作由不同施工单位负责，双方的接口在动力变压器的低压侧端子处。改造的日程安排、所需停电的设备、工作任务及操作程序等见表 11—3。

表 11—3　改造的日程安排、所需停电的设备、工作任务及操作程序

时间	任务	描述	停电范围	开关状态	备注
第一天	（1）ST1F（原）停电 （2）ST1F（原）至 ST2F（原）电缆支架安装 （3）5A 33 kV电缆裁剪 （4）电缆敷设	（1）ST1F（原）停电，验电挂地线 （2）安装 ST1F（原）至 ST2F（原）电缆支架 （3）一组人员进入 ST1F（原）变压器中拆除 5A 33 kV 电缆终端头，并将电缆拉到电缆夹层适当位置锯断，然后进行电缆开剥 （4）由锯断处敷设新电缆至 ST2F（原），保证一定的预留量 （5）另一组人拆除 ST1F（原）控制电缆，拆除时将芯线用绝缘胶带保护好，并拉到电缆夹层适当位置	（1）ST1F（原）停电 （2）H15（105A）5A 33 kV 电缆停电	施工前： 105A 维护接地，105B 合 施工后： 105A 维护接地，105B 合	由于控制回路电缆带电，所以暂没有进行裁剪

续表

时间	任务	描述	停电范围	开关状态	备注
第二天	ST2F（原）中间头制作	选择不同地点制作5 A 33 kV电缆的3个中间头	（1）ST1F（原）停电 （2）H15（105A）5A 33 kV电缆停电	施工前： 105 A维护接地，105B合 施工后： 105A维护接地，105B合	
第三天	（1）ST2F（原）停电 （2）ST2F（原）终端头制作 （3）用原来电缆头重新送电	（1）ST2F（原）停电，验电挂地线，105A维护接地 （2）一组人进行5A 33 kV电缆终端头重新制作 （3）另一组人进行ST1F（原）控制保护电缆的连接，使之长度能够达到ST2F（原），并对电缆芯线端头进行包扎（连接前，须先确认控制保护电缆没电） （4）5A 33 kV电缆02终端头接地 （5）终端头制作完毕后，用ST2F（原）原来的终端头送电	（1）ST1F（原）停电 （2）H15（105A）5A 33 kV电缆停电 （3）ST2F（原）停电 （4）H27（105B）5B 33 kV电缆停电	施工前： 105A维护接地，105B维护接地 施工后： 105A维护接地，105B合	关掉H15（105A）柜的直流电源开关，断开交流盘ST1F（原）开关
第四天	（1）电缆试验 （2）5A 33 kV电缆送电 （3）二次侧电缆	（1）一组人进入高压室拆除H15（105A）馈线柜的电缆并上好电缆堵头，为电缆耐压试验做好准备 （2）耐压试验 （3）待电缆耐压合格后，拆除5B 33 kV电缆02终端头，将5A 33 kV电缆接至ST2F（原）上 （4）一组人进行ST2F（原）控制保护电缆拆线，拆除时将芯线用绝缘胶带保护好，并拉到电缆夹层适当位置，重新进行控制保护电缆接线，完毕后，恢复H15（105A）柜的直流电源，进行105A对ST2F（原）联动保护试验 （5）ST2F（原）改为ST1F（改）、ST1F（原）改为ST2（改） （6）交流盘侧温控器电源编号更换，即ST2F（原）改为ST1F（改）、ST1F（原）改为ST2（改）	（1）ST1F（原）停电 （2）H15（105A）5A 33 kV电缆停电 （3）ST2F（原）停电 （4）H27（105B）5B 33kV电缆停电	施工前： 105A维护接地，105B维护接地 施工后： 105A合，105B维护接地	若是电缆耐压不合格或者是电缆耐压试验未及时做完，则ST2F（原）送电时还是合105B。若耐压合格后控制保护电缆接线无法完成，则ST2F（原）送电时还是合105B。若变压器联动保护不合格使得温度保护未能投入运行，变压器可以继续送电，但须设专人对变压器温度进行现场监测

续表

时间	任务	描述	停电范围	开关状态	备注
第五天	（1）5B 33 kV 电缆裁剪 （2）电缆敷设	（1）一组人员将 5B 33 kV 电缆拉到电缆夹层适当位置锯断，然后进行电缆开剥 （2）从锯断处敷设新电缆至 ST1F（原），保证一定的预留量，新电缆也要开剥	（1）ST1F（原）停电 （2）H27（105B）5B 33 kV 电缆停电	施工前： 105A 合，105B 维护接地 施工后： 105A 合，105B 维护接地	
第六天	ST1F（原）一次电缆中间头的制作与二次电缆的连接	（1）选择不同地点制作 5B 33 kV 电缆的 3 个中间头 （2）另一组人员进行 ST2F（原）控制保护电缆的连接，使之长度能够达到 ST1F（原），并对电缆芯线端头进行包扎（连接前须先确认控制保护电缆没电）	（1）ST1F（原）停电 （2）H27（105B）5B 33 kV 电缆停电	施工前： 105A 合，105B 维护接地 施工后： 105A 合，105B 维护接地	关掉 H27（105B）柜的直流电源开关，断开交流盘 ST2F（原）开关
第七天	ST1F（原）终端头制作	进行 5B 33 kV 电缆终端头重新制作	（1）ST1F（原）停电 （2）H27（105B）5B 33 kV 电缆停电	施工前： 105A 合，105B 维护接地 施工后： 105A 合，105B 维护接地	
第八天	（1）电缆试验 （2）5B 33 kV 电缆送电 （3）二次侧电缆	（1）一组人员进入高压室拆除 H27（105B）馈线柜的电缆并上好电缆堵头，为电缆耐压试验做好准备 （2）耐压试验 （3）待电缆耐压合格后，将 5B 33 kV 电缆接至 ST1F（原）上 （4）一组人员进行 ST1F（原）控制保护电缆接线，完毕后，恢复 H27（105B）柜的直流电源，进行 105B 对 ST1F（原）联动保护试验	（1）ST1F（原）停电 （2）H27（105B）5B 33 kV 电缆停电	施工前： 105A 合，105B 维护接地 施工后： 105A 合，105B 合	若是电缆耐压不合格或者是电缆耐压试验未及时做完，则 ST1F（原）送电时还是合 105A。若耐压合格后控制保护电缆接线无法完成，则 ST2F（原）送电时还是合 105B。若变压器联动保护不合格使得温度保护未能投入运行，变压器可以继续送电，但须设专人对变压器温度进行现场监测

第二节　变电所工程设备主要工序施工方法

一、电缆中间头和终端头的制作

以上述某站跟随式降压变电所施工交联电缆整改为例，介绍主要工序的施工方法。

1. 制作 33 kV 电缆中间接头

（1）首先要用 2 500 V 兆欧表测量电缆的绝缘电阻，应满足有关的技术规定；再将多余的电缆切除，电缆末端搁平、调直、锯齐；最后将热缩管穿进电缆，其端头外露长度应能方便施工。

（2）电缆中间接头结构的前期处理。安装工程按厂家的安装工艺进行。剥外护层：根据技术要求测定电缆外护套的剥切长度，并予以剥除。一根电缆外护套的剥除长度为 580 mm，另一根为 350 mm，以方便接头操作。剥屏蔽层和半导电层：用扎线在离电缆外护套断口 30 mm 处将铠装扎紧，其余铠装层割除；从铠装断口起保留 20 mm 内护层，其余内护层去掉；再从待连接的两根电缆由末端向两端各量取 270 mm，剥除这部分的铜屏蔽层，用半导电带将铜屏蔽层切断处扎紧，保留 40 mm 半导电层，其末端 230 mm 长剥除半导电层。剥绝缘层：量取电缆连接管长度 L，以 $L/2$ 长度将两电缆端部绝缘及内屏蔽层剥去，并将绝缘端部倒尖角、去毛刺；用细砂纸或砂布将绝缘层表面砂平、打光，绝缘层与半导电层相接处平滑过渡，不允许成齿状。

（3）接线端子和绝缘体的安装

1）套中间接头。将铜屏蔽层保留较长的一根电缆的绝缘层、半导电层和铜屏蔽层用清洁巾清理干净，套入中间接头，衬管条伸出的一端要先套入电缆，再将铜网套入另一根电缆。

2）压接连接管，确定中心。用塑料袋将中间接头和电缆绝缘临时保护好。用砂布将线芯表面砂毛，然后用清洁巾清洗；将连接管内外表面分别套入待连接两根电缆的线芯，挤紧后先压连接管两端，再在连接管中间压接两道（共压接 4 道）；将连接管表面的毛刺、尖角等砂平，用清洁巾将连接管表面清洗干净，并将中间接头靠近连接管端头部位清理干净，特别注意不能在中间接头端头位置留有金属渣或其他导电物；确定已连接好的两根电缆绝缘端部的中心，由中心位置向电缆一端量取 250 mm，并做好记号。

3）收缩中间接头。去掉临时保护，用清洁巾将线芯表面、连接管表面再清洗一次，待清洁剂挥发后，在电缆绝缘层上均匀抹一层硅脂；将中间接头移至中心处，沿逆时针方向均匀抽掉衬管条使中间接头收缩，中间接头开始收缩的一端与记号齐平；抹尽挤出的硅脂，在中间头两端，从电缆铜屏蔽层上开始，搭接 30 mm 绕 2～3 层半导电带至中间头上并搭接 50 mm。

4）套铜网、焊铜编织带。将铜网移至中间接头上，铜网两端用镀锡铜扎线扎紧在铜屏蔽层上，并用焊锡焊牢（或用恒力弹簧抱箍抱紧）；用砂纸打光铠装后再将铜编织带用铜扎线扎紧，并用锡焊焊牢（或用恒力弹簧抱箍抱紧）在两根电缆的铠装上，即连通铠装层。

5）加热收缩热缩护套管。将第一根长为 1 000 mm 的热缩护套管与电缆外护套搭接 100 mm，加热收缩好后，再将另一根长为 300 mm 的热缩护套管，与另一端电缆外护套搭接 100 mm，与第一根重叠搭接，加热收缩。至此安装完毕。

2. 制作 33 kV 电缆终端头

（1）首先用 2 500 V 兆欧表测量电缆的绝缘电阻，应满足有关的技术规定；然后对每一回路的三根电缆核对相序，并在每根电缆上做出标记。

（2）电缆终端头结构的前期处理

1）剥外护套。自电缆端头剥除电缆外护套，长度为 $L+470$ mm（L 为端子孔深）。保留 30 mm 钢丝铠装（铠装断口用扎线扎紧）及 10 mm 内护套，其余剥去。用胶黏带将铜屏蔽带的端头临时包好，清理填充物。

2）焊接地线，确定安装尺寸。将铜编织带在相应位置进行渗锡处理后，用扎线扎紧在内护套以上 20 mm 处的铜屏蔽层上，并用锡焊焊牢或用恒力弹簧抱箍抱紧，再将铜编织带扎紧在铠装上，并用锡焊焊牢或用恒力弹簧抱箍抱紧。在离外护套断口大约 40 mm 处将铜编织带固定。在电缆内、外护套断口上，铜编织带外绕 1 ~2 层填充胶（注：绕包后的外径应小于热缩管内径）。在距电缆端头为 $L+340$ mm 位置，用胶黏带做好标记，以备后用。

3）收缩热缩管。将热缩管套入电缆，热缩管一端与标记齐平，从标记处起加热热缩管（注意：热缩管缩好后，其顶端需与标记平齐）另一端与电缆外护套自然搭接，在热缩管下端包绕几层胶黏带，加强密封。

4）剥铜屏蔽层、半导电层。自热缩管端口向上量取长 15 mm 铜屏蔽层，其余铜屏蔽层去掉；自铜屏蔽层断口向上量取长 15 mm 半导电层，其余半导电层去掉；半导电层末端用砂纸或砂布打磨成小斜坡，使之平滑过渡；绕两层半导电带将铜屏蔽层与外半导电层之间的台阶盖住。将绝缘表面用粗砂纸打磨以去除附在绝缘表面的半导电粉尘，再用细砂纸或砂布将绝缘层表面砂光。

5）剥线芯绝缘。自电缆末端剥去线芯绝缘及内屏蔽层，长度为 $L+30$ mm，将绝缘层端头倒角 1.5 mm ×45°。复核绝缘长度：280 mm。在热缩管端口以下 40 mm 处用胶黏带做好标记（以上 3 ~5 工序中的电缆相关剥切尺寸可通过所配标尺量取）。用胶黏带将线芯端头临时包好，用清洁巾从上至下将电缆清洗干净。

（3）绝缘体和接线端子安装

1）安装终端。待清洁剂挥发后，将绝缘层表面、终端内腔均匀地涂上一层硅脂（注意过程的清洁）；用力将终端套入，直至终端末端与标记对齐为止（注意不能超出标记）；在终端与热缩管搭接处绕包几层胶黏带。

2）安装罩帽。将罩帽大端向外翻开，套入电缆，待罩帽内腔台阶顶住绝缘，再将罩帽大端复原罩住终端；除去临时包在线芯端头上的胶黏带。

3）压接接线端子、连接地线。将接线端子套在线芯上，压接接线端子；将接地铜编织带与接地网连接好。至此安装完毕。

二、变压器设备安装

在变电所设备大修中，变压器安装占重要组成部分，而且由于整流变压器很笨重

(约 8 000 kg)、体积较大（$L \times B \times H = 2\ 670\ mm \times 1\ 370\ mm \times 2\ 250\ mm$），根据本站的实际情况（不能一次性将设备吊运至设备层），整流变压器的运输和装车、卸车都有极大的安全风险和要求很高的技术，因此变压器的运输和装车、卸车是变压器安装前的重点必要工作。

1. 轨道运输工作

（1）在行车通告中，调度部门办好轨道占用计划。

（2）将变电所的通道打通好，如隔墙、门框钢板、洞口等。在变电所内放置一定的木料、钢板等材料，以备支撑加固站台板和搭设运输平台。

（3）运输前，要仔细检查运输线路状况，排除侵限或影响设备运输车通行的物体。这些物体多为施工单位的临时设施，必要时可通过监理和运营人员与其协调解决。

（4）设备装车

1）根据变电所设备的质量、体积和数量，并根据承包商设备运输专用低平板车的承载能力，合理地将设备吊装上平板车，并用绳索绑扎牢固。

2）变压器装车时，要先取掉其底架、滚轮等，并在变压器下面铺 2 根方木作为垫木。

3）变压器装车时，应特别注意整流变压器和动力变压器的高低压侧方向，保证变压器运至车站后与施工图上安装方向一致。

（5）车辆行驶

1）运输车以低于 10 km/h 的行驶速度，从仓库行驶至变电所，将一台整流变压器中心线对准其预埋基础槽钢轨道中心线，并进一步复查变压器高低压侧方向是否与施工图样一致。

2）行驶过程中，注意沿途前后观察，并密切注意设备状态。出现超限运输时，如有接触网的地方要与接触网保持规定的安全距离，必要时应停电运输。

（6）变压器设备卸车进所

1）调整车辆，使变压器中心线对准变压器室基础中心线或通道入口中心。

2）抬升变压器使其底部与变压器地坪等高，具体操作方法是用 4 个千斤顶支在变压器底架 4 个支撑点上，并同时操作 4 个千斤顶顶升变压器。每当顶升 100 mm 时，用备好的方木均匀地垫在变压器下，并用扒钉、铁钉等将方木固定牢固。升到要求的高度时，铺放一层厚钢板。

3）在变压器垫木平台与站台的间隙间，用枕木等搭设一个牢固的过渡平台，使三者（变压器垫木、间隙平台、站台）构成一个整体运输通道。

4）再次顶升变压器，装上滚轮，临时用三角木塞住，然后用手扳葫芦牵拉变压器至变压器室基础上。

（7）安全技术事项

1）变压器装车时，要注意车辆的集载能力，装在合适位置。

2）运输车辆尽量是低矮车型（高约 800 mm），避免特殊情况下超过限高。

3）运输中的行驶速度不宜大于 15 km/h。

4）顶升变压器时，必须设专人指挥，专人监护，防止出现意外。

（8）运输后设备保护

1）运营、监理和施工单位都要注意设备保护。

2）设备运输进变电所后，要挂上“严禁烟火”“严禁攀爬”“严禁碰撞”等警示牌，并配备灭火器。

3）干式变压器由于无外壳，要用彩条布将变压器包好，等待就位安装。

4）动力变压器要立即安装其外壳柜，并用彩条布将外壳包好。

2. 用汽车运输动力变压器（开关柜）的程序及方法

（1）准备工作

1）了解可选运输道路中有无承载力不够的桥梁、涵洞、路段等构建物，查看道路上方有无影响车辆通过的物体，发现问题需进行相应的处理，不能处理时需另选合适的运输线路。

2）检查设备房吊装口处的作业场地是否满足作业要求，是否需进行平整或加固处理。

3）如在夜间作业，其卸车场地运输通道及设备层内均要准备足够的照明设备。

4）了解并确认设备层运输通道的承载力满足运输要求。

5）如运输通道中或运输通道与设备层地坪存在梯级高差时，要先用木料、钢板等搭好平整的过渡环节。

（2）设备运输

1）设备装车。变压器装车时，要先取掉其底架、滚轮等，并在变压器下部铺 2 根方木作为垫木，合理地将设备吊装上公路拖车，绑扎牢固。

2）车辆行驶。车辆以低于 20 km/h 的速度，从仓库行驶至变电所附近，途中经由曲线道路时要减速，以确保安全。

3）设备下吊。将设备吊到地面，装上滚轮。将设备吊起，通过吊装孔洞平稳降落到设备层。

4）将两台已固定好的手扳葫芦的牵引绳挂钩对称挂在变压器底架的前端牵引孔内，取掉木楔，在指挥人员的统一指挥下，平衡用力，将变压器牵引到型钢基础上，用木楔塞住四轮，待日后进行位置细调、安装。

5）将其他设备从车上逐件吊到设备层（带包装），再用手动液压叉车将设备运进变电所内，待拆箱就位。

（3）安全技术事项

1）变压器装车时，要注意运输车辆的集载能力，将变压器放在合适的位置，并用配拉紧装置的绳索从 4 个方向将变压器拉紧固定牢固。

2）设备运输途中，要根据路况控制车速，以免发生意外事故。

3）起吊设备时，要先进行试吊，观察设备受力及平衡情况，确认安全可靠后方可正式起吊。

4）变压器下吊至设备层前，要确保放置方向正确。

5）在牵拉变压器过程中，两台手扳葫芦用力要均匀一致，并有防止其自由溜放的制动措施。

6）注意收听、收看天气预报，避开雷雨天气作业。

7）因作业条件不利，吊车的起吊能力要有充足的裕度，钢丝绳的强度及长度要经检查确认满足使用要求。

8）设备下落速度要平缓，上、下部作业人员要在指挥人员的统一指挥下，相互配合，上下呼应。设备即将落地前，要进行扶持调整，保证设备的落点、方向正确无误。检查确认变压器线圈抽头是否正确一致等。

将变压器用轨道车或汽车运送到预定地点，用汽车吊（轨道）起重设备将变压器移入预定位置。由于变压器为变电所质量最重的设备，在变电所移动中需用很多设备才能移到安装位置，因此需注意移动中的安全。整流变压器放在预埋导轨上，安装时用千斤顶、方木等工具将其位置调整正确，用厂家提供的螺栓将其牢固固定在导轨上。

三、33 kV 开关柜安装

当 GIS 开关柜对接时，可能会出现渗漏现象，这将会影响整个工程的进度，保证 GIS 开关柜不漏气是本施工中的重点和难点。解决方法如下：

（1）为提高施工效率和工程质量，减小接口问题对工程的影响，需委派熟悉该系统的专业技术人员处理各系统接口的配合、协调工作。

（2）按施工图中标出的位置，先将开关柜平稳搬运到基础框架上，拆除包装底座。

（3）拆掉柜体上部吊钩、柜顶和柜后的面板。

（4）将第一面开关柜就位并调整合适，安装并拧紧地脚螺栓。

（5）在柜体对接面上部框架上安装上 4 个引导销。

（6）取掉对接面母线接口上的 3 个塑料封盖，用清洁纸将接口内部擦拭干净。

（7）将橡胶绝缘套管表面均匀涂抹一层硅油，然后安装到母线接口上。

（8）将管型母线接头擦拭干净，两端涂抹导电膏，然后装到母线接口上。

（9）移动调整第二面开关柜，使其与第一面开关柜对正后，再缓缓向前推进，使母线接头准确插入第二面开关柜的接口内，直至两柜接触紧密。

（10）安装并紧固柜间连接螺栓，安装并稍拧紧地脚螺栓。

（11）按上述方法将整列开关柜安装并调整正确后，拧紧全部地脚螺栓。

（12）在开关柜两端安装母线电压传感器及边柜。

（13）将试验合格的避雷器安装于开关柜下部间隔内。

四、1 500 V 直流开关柜、整流器柜、负极柜、排流柜、制动电阻柜、制动控制柜安装

（1）按照施工设计图中的排列顺序，将 1 500 V 直流开关柜、整流器柜、负极柜、排流柜、制动电阻柜、制动控制柜依次搬运到安装位置，并拆除包装底座。

（2）参照已预埋的基础槽钢，采用直尺、绳测量和目视观察等方法，将每一列、每一面开关柜调整顺直。

（3）用冲击钻通过开关柜地脚螺栓安装孔，向地坪内钻孔，孔径与深度根据膨胀螺栓规格而定，用吸尘器吸除孔中的粉末。

（4）将厂家提供的绝缘膨胀螺栓放入孔内，稍稍拧紧。

（5）将开关柜逐组（个）抬起 1～2 cm，并在柜子四周垫上木垫板，用吸尘器等工具清除地面、柜底下、孔四周的灰尘杂质，然后垫入清洁干燥的绝缘板，使柜体与预埋槽钢及地

面绝缘。

（6）将开关柜落下，调整并确认整列柜的顺直。

（7）安装并拧紧柜体间的连接螺栓。

（8）拧紧地脚绝缘膨胀螺栓。

（9）将正母线、负母线用强度为 8.8 级的螺栓进行连接并拧紧。

（10）按照二次侧设计图，将小母线接入各开关柜的端子排上。

第三节 质量管理

一、材料管理

1. 甲供材料管理的交接和验证

（1）在指定仓库进行开箱、商检，办理移交手续。

（2）开箱检验必须在物资部、监理工程师、工程安装承包商和设备供应商代表见证下进行。

（3）对设备包装、设备名称、规格型号、数量及外观，零配件数量及外观，备件数量及外观，以及随机文件进行严格检查、登记。如发现不符、遗缺或损伤，应当场提出，并做好记录，当事各方签字确认，并提出解决办法。

（4）随机文件必须包括产品清单、安装说明书和电路图、产品出厂合格证、各主要部件及设备检测报告、原产地证明文件等。

（5）如对开箱检验无异议，上述各方代表应在开箱检验记录上签字确认。

2. 储存及保管

（1）对供应商提供的物资进行标识，做好质量记录。

（2）对供应商提供的产品，应根据物资的特性，合理储存和正常维护。

（3）对安装剩余甲供物资，及时运回仓库保管，物资的品名、规格、数量做详细记录，登记造册，剩余的甲供物资在工程完工后按运营要求及时移交运营。

二、质量管理、质量保证措施、质量教育

施工过程控制工程质量管理架构要有主管总工程师、技术员，物资部材料、安全员组成的质量管理人员进行质量控制。

1. 施工准备阶段

（1）从项目经理部到作业班组，根据本工程的质量目标的实际情况，分层次制定全部或单项工程规划和更为详细的保证措施，为工程创优明确方法、途径和标准。

（2）项目开工所必需的各种条件，包括劳动力、材料、机械设备配备、施工场地布置、施工图纸准备、施工组织设计编制均由项目部统一组织、安排，确保满足质量创优的要求。

（3）制定操作工艺标准，保证工程施工达到标准化作业。

2. 施工实施阶段

（1）控制源头，把住材料采购关。从物资采购、供应商提供产品、产品标识和可追溯性、不合格产品控制环节进行控制。各种材料到达工地必须进行验收，投入使用前必须按规范进行试验。

（2）做好技术交底，坚持按章操作。每道工序开始前都进行详细的技术交底，交清设计要求、规范要求、施工技术细则要求、质量要求和操作工艺标准，作业人员必须严格按照技术交底的要求和标准施工。

（3）严格监督管理，把好试验检验关。按照施工规范和试验规程，做好施工前、施工中和施工后的各项试验检测，确保满足设计和规范要求。按照过程监督检查的要求，对每道工序对照质量标准进行验收检查，达不到标准的坚决返工。

3. 施工过程监督及检查

（1）实行工序质量考核负责制，上道工序必须经检查验收满足项目的质量标准并经签认后方可转入下道工序的实施。

（2）主动配合、支持监理工程师的工作，积极征求监理工程师的意见，坚决执行监理工程师的决定，共同把好质量关。

三、安全管理

（1）项目经理应加强安全基础工作，深入开展职工安全意识教育。在施工管理中始终把安全放在首位，当生产进度、效益与安全发生矛盾时，无条件地服从安全第一的原则，确保安全。

（2）项目经理在施工生产过程中，应不间断地举办不同形式的安全生产预防教育活动，提高职工自我安全防护意识。

（3）在全体职工中开展经常性安全生产教育。车间每月、班组每周召开一次安全生产例会，总结上季（月、周）安全生产情况，布置下季（月、周）安全生产措施，并在例会上学习安全生产规章制度。

（4）坚持每周班组安全学习活动，学习安全作业技术规则、措施及各项安全管理制度。

（5）开工前对所有工人进行上岗前的技能和安全基本知识培训教育，取得上岗证后方可上岗，并以“师带徒”的形式，在实践过程中熟悉操作技能和安全操作规程。

（6）项目经理在编制施工组织设计和下达施工计划时，要有针对性地编制安全技术措施，并在开工或施工前由技术和安全管理专职干部向有关人员进行安全技术交底，无安全措施和未进行安全技术交底不得进行作业。

（7）坚持日常（自检、巡检）、定期、不定期和专项（隐蔽过程、重点部位、关键环节）检查，及时发现事故隐患，堵塞事故漏洞，预防安全事故。

（8）开工前，经理部制定并颁布安全标准工地建设规范文件，使安全标准工地建设活动标准化、规范化。

（9）根据本项目经理部制定的《安全生产奖惩办法》，对参加本项目施工的作业队和个人进行安全生产考核和奖惩。

四、成品保护措施

（1）设备安装完毕后，经常用吸尘器、毛巾等对设备表面和内部进行卫生扫除，保持设备干燥、清洁。

（2）当在设备上部进行电缆敷设或电缆头制作时，严禁踩或站在设备上部。当操作人员高度不足时，必须依靠凳子等辅助设施，严防梯子上端挤压设备。

（3）当设备房顶进行其他项目施工时，必须用完好的塑料布将设备顶部及四周遮盖好，严防重物从高处坠落，撞击设备。

（4）在夏天潮湿天气施工中，潮湿空气可能会出现凝露现象，应设置一定数量的排风、除湿设备，保证变电所设备工作在适宜环境下。

（5）从设备进行开箱检查起，安排专人在变电所保卫和保护设备安全。除了施工人员、运营和监理外，其他任何人除非得到运营或监理的书面许可，不得进入变电所内。加强牵引供电系统成品保护宣传工作。

（6）当用冲击钻钻出的粉尘落在电缆表面上时，必须及时清扫干净，保持电缆表面的清洁。

第四节　大修改造验收工作

工程验收工作包括分项工程验收、分部工程验收、单位（子单位）工程的验交前检查、工程验收等。由于大修改造项目可能是单个变电所或变电所的一个重要组件，这里只介绍分项和分部工程验收，每项工序以及分部分项单位工程完工后，均按照地铁运营行业及国家的有关法律法规的程序，配合有关单位对工程进行检查整改与验收。单位将专门成立工程质量验收小组，积极配合和参与验收工作。

一、分项工程验收

（1）分项工程的验收由施工单位的项目工程技术负责人组织，在监理单位的主持下进行。

（2）分项工程质量应在班组自检的基础上，由施工单位技术负责人组织有关人员进行评定，专职质量检查员核定。监理单位对施工方核定的分项工程质量等级进行审查认可。

对需要进行中间验收监督管理的分项工程，按分部工程验收的工作步骤操作。分项工程经验收合格后方可移交下一工序施工。

二、分部工程验收

1．准备工作

（1）分部工程完工后，在计划验收日期30个工作日内，施工单位应按照国家有关验收规范、标准全面检查工程质量，整理工程技术资料，填写分部（分项）工程质量验收申请有关的表格，连同工程技术资料提交监理单位审核。

(2) 监理单位在5个工作日内对工程技术资料进行审核，并对工程实体进行检查。检查合格后，总监理工程师签署意见，并送地铁运营总部大修项目部。项目经理审核同意后，向地铁验交工作组递交《分部（分项）工程质量验收申请表》申请验收。

(3) 监督机构在5个工作日内对工程技术资料进行抽查，在《分部（分项）工程质量核查记录表》上填写资料抽查意见，并将抽查意见书面通知建设单位或施工单位。

(4) 监理单位通知勘察、设计、施工、建设单位进行验收，并在计划验收日期5个工作日内，将验收的时间、地点书面通知质量监督机构（监督员）。

(5) 施工单位、监理单位在工程验收前还必须准备好质量自评报告及工程质量监理评估报告（验收会议时发各参加人员）。

2. 验收程序

组织由监理单位，主持由地铁运营总工程师，参加单位有政府质量安全监督机构、地铁档案资料部、监理单位、设计单位、施工单位等。

(1) 施工单位简单介绍工程概况、工程实体及资料整理的完成情况、自检自评的质量等级、目前遗留的工程情况等。

(2) 监理单位介绍工程监理情况、质量控制及质量等级的核定情况、目前遗留的问题等。

(3) 设计单位介绍情况，并要指出施工单位的施工是否满足设计要求及存在的问题。

(4) 与会人员分组检查。其中工程实体组可按不同专业分组现场检查，主要对实体进行观感质量检查，必要时进行现场实测实量。文件资料组（包括科技档案、声像档案）由档案资料部牵头，对施工单位提交的工程档案进行检查。

(5) 各检查组须安排专人做好记录，整理后将意见填写至有关分部（分项）工程质量验收记录内容，以及单位工程质量验收会议记录内容。

(6) 各检查组负责人汇报小组检查情况，指出必须整改的问题。

(7) 设计单位、勘察单位（土建工程验收）提出对该分部工程的质量等级评定意见。

(8) 主持人综合各检查组意见，对工程质量和各管理环节等方面作出全面评价。如能达成统一意见，验收人员共同签署工程验收证明书。若参与验收的各方不能形成一致意见时，应协商提出解决方法；待意见一致后，重新组织验收。

(9) 质量监督机构对工程质量验收的组织形式、验收程序、执行验收标准等情况实施监督。

(10) 监理单位负责编写验收会议纪要，将要求整改的问题记录在案，并负责整改问题的跟踪检查。

三、大修变电所试送电条件及程序

1. 大修投入运行前应具备的条件

(1) 供电系统（变电所、环网电缆及所内综合自动化）所有安装、调试（单体调试、所内联调、所间联调）工作全部结束。启动范围的所有一、二次侧设备均应初验收合格，继电保护应按继电保护整定书执行。

(2) 电缆孔洞要用防火堵料进行封堵，电缆沟盖板、人孔井盖板及爬梯应齐全，且符合使用及安全要求。所有启动设备编号及铭牌齐全、清楚。消防设施完好，消防器材要摆放到位，其数量及性能符合消防要求。

(3) 应具有施工部门移交的图样、资料、试验报告及安装调试记录，以及相应的产品使用说明书。有关图样、资料（安装记录、调试记录等）、继电保护整定书齐全，站内现场运行规程已制定，并经审核，值班人员已熟悉设备。制定变电所管理制度、值班制度、倒闸操作制度等相关制度，并张贴在变电所墙上，其中应具有制定并经批准的大修设备现场运行规程。

(4) 所有柜屏门钥匙、设备房门钥匙、专用工具均要集中摆放或挂放在规定位置，并加贴正确清晰的标识。现场应有完好的 DC1500 V，AC33 kV 及低压验电器和接地线。绝缘工具、绝缘垫等都已经耐压试验合格。绝缘工具（绝缘鞋、绝缘手套等）、验电器等要备好，并放在取用方便的合适位置。

(5) 安全警示挂牌（禁止合闸、禁止分闸、有电危险等）挂在相应设备上，并应具有调度部门制定的大修设备投运启动方案。

(6) 对所有设备要进行彻底检查和除尘保洁，检查重点是设备内（上）部是否还有遗留物，一次侧导电回路中各连接部位的螺栓是否按要求紧固，各设备接地是否符合规范要求；二次侧设备及交直流系统是否运行正常，各种信息显示是否正确。直流屏运行正常，输出电压符合设计要求。各所倒闸操作命令卡已经运营、且监理批准。

(7) 交流屏至少有一路三相临时电源供电，供所内的照明、蓄电池充电完成。

(8) 变电所相关设备供货厂家售后服务人员已到达现场，可以及时解决问题。

(9) 应具有由启动验收小组或委员会作出的同意大修设备投入运行结论。

2. 设立领导组织机构及其责任

为保证供电系统受电启动和送电开通工作安全、顺利地进行，成立供电系统送电工作组，成员由地铁各相关部门人员组成，协调解决有关单位和部门涉及或影响开通工作的事项及问题，负责全线送电时的组织及送电后的管理工作。通常下设 5 个送电小组，小组成员由相关施工单位人员构成，具体负责送电前检查、送电时操作及送电后责任范围内的设备运行管理工作。监理单位、设计单位及项目管理机构的有关人员参加此工作，对过程进行监督和提供技术支持，确保开通工作有条不紊地进行。

(1) 指挥组设组长和副组长，负责协助运营完成开通送电及临管运行，按批准的开通方案指挥系统各变电所的受电启动、试验联调、试运行。

(2) 技术负责组、电力调度组、操作组、故障抢修组、变电所值班组分别负责不同专业技术工作。

为保证指挥通信畅通，各指挥组无特殊情况不得占用临时电调电话，人员到位后，首先要层层确认通信畅通可靠，执行送电程序、情况报告和命令下达，全部通过现场电调口，要求使用标准用语应答，并做好记录。出现突发事件，由调度长直接向指挥组报告。

四、大修设备投入运行的程序

大修设备投入运行的验收检查，包括投入时运行人员应对设备的外观、标志、信号系统以及各设备（有可以投入运行的结论）等进行检查，必要时用短接保护装置触点的方法，试验其跳、合闸的正确性，并与调度核对保护定值。大修设备投入运行包括核相、定相、冲击合闸（主变压器5次，线路3次）、测量不平衡电流等工作。投运时，每操作一步后，均需从设备的外观、声响及相应的二次侧表计、信号、继电器等进行细致的检查。测量相序应在不同位置的两组电压互感器二次侧用相序表测出，以相同的结果为准。对变压器差动保护二次侧电流的六角图（相位关系）和不平衡电流测量时，应当注意在低负荷时是不准确的。此项工作可在投入试运行一段时间、有较大负荷时测量。设备投入运行后，应加强巡视。

1. 一次侧设备的初充电

（1）初充电是指使新安装或大修后的设备，从不带电压到带有额定电压的过程。在这样的过程中，电气设备的外界条件会发生突然的变化。利用这个过程可以检验设备的某些性能是否满足运行的要求，主要是检验绝缘水平是否满足运行的要求。

（2）线路的初充电主要是利用在空载情况下断、合线路产生的较高的过电压，来检验新线路的绝缘水平。

（3）变压器初充电会因为空载投、切变压器可能产生很高的过电压，最高可达到2.5～3倍额定电压，初充电就是利用这个电压来检验变压器的绝缘强度。

（4）变压器在空载合闸时会产生很大的励磁涌流，该涌流将在变压器的绕组上产生很大的电动力，利用这个电动力可以检验变压器的内部构件的力学强度，以发现安装质量上的问题，如支撑不牢等。

（5）利用变压器空载合闸时的励磁涌流来检验主变差动保护、过电流保护是否会误动，检查继电器的选型、整定、接线等是否符合要求。

（6）对其他一次侧设备的初充电主要是检查其绝缘水平及安装质量。

2. 一次侧设备充电时的有关要求

（1）所有大修投入的一次侧设备充电时，必须由有保护的断路器进行，严禁使用隔离开关进行充电。

（2）大修设备的充电应由远离电源一侧的断路器进行，这种情况下充电时，系统的等值阻抗较大，短路电流较小，对设备的损坏程度较轻。另外，万一被充电的设备有故障而断路器拒动时，可以由后一级断路器延时切除故障，防止事故的扩大。

（3）大修设备的充电一般分段、逐步进行，以便在发生故障时可以很快地查出故障点。

（4）大修后的变压器应充电3次，充电时应将变压器的所有保护全部加用，差动保护、零序保护即使不能保证其极性的正确性也应加用；轻瓦斯保护采用短接线接跳闸回路，充电完毕后拆除短接线，恢复到原信号位置。

（5）大修投入的线路及其他一次侧设备的初充电一般均为3次，每次5 min，间隔1 min。

（6）充电时，要严格监视被充电设备的充电情况，及时发现不正常现象，以便及时处理。

3. 大修设备充电时保护的配合

（1）大修设备投入运行时，充电断路器的所有保护全部加用，如主变保护、线路方向零序保护等均应加用。

（2）大修设备投入运行时，充电断路器的带时限保护的时间应改到最小定值加用或将某些电气量定值更改后加用，对于功率方向元件应短接退出，防止因极性接反而拒绝动作。

(3) 对那些可能受到影响不能正确工作且又影响其他设备正常运行的保护（主要是会发生误动的保护装置，如母线保护等）要先停用。

(4) 充电断路器的重合闸装置必须停用，以防被充电设备故障，断路器跳闸后再重合。

(5) 充电时，用于监视故障情况的各种自动装置均应完好并投入运行（如故障录波装置或故障探测仪等），必要时可采用充电时联动启动的方式启动装置，使装置的启动更加可靠。

(6) 大修设备充电完毕转入正常运行前，应将保护的整定值恢复到正常运行的定值后再加用。对于某些未经带负荷校验、可能误动的保护要停用，以防止这些保护在带负荷正常运行后误动，影响系统的正常运营。

五、大修投入电气设备中继电保护装置的检验及核相

某些保护装置新投入运行，在没有带负荷的情况下，不能最后确定保护装置的接线是否正确，只有在投入运行、并带上足够的负荷后才能测量、检验其保护的接线和定值是否符合要求，所以在运行后要对这些保护（如零序方向保护、主变差动保护、母线差动保护等）进行带负荷检验工作，有时还要调整运行方式，以满足检验工作的要求。

1. 主变差动保护的带负荷检验

(1) 主变差动保护在主变充电时应加用，因为即使其电流回路极性不正确，在主变充电时仍能起到保护作用；但带上负荷后，若极性不正确，就会因有差流而误动作。因此，必须在带负荷前停用，停用后再使主变带上负荷，检测各侧电流、二次侧接线及极性是否正确，检测差动继电器的差压是否满足要求。

(2) 检测电流极性是否正确一般采用测量电流相位（通称测六角图）的方法，高压侧对中压侧（低压侧断开）和高压侧对低压侧（中压侧断开）同相电流的相位互差180°为正确。

(3) 六角图正确，还不能保证差动继电器内部接线正确，因此，还应测差动回路的不平衡电流或电压，证实二次侧接线及极性正确无误后，才可将差动保护投入运行。

2. 测中性线不平衡电流

所有差动保护（母线、变压器、纵差、横差等）在投入运行前，除测定三相回路及差动回路电流外，必须测定各中性线的不平衡电流，以确定回路是否完整正确。对变压器有零序保护的继电器更要注意测量电流互感器和三相不平衡电流，防止极性接线错误由继电保护计算结果产生零序电流。

3. 具有方向性的线路保护的带负荷校验

具有方向性的线路保护如方向过流保护、零序方向过流保护、距离保护、零序保护等，这类保护接线的正确性对装置的正确工作十分重要，但在安装接线时，其接线的正确性又难以保证，很容易接错，因此也必须进行带负荷校验，以保证其接线的正确性。

线路大修投运时，应对其进行充电试验，以检验其绝缘水平是否符合要求，充电时，尽管上述这些具有方向性的线路保护的方向性不一定正确，但也必须加用，因为当被充电线路电缆有故障时，若线路保护的方向性正确，保护装置就能够正确动作，切除故障；即使其方

向性不正确，将其加用也无不良后果。

对于方向过流保护和零序方向过流保护，充电前应将其方向元件的执行触点短接，取消装置的方向性，使其成为普通的过流保护或零序过流保护，以便在被充电线路有故障时，即使方向搞反，装置也能可靠动作，切除故障。待带负荷进行方向性校验正确后，再拆除短接线，投入方向元件。

4. 大修设备投入时的核相

当相序不同的两电源系统或接线组别不同的变压器（或电压互感器）合环（或并列）时，将会造成短路事故，因此严禁将相序不同的电源系统或接线组别不同的变压器（或电压互感器）进行合环（或并列）。

核相就是核实需要合环（或并列）的两个电源系统（或变压器、电压互感器）的相序是否一致，并且正确。

实际核相是通过测量（直接或间接）待并系统（变压器和电压互感器也可以看做电源）同名相电压差值和非同名相电压差值的方法来进行的。同名相电压差值应为零，非同名相电压差值应为对应的线电压值，符合这一原则，就正确；否则就不正确。

核相试验有直接核相和间接核相两种。对于下列情况，必须进行核相试验：

（1）变压器（或电压互感器）新安装或大修后投入运行。

（2）变压器（或电压互感器）变动过内外接线或接线组别。

（3）电源线路（或电缆）接线更动，或走向发生变化。

第十二章

新技术应用

第一节　新型光电式电流互感器

随着电力系统传输容量的增大和电压等级的提高，保护、控制、测量和数据通信的一体化发展，传统电磁式电压互感器和电流互感器不仅体积、质量大，制造成本高，而且因自身的传感机理所限，呈现出种种难以克服的问题，很难满足电力系统自动化、数字化以及小型轻量化的发展要求。因而，在电气工业中的信息传输、计测诊断、太阳能电池等各种现场，均在逐步开发和有效利用新型光电技术。作为计测、诊断领域的典型实例有：光控无触点探测器（光 PD）、光电式电流互感器（光 CT）、光导纤维分布式测温计、红外线温度计等。

利用光的计测、诊断技术，由于具有以下特点而尤其引人注目：

（1）能实现测定点的电气绝缘，对测定对象的干扰最小。

（2）借光学的信息传输，抗电磁波噪声的能力强。

（3）可望达到直流 GHz（1×10^{9}Hz）级的频率响应。

一、有源光电式电流互感器

这是一种基于传统互感器传感原理，利用有源器件调制技术，以光纤为信号传输媒介，将高压侧转换得到的光信号送到低压侧解调处理，并得到被测电流信号的新型互感器。它既发挥了光纤系统绝缘性能好、抗干扰能力强的优点，明显降低了高压、大电流互感器的体积、质量和制造成本；又利用了传统互感器原理技术成熟的优势，避免了纯光学互感器光路复杂、稳定性差等技术难点。有源 OCT 的结构工作原理是通过一次采样传感器（空心线圈或小 CT，电阻分流器）将电流信号传递给发光元件而变成光信号，再由光纤传递到低电位侧，再变换成电信号以后输出。高压侧电子元件供电方式有光供电、母线电流供电和太阳能电池供电等。目前应用最多的是采用空心线圈的有源式 OCT。

二、全光纤电流互感器

光纤电流互感器（FOCT）同样是基于法拉第（Faraday）效应来测定电流的。因为采用光纤作为传感介质，故在绝缘性、抗电磁干扰、可靠性等方面，比传统的电磁式 CT 有很大优势。而且，它还不含交流线圈，不存在开路危险。以前，光纤 CT 的研究主要集中在磁光晶体结构的传感头方案上。欧洲 ABB 公司研制出达到 IEC 标准 0.2 级晶体结构的 FOCT。近年来，北美 Nxtphase 公司已研制出超过 IEC 0.2S 级的全光纤电流互感器（AFOCT）。我国清华、华中科技大学也相继研制出正常环境下精度为 0.3% 的块状结构 AFOCT；北航研制的新型 AFOCT，传感光纤采用共光路设计，因而具有较好的互易性和较强的抗干扰能力。全温下比例因数变化小于 0.5%。全光纤 CT 系统结构按功能可分为光学传输、光学传感头和信号处理电路 3 部分，其中光学传输部分完成光信号的产生、传输、转换和干涉；光学传感头部分则传感导线中的电流，并将它转换为干涉光的相位信息；信号处理电路产生调制电压，对信号进行解算得到电流值。Pockels 高电压测量器与原来落地式结构不同，Pockels 高电压测量器采用吊挂的轻量型高电压测量器，具有适当的电阻率和相对电容率，可按自然双折射小的纵型调制方式工作。使用了适合于高电压测量的 BGO 结晶，8 块结晶串联配置，施加其两端的电压无须分压，是一种可直接测量的结构。

和电磁式 CT 相比，基于光学技术、微电子技术、计算机技术的光电式电流互感器，具有无铁心、绝缘结构简单可靠、体积小、质量轻、线性度好、动态范围大、无饱和现象、输出信号可直接与微机化计量及保护设备接口等优点。这些正好满足了电力系统发展的需要，也正是今后发展光电式电流互感器的充分理由。

随着我国经济的快速发展，对电力系统提出了更高要求。为了协调发展与环境保护的关系，高电压、长距离输电势在必行。这就对承担着计量和保护重要责任的互感器提出了更高的要求。新型电子式互感器的优点正好满足了电力发展的需要。它将随着加工工艺、材料工艺的提高，微电子技术、微机技术、光电子技术的发展，在电力系统有着更广阔的应用前景。

第二节　冷缩式中间接头

冷缩式中间接头采用整体预制式紧凑设计，以 3M 公司冷缩式中间接头为例，接头主体由柔软的液体硅橡胶材料制成，在使用中不会因为电缆的弯曲而形成绝缘死角。材料本身的绝缘性、耐电痕性、耐高温及耐酸碱性优良，特殊工艺制造，具有高弹性，在电缆回路运行中，对电缆本体提供恒定持久的径向压力，与电缆本体同“呼吸”，解决了交联电缆热胀冷缩过大的难题。

冷缩中间接头采用独特的预扩张技术，使得一种型号适应多种电缆线径，对电缆线径的兼容性强。冷缩电缆中间头从结构上讲为整体预制式紧凑设计，内屏蔽、电应力控制、绝缘及外屏蔽一体化。到目前为止，3M 公司已拥有 35 kV 及以下冷缩电缆中间接头完整系列，适合聚乙烯电缆、交联聚乙烯电缆和乙丙橡胶电缆等不同种类绝缘形式的电缆，可应用于桥架、直埋、架空等场合。硅橡胶材料本身决定了冷缩中间接头具有相当大的使用温度范围。

冷缩中间接头安装时，只要抽取支撑芯绳，接头就会依靠自身的弹性回缩，从而紧密贴附在电缆上，因此安装简单，无须动火或专用工具，操作的技术依赖性低，便于掌握。电缆预处理时，开剥距离短，需要的安装空间较小，采用恒力弹簧接地方式，不需要焊接或铜绑线，更加快捷、可靠。冷缩式中间接头每套均独立包装，配有图文并茂的安装说明。

第三节　SF_6电气设备故障检测仪

一、检测原理

SF_6气体不仅具有很好的化学稳定性能，而且具有优异的绝缘性能和灭弧性能。SF_6电气设备的广泛应用，为电力生产的安全经济运行发挥了很好的作用。但是近几年来，也发生过多起因设备内部固体绝缘材料缺陷而引起的事故。

SF_6电气设备内部发生故障时的分解产物主要是硫化物和氟化物，硫化物主要有SO_2、H_2S、SF_4、SO_2F_2、SOF_2等；氟化物主要有HF、CF_4和金属氟化物。上述的物质中除SO_2、H_2S和CF_4毒性小外，其他都是剧毒物，但在设备内部的含量极少，又不稳定，且SF_4、SOF_2等又会水解产生稳定的SO_2和HF。因此，内部设备故障时，SO_2是直接分解和水解产物的总量；H_2S是固体绝缘材料分解的特征组分，故障能量较大时才会产生；HF腐蚀性很强，传感器昂贵、寿命短，现场检测的必要性不很大。

CF_4在新气中有约200 μL/L含量，若用这么大含量的增加值来评价绝缘材料是否发生分解，其可靠性就大为降低。作为预防性试验的目的是早期检出内部缺陷，而非进行综合诊断，因此在现场没有必要也不可能对各种热解产物都进行分析。通过对大量的故障实例进行分析研究后，选择SO_2和H_2S为检测对象，使检测方便、准确，从而诊断出设备内部是否发生故障。

由于SF_6气体和固体绝缘材料裂解的温度较高，而早期故障的能量较小，在故障初期产生的SO_2、H_2S浓度很低，而预试周期又长，因此要检测出早期故障，就要求检测仪有很高的灵敏度。目前使用的化学比色管法灵敏度低，只能做定性或半定量检测，较适用于事故后故障部位的查找。目前市场上出现一种灵敏度高、稳定度好的检测器，配合先进的检测流程和判断软件，同时检测内部故障的特征组分SO_2、H_2S，最小检知量可达0.1 μL/L，精度是化学比色法的10倍，能够准确检出设备内部早期故障，防止事故的发生。

这种高精度智能化便携检测仪，通过检测设备内部绝缘材料裂解主要产物——SO_2和H_2S的含量，快速检出SF_6断路器、互感器、套管、GIS和变压器等涉及固体绝缘的电气设备内部故障，适用于电力、铁路、冶金、石化等行业的SF_6电气设备，能够及时检出设备内部的早期故障。

二、产品特点

1. 全新理念

同时检测绝缘材料的分解产物SO_2、H_2S两组分。

2. 性能优越

仪器精度高、稳定性好，最小检知量可达 0.1 μL/L，实现内部故障的早期检测。

3. 快速检测

选用高性能检测器和先进的检测流程，整个检测过程在 1 min 内完成。

4. 功能健全

该仪器具有独特的故障诊断功能，在检测结束后立即按被测气体中 SO_2和 H_2S 的浓度大小自动进行故障诊断，并提出处理意见。仪器还具有数据储存管理、零位自动修正和电池电压偏低报警等功能。

三、测试流程

SF_6电气设备内部气体经减压阀、导气管进入仪器后，分两路同时流入 SO_2 和 H_2S 传感器进行检测，将 SO_2和 H_2S 浓度转换成相应的电信号，通过调理单元送至微处理器和 A/D 转换器，将模拟量转换成相应的数字量，由 LCD 显示检测浓度的实时值和最大值，并将数据送入存储器存储，由微处理器作出逻辑分析。当检测的浓度超过注意值时，仪器发出声、光警报，且与专家诊断系统进行比较分析，判断故障的类型、能量的大小，并提出处理意见。

SF_6电气设备故障检测仪的测试流程框图如图 12—1 所示。

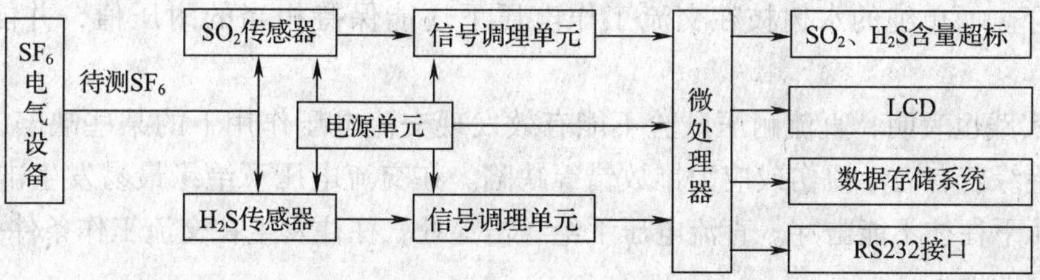

图 12—1　SF_6电气设备故障测试仪的测试流程框图

在故障诊断软件中，根据 SO_2和 H_2S 含量的大小拟订多个浓度范围，涵盖了 SF_6电气设备内部各种类型的故障。检测结束后，自动进行诊断，并提出处理意见。

由于设备内部故障是一个很复杂的物理化学过程，不同厂家的固体绝缘材料也有所不同，因此在分析故障时，可以结合设备的结构、材质、运行、检修和其他试验等情况进行综合分析，以便做出更准确的判断。

第四节　变频串联谐振在交联聚乙烯电缆试验的应用

一、直流耐压试验的问题

由于电缆线路的电容很大，若采用工频电压试验，必须有大容量的工频试验变压器，现场试验很难实现。所以，交联聚乙烯电力电缆过去在交接和预防性试验中，与油浸纸绝缘电缆一样都采用直流耐压试验。但直流耐压试验方法对于 XLPE 交流电缆，无论从理论还是实践上却存在很多缺点，主要体现在：

（1）直流电压下，电缆绝缘的电场分布取决于材料的体积电阻率，而交流电压下的电场分布取决于各介质的介电常数，特别是在电缆终端头、接头盒等电缆附件中的直流电场强度的分布和交流电场强度的分布完全不同，而且直流电压下绝缘老化的机理和交流电压下的老化机理不相同。因此，直流耐压试验不能模拟 XLPE 电缆的运行工况。

（2）XLPE 电缆在直流电压下会产生“记忆”效应，存储积累单极性残余电荷。一旦有了由于直流耐压试验引起的“记忆性”，需要很长时间才能将这种直流偏压释放。电缆如果在直流残余电荷未完全释放之前投入运行，直流偏压便会叠加在工频电压峰值上，使得电缆上的电压值远远超过其额定电压，从而有可能导致电缆绝缘击穿。

（3）直流耐压试验时，会有电子注入聚合物介质内部，形成空间电荷，使该处的电场强度降低，从而难以发生击穿。XLPE 电缆的半导体凸出处和污秽点等处容易产生空间电荷；但如果在试验时电缆终端头发生表面闪络或电缆附件击穿，会造成电缆芯线上产生波振荡，在已积聚空间电荷的地点，由于振荡电压极性迅速改变为异极性，使该处电场强度显著增大，可能损坏绝缘，造成多点击穿。

（4）XLPE 电缆致命的一个弱点是绝缘内易产生水树枝，一旦产生水树枝，在直流电压下会迅速转变为电树枝，并形成放电，加速了绝缘劣化，以至于运行后在工频电压作用下形成击穿。而单纯的水树枝在交流工作电压下还能保持相当的耐压值，并能保持一段时间。

（5）实践也表明，直流耐压试验不能有效发现交流电压作用下的某些缺陷，如在电缆附件内，绝缘若有力学损伤或应力锥放错等缺陷。在交流电压下绝缘最易发生击穿的地点，在直流电压下往往不能击穿。直流电压下绝缘击穿处，往往发生在交流工作条件下绝缘平时不发生击穿的地点。

二、串联调频谐振耐压试验

鉴于直流耐压对交联聚乙烯电缆存在这么多缺点，而且工频耐压又必须有大容量的工频试验变压器，于是开发了串联调频谐振耐压装置，对电缆进行串联调频谐振耐压。这套设备的电源使用的是进口的调频电源，调节方便、可靠，维修量小。调频电源后面是一台中间升压变压器，将调频电源电压从几百伏升到几千伏，再施加到电抗器与电缆组成的串联回路，改变电源频率，使回路进入谐振状态，再增加调频电源的输出电压，在电缆端部达到所需要的试验电压。

1. 工作原理

图 12—2 所示为串联谐振的工作原理电路图，图中 T1 为调压器，T2 为励磁变压器，L 为调谐电感，C 为负荷电容（包括被试品电容、高压试验回路电容及电容分压器电容）。其等效电路如图 12—3 所示，图中 R1 为整个高压试验回路中损耗的等值电阻，L 包括电抗器的电感及励磁变压器高压绕组漏感，U 为 T2 空载时的输出电压。

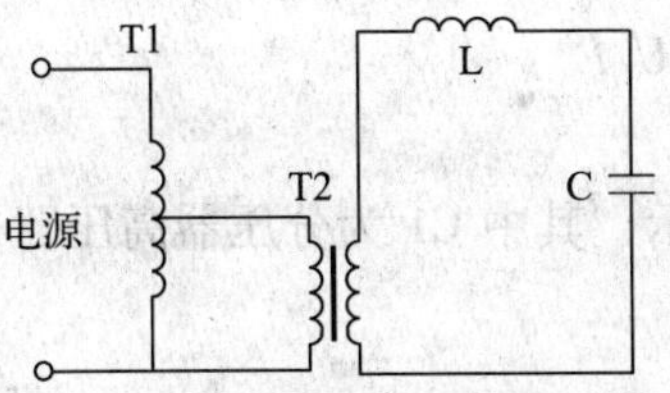

图 12—2　串联谐振工作原理电路图

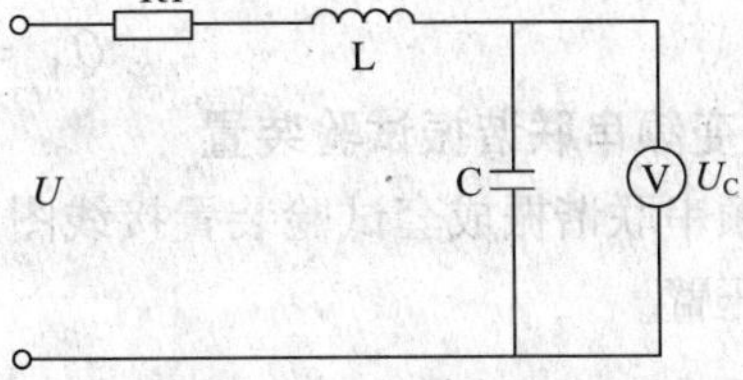

图 12—3　串联谐振等效电路

2. 谐振特性

由图 12—3 可知：

感抗为：

$$X_L = 2\pi f L$$

容抗为：

$$X_C = 1/(2\pi fC)$$

串联回路电流为：

$$I = \frac{U}{\sqrt{R^2 + (X_L - X_C)^2}}$$

电容上的电压为：

$$U_C = IX_C$$

当 $X_L = 2\pi f L = XC = 1/2\pi fC$ 时，回路阻抗有最小值 $Z = R$，则有：$2\pi f L = 1/(2\pi fC)$。

即串联回路频率特性满足 $f = 1/(2\pi\sqrt{LC})$ 时，回路阻抗有最小值 $Z = R$，称此时为串联谐振状态。

当串联回路处于谐振状态时，电容上的电压为：

$$U_C = I \times X_C = \frac{UX_C}{\sqrt{R^2 + (X_L - X_C)^2}} = \frac{UX_C}{R} = \frac{UX_L}{R} = UQ$$

式中　Q——电抗器品质因数。

由上式可以看出，在电容上的电压 U_C 高于电源输入电压 U 的 Q 倍，在工程应用中，电抗器品质因数（Q）一般取几十到几百。

3. 谐振回路特性

当串联回路在谐振状态时，$Z = \sqrt{R^2 + (X_L - X_C)^2} = R$，回路成阻性，电感上的电流 I_L 和电容上电流 I_C 方向相反，大小相等，相互抵消。回路中的特性如下：

视在功率为：

$$S = UI$$

有功功率为：

$$P = I^2R$$

无功功率为：

$$Q = I^2X_C（或 X_L）$$

电感上和电容上的无功功率为：

$$Q_L = Q_C = U_C I = U_L I$$

4．变频串联谐振试验装置

变频串联谐振成套试验装置接线图如图12—4所示，其中C1为分压器高压臂，C2为分压器低压臂。

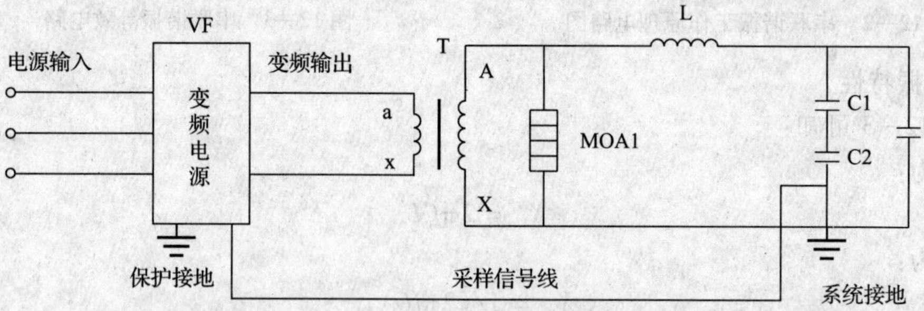

图12—4　变频串联谐振试验成套装置接线图

VF—变频电源　T—励磁变压器　L—试验电抗器　C_x— 试品电容　C1、C2—分压器　MOA1——高压放电器